소통

소통

학문 사이의 경계를 넘어

고려대학교 학문소통연구회

고려대학교출판부
KOREA UNIVERSITY PRESS

머리말

이 책은 고려대학교 학문소통연구회가 지난 4년여에 걸쳐 진행한 학술 활동의 성과를 논문 모음 형식으로 묶은 단행본이다. 학문소통연구회는 2007년 10월 '세상의 모든 것과 소통한다'는 기치 아래 분과 학문 체계의 고립과 단절을 넘어 학내 교수 및 연구자 간 대화와 토론을 통해 새로운 연구 주제와 방법을 발굴·확산하고자 하는 데 뜻을 같이하는 고려대 교수들을 중심으로 결성되었다. 연구회 활동은 각 분야 교수들이 자신의 당면 관심사를 발표하면서 학과와 전공을 달리하는 연구자 간 상호 이해와 소통의 토대를 마련하는 데 초점을 두었다. 형식은 학기 중 교내 교수들이 발표와 토론에 참여하는 월례 워크숍과 외부 전문 연구자를 초빙해 치러 온 연례 심포지엄이었다. 이렇게 자연과학, 사회과학, 인문학의 경계를 넘어 학문을 소통하는 작업이 애초의 포부나 목표만큼 그리 쉬운 일은 아니었다. 하지만 발표자와 토론자, 그리고 청중이 서로 다른 학문 세계에 조금씩 귀 기울이며 그동안의 협소한 관점에서 벗어나 열린 마음과 넓은 시야로 서로에게 다가서는 모습을 확인하게 된 것은 우리 연구회의 보이지 않는 가장 큰 성과라고 생각한다. 이 책은 이와 같은 연구회 활동에서 발표된 원고들 중 일부를 추려 수정·보완한 결과물이다.

이 책에는 총 14편의 논문이 네 부로 나뉘어 구성되어 있다. 제1부 '소통을 말하다'는 우리 학문소통연구회 결성을 추동했던 핵심어인 '소통'의 방법론과 사례 연구를 다룬다. 전성기 교수는 〈화쟁론과 수사학〉에서 원효의 화쟁사상을 이론적 자원으로 삼아 오늘날 학계에 만연해 있는 소외와 대립의 입자적 소통이 아닌 더 큰 우리, 더 큰 공동체를 지향하는 파동적 소통의 가능성을 탐색한다. 물론 소통이 학계의 전문화·세분화나 언어 사용과 관련된 문제만은 아닐 것이다. 오늘날 정부와 시민사회 간의 갈등과 대립, 그리고 시민사회 집단들 간의 분열과 단절이 점점 더 심화되는 양상을 감안하면, 소통은 오히려 학교 밖 사회에서 더욱 큰 의미를 갖는다고 볼 수 있다. 이런 의미에서 박노형 교수의 〈소통과 불통 사이의 곡예—한·미 쇠고기 협상〉, 최재욱 교수의 〈리스크 커뮤니케이션의 관점에서 본 구제역〉, 임혁백 교수의 〈한국 정치에서의 소통〉은 학문 세계를 넘어 정치와 사회 영역에서 두드러진 소통 부재의 사례들에 주목해 그 원인과 과정, 함의를 밝히고 있다.

제2부 '한국 사회와 문화를 들여다보다'는 네 분의 교수들이 자기 전공 분야를 넘어 인접 학문과의 대화를 모색하는 시도이다. 최장집 교수는 〈한국 민주주의와 사법부의 좌표〉에서 한국 헌법과 사법부, 그리고 사법 개혁의 문제에 대해 정치학자가 바라보는 대안적 관점을 제시하면서 법학자들과의 대화와 토론을 기대한다. 또한 조광 교수의 〈한국의 근대 문화—사회적 평등을 향한 노력을 중심으로〉와 손장권 교수의 〈민족종교의 지혜와 동학〉은 각각 역사학자와 사회학자가 정치와 종교를 다루는 연구자들과의 대화를 시도한 경우이다. 조광 교수는 오늘날 한국 사회 근대화의 토대 가운데 하나인 평등사상의 기원을 조선 후기부터 확산되기 시작한 기독교, 동학, 그리고 개화사상을 중심으로 추적한다. 손장권 교수는 근대화의 또 다른 중심축인 민족 정체성의 자원으로 기능할 수 있는 동학사상의 주요 내용과 잠재력을 조명한다. 마지막으로 전성기 교수는 〈탐구의 수사학 혹은 수사학적 탐구〉에서 학문 연구의 도구로서 언어가 갖는 수사학적 측면에 주목해, 수사학적 언어 사용이 탐구 대상에 대한 이해의 폭을 넓힐 뿐만 아니라 연구자 간 소통의 범위를 확장시킬 수 있는 가능성을 탐구한다.

제3부의 주제는 미(美), 즉 아름다움이다. 인간을 인간답게 만드는 독특한 속성 가운데 하나로 아름다움에 대한 욕구를 부정할 사람은 없을 것이다. 그러나 이렇게 중요한 주제임에도 한국 학계에서 아름다움이나 미(美) 자체를 학제 간 통합적 연구 주제로 다룬 예를 찾아보기는 어렵다. 제3부에서는 전공 분야를 달리하는 교수들이 아름다움이란 주제가 포괄하는 서로 다른 관점의 다채로움을 드러내 준다. 한국화를 전공한 정종미 교수는 〈색채를 통해 바라본 한국미의 정체성〉을, 건축학과의 김현섭 교수는 〈건축, 그 살내음의 미학〉을, 그리고 철학을 전공한 이승환 교수는 〈자본주의 신체미학과 자아정체성〉을 통해 우리가 향유하고 음미할 수 있는 아름다움의 의미를 더욱 풍부하게 해 주며, 학문 간 소통을 필요로 하는 또 하나의 소재를 던져주고 있다.

마지막 제4부 '문학, 종교, 과학을 말하다'를 구성하는 논문들은 언뜻 보기에 상호 모순될 수도 있는 개념들이 연구자의 관점에 따라 어떻게 융합될 수 있는가 보여 준다. 서양의 인식론이나 세계관에서 자연과 인간은 늘 상호 대립하는 존재로서, 인간에게 자연은 극복 대상인 것으로 알려지곤 했다. 그러나 어도선 교수는 〈영미 시에 나타난 자연과 삶〉을 통해 우리가 쉽게 간과해 온 서양 문명 속 자연친화적 태도와 그 의미를 밝혀 준다. 양형진 교수의 〈현대과학의 성과와 연기론〉 역시 자연과 인간을 융합적으로 이해하는 데 초점을 두고 있다. 그는 불교 사상, 그중에서도 연기론(緣起論)의 의미를 일반 상식으로는 어울리지 않을 것 같은 현대물리학의 관점에서 쉽게 설명해 주고 있다. 이정일 교수의 〈상대성이론 속의 절대성〉은 물리학의 정의, 자연계의 운동을 주관하는 법칙의 존재 여부, 그리고 물리학의 관점에서 바라본 시공간 구조를 개괄하면서, 현대물리학의 발전이 도달한 상대성이론에서도 자연법칙의 절대성, 즉 시간과 공간을 뛰어넘어 불변하는 절대적 가치가 존재함을 증명하고 있다.

학문소통연구회가 이렇듯 소통을 주제로 다채로운 내용을 담은 단행본을 출간하기까지에는 많은 분들의 노고와 지원이 있었다. 우선 개인적으로 연구와 강의로 쉴 틈 없는 일정에도 불구하고 워크숍 발표 원고의 수정·보완에 상당한 시간과 노력 그리고 애정을 보여 주신 13분의 필진에게 고마운 마음을 전하고 싶다. 또한 비록 이 단행본에는 포함되어 있지 않지만, 지난 4년 동안 학문소통연구회 워크숍과 심포지엄에서 다양한 주제의 발표와 토론을 맡아 주셨던 교수님들께도 아쉬움과 감사의 말씀을 전하며 다음 기회에는 여러분의 좀더 풍성한 주제의, 좀더 많은 논문들로 구성할 것임을 약속드린다. 오늘날 학문소통연구회가 명실상부한 교내 연구자간 교류와 소통의 허브로 자리잡는 기틀을 마련해 주신 초대 회장 최동식 교수님과 제2대 회장 전성기 교수님, 워크숍과 심포지엄마다 독창적인 주제를 토론하고 선정하면서 그에 적합한 발표자, 토론자를 섭외하는 데 기꺼이 협력해 주셨던 본 회의 운영위원님들, 그리고 늘 학문소통연구회 활동을 응원하고 재정과 행정상의 지원을 아끼지 않은 연구처장님을 비롯한 학교 당국의 관계자분들께 감사드린다. 이 분들의 학문 소통에 대한 열정과 리더십, 그리고 협력과 지원이 없었다면 지금과 같은 발전을 상상하기는 어려웠을 것이다. 끝으로 이 책의 취지에 공감하여 출간에 흔쾌히 응해 주신 고려대학교출판부에도 고마운 마음을 드린다.

2012년 9월

고려대학교 학문소통연구회장 최용철

차례

머리말 5

제1부 · 소통을 말하다

화쟁론과 수사학 13

소통과 불통 사이의 곡예—한·미 쇠고기 협상 43

리스크 커뮤니케이션의 관점에서 본 구제역 62

한국 정치에서의 소통 81

제2부 · 한국 사회와 문화를 들여다보다

한국 민주주의와 사법부의 좌표
—법률가·법학자와 정치학자 간 소통을 위한 시론 111

한국의 근대 문화—사회적 평등을 향한 노력을 중심으로 152

민족종교의 지혜와 동학 169

탐구의 수사학 혹은 수사학적 탐구 207

제3부 · 아름다움, 그 의미를 논하다

색채를 통해 바라본 한국미의 정체성 233

건축, 그 살내음의 미학 247

자본주의 신체미학과 자아정체성
—'미적 실존'에서 '감성적 실존'으로 267

제4부 · 문학, 종교, 과학을 말하다

영미 시에 나타난 자연과 삶
—워즈워스 프로스트, 쿠니츠, 스나이더, 라이트의 자연과 Alter Ego 295

현대과학의 성과와 연기론 324

상대성이론 속의 절대성 343

부록 1. 학문소통연구회란? 356
2. 학문소통연구회 워크숍 활동 357

필진 소개 362

제1부

소통을 말하다

화쟁론과 수사학*

1. 머리말

원효(617-686)의 '화쟁론'은 다양한 관점에서 많이 연구된 주제이다. 87종 180여 권에 달한다는 그의 저작 중 현존하는 것은 20여 종밖에 되지 않으나, 현재까지 간행된 관련 논문은 대략 700여 편에 이르며, 그와 직간접적으로 연관된 단행본도 50여 권이 출판되었고, 학위논문은 100여 편에 육박한다고 한다.[1] '화쟁'이 직접 언급된 《십문화쟁론》은 우리나라는 물론 당시 중국과 일본에도 유포되었고, 진나의 문도에 의해 인도에까지 전해지기도 한 것으로 유명하다.[2] 그의 화쟁에 대해서는 철학, 문화사, 사회학, 정치학, 생태학, 기호학, 시학 등 다양한 관점들이 망라되었어도, 그리고 화쟁을 소통의 관점에서 다룬 박재현(2001), 김정탁/이경열(2006)의 연

*이 글은 《수사학》 11집(2009)에 "파동적 수사학으로—인문학에서의 학술적 소통을 위하여"라는 제목으로 실린 것을 고쳐 풀어쓰며 발전시킨 것이다.

1) 고영섭(2002a:15); 원효의 저작이 100부 240권에 이른다는 설도 있음을 고영섭(2002b:208)은 지적한다.

2) 김원명(2008a:246-247).

구 등을 수사학과 관련된 것으로 볼 수 있어도, 수사학이 지금까지 명시적으로 거론된 적은 없는 것으로 보인다.[3] 이 글에서는 미셸 메이에르의 제문론적 수사학을 주요 근거로 하여 화쟁론을 살필 것이다. 파동적 수사학은 주로 '나'와 내 주장의 설득이나 관철을 목표로 해 온 지금까지의 개인지향의 입자적 소통이 '우리', 보다 더 큰 '우리' 지향적, 공동체 지향의 파동적 소통이 되도록 하기 위한 하나의 학문적 제안이다.[4] 한국수사학사의 큰 봉우리인 원효의 화쟁론은 파동적 수사학 탐구의 큰 원천이기도 하다.[5] 수사학을 통한 화쟁론의 이해는 우리를 학문론에 대한 성찰로 이끈다.

2. 화쟁의 제문론

율곡의 철학이 오늘날의 환경 문제에 대해 하나의 답이 될 수 있는가? 이러한 문제들에 대해 김영민(2005)은 한국의 철학 유산을 해석할 때, 무엇보다도 우선 문제에 대한 답으로 재구성할 것을 제안한다. 예를 들어, 사단칠정론을 연구할 때, 그것을 리기론에 의해 분류 작업을 시도하거나, 학파별로 분류하거나, 사단칠정론이 보여 주는 사유가 현대의 환경 문제를 해결할 수 있다고 주장하기 전에(혹은 주장하더라도), 일단 사단칠정론이 해당 조선 시대 철학자에게 하나의 답이었다면, 그에게 그 답의 문제는 무엇이었는지 물어보아야 한다는 것이다. 사실 인문적 문제는 사회적·역사적·문화적 여건이나 상황과 무관하지 않기 마련이다. 그렇기 때문에 문제를 이해하기 위해서는, 인간 조건의 보편적 이해와 아울러 그가 살았던 당시의 역사적 상황을 이해하는 것이 필요하기도 하고, 철학의 탐구가 역사 연

3) 차차석(2007:298) 참고.
4) 전성기(2007b, 2009) 참고.
5) 이 글은 주로 화쟁과 관련된 원효의 2차 텍스트들을 바탕으로 한 고찰이기는 하나, 파동적 수사학적 탐구에는 큰 지장이 없을 듯하다.

구와 결합되기도 하는 것이다.

이렇게 하나의 주장이나 기술을 어떤 문제에 대한 답으로 이해하자는 김영민의 제안은 언어를 문답의 관점에서 접근하며 학문적 탐구도 일종의 문답 과정으로 이해하는 메이에르의 '제문론(problematology)'을 생각하게 한다.[6] '질문의 철학'으로도 일컬어지는 제문론은 언어와 문학 문제를 비롯하여 철학사의 전반적 재해석 등 매우 광범위하게 적용되는 철학적·수사학적 사유이다.[7] 메이에르의 제문론적 수사학은 수사를 '주어진 문제(로고스)에 대한 주체들(에토스-파토스) 간의 거리 교섭'으로 정의하는데,[8] 이 '거리'는 '차이'나 '사이'로도 해석된다. 메이에르(2004a)는 로고스뿐 아니라 에토스, 파토스 없이는 수사도 없고 논증도 없다고 본다. 이들에게 동등한 자격이 부여되어야 한다는 것이다.[9]

지금까지의 수사학들이 에토스, 로고스, 파토스 중 어느 하나에 집중된 것이었다면,[10] 메이에르는 제문론적 관점에서 이들의 통합적 고려의 필요성과 중요성을 강조한다. 제문론의 핵심은 하나의 주장뿐 아니라 하나의 단언, 심지어 낱말 하나까지도 어떤 문제에 대한 답으로 간주하는 것이다.[11] 문답의 차이는 제문적 차이이고, 답에는 '응답적 답'이라 불리는 명시적 답과 '제문적 답'이라 불리는 문제 제기적인 답이 있다. 겉보기에 어떠한 질문도 나타내지 않기에 응답적 답이 답처럼 보이지 않을 수 있고, 제문적 답도 외견상 문제를 제기하고 있는 것으로 보이지 않기도 한다. 또한 하나의 답이 이 두 답의 성격을 모두 가질 수도 있으나 동일한 문제는 아니다. 그리고 화자에게 응답적 답이 청자에게는 제문적 답이 될 수도 있다.

---

6) 메이에르(1993), 전성기(2007a) 참고.
7) 크레메르 마리에티(2008:8)는 '철학하는 것은 부단히 질문을 하는 것'이기에 진정한 철학자에게 정신은 '질문적'일 수밖에 없다고 말한다.
8) 메이에르(2004a:126), 메이에르(2005:42) 참고.
9) 전성기(2009:108) 참고.
10) 메이에르(2004b:14) 참고.
11) 전성기(2007a:65) 참고.

이러한 문답의 관점은 대화의 관점으로 이어진다. 하나의 텍스트는 그 저자의 어떤 문제에 대한 답으로 볼 수 있다. 그 문제가 어떠한 것이고 어떠한 상황에서 어떤 것을 해결하기 위해 제시된 것인가 묻는 것은 실상 그 텍스트와, 그 저자와 대화하는 것이다.

이러한 대화가 좀더 충실히 이루어지기 위해서는 저자의 다른 텍스트들이나 관련된 다른 텍스트들도 참고해야 하는데, 이는 부단한 대화의 과정이다. 이 과정에서 해석자의 일시적·부분적 해석이 다시 질문의 대상이 되는 경우가 매우 빈번한데, 이 역시 해석자 자신과의 대화이다. 질문은 사실이나 이유에 대해서도 제기되지만, 해석의 정당성이나 타당성에 대해서도 제기된다. 복잡한 문제에 대한 해석일수록 하나의 답보다는 가능한 다양한 답에 직면할 가능성이 높다. 때문에 가능한 하나의 답이 가능한 다른 답들보다 어째서 타당성이 높은지 그 이유를 보여야 할 경우들이 적잖을 것이다. 이러한 다양성 속에서의 타당성에 대한 성찰은 수사학적 성찰이다. 이 글도 그러한 한 예이고자 한다. 모든 대화에는 혼동과 오해의 위험도 있지만, 타자와의 만남, 조화라는 기대도 있다.[12] 문제는 어떻게 전자에서 벗어나 후자로 나아가는가 하는 것이다. 이는 물론 화쟁론에 대한 텍스트들에도 그대로 적용된다.

제문론적 접근은 원효의 화쟁론에 대해서도 유용하다. 우선 원효의 화쟁론이 무엇에 대한 '답'이었는가, 원효가 화쟁론을 내세우게 된 그의 문제는 어떠한 것이었는가 물을 필요가 있다. 그래서 원효의 화쟁사상에 관한 자료는 불교학과 관련된 것이 대부분이고, 따라서 원효의 화쟁사상은 불교 사상사의 흐름과 관련지어 살펴보는 것이 일차적 과제라는 김상현(1995)의 지적은 중요하다. 최연식(2006)도 원효의 화쟁사상이 서로 대립하는 견해들을 조화·통일시킴으로서 다툼을 없애고 의견을 통합하는 사상으로 이해되어 왔지만, 7세기 후반 신라사회에서 대립하고 있던 이견들을

12) 크레메르 마리에티(2008:8) 참고.

조절하기 위하여 제시된 것이 아니라, 불교학에서 전개되는 혹은 전개될 수 있는 다양한 논의들을 종합하기 위한 이론의 성격이 강하다고 강조한다. 그는, 특정한 학파나 종파의 견해를 집중적으로 연구하면서 그것을 체계화하는 것 자체에 열심이었던 다른 대부분의 학자들과 달리, 원효의 화쟁사상은 다양한 교학을 연구하면서 교학 이론들 사이에 생기는 모순점과 차이점을 극복할 수 있는 종합적 교학을 추구하는 과정에서 제시된 것이라 해석한다. 이는 화쟁론과 학문론과의 관계를 잘 시사하는 대목이기도 하다.

김상현(1995)은 원효의 화쟁의 논리는 불교 이외의 여러 방면에 적용하여 재해석해 볼 수 있으나, 이 경우에도 원효의 논리에 관한 좀더 정확한 이해가 전제될 필요가 있다고 우리의 주의를 촉구한다. 사실 원효의 문제와 원효로부터 제기된 문제, 우리가 원효에 대해 제기하는 문제들은 구분되어야 한다. 원초적 문답과 파생적 문답을 구분하는 것은 어느 텍스트에 대해서나 중요하다. 동일한 텍스트도 어떤 맥락에서 읽는가, 어떠한 선입견을 가지고 읽는가에 따라 그 해석은 사뭇 달라질 수 있으며, 그 텍스트 자체도 제문적으로 읽힐 수 있다. 화쟁의 다양한 해석들이 화쟁이 되지 못한 채 혼란스럽기도 한 것은 이러한 문답 관계가 명료하게 정리되지 못한 탓이 클 것이다. 원효의 물음과 답이 무엇인지 물을 뿐 아니라 자신과 다른 사람들의 물음과 답이 무엇인지 관련 맥락들을 고려하며 깊이 살핀다면, 원효가 다양한 교학 이론들 사이에 생기는 모순과 차이의 극복을 위해 화쟁하고자 하였듯이, 화쟁 연구자들도 자신의 주장의 우월적 타당성을 주장하기보다 다른 해석들과 화쟁적이고 상생적이며 좀더 건설적인 '파동적' 대화를 구축해 갈 수 있을 것이다. 이 글은 바로 그러한 방향의 한 모색이기도 하다.

우선 살펴야 할 것이 화쟁은 원효의 고유 개념인가 아닌가 하는 문제이다. 김원명(2008b)은 화쟁이 '원효가 처음 쓴 말'이라 주장하는데, 김인환(2000)은 일심이나 화쟁은 원효의 창안이 아니라 불교에서 오래전부터 사용되어 온 용어이므로, 먼저 일심과 화쟁의 의미 변천사를 검토하여 원효의 어휘 사용이 다른 사람들의 어휘 사용과 어떻게 다른가를 살펴보는 작업이 선행되지 않으면 원효의 독창성은 해명되지 않을 것이라 지적한다. 그렇다면 화쟁과 관련된 개념들도 아울러 살펴야 할 것이다. 김정탁/이정렬(2006)은 화쟁은 원효의 전유 개념은 아니지만 그가 처음으로 명명하고 누구보다도 포괄적이고 철저하고 일관되게 주장하고 보급했다는 점에는 많은 학자들이 동의한다며, 화쟁론이 원효의 독창적 사상이라기보다는 당시 시대 상황 속에서 충분히 성숙·공유되고 있는 내용으로, 불교의 본질과 동양사상의 본질을 찾아가고자 하는 노력의 일환에서 나온 것으로 본 김도공(2005)을 그 한 예로 꼽는다. 이러한 이견들에 대해서는 연구사적으로 면밀한 검토가 필요하다.

다음으로 살필 것은 화쟁의 개념적 우선성 문제이다, '화쟁'을 원효의 핵심 개념으로 보는 학자들도 있으나,[13)] 이와 다른 견해가 오히려 우리의 관심을 끈다. 예를 들어, 노권용(1990)은 원효 사상의 방법 내지 특징을 나타낸 것이 '화쟁'이라고 한다면, '일심'은 그러한 화쟁의 논리적 근거, 즉 근본원리를 지칭하는 것으로서, 그의 근본사상은 무엇보다도 '일심사상'이라 보지 않을 수 없다고 강력히 주장한다. 고영섭(2004)도 원효사상의 핵심 키워드는 일심임에도 불구하고 종래 일부에서는 화쟁이라고 오해되어 왔다고 비판한다.[14)] '화쟁(회통)'을 책명으로 쓰고 있는 《십문화쟁론》이 그의 주저작으로 인정돼 이 저술이 그의 모든 것을 대표하는 것처럼 이

---

13) 김상현(1995:356):"원효는 화쟁을 강조했는데, 그것은 그의 불교학의 방법론이며 동시에 그의 학문적 귀결이었다. 일반적으로 원효 사상의 핵심이 화쟁에 있다고 보는 것은 이 때문이다"; 박재현(2001:192):"화쟁은 회통(會通)과 더불어 원효의 사상을 대표하는 핵심적 개념이다."

14) 노권용(1990:239)은 원효가 "일심에 바탕하여 모든 것을 파악하였고 그 궁극의 목적 또한 일심의 본원에 돌아가는 것으로서, 그의 사상은 일심에서 시작하여 일심으로 끝나는 것이라 하여도 과언이 아니라고 본다"는견해를 피력한다; 남동신(2004:65):"원효 사상에 있어서 가장 핵심되는 개념은 一心이다."

해돼 왔지만, 원효학 연구의 성과에 힘입어 그의 핵심 사유는 '일심학'이며, 그의 일심의 지형도는 《금강삼매경》과 《대승기신론소·별기》와 《화엄경소》로 이어지는 것으로 이해되고 있다고 저자는 설명한다. 특히 그는 화쟁(회통)이 '일심과 무애를 이어 주는 매개항'이라는 점을 강조한다.[15] 원효 사상의 벼리로 평가되는 일심은 결국 화쟁을 통해 무애로 귀결된다는 것이다. 고영섭(2002b)은 원효의 무애는 바로 이 일심과 화쟁의 실천적 모습이자 원효 삶이 필연적으로 나아갈 귀결점이었다고 결론짓는다. 무애행에서 특히 중요한 것은 원효가 자신을 한없이 낮춘 것인데, 이는 '복성거사'라는 그의 별호에서도 잘 드러난다는 것이다. 박상주(2002)는 이렇게 자신을 한없이 낮추고 마음을 비우는 태도야말로 원효 일심수행의 진정한 출발점이자 귀결점이라 하는데, 이러한 태도가 학문과는 무관하다고 말할 수 있을까?

제문론적 관점에서 전반적으로 볼 때, 화쟁론은 붓다의 진리와 다르지 않은 일심을 바탕으로 불교의 이론적 문제들의 해결 과정을 기술한 것이며, 이는 원효에게서 궁극적으로 무애라는 삶의 방식을 통해 체현된 것이라고 요약해 말할 수 있다. 원효 당대의 불교의 이론적 문제들이 화쟁론이라는 답의 '무엇'에 해당하는 것이라면, 에토스, 로고스, 파토스에 해당하는 것은 무엇일까? 일단 원효의 언어론은 로고스에, 일심은 에토스에, 파토스는 당시에 불교 이론들에 대해 열정적으로 주장하고 논란을 했던 사람들에 해당한다는 해석이 일단 가능하다.[16] 여기서 중요한 것은 에토스, 로고스, 파토스에서 각각 '투사적'인 것과 '실제적'인 것을 구분하는 것이

---

15) 최연식(2006:434) 참고.

16) 에토스와 파토스는 각각 연사(화자), 청중(청자)와 동일시되기도 하지만 일반적으로는 하나의 '자리'로 볼 수 있다. 에토스는 '보편적 지혜'로부터 지극히 사익적인 '개인'에 이르기까지 다양한 모습으로 나타날 수 있으며, 이는 파토스도 마찬가지이다. 메이에르(2008)가 '비수사적 인간 이성의 수사적 번역', '순수 이성 혹은 철학자들의 오성'으로 규정하는 페렐만의 '보편 청중'도 '보편적 지혜'에 가까운 것으로 볼 수 있다. 특히 논증이 로고스에 국한되지 않는다는 것에 유의할 필요가 있다.

다.[17] 원효에게서 투사적 에토스와 실제적 에토스가 거의 일치한다고 볼 수 있다면, 다른 경우들에서는 이들 사이에 정도의 차이가 어떠하건 거리가 있다고 보아야 할 것이다. 화쟁의 상대들에게 실제적 파토스는 다양한 '열정'으로 묘사되겠지만 원효의 투사된 파토스, 그가 마음에 둔 파토스는 상대이 미처 깨닫지 못하고 있는 '일심'이다. 근본에서는 부처와 중생이 다르지 않은 것이다. 거리 혹은 차이의 교섭은 크게 입자적 방향과 파동적 방향으로 구분될 수 있는데, 이 교섭의 방향은 로고스, 에토스, 파토스의 운용 방식과 밀접한 관련을 갖는다.

3. 화쟁의 소통론

박재현(2001)은 《불교평론》에 실린 그의 글에서 지금까지 연구자들이 원효의 화쟁 이론 체계를 '일종의 화해 이론'으로 이해해 온 것에 대해 문제를 제기한다. 그는 먼저 원효가 화해를 평생의 목적으로 삼을 만큼 당시에 대립과 다툼이 심각했었는가 묻는다. 이에 대한 그의 대답은 부정적이다. 원효의 사상을 굳이 화해 이론으로 이해하게 된 데는 어떤 선입견이 내포되어 있기 때문이라는 것이 그의 추정이다. 화쟁(和諍)의 '쟁(諍)'을 현대적인 의미의 논쟁(論爭)으로 이해하여, '이론적으로 서로 대립하여 다툰다'는 뜻으로 전제했다는 것이다.[18] 이 때문에 결국 원효의 문제의식은 '대립과 다툼이 일어나고 있었던 당시의 상황을 어떻게 해결할 것인가'로 이해되었고, 그가 회통과 화쟁을 제기하게 된 목적 역시 화해, 즉 '싸움 말리

---

17) 메이에르(2004b, 2005, 2008) 참고.

18) 석길암(2008:211)도 박재현의 이러한 해석에 공감을 표시하며, 원효의 화쟁에 대한 접근에 있어서 또 다른 의미에서의 진전이라고 평가한다. 그러나 그것이 여타 불교사상과 원효사상과의 변별력을 이야기할 수 있는 것인지에 대해서는 의문의 여지가 있다.

기'라고 보았다는 것이다. 이렇게 본다면, 그의 말대로 원효가 '싸움판을 어떻게 중재할 것인가 하는 문제로 평생을 고민하며 살다 간 인물'로 치부될 가능성도 없지 않은데, 이는, 그의 지적대로, '무애'가 원효 삶의 '필연적 귀결점'이라는 점을 고려한다면 역사적으로는 수용하기 어려운 평가이다.

그렇다면 박재현(2001)의 해석은 어떠한 것인가? 그는 백가쟁명의 '쟁(爭)'도, 현대적인 의미에서의 논쟁과는 어느 정도 거리를 두고, 다툼의 의미보다는 '주장을 펼침'이라는 의미가 선재하는 것으로 이해한다. 그는 화쟁(和諍)의 '쟁'도 우선적으로 이와 같이 받아들일 것을 제안한다. 그는 《십문화쟁론》에서 보이는 원효의 문제의식은, 대립과 다툼의 상황이 아니라 여러 가지 편벽된 주장(諍)들이 일체의 소통로를 막은 채 고착되어 있는 당대의 상황에 있었다고 본다. 원효는 먼저 이들 모두에게 시비의 가능성을 보여 줌으로써 편벽됨(執)을 제거하고자 했던 것이며, 상이한 주장들을 모아(和合) 소통(會通)의 가능성을 열어 보이고자 했다는 것이 저자의 해석이다. 만일 원효의 화쟁사상을 화해론으로만 본다면 불교 내부 종파 간 혹은 이설(異說) 간의 화해를 도모했다는 목적은 설명되지만, 정작 그가 설총을 낳고 남은 생애를 할애한 소승거사 시절에 대해서는 설명이 불가능하다는 것이 저자가 제시하는 주요 논거이다. 반면에, 화쟁론을 소통 이론으로 읽게 되면, 그의 기행은 출가자 집단과 일반 민중의 소통이라는 그의 불교관에 기반을 둔 목적지향적 행동으로 분명하게 자리매김될 수 있다는 것이 저자의 주장이다.[19] 그러나 화쟁과 무애 사이에 시간적 간격이 설정된다면 소통론과 화해론이 소통되고 화해될 수 없는 것도 아니다. 이 소통론과 화해론은 '거리에 대한 교섭'인 제문론적 수사학의 관점으로 수렴될

---

19) 박재현(2001:211)은 만일 회통이 화해라는 의미를 담고 있는 화쟁사상의 연장선상에 있고 원효가 종합주의자였다면, 그는 회통(會通)이 아니라 회통(會統)으로 썼을 것이라고 추정한다. 다시 말해, '서로 모아서 소통시킨다(會通)'는 원효의 목적의식을 염두에 두고서 화쟁을 이해해야 한다는 것이다.

수 있다.

최연식(2006)도 원효의 화쟁을 사람들 사이의 견해 다툼이라기보다 경전에 제시된 상이한 내용들에 대한 화쟁으로 보며, 이런 점에서 원효의 화쟁은 직접적으로 대립을 극복하기 위한 이론이라기보다 여러 가능한 이견들을 모두 만족시켜 줄 수 있는 종합적인 이론을 수립함으로써 실제로 있을 의견의 대립을 사전에 해결하기 위한 것이었다고 지적한다. 원효는 모든 이론들에 대하여 그 자체만으로는 불완전하다고 평가하고 있었기에 개별 이론들을 더욱 심화시켜 이론들 사이의 대화와 토론을 활성화하는 데 목적이 있었다고 보기는 힘들다는 것이다. 달리 말해, 화쟁은 다양한 불교 이론들의 소통을 위한 이론이라기보다는 여러 불교 이론들의 상보성 및 그러한 이론들을 종합적으로 수용하는 데 좀더 중점이 놓여져 있었다는 것이다. 그러나 화쟁론 논의에서 소통과 종합적 수용이 서로 어긋나는 것은 아니다. 박재현의 관점이 과정에 초점을 맞춘 것인 반면, 최연식은 결과에 초점을 맞춘 것이라는 차이는 있으나, 두 해석 모두 화쟁의 역사적 맥락을 중시하고 있다는 점에서는 공통적이다.

이제 화쟁의 소통론에서 간과된 중요한 한 측면을 살펴보자. 원효에게서 화쟁이 일심과 무애의 '매개항'이고, 일심이 화쟁을 통해 무애로 귀결된다는 것은 화쟁에서 '이입(理入)'과 '행입(行入)'이 불가분의 관계에 있는 것임을 뜻하는 것이기도 하다. 박상주(2002)는 '일반적으로 우주의 진리에 들어가는 門에는 두가지 문이 있는데, 하나는 理入이고, 다른 하나는 行入'이라 말한다. '이입'은 '진리를 우선 객관적인 대상물로 전제하고, 이를 이론적으로 규명하여 진리의 문 속으로 진입하는 방법'이고, '행입'은 '우선 진리와 나를 하나로 보고, 이 일원선상에서 일상생활의 꾸준한 실천을 통해 궁극적으로 천지의 파동과 나의 생명의 파동이 하나가 되어 곧 진리 그 자체로 화하는 방법'이라는 것이다. 전자가 주로 서양의 진리 체득법이라면, 행입은 주로 동양의 진리 체득법이라 할 수 있다는 게 저자의 설명이다. 전자가 지적으로 이해하고 아는 데 중점을 둔다면, 후자는 일상생활에서 행하고 실천하여 온몸으로 체인하는 데 중점을 두는데, 원효의 일심수행법은 후자 쪽에 더 무게를 두고 있다고 저자는 지적한다. 화쟁의 소통론도 이입만 고려하고 행입을 소홀히 한다면 원효의 맥락에서 멀어지는 결과를 낳을 것이다. 퇴계와 강영안/최진덕(1999)의 표현을 빌려 말하자면, 화쟁론 논의는 '함양' 못지않게 '체찰'도,[20] '체계로서의 학문' 못지않게 '수양으로서의 학문'도 중시해야 한다는 것이다. 이는 오늘의 학문론, 특히 인문학문론에 대해 시사하는 바 크다.

일심은 때로 열반과 거의 동의어로 간주되기도 한다. 김원명(2008a)은 원효의 《열반경종요》에서 나타나는 화쟁을 '열반-화쟁'이라고 특징지어 표현한다. 열반에 이르지 않고는 화쟁을 이룰 수 없고, 화쟁하면 곧 열반이라는 것이다. 저자는 원효의 열반을 바탕으로 한 화쟁은 이 시대에 우리가 안고 있는 많은 대립과 갈등을 해결할 수 있는 하나의 훌륭한 전형이라고 할 수 있다고 말한다. 여기서 우리가 유의해야 할 것은 '일심이 열반이고, 화쟁이 열반-화쟁'인 것은 원효의 경지라는 것이다. 저자(2006)에 의하면, 열반은 깨달음이고 직관이며 '바로 봄'이다.[21] 원효의 궁극적 관심이 저자(2008a)의 지적처럼, 《대승기신론소·별기》나 《금강삼매경론》에서도 나타나듯이 일심으로의 귀원, 열반·깨달음으로 안내하고자 하는 것이라면, 화쟁을 소통으로 해석할 수 있다 해도, 열반-깨달음으로서의 일심, 그리고 일심(열반)-화쟁(소통)-무애로 이어지는 원효의 불교적 맥락에서의 소통을 일반적 소통과 동일시하기는 어렵다. 그렇다고 해서 '소통으로서의 화쟁'을 부정하는 것은 물론 아니다. 사실 화쟁론의 원맥락을 고찰하는 것도 역

---

20) '함양(涵養)'은 내면을 닦는 것이고 '체찰(體察)'은 마음으로 닦은 것을 몸으로 직접 살피는 것이다; 신창호(2010) 참고.

21) 김원명(2006:963): "열반은 내적으로 눈 밝고 귀 밝게 하여, 세계와 그 세계 속의 사물과 사태 그리고 인간에 대한 통찰력을 만들어 줍니다. 열반은 직관입니다. 가리는 것들을 부수고 바로 깨고 '바로 봄'입니다. 그래서 '바로 봄'은 '있는 것을 있는 그대로 봄'입니다. '바로 봄'은 세상만사의 여여(如如)함을 '여여하게 봄'입니다. '바로 봄'은 모든 것들 '사이'의 '사이'와 '사이 없음'을 '바로 봄'입니다."

사적 사실들을 확인할 뿐 아니라 그들에 대한 문제 제기를 통해 오늘에도 의미 있는 무엇인가를 배우고 취하기 위함이 아닌가? 다만 역사적으로 볼 때, 일심은 물론 무애와도 불가분의 관계에 있다는 원효의 화쟁은 '소통' 만으로는 충분히 설명되지 않는다. 그래서 수사학적인 고려가 필요한 것이다.

4. 화쟁의 방법론

원효의 언어에 대한 여러 연구는 원효의 언어에 대한 성찰이 깊었음을 잘 보여 준다. 원효의 언어에 대한 생각을 단적으로 말하자면 '以言遣言', 즉 언어로써 언어를 버려 분별과 차별을 일으키게 하는 언어를 넘어서는 것이다. 고영섭(2002b)은 이를 '화쟁 방법'의 출발점으로 본다. 원효는 진리의 전달에서 언어의 효용성을 인정하되 언어에 대한 집착은 극히 경계하였다고 한다. 김명희(2008)의 말을 빌리면, 원효의 화쟁에서 가장 중요한 것은 언어의 본질에 대한 이해이다. 언어에 대한 잘못된 이해로 언어에 집착하게 되고, 그로 인해 논쟁이 일어나기 때문이다. 원효에게 언어는, 붓다에게 그러하였듯이, '방편으로서의 언어'였다. 붓다가 언어의 방편으로서의 기능만을 인정하여 진리를 설파할 때마다 청자의 능력과 조건에 맞게 다양한 언어를 구사했듯이,[22] 원효의 화쟁론도 이러한 '방편'으로서의 불교언어에 얽매이거나 휘둘리지 않기 위한 하나의 방책으로서 제시된 것이라는 것이다. 그런데 핵심을 깨우친 사람한테는 언어가 하나의 방편에 지나지 않지만, 그 방편을 통해 핵심에 접근하는 것은 예나 지금이나 지난한 일이고, 그래서 온갖 어려움과 문제들이 발생한다.

화쟁의 방법은 불교와 언어 속성에 대한 깊은 이해와 밀접한 관련이 있

22) 최유진(2002:379-380), 최유진(2003:7) 참고.

다. 그 방식에 대해 최연식(2006)은 우선 경전에 대한 절대적 긍정과 다양한 가르침의 인정을 든다. 화쟁이 모든 경전을 절대적으로 긍정하는 것은 부처의 가르침에 대한 절대적 믿음에 기반하고 있기 때문이고, 다양한 경전들의 존재를 인정하는 것은 중생들을 위한 다양한 가르침의 필요성을 인정하기 때문이다. 다음으로 그는 학설에 대한 제한적 긍정과 상보성을 강조한다. 원효는 경전의 가르침에 대하여는 이들이 모두 절대적으로 옳은 가르침이라는 점에서 제한 없이 긍정하였지만, 불교학자들이 경전에 의거하여 제시하는 여러 이론들에 대하여는 부분적인 타당성만을 인정했다는 것이다. 각각의 견해가 불완전한 진리를 반영하고 있고, 그 견해들을 모두 포괄할 때 비로소 완전한 진리가 드러날 수 있기 때문에 그 견해들을 모두 포괄하기 위해 화쟁이 필요했다는 것이다. 저자는 원효의 '화쟁사상'이 부처의 가르침 곧 진리를 온전하게 드러내기 위한 방법이었고 또한 원칙적으로 부처의 가르침에 기초한 불교 내부의 이론들 사이의 화쟁이었다며, 그 역사적 맥락을 분명히 한정한다.

안승대(2008)는 집착하지 않으면서 다양한 주장을 회통하는 방법, 자신이나 타인의 의견을 회통하여 진리로 나아가게 하는 방법이 바로 원효의 화쟁의 방법이라고 정리한다. 그는 원효의 '화쟁의 방법'으로, 최유진과 정천구의 글을 참고하며, 극단적 집착에서 벗어나는 것이 필요하다, 폭넓은 이해의 관점이 필요하다, 긍정과 부정의 자재(自在)가 필요하다, 공통의 근원의 개발이 필요하다, 이 네 가지를 든다. 이 기준들은 그 표현대로는 역사적인 사실에도 적용되지만, 현대적으로도 다양하게 적용될 수 있다. 그래서 유의가 필요하다. 그는 원효가 화쟁을 통해 일심으로의 귀원을 이루고자 하였다고 주장한다. 저자는 이어 집착을 버리고, 다양한 이해·폭넓은 이해를 통해 여러 주장의 장단점을 두루 접하였으므로 이제는 본래의 마음, 다툼과 집착을 버린 드넓은 마음, 깨달음의 마음에 접어들게 되는 것이라고 기술하며, 이는 이견을 좁히고 공평무사한 합의와 통일에 이르는 단계를 말한다고 부연 설명한다. 그러나 일심에 이르지 못한 이들이 어떻게 그리 할 수 있는가, 그것이 문제인 것이다. 이는 원효 당대에나 현재에나 여전히 풀어야 할 숙제이다. 이는 화쟁론을 학문론과 관련지을 때 풀어야 할 숙제이기도 하다.

김정탁/이경열(2006)은 원효가 화쟁에 대하여 명확하게 정의한 것이 아니고, 화쟁을 어떤 틀에 넣어서 명확하게 말하기보다 언설을 넘어선 대원리로 설정하고 그 논법에 따라 해석한 것이나, 화쟁의 논법은 그가 지은 저서들을 일관되게 지배하므로 그의 저서들을 통해 추론하여야 한다고 주장한다. 이들은 여러 학자들의 다양한 견해들을 요약하여 소개한 다음, 이러한 주장들을 종합하여 볼 때, 화쟁은 쟁론을 완전히 해소시킨다는 뜻이 아니라, '생각의 차이인 쟁(諍)과 동거의 화(和)가 다 원융무애하게 오가는 이중적 보충과 대리와 같은 교직성의 꼬임을 하고 있음을 뜻하는 것'이라 결론짓는다.[23] 한쪽의 시각에만 집착하지 않고 모든 분야를 아우르며 그것들 각각의 논리적 근거를 제시하여 이견들을 소통시키는 것이 원효의 화쟁 정신이라든가, 원효는 여러 다양한 이론들을 소통시켜 부처의 올바른 진리인 일심(一心)으로 돌아가게 하고자 화쟁을 방편으로 제시한 것이라든가, 유무 진속을 둘로 보지 않으면서 하나를 고집하지도 않으면서 일심의 경지에 되돌아가게 하는 모든 불교적 수행이 다 화쟁의 방법이라고 할 수 있다는 이들의 주장 혹은 지적은 타당하다. 그러니 이러한 공감과 수긍은 화쟁을 원효의 관점이나 시각에서 보았을 때 가능한 것이다.

위 저자들은 원효의 '사유 체계의 특징'으로 세 가지 방법을 제시한다. 첫째는 언어에 대한 집착을 버리는 것이고,[24] 둘째는 언어가 갖는 제한성을 극복하기 위하여 치우치지도 않고, 편들지도 말려들지도 않는 것이며, 셋째는 일심에 근거하여 긍정하면서도 스스로 부정함이 없고 부정하면서도 스스로 긍정하지 않음이 없이 하나도 둘도 아니라는 비일비이(非一非

23) 김형효(2002) 참고.

24) 김정탁/이경렬(2006:71)은 '사람들이 자기 자신의 견해에 사로잡혀서 자신만이 옳다고 주장하여 회통을 불가능'하게 만들기 때문이라는 이유를 든다.

二)의 사유 체계를 갖는 것이다. 이러한 방법들은 모두 화쟁의 역사적 해석과 일치하는 것들이다. 그러나 이들이 원효가 주장하였던 궁극적 진리는 불교적 차원의 것임을 인정하면서도 우리의 일상생활적 의사소통에도 적용될 수 있는 사유 체계라고 주장하는 데에 아무 문제도 없을까? 우리가 각자 자기의 의견만 고집하는 이항대립적 태도와 언어의 한계성을 이해하는 것이 부족하여, 언어가 갖고 있는 뜻보다는 언어 자체에 의미를 두어 찬성과 반대, 동의와 이의를 제기하여 각 주장이 갖고 있는 진실과 허위를 가려내지 못하는 의사소통의 문제는 불교 이론들에서나 우리에게나 차이가 없다는 것을 그러한 주장의 이유로 드는데, 여기에 상당한 의미의 미끄러짐 현상이 발생하지 않는가? 일심-화쟁-무애의 축 속의 화쟁에서 일심-무애와의 관계가 거의 희석되어 버린 것처럼 보이지 않는가?

고영섭(1996)은 화쟁이 가능할 수 있는 토대는 그것이 바로 부처의 올바른 진리 위에 서 있기 때문이라 말한다. 이는 뒤집어 말하면, 불법에 토대하지 않으면 진정한 의미의 화쟁이 가능하지 않다는 것이다. 고영섭(1997)은 원효가 뭇 주장들을 화회시키기 위해 모색했던 화쟁은 바로 일심으로 돌아가기 위한 방편이었으며, 그러한 노력의 구체적 표현이 바로 무애(無碍)의 행위였다고 주장한다. 그렇다면 무애행이 자리할 수 있는 근거도 바로 '일심'인 것이다. 김원명(2008a) 또한 화쟁이 '일심의 귀결'임을 강조하는데, 이는 원효에게나 그러한 것이고, 중생에게는 일심으로의 귀원이 화쟁의 '목적'이다. 하지만 일심에 이르지 못하였는데, 중생에게 어떻게 진정한 의미의 화쟁이 가능하겠는가? 일심의 근원에 되돌아간 보살이나 부처는 일심의 근원으로 되돌아갈 방법으로 화쟁을 필요로 하지 않으며, 정작 일심의 근원에 돌아가기를 원하는 중생에게는 일심의 근원에 되돌아갈 방법으로서의 화쟁이 불가능하다.[25] 그러면 어찌 해야 하는 것인가?

---

25) 김원명(2008a:263-264).

이효걸(2002)의 말대로 '화쟁의 목적'이 '귀일심원(歸一心源) 요익중생(饒益衆生)', 즉 일심의 근원으로 돌아가게 함으로써 중생들을 풍요롭고 이익되게 하는 것이라면,[26] 진정한 화쟁은 일단 원효와 같은 깨달음의 경지에서나 가능한 것이라 해야 할 것이다. 그렇다면 화쟁의 일반적 적용을 위해서는 일심에 비견할 만한 토대나 기준, 혹은 대안의 제시, 혹은 일심에 이르는 방법이나 방향의 제시가 필요할 것이다. 이러한 측면을 소홀히 하는 화쟁 개념의 현대적 적용은 그 타당성을 충분히 인정받기 어렵다. 근거 자료들의 문제도 화쟁론에서 중요한 고려 대상으로 보이는데, 대개의 화쟁론 논의들에서는 그다지 큰 중요성이 부여되지 않아 온 것으로 보인다. 그래서도 원효가 거의 모든 경전의 주석을 화쟁의 근거 자료로 삼았다는 김영호(2000)의 지적은 매우 중요하다. 그는 원효가 알려진 어느 학자보다도 많은 100종에 가까운 다양한 경론을 소, 종요, 론, 별기, 장 등 각종 형식을 동원하여 주석하거나 저술했다는 사실 자체가 화쟁회통 정신의 발로라고 지적한다. 많고 다양한 근거 자료들을 화쟁한다는 것은 그렇지 않은 경우들보다 고도의 파동수사적 접근을 요할 것임에 틀림없다.

화쟁이 가능한 이유로 때로 '일미(一味)'가 언급되기도 한다. 고영섭(2002b)은 다양한 주장들이 결론의 바다로 들어가기 위해서는 어떠한 통합의 계기와 논리가 필요한데, 원효는 이것을 일미로 전개한다고 말한다. 일미는 같음과 다름, 세움과 깨뜨림 등의 상대적 이분을 넘어서서 다양한 주장의 초점을 한곳으로 이끌어 가는 실마리가 된다. 마치 모든 강물들이 바다에 들어가 한결같이 소금기의 짠맛이 되듯이 일미는 어떠한 통합의 모색을 위해 전제되는 필수적인 요소라고 저자는 말한다. 백가의 다양한 주장들이 화쟁이 될 수 있는 것은 바로 이 일미의 원융성 때문이고, 온갖 흐름들이 돌아가는 의미의 과녁은 결국 부처의 뜻인 일미라는 것이다. 그

26) 김정탁/이경렬(2006)은 '귀일심원과 요익중생'을 '원효 화쟁의 근본 요체'로 본다.

렇다면 일미는 일심의 다른 이름이거나, 일심의 어떤 측면을 일컫는 이름이라고 보아야 하지 않을까?

화쟁의 속틀이 열반이고 열반의 겉틀이 화쟁이라는 김원명(2008b)은 화쟁에 대해 두 가지 해석을 보인다. 하나는 원맥락을 십분 고려한 해석이고, 다른 하나는 '해석학적 상상력'에 의한 해석이다.[27] 그는 우선 열반의 특징으로, '어떤 꼴이 없다. 그래서 어디에도 두루한다', '특성과 모양을 여의고 온 대로 비밀스럽게 감추고 있다', '넓고 크면서 아주 깊고 아주 멀며 끝이 없다', 이 셋을 든다. 그리고 화쟁에 대해서는 앞서 연구된 화쟁 내용에 없는 것을 《열반종요》 중심으로 세 가지로 요약하여 이렇게 밝힌다. 첫째, '서로 어긋나거나 서로 막힘이 없다'. 둘째, '잘 통하고, 잘 통할 뿐만 아니라, 걸리거나 막힘이 없고, 다 얻을 게 있다'. 셋째, '전체와 부분이 막힘이 없으나 같지도 않다'. 이러한 열반과 화쟁의 상호작용에 대해 그는 이렇게 말한다. "원효의 화쟁은 겉틀 측면의 다양성과 차이가 속틀 측면의 동일성·보편성으로 환원되면서 다툼〔쟁(諍)〕이 무화(無化)되는 데 머무르지 않고, 속틀로 돌아가면서 '하나임〔일심(一心)〕'을 인식한 채로 다시 겉틀의 다양성과 차이를 동시에 보면서, 본질과 비본질, 부분과 전체를 동시에 서로 비추어 본다." 그리하여 어떤 사물들이나 주장들 간의 다양성과 차이를 서로 어긋나지 않으며, 모두 도리가 있고, 잘 통하며, 다 얻을 만한 게 있어, '조화로운 겨룸(和諍)'으로 보며, 이에 얽매이지도 얽매이지 않지도 않는 것, 이것이 바로 화쟁이라는 것이다.

이는 비교적 원맥락에 충실한 해석이다. 그는 '일심'은 '한마음'으로 푸는 게 일반적이지만, 원효의 《기신론소》의 일(一)에 대한 '모든 현상 가운데 꽉 차 있어 빈탕함과는 같지 않아 그것다움이 스스로 신해(神解)하여 심

---

27) 김원명(2008b)에게 '화쟁사상은 원효의 핵심 사상이고 그의 세계관이자, 학문방법론이며, 학문적인 귀결'이다. 그는 '원효의 화쟁'을 '동아시아 불교의 시대적 요청이며, 한반도의 정치적·사회적 상황에서의 시대적 요청에 대한 보편적이며 고유한 응답'이라고 보았는데, 이는 그의 해석학적 해석이다.

(心)이라 이름붙인 것'이라는 대목을 고려하여 '하나임'으로 풀었다고 설명한다.[28] 이는 일심이 작용이나 기능을 말하는 것이지 궁극적 존재나 근원적 실체를 지칭하는 형이상학적 개념이 아니라고 말하는 정영근(1999)의 지적과 어긋나지 않는 것으로 보인다. 정영근은 원효가 결코 유심론적 존재론적 차원에서 그 근원적 실체를 추구하여 그것의 시원을 일심이라고 부른 것이 아니라고 단언한다. 그러니 우리는 '일심은 무엇인가', '마음은 무엇인가' 물을 것이 아니라, '마음이 어떻게 나타나고 작용하는가를 물어야 할 것'이라고 그는 조언한다. 다른 하나는 저자의 '해석학적 상상력'을 통한 해석이다. 불교사상의 열반에 대해 이해할 수 있는 근거가 수용자의 입장에 내재적으로 있어야 한다고 보는 그는 원효가 고대 한국말을 쓰며 한국말로 사색했을 것에 착안하여 화쟁을 해석한다. 그에 의하면, 원효가 돌아가고자 한 일심의 근원은 나와 네가 함께 어울리는 우리의 세계며, 사람들 사이에서 서로서로 크게 넉넉하게 돕는 세계이다. 그는 '우리'에 대해 '큰 하나'라는 해석을 제안한다. 그에게 '작은 하나'로 사는 것은 '우리'로 사는 것이 아니다. '작은 하나'이면서 동시에 '큰 하나'로 사는 것이 '우리'로 사는 것이고, 일심(一心)으로 화쟁(和諍)하며 사는 것이다. 화쟁은 '나 하나', '너 하나'가 '큰 하나'의 삶, '열린 우리'의 삶에 녹아들어 있으되, 고유성과 개성을 잃어버리지도 않는 삶을 지향하는 것이라는 게 저자의 풀이다. 그는 원효가 이해한 '우리'는 '나 없는 지극한 나'요, '나 아닌 큰 나'라고 말한다. 이러한 상상적 해석에서 일심은 넓은 의미의 '우리', 외연이 최대한으로 넓혀진 '우리'가 '우리'이도록 하는 '그 무엇'에 근접하는 것이라는 해석도 가능할 것이다. 나 중심에서 우리 중심, 더 큰 우리 중심으로의 문제는 바로 '파동적 수사'의 문제이다.

---

28) 김원명(2008b:148) 주 42 참고.

5. 화쟁론과 파동적 수사학

방건웅(2005)은 양자역학에서 비롯된 입자와 파동의 이중적 성격이 의식을 포함한 만물에 적용된다고 주장한다.[29] 저자는, 빛의 측정의 경우에서 보듯이, 만물은 입자적 특성과 파동적 특성을 모두 지니는 복합적 양자상태에 있으며, 측정하는 순간 그 목적에 적합한 면이 드러난다고 설명한다.[30] 저자는 경쟁의 논리가 적용되는 입자성에 초점을 맞춘 이론이 다윈의 이론인데, 이 이론은 환경을 포함하여 모든 생명체들이 전쟁 혹은 투쟁상태에 있는 것으로 보기 때문에 '개체들의 협력'에 의해 일어나는 창발현상을 설명할 수 없다고 말한다. 저자는 물질론적 세계관 내지는 요소환원주의적 관점은 '자연계의 입자적 특성에 초점을 맞춘 것'이고, '창발적 특성'은 미약 신호에 의한 정보의 교환 내지는 의사소통을 바탕으로 한 개체간의 협력에 의해 일어나는 것이라 설명한다.

입자성이 분리성, 국소성 등에 의해 특징지어진다면,[31] 파동성의 특징은 연계성, 상호작용성 등이다. 전자가 개체 지향적이라면 후자는 공동체 지향적이다. 특히 의식과 관련하여 저자(2006)는 파동적 특성을 파악하려면 개체로서의 의식인 자아의 개념이 작아져야 효율적이라고 지적한다. 자아 의식은 개체로서, 즉 입자적 특성에 중심을 둔 인식이고 우주 의식은

---

29) 방건웅(2004:157): "오늘날 양자역학은 소립자들의 양자 영역 세계에서만 적용 가능한 것이 아니라 원자, 박테리아, 우주적 범위에도 적용 가능한 것으로 보고 있다."

30) 방건웅(2006:117): "비유한다면 항공사진을 들 수 있다. 하늘 높이 서서 찍을수록 전체 형상이 드러나지만 땅으로 가까이 오면 전체 윤곽은 사라지고 건물과 같은 섬세한 정보가 드러난다. 즉 전체와 개체는 상보적이어서 양자를 동시에 모두 선명하게 볼 수가 없다. 하나가 자세하게 드러나면 다른 하나가 그만큼 불분명해지는 것이지 어느 하나를 자세하게 관찰한다고 하여 다른 하나가 영향을 받는 것은 아니니다."

31) 방건웅(2006:114): "결정론과 객관성 외에 만물은 분리되어 있다는 국소성이 고전물리학의 또 다른 특징이다. 고전역학에서 말하는 객관성은 한마디로 표현한다면 눈에 보이는 것이 진실이라는 것에 다름 아니다. 객관성과 결정론, 그리고 국소성은 모두가 서로 연관이 있는 내용들로서 공통점은 바깥 세계에 존재하는 사람들이 모두 분리되어 있어 입자적 특성을 갖는다고 보는 것이다."

초월 의식으로서 전체에 초점을 둔 것이니 이 의식을 경험하려면 개체 의식, 입자적 의식의 비중을 줄이고 전체적 의식, 즉 파동적 특성에 중심을 두어야 한다는 것이다. 도교적 사고에서 자의식은 온갖 고통의 원천이라 지적하는 지아(2008)도 자의식이 작아질수록 조화가 좀더 커진다는 지적을 한다. 작은 우리로부터 좀더 큰 '우리'로 나아가는 것은 좀더 큰 파동성을 지향하는 것이고,[32] 이는 '일심'을 지향하는 것이기도 하다.

방건웅(2005)에 의하면, 항공사진의 범위가 사진을 찍는 고도에 따라 결정되듯이, 우리는 선택에 의해 그 수준에 맞는 의식을 갖게 된다고 한다. 이와 같은 개인적 차원의 의식의 발전은 사회의 구성이나 운영 원리에도 동일하게 드러난다. 예를 들어 '눈에는 눈, 이에는 이'와 같은 관점은 입자성이 큰 사회 체계에 적용하는 방식이 되고, '어짊(仁)과 자율(自律)'에 기초한 관점은 파동성이 큰 사회에 적용할 수 있는 원리이다. 저자는 '계층구조'와 관련지어 인류에게 주어진 선택이 세 가지가 있다고 말한다. 하나는 하위 구조로 이행하여 의식이 계속 좁아지면서 개체화/입자화되는 것이고, 다른 하나는 현상을 그대로 유지하는 것이며, 또 다른 하나는 상위 구조로 발전하여 의식이 확장되면서 파동 특성의 비중이 늘어나는 것이라고 한다. 이 같은 논리는 일상적 소통은 물론 학문적 소통에도 거의 그대로 적용된다.[33]

이러한 파동적 수사의 한 '원형(아르케 타입)'을 우리는 원효의 화쟁론에서 본다. 화쟁을 소통으로 해석하든 화해로 해석하든, 원효의 화쟁은 근본적으로 파동수사적 접근이다. '귀일심원 요익중생'이 목적이라는 것, 중생심이 불심이라며 대상자들에게도 자신도 모르게 일심이 갖추어져 있다고 보는 것, 매우 다양한 자료들의 이견들을 소통 혹은 화해시키고자 하는 것, 이 모두가 고도의 파동적 사고이다. 그런데 원초적 화쟁과 활용된 화

32) 파동적 수사학에 대한 좀더 자세한 설명에 대해서는 전성기(2009) 참고.
33) 전성기(2007b:167-168)에서 재인용.

쟁 사이에는 상당한 차이나 괴리가 있을 수 있다. 자아를 벗어나 무애의 경지를 추구하는 '귀일심원 요익중생'이 파동성이 지극히 높은 경우라면, 여타의 경우는 정도의 차이는 있겠으나 파동성이 상대적으로 낮다고 보아야 할 것이다. 그리고 화쟁하는 원효에게서 투사적 에토스는 실제적 에토스와 동일한 것으로 간주될 수 있으나, 원효의 화쟁을 적용 혹은 활용하고자 하는 일반인들에게서 투사적 에토스는 일심에 가까울지 몰라도, 실제적 에토스는 이와 상당한 거리가 있는 경우가 거의 대부분일 것이다. 그러나 바로 그렇기 때문에라도 의도적으로, 자신의 투사적 에토스뿐 아니라 상대(들)의 에토스도 투사적으로 '일심'이나 그에 가까운 것으로 설정할 필요가 있다.[34] 화쟁하는 원효에게는 대상자들의 투사적 파토스도 그 자신의 실제적 에토스와 근본적으로 다를 바 없으나, 실제적 파토스는 다양한 욕구와 욕망들로 점철되어 일심과는 사뭇 괴리가 있을 것이다. 그러나 그렇기 때문에 원효가 말하는 일심이라는 에토스 혹은 파토스 상태에 근접하려는 노력이 필요한 것이다.

여러 문제에도 불구하고 원효의 화쟁을 파동적 수사의 하나의 '이상적' 모델로 삼을 수는 있다. 문제는 현실의 여건들 속에서 어떻게 이 모델의 정신을 (되)살릴 수 있는가 하는 것이다.[35] 원효의 화쟁은 부처의 가르침에 대한 절대적 믿음에 기반하여, 불교 이론들에 대한 제한적 긍정과 상보성, 극단적 집착의 탈피, 폭넓은 이해, 긍정과 부정의 자재(自在) 등의 방법을 제시한 것인데, 이는 단순히 언어의 문제가 아니라 인식의 문제이기도 하다. 원효는 만법은 본래 차별이 없는데 인간의 '잘못된 인식'으로 인해 차별과 대립이 나타나는 것으로 보았다. 김명희(2008)는 모든 차별이 잘못된 인식

---

34) 이는 모든 사람을 잠재적인 부처, 잠재적인 그리스도로 보는 생각이다.

35) 고영섭(1997)은 일심을 '넓은 마음', '넉넉한 마음', '따뜻한 마음'으로 해석하기도 한다. 이것이 역사적 해석일 수는 있지만, 이들 마음이 곧 역으로 '일심'으로 반드시 해석되는 것은 아니다. 원효의 '전 사상 체계를 아우르는 핵심 술어인 일심'이 '바로 욕망의 절제를 위한 모색의 산물'이라는 고영섭의 주장은 원효 자신의 문답의 결과라기보다는 그의 원효의 화쟁론에 대한 문답의 결과로 보아야 할 것이다.

(분별성)과 타자와의 관계에 의존(의타성)하고 있음을 알게 되면 절대 진리(다르마)에 대한 다양한 표현과 그 표현에서 오는 차별은 극복될 수 있다고 주장한다. 진리는 '하나'지만 그 진리에 대한 표현은 여럿일 수 있다는 것이다. 하지만 원효의 불교적 역사적 맥락이 아닌 여타의 경우에도 '절대 진리'나 '하나의 진리'가 전제될 수 있을까? 종교적 맥락을 벗어나면, 적어도 다양성을 인정하는 수사학의 관점에서는 그러한 진리가 전제되기 어렵다.

하지만 우리가 아직 알지 못하는 어떤 미지의 '진리의 존재'를 가정할 수는 있다. 퇴계가 자연과 만물과 인간의 근원, 즉 모든 것의 소이연이면서 자연과 만물과 인간에게 내재되어 있는 본성으로 보았다는 '도(道)'[36] 역시 그러한 미지의 진리라고 볼 수 있다. 그러나 이 '미지의 존재'가 하나의 단순한 믿음이 아니라 큰 공감의 토대가 되기 위해서는 학문적 탐구들에 의해 뒷받침되는 것이 필요한데, '자아초월심리학'은 현대의 하나의 후보이다. 김원명(2006)은 화쟁이 온전히 이루어지는 결실을 맺으려면 열반이라는 선결 요건이 필요하다고 말한다. 저자는 '열반-경험'은 '인식론적 도약이며, 존재론적 도약'이라 말하는데, 앞서 말한 '미지의 존재'가 진정 '선결 요건'의 역할을 하려면 그러한 인식론적 도약, 나아가 수행적 도약이 필요할 것이다. 그러나 오늘날 학문을 하는 대개의 경우처럼, 행입을 고려하지 않는 이입, '체찰'을 소홀히 하는 '함양', '수양으로서의 학문'을 도외시하는 '체계로서의 학문'에서는 그러한 '도약'이 이루어지기가 매우 어려운 것이 현실이다. 그러나 바로 그렇기 때문에 인식의 전환이 필요하고, 또 이를 행동으로 옮기는 것이 필요한 것이 아닌가?

원효는 거의 모든 경전의 주석을 화쟁의 근거 자료로 삼았다는데, 우리가 화쟁을 할 때, 그 과정에서 서로 상반되는 입장이나 경합하는 여러 견해들에 대하여 각각의 주장들이 나름대로 타당한 측면이 있음을 인정하고

---

36) 이광호(1993:175).

이들을 모두 포괄하고자 적극 노력하는 것은[37] 원효의 화쟁 정신과 조화를 이루는 파동적 접근이다. 김영호(2000)는 원효와 연수를 비교하면서, 전자가 어디까지나 쟁론들의 조화 회통의 입장을 보여 주는 데에 반해, 후자는 화회 겸수를 말하면서도 쟁론에 대한 다소 부정적인 입장을 보인다고 지적한다. 후자는 경우에 따라서는 쟁론을 지양하자는 입장을 보여 쟁론의 긍정적인 측면을 늘 강조하는 원효의 태도와 구별된다고 하는데, 이러한 긍정적 태도는 파동적 접근에서 기본적으로 중요한 요소이다. 이는 갈등을 이용하여 새로운 지식으로 나아가기를 강력히 권하는 크로스화이트(2001)의 '이성의 수사학'과도 맞닿아 있다.[38] 오강남(1987)이 원효의 화쟁론을 현대적 용어로 옮기면 다원주의적 입장이 될 것이라 피력한 바도 있지만, 원효의 화쟁론은 '다원성'을 인정한다는 점에서도[39] 근본적으로 수사(학)적이다.

불교라는 '절대 진리'를 당연한 것으로 전제하고 있는 화쟁론의 일심은 오늘의 비종교적 관점에서는 그대로 수용하기 어려운 점이 있다. 그러나 인류는 모두 각자 자기 초월의 가능성을 가지고 태어났기 때문에 이를 촉진시켜 줄 수 있는 적절한 치료와 수행의 과정을 체험하게 되면 자아를 초월하여 궁극적인 깨달음의 경지에까지 나아갈 수 있다고[40] 보는 캔 윌버의 '자아초월심리학'은 원효의 화쟁론의 현대적 적용에 관심을 갖는 사람들이 충분히 관심을 가질 만하다. 조효남(2006)은 자아 초월은 인간 정신(psyche)의 인습적, 개인적, 개체적 수준을 넘어서는 발달을 의미한다고 말한다. 좀더 구체적으로는 평균적 개인의 성숙한 자아와 실존의식을 넘어, 가로질러, 통하여 열린 의식의 확장(수평적 트랜스)과 의식의 변용(수직적 트랜스)과 개인적 의식의 투명성(투명한 트랜스)을 통한 자아 초월적, 초

---

37) 최연식(2006:425) 참고.
38) 크로스화이트(2001:121-124) 참고.
39) 김명희(2008) 참고.
40) 조수동/최지숭(2007:343).

개인적, 초개아적 의식 영역으로의 발달을 총칭한다. 이러한 자아 초월 비전[41]은 '초월적 경험'이나 '우아일체' 경지 도달을 중요시하지만, 중생구제에 대해서는 그다지 관심을 보이지 않는다고 조수동/최지숭(2007)은 지적한다. 이는 화쟁론과의 의미 있는 차이이나, 소승불교와 대승불교의 관계에서처럼, 극복 가능할 수도 있다.

월버는 거의 모든 학문의 '통합 패러다임'이라 할 수 있는 '트랜스퍼스널학'을 추구한다. 조효남(2006)은 이에 대한 정의와 관련 분야에 대한 이해에서 분명하게 유의해야 하는 점은 기존 현대 학문의 제 분야의 연구 성과를 조금도 제외시키지 않고서 모든 학문의 연구성과를 모두 포괄한다는 것이라고 설명한다. 저자는 '자아 초월 사상의 기본 원칙'으로 다음의 것들을 든다. ①우리 인간의 본질적인 본성은 영적이다. ②의식은 다차원적이다. ③인간 존재는 심화되는 개인적, 사회적, 초월적 깨우침을 통하여 전체성의 탐색으로 표현되는 영적 추구를 향한 정당한 충동을 갖는다. ④지혜와 내면으로의 안내에 의한 더 심층적 근원과의 접촉이 가능하고 또한 성장에 도움이 된다. ⑤개인의 의식적 의지와 서원을 영적 충동과 통일하는 것은 인간 성장의 초좌표적 건강한 가치이다. ⑥우리의 삶과 활동은 의미가 있다. ⑦자아 초월적 맥락은 사람들이 어떻게 보여지는가를 구체화한다. 이러한 원칙들은 탐구의 대상이기도 하지만 수행적 실천의 대상이기도 하다.

트랜스퍼스널학은 '감각의 눈', '이성의 눈', '관조의 눈'을 아울러 갖추고,[42] 물리과학이라는 '하드웨어'뿐만 아니라, 철학과 심리학이라는 '소프트웨어', 신비적-영적 종교라는 '초월적 웨어'를 포함하는 전반적인 지식 탐구를 의미한다. 이정배(2001)는 "이런 세 가지 눈은 각기 고유한 앎의 대상을 갖고 있는 것으로서 정신이 육체를 초월하고 있듯이 상위의 눈이 하

---

41) 조효남(2006:150).
42) 이 세 눈을 조효남(2008:494)은 각각 '육안', '심안', '영안'이라 부른다; 켄 윌버(2004) 참고.

위 눈의 언어로 환원되어 설명될 수 없으며 동시에 하위의 눈 없이 상위의 눈이 존재할 수 없는, 즉 서로 포함하면서 넘어서는 관계를 지니고 있다"고 지적한다. 윌버는 이러한 종류의 앎의 방식들이 동서양의 모든 종교들 속에서 나타나고 있다고 보고, 이를 근거로 궁극적으로는 종교와 과학 그리고 종교와 종교 간의 통합적 진리관을 모색해 나가려고 하는 것이다.[43] 이러한 포괄적 탐구의 노력은 자아초월심리학의 높은 파동적 성격을 보여주는 것으로, 방건웅(2006)도 '파동적 특성에 초점을 맞춘 심리학'이라 평한 바 있다. '자아 초월 체험'은 정체성이나 자기의 의미가 개체적이거나 개인적인 수준을 넘어 확대되어 가서 인류·생명·정신·우주의 좀더 넓은 측면을 포함하게 되는 체험이며[44] '일상의 심적, 에고적 자기를 초월하는 의식의 더 상위적 양태를 수반'한다.[45] 자아 초월과 통합적 탐구에 기초한 이러한 경험은 일심의 경지를 연상하게 하는 바가 없지 않다.

조효남(2008)은 윌버에 대해 그의 모든 저술(에 담긴 사상)은, 궁극적으로는 영적 수련과 마음속의 몸, 혼 속의 마음, 영속의 혼의 황홀한 통로를 통해 드러나는 진리에의 참여에 근본 바탕을 두고 있다고 지적한다. 이러한 '진리'는 원효의 '일심'에 비견되는 것으로 볼 수 있다. 저자는 윌버의 노력은 모든 중생을 해탈시키고자 하는 보살의 서원의 심오한 현시에 조금도 못 미치지 않는다는 마크 팔머 등의 말을 인용하며, 진리에의 참여는 정확히 원효의 일심/일미 사상과 일치하는 것이고, 여기에서 원효의 귀일심원의 화쟁사상과 윌버의 통합 사상의 일치점이 발견된다고 평한다. 윌버는 그의 사상/모형을 포함한 모든 사상/모형이 완전할 수 없고 더 나은 것이 나올 때까지만 기능하며 계속 진화 발달의 과정에 놓여 있다고 스스로 인정하는데,[46] 바로 이 점이 학문적 관점에서 높이 평가된다. 굳이 윌버

---

43) 이정배(2001:250).
44) 조효남(2006:149).
45) 조효남(2006:152).
46) 조효남(2008:525).

의 경우와 같이 '거의 모든 학문의 통합적 접근'이 아니더라도, 주어진 하나의 문제에 대해 다양한 관점에서 가능한 한 다양한 문제들을 서로 교차시키고 소통시키려는 파동적 노력은 오늘과 같은 갈등의 시대에 그 어느 때보다 절실히 요구된다.

6. 맺음말

원효의 화쟁론 혹은 화쟁사상에 대해서는 다양한 견해와 해석들이 존재한다. 종교적 사고방식으로서는 유효하였지만 현실 세계의 차별과 이견까지를 해소할 수 있는 이론이라고는 보기 힘들다는 최연식(2006)의 견해로부터 21세기 세계에 대한 하나의 방향 제시로 보는 이기영(1998)의 견해에 이르기까지 무척 다채롭다. 이들은 모두 화쟁론의 가능한 읽기이고 해석들이나, 그 타당성 정도가 모두 동일한 것은 아니다. 학문적 연구를 문답관계로 설명하는 메이에르의 제문론을 통해 이들을 재해석하여, 역사적인 원효의 원초적 문답과 그에 대한 우리의 문답들을 구분하는 등 다양한 비교 검토의 과정을 거칠 필요가 있다. 화쟁에 대한 연구들을 살피다 보면, 그 타당성 여부를 떠나, 진정 화쟁적으로 이루어지고 있는 것인지 자문하게 되는데, 긍정적 답을 얻게 되는 경우는 상당히 드물다. 원효의 화쟁론은 파동적 수사학의 하나의 '원형'이라 할 수 있는 것인데, 이에 대한 연구들이 여타 연구들과 별다를 바 없이 거의 입자적으로 이루어지고 있는 것은 무척 아쉬운 점이다.

제문론적 수사학의 측면에서 화쟁론을 고찰한다는 것은 무엇보다 화쟁론이 어떤 문제에 대한 답이었는가를 묻는 것이고, 이러한 물음 혹은 문제제기는 역사적 상황이나 맥락과 결코 분리될 수 없다. 화쟁도 역사적 원맥락을 깊이 연구한 결과들을 보면 일심-무애와 불가분의 관계에 있음을 알게 되는데, 이를 이해한 화쟁의 적용과 그렇지 않은 경우들은 상당한 차이가 있다. 화쟁의 수사학적 고찰에서는 로고스뿐 아니라 에토스, 파토스에 대한 고려와 이들의 상호작용도 소홀히 할 수 없고, 이들의 투사적 측면과 실제적 측면도 살펴보아야 한다. 설령 화쟁이 원효에게 고유한 것이 아니었더라도, 일심-화쟁-무애로 하나로 어우러진 그의 화쟁론과 실천은 원효에게 독특한 것이었다고 해도 어긋나는 말은 아닐 것이다. 이러한 화쟁이 현대적인 맥락에서 하나의 문제가 되어 하나의 새로운 답으로 재해석될 수 있는 여지는 물론 충분히 있다. 하지만 그 해석에서 일심-화쟁-무애와 그 상관관계는 모두 충분히 고려와 성찰의 대상이 되어야 할 것이다.

화쟁의 파동적 수사의 해석이 입자적 수사의 존재 의미 자체를 부정하는 것은 아니다. 입자적 수사가 지나치게 지배적인, 일종의 '디폴트 모드'가 되어 있는 오늘의 수사, 오늘의 소통 경향에 문제를 제기하는 것이다. 소통에서 개인 위주의 입자적 방향이 아니라 공동체 지향의 파동적 방향을 선택한다는 것은 우리가 지향하는 세상에 대한 하나의 의식적 선택이다. 갈등과 대립보다는 공존과 협력을 지향하는 하나의 의도적 선택인 것이다. 이러한 선택에서 언어는 그 사용자, 그 사용의 대상과 결코 무관하지 않다. 박상주(2002)는 자신을 한없이 낮추고 마음을 비우는 태도를 일심 수행의 진정한 출발점이자 귀결점으로 본다. 이는 일심과 무애의 매개항이라는 화쟁에서 에토스, 로고스, 파토스가 높은 파동적 성격을 가지며, 행입(行入)도 이입(理入) 못지않게, 체찰(體察)도 함양(涵養) 못지않게 중요한 것임을 시사하는 것이다. 적어도 원효의 화쟁론을 올바로 받아들인다면 학문과 수행을 별개의 것으로 보지 말아야 할 것이다. 이는 우리에게 학문론의 중요한 방향을 시사하는 것이다. 파동적 수사학은 '以言遺言'의 의미와 더불어, 무애와도 연관된, 자신을 한없이 낮추고 마음을 비우는 것의 에토스적·로고스적·파토스적 함의를 깊이 음미해 보아야 할 것이다.

■ **전성기** 불어불문학과

참고문헌

강영안/최진덕(1999): 〈수양으로서의 학문과 체계로서의 학문〉, 《철학연구》, 제47집, 35-63.

고영섭(1996): 〈원효의 통일학—부정(破·奪)과 긍정(立·與)의 화쟁법〉, 《동국사상》, 26, 79-125.

_____(1997): 《원효》, 한길사.

_____(2002a): 〈원효 연구의 어제와 오늘〉, 《원효》, 예문서원, 15-44.

_____(2002b): 〈원효의 통일학〉, 《원효》, 예문서원, 164-225.

_____(2004): 〈원효의 십문화쟁론〉, 《교수신문》, 2004. 4. 17.

김도공(2005): 〈원효의 화쟁사상 형성에 영향을 미친 장자 제물론의 영향〉, 《보조사상》, 24, 94-131.

김명희(2008): 〈원효 화쟁론의 해석학적 접근—종교대화원리를 중심으로〉, 《원불교사상과 종교문화》, 38, 121-161.

김상현(1995): 〈원효 화쟁사상의 연구사적 검토〉, 《불교연구》, 11, 12, 333-358.

김영민(2005): 〈한국철학사 방법론—한국철학사 연구와 인문학 교육〉, 《오늘의 동양사상》, 제12호, 207-230.

김영호(2000): 〈원효 화쟁사상의 독특성—廻諍(인도) 및 無諍(중국)과의 대조〉, 《철학》, 64, 5-34.

김원명(2006): 〈삶의 지혜로서의 화쟁과 열반: 갈등과 조화 그리고 깨달음—원효의 열반을 중심으로 화쟁의 관점에서〉, 《한국 불교학결집대회 논집》, 3-2, 960-971.

_____(2008a): 《원효의 열반론》, 한국학술정보.

_____(2008b): 〈화쟁의 속틀과 열반의 겉틀, 그리고 '우리'말 이해〉, 《하이데거연구》, 18, 131-156.

김원명(2008): 〈원효의 화쟁 글쓰기〉, 《철학논총》, 52-2, 1-16.

김인환(2000): 〈문학연구의 새로운 방법을 찾아서—《화쟁기호학》(이도흠 저, 한양대출판부, 1999)에 대한 서평〉, 《고전문학연구》, 17, 239-247.

김정탁/이경렬(2006): 〈원효(元曉)의 의사소통관(意思疏通觀)—화쟁론(和諍論)을 중심으로〉, 《한국방송학보》, 20-3, 49-82.

김형효(2002): 〈元曉의 화쟁적 사유와 대승적 세상보기에 대한 이해〉, 《정신문화연구》, 25-2, 107-148.

남동신(2004): 〈원효의 기신론관과 일심사상〉, 《한국사상사학》, 22, 45-76.

노권용(1990): 〈元曉의 一心思想과 그 佛教思想史的 位置〉, 《동양철학》, 1, 233-

272.
박상주(2002): 〈元曉 一心思想의 再照明〉, 《동아인문학》, 1, 225-248.
박재현(2001): 〈원효의 화쟁사상에 대한 재고—화쟁의 소통(疏通)적 맥락〉, 《불교평론》, 8, 191-215.
박치완(2009): 〈문제 제기론으로써 철학하기〉, 《우리 학문과 학문 방법론》, 지식산업사, 155-186.
방건웅(2004): 〈과학, 객관적 학문인가〉, 한국정신과학학회, 《제21회 2004년도 추계학술대회 논문집》, 149-158.
_____(2005): 〈2부. 기와 과학〉, 《氣가 세상을 움직인다—도덕과 과학》, 예인.
_____(2006): 〈양자역학과 초월심리학〉, 한국정신과학학회, 《제25회 2006년도 추계학술대회 논문집》, 113-118.
석길암(2008): 〈원효의 화쟁을 둘러싼 현대의 논의에 대한 시론적 고찰〉, 《佛教研究》, 28, 199-215.
신창호(2010): 《함양과 체찰》, 미다스북스.
안승대(2008): 〈새로운 대화법 창출에 관한 연구—소크라테스, 프레이리, 원효를 중심으로〉, 《한국교육》, 35-1, 25-51.
오강남(1987): 〈원효사상과 현대사회학〉, 《불교연구》, 3, 139-152.
이광호(1993): 〈이퇴계 학문론의 체용적 구조에 관한 연구〉, 《아시아문화》, 9, 175-178.
이기영(1988): 〈세계의 문화적 현실과 한국불교의 이상—원효사상은 21세기 세계를 향해 무엇을 줄 수 있는가〉, 《불교연구》, 제4, 5집, 133-158.
_____(1995): 〈원효사상의 특징과 의의—원효사상 연구노트〉, 《불교연구》, 11, 12, 307-330.
이정배(2001): 〈켄 윌버(Ken Wilber)의 홀아키적 우주론과 과학과 종교의 통합론〉, 《신학과 세계》, 42, 242-265.
이효걸(2002): 〈元曉의 和諍思想에 대한 재검토〉, 《불교학연구》, 4, 5-34.
장동희(2006): 〈21세기 한반도의 통일전략과 원효의 화쟁사상〉, 《정책과학연구》, 제16권 1호, 57-76.
전성기(2007a): 《수사학의 새로운 탐구—언어학, 번역학, 수사학》, 고려대학교출판부.
_____(2007b): 〈입자적 수사(학)와 파동적 수사(학)〉, 《수사학》, 6, 165-178.
_____(2009): 〈파동적 수사학으로—인문학에서의 학술적 소통을 위하여〉, 《수사학》, 11, 103-131.
정영근(1999): 〈원효의 사상과 실천의 통일적 이해—기신론의 이문일심사상을 중심으로〉, 《철학연구》, 47, 161-180.

조수동/최지숭(2007): 〈원효의 일미관행과 트랜스퍼스널〉, 《哲學硏究》, 102, 343-369.

조효남(2006): 〈자아초월(Transpersonal)이란 무엇인가?〉, 《한국강구조학회지》, 18-1, 148-160.

______(2008): 《의식·영성·자아초월 그리고 상보적 통합》, 학수림.

차차석(2007): 〈원효의 和諍 사상과 불교생태학의 실천적 대안〉, 《普照思想》, 28, 293-326.

최연식(2006): 〈元曉의 和諍사상의 논의방식과 사상사적 의미〉, 《보조사상》, 25, 405-461.

최유진(2002): 〈원효에 있어서 화쟁과 언어의 문제〉, 《원효》, 예문서원, 358-381.

______(2003): 〈종교다원주의와 원효의 화쟁〉, 《철학논총》, 31-1, 1-19.

켄 윌버(2004): 《아이 투 아이—감각의 눈·이성의 눈·관조의 눈》, 김철수 옮김, 대원출판사.

크로스화이트, J.(2001): 《이성의 수사학—글쓰기와 논증의 매력》, 오형엽 옮김, 고려대학교출판부(원본 1996).

Jia, W.(2008): "Chinese Perspective on Harmony: An Evaluation of the Harmony and the Peace Paradigms", *China Meadia Reshearch*, 4-4, 25-30.

Kremer-Marietti, A.(2008): *Michel Meyer et la problématologie*, Editions de l'Université de Bruxelles.

Meyer, M.(1993): *Question de rhétorique-langage.raisonséduction*, Librairie Générale.

______(2004a): "Argumentation, rhétorique et problématologie", *Perelman, le renouveau de la rhétorique*, Puf, 123-136.

______(2004b): *La rhétorique*, Puf.

______(2005): *Qu'estce que l'argumentation?*, Vrin.

______(2008): *Principia Rhetorica: une théorie générale de l'argumentation*, Fayard.

Powers, L.(2004): "Beyond Persuasion and Then Some: Invitational Rhetoric and a Rogerian Strategy", *International Journal of the Humanities*, 2-2, 1495-1498.

소통과 불통 사이의 곡예

한·미 쇠고기 협상

I. 소통과 통섭의 개념적 고민

소통(疏通)이 이 시대의 화두가 되고 있다. 미국산 쇠고기 수입으로 야기된 정국 불안의 원인을 정부와 국민과의 소통 잘못이라 하더니, 이명박 대통령은 최근 들어 부쩍 야당, 재계는 물론 국민과 직접 소통을 하겠다고 나서고 있다. 마침 소통은 국내 학계에서도 통섭과 함께 새로운 학문적 접근법으로서 부각되고 있다.

소통과 통섭은 대체로 구별 없이 같은 의미로 사용되고 있지만, 사전적으로는 물론 통섭의 새로운 학문적 가치를 주장하는 입장에서도 구별하여 사용되는 것으로 보인다. 우선, 사전적으로 소통은 '막히지 않고 잘 통함', '의견이나 의사가 상대편에게 잘 통함(mutual understanding)'을 의미한다. 이렇게 서로 잘 통한다는 것은 '서로 연결되어 있음(inter-connected)'을 의미한다고 볼 수 있다. 통섭에는 적어도 두 가지 한자어가 발견되는데, '通涉'은 '사물에 널리 통함'과 '서로 사귀어 오감'을 의미하고, 불교에서도 사용된다고 하는 '通攝'은 '큰 줄기 또는 실마리를 잡다'를 의미한다. 최재천 교수가 윌슨(Edward Wilson) 교수의 'Consilience'[1]를 번역하는 과정에서 재해석하여 도입한 개념이라는 후자의 의미에 따르면, 통섭은 종래의 학제 간 연구나 단순한 소통보다 훨씬 더 적극적인 통합 학문적 개념으로서 분과 학문들 사이의 경계를 뛰어넘어 영역의 '융합'을 강조한다고 한다. 통섭을 통하여 세상과 사물을 넓고 깊게 볼 수 있다고 하지만, 후자의 통섭은 통합의 방향성을 가진다는 점에서 오히려 다소 제한적인 느낌을 주고 있다.

이렇게 학문적 융합은 그동안 진행된 학문적 분화에 대한 반성으로서 이해될 수 있을 것이고, 그렇다면 학문의 접근에 있어 융합과 분화 중에서 어느 하나를 고집할 필요는 없다고 생각된다. 우리 학계나 사회에서 진정 필요한 것은 최소한 각 학문 분야별, 사회 분야별 영역 간 막힘없이 연결되는 소통이라고 생각되기 때문이다. 다시 말하면, 고등학교 교육 이후 문과와 이과의 구분이 확실하게 자리잡은 한국에서는 학문과 지식의 벽을 허무는 일에서 시작해야 한다고 한다. 이렇게 벽이 허물어지면 서로 가려져 있던 학문과 지식의 크고 작은 분야들이 서로 연결되어 소통되어야 할 것이다. 이렇게 소통된 후에 학문과 지식의 분야별 통합이 가능할 수 있고, 동시에 서로 영향을 받아 학문과 지식의 또 다른 분화를 통한 새로운 학문과 지식이 창출될 수도 있을 것이다. 이 점에서 학문의 단순한 소통이 통섭보다 더 유연하고 유용하지 않을까 생각한다.

아래에서는 이명박 정부 첫해의 국정 운영을 사실상 중단시켰던 미국산 쇠고기의 수입 사건(이하 '쇠고기 파동')을 통하여 한국의 소통 문제를 법제도, 특히 통상법과 법에 대한 인식의 관점에서 살펴본다. 필자의 학문적 및 현실적 한계로 쇠고기 파동을 통하여 드러난 소통의 문제를 제기하는 차원에서만 다루기로 한다.

---

1) 'Consilience'의 단어는 '함께'를 의미하는 'Con'과 '뛰어넘다'를 의미하는 'Salire'로 구성된 라틴어의 'Consiliere'에서 파생되었을 것이라 한다.

II. 사실관계

미국산 쇠고기 수입위생 조건의 개정을 위한 협상(이하 '한·미 쇠고기 협상')이 2008년 4월 18일 타결된 이후 촉발된 촛불시위로 4개월 넘는 기간 한국 사회가 흔들리고 국정이 사실상 마비되었다. 이 글에 관련된 사실관계는 다음과 같이 시간적으로 정리할 수 있다. 2008년 4월 11일부터 18일까지 한·미 쇠고기 협상이 수행되었고, 4월 20일 이 대통령과 부시 대통령의 정상회담이 개최되었다. 4월 29일 PD수첩이 '미국산 쇠고기, 과연 광우병에서 안전한가'를 방영하였다. 5월 2일 서울 청계광장에서 한 고등학생의 발의로 촛불집회가 개최되었고, 5월 6일 참여연대/진보연대 등 '광우병 국민대책회의'가 출범하였다. 5월 13일 PD수첩은 '미국산 쇠고기, 과연 광우병에서 안전한가 2'를 방영하였다. 촛불시위가 지속되고, 5월 20일 언론중재위는 PD수첩에 주저앉는 소가 일어서지 못하는 영상과 관련, 그 소들이 광우병에 걸렸다는 증거가 없다는 보도문을 내보내도록 결정하였다. 이 대통령은 5월 22일 쇠고기 파동과 관련하여 대국민 담화문을 발표하였지만, 곧 도로를 점거하는 과격한 시위가 이어졌다. 6월 12일 미국의 질병통제예방센터(CDC)는 PD수첩에 인간광우병(vCJD)[2] 환자인 것처럼 비추어진 아레사 빈슨의 사인을 크로이츠펠트야곱병(CJD)이라고 결정하였다. 이 대통령은 6월 19일 특별 기자회견을 통하여 또 한 번 대국민 사과를 하였고, 6월 20일 미국에서의 추가 협상이 타결되었다. 6월 24일 PD수첩은 '쇠고기 추가 협상과 PD수첩 오보 논란의 진실'을 방영하면서 왜곡 논란에 대하여 오역이 아니라 의역을 했다고 해명하고, 7월 15일 'PD수첩 진실

---

2) 광우병(BSE)은 4-5세의 소에서 주로 발생하며 해면상뇌증으로 미친 소처럼 행동하다가 죽어 가는 질환이고, 인간광우병은 광우병이 사람에게 전염된 '변종 크로이츠펠트야곱병(new variant CJD, vCJD)'을 일컫는다(두산백과사전 참조). 크로이츠펠트야곱병은 유전자 변이로 인간에게 저절로 발생하는 뇌질환이어서 그 영문 명칭이 주는 함의와는 달리 소위 인간광우병과 다른 것이라고 한다.

을 왜곡했는가?'라는 해명 방송을 하였다. 7월 16일 방송통신심의위원회는 PD수첩에게 '시청자에 대한 사과'의 징계를 결정하였다. 7월 31일 서울남부지방법원은 농림수산식품부가 PD수첩을 상대로 제기한 소송에서 정정과 반론 보도의 원고 일부 승소를 판결하였고, 8월 12일 MBC는 '시청자에 대한 사과' 징계 결정문을 고지하였다. 그럼에도 광복절인 8월 15일 100차 촛불시위가 개최되었고, 이후 미국산 쇠고기 관련 시위는 사실상 중단되었다. 한편, '시민과함께하는변호사들(시변)'과 '불법촛불시위반대시민연대(노노데모)'는 9월 4일 PD수첩을 상대로 국민소송인단 2,469명을 원고로 하는 소송을 서울남부지방법원에 제기했다. 소송가액은 1인당 100만 원씩 총 24억 6,900만원이라고 한다. 7월 14일 개시된 쇠고기국정조사특위는 9월 5일 활동을 종료하였다.

한·미 쇠고기 협상의 전망도 확인할 필요가 있다. 한국은 2001년부터 연령과 부위에 대한 아무런 제한 없이 미국산 쇠고기 수입을 전면 허용하였으나, 2003년 12월 미국에서 최초의 광우병이 발생하자 그 수입을 중단하였다. 2005년 5월 국제수역사무국(OIE)은 국가별 광우병 위험 지위와 관계없이 30개월령 미만의 뼈 없는 살코기는 국가 간 자유로운 무역의 대상이라고 결정하였다. 이에 2006년 1월 한국과 미국은 30개월령 미만의 뼈 없는 살코기만의 수입을 재개하기로 합의하였고, 동년 3월 미국산 쇠고기 수입위생 조건을 제정하였다. 외교통상부가 쇠고기수입협상국정조사특위에 보고한 자료에 따르면, 2007년 3월 노 전 대통령은 부시 대통령과의 통화에서 OIE 기준을 존중하여 '합리적인 기간 내에 합리적인 수준으로' 쇠고기 문제를 해결하기로 약속하였고, 이 내용은 동년 4월 2일 한·미 FTA 타결에 즈음하여 발표된 대국민 담화에도 포함되었다. 동년 5월 미국은 OIE 위험통제국 지위를 획득한 이후 한국의 수입위생 조건을 OIE 기준과 부합하도록 개정할 것을 요청하였고, 이에 따라 수입위생 조건을 개정하기 위한 한·미 기술협의가 2007년 10월과 2008년 4월 개최되었다. 그사이에 2007년 12월 19일 대통령 선거가 있었고, 2008년 4월 9일 총선이 있었다. 문제가 된 2008년 4월 18일의 합의에서 30개월령 미만의 쇠고기 수입을 우선 허용하고, 미국이 강화된 사료 금지 조치를 공포할 때 30개월령 이상의 쇠고기 수입을 허용하기로 하였다. 이후 PD수첩의 광우병 관련 프로그램이 방영되고, 촛불시위가 시작되었다. 이에 한국과 미국은 5월 19일자 서한 교환을 통한 통상장관 간 추가 협의를 통하여 미국이 한국에 대한 수출용과 내수용 모두에 대하여 미국 국내 규정에 따라 동일하게 SRM (Specified Risk Materials)을 제거하기로 합의하였다. 이러한 합의에도 불구하고 쇠고기 협상의 재협상 또는 추가 협상의 국론분열적 논쟁이 지속되자, 6월 13일에서 19일까지 미국에서 통상장관간 추가 협상이 개최되어 30개월령 이상 쇠고기의 수입 차단에 대하여 합의를 하였다. 한국 정부는 6월 26일 한·미 쇠고기 수입위생 조건 개정에 관한 4월 18일 합의, 5월 19일 추가 협의 및 6월 19일 추가 협상의 결과를 국내법상 적용하기 위하여 동 수입위생 조건을 농림수산식품부장관고시를 통하여 시행하였다.

위에서 드러난 미국산 쇠고기 수입위생 조건 개정 및 이에 반발하여 국내에서 발생한 사태의 사실관계에 더하여 미국산 쇠고기 수입 관련 결정에 있어서 참여정부와 현 정부의 구체적 역할을 확인할 필요가 있다. 사실 이들 두 정부의 차이는 대통령과 주변의 수석 및 장관들이고, 이번 한·미 쇠고기 협상에 참여한 일반 관료들은 정부의 교체에도 불구하고 그대로 재직한 것으로 보인다. 즉, 실무 담당자들은 자신의 임무인 미국과의 협상을 정부의 교체에도 불구하고 그대로 수행한 것으로 보이는데, 이번 협상 결과가 참여정부에서라면 달랐을 것인가의 의문이 들기 때문이다. 여야는 참여정부에서 결정하고 미국에 통보한 입장을 현 정부가 실행에 옮긴 것뿐이라는 소위 '설거지론'을 놓고서 대립하였다. 이에 관한 사실관계가 분명하게 규명될 필요가 있다.

III. 한·미 쇠고기 협상의 소통의 단면

쇠고기 파동은 소통의 관점에서 많은 문제를 제시하였다. 최소한 다음과 같은 경우에서 소통의 문제가 발생하였을 것으로 보인다.

①이전 정부와 현 정부의 소통(정부인수위원회의 올바른 역할 여부), ②MB와 청와대/내각의 소통(정책의 올바른 결정 여부), ③대통령과 하위 정부의 소통(수평 및 수직적 역할의 수행 여부), ④정부와 국민(친정부/반정부)의 소통(협상 결과의 홍보/대국민 설명의 충실성 여부), ⑤여당과 야당의 소통(국가 이익 또는 정략적 이익 여부), ⑥사건과 NGO의 소통(촛불시위의 주도), ⑦NGO와 NGO의 소통(반정부적/친정부적 또는 진보/보수 연대의 대립), ⑧사건과 국민의 소통〔언론 기관(MBC PD수첩)의 공공성〕, ⑨한국과 미국의 소통〔추가 (재)협상의 주장〕, ⑩한국민과 미국민의 소통(광우병이 발생하고 아레사 빈슨이 사망한 미국은 잠잠한데 한국은 소란함), ⑪'조선일보·중앙일보·동아일보'와 'MBC·한겨레신문·경향신문'의 소통(동일 사안에 대한 상반된 시각), ⑫과학과 법의 소통(과학적 기준에 근거한 정부의 조치 여부), ⑬과학과 사회의 소통(미국의 주저앉는 소가 광우병소이고 한국민의 유전자가 광우병에 취약하다는 일부 국민의 인식), ⑭대선과 총선의 소통(정치적 이기주의의 고려 여부). 이들 중에서 아래에서는 주로 ⑫과학과 법의 소통 및 ⑬과학과 사회의 소통을 중심으로 고찰한다.

IV. 세계화의 규범적 소통과 그 몰이해

21세기 들어 대표적인 화두는 세계화(globalization)일 것이다. 세계화는 국가들 사이에서 국경의 장벽이 사라지고 국가 간 상품, 서비스와 자본은 물론 사람이 자유롭게 이동하는 현실을 의미한다. 이미 많은 국내 기업, 학자들이 외국 기업, 학자들과 국경을 넘어 교류를 하고 있다. 이러한 소통, 즉 세계화에서 빠지지 않고 등장하는 개념이 '세계적 기준(global standard)'이다. 세계적 기준을 여기서 자세히 논할 수는 없겠지만, 세계적 기준의 가치 판단에 있어 종종 부당 여부의 주장이 제기된다. 예컨대, 선진국들에게는 친화적이지만, 개도국들에게는 적대적인 세계적 기준의 부당성 문제이다. 다만, 세계적 기준의 하나인 조약을 포함한 국제법은 국민을 대표한 정부들이 자발적으로 그 준수를 수락하였고, 그 결과 해당 국가와 기업을 포함한 그 국민에게 큰 영향을 줄 수 있다는 사실에 주목해야 한다.

위에서 간략히 검토한 세계화의 현실은 그 세계적 기준의 하나인 국제법을 통하여 법적으로 제도화되어 있다. 법의 기능은 국내법이든 국제법이든 동일하게 그 사회의 법적 안정성과 예측 가능성을 보장하는 것이다. 따라서, 세계적 기준의 하나로서 국제법은 세계화의 법적 안정성과 예측 가능성을 보장하게 된다. 미국산 쇠고기 수입도 세계화 차원에서 관련 국제법과 국내법을 통하여 설명이 가능하다. 흥미로운 사실은 미국산 쇠고기 사건에 적용되는 규범이 국제법과 국내법을 통하여 이미 법제도적으로 소통되고 있다는 점이다.

세계화의 핵심적 내용인 상품과 서비스의 자유 이동에 관한 국제 규범은 다자적으로 세계무역기구(WTO)가 관장하는 일련의 조약들에서 발견된다. 예컨대, 미국산 쇠고기의 수입에 관한 규범은 '동식물 위생검역 협정'(이하 'SPS 협정'이라 함)에 규정되어 있다. 도하개발아젠다(DDA) 다자무역협상이 10년 넘게 지체되어 충격을 주고 있지만, 그 결과 특정 국가들 사이에 자유무역 협정(FTA)이 더 빈번하게 체결되고 있다. 이러한 FTA도 조약으로서 그 당사국들 사이의 상품과/또는 서비스의 자유 이동에 적용된다. 예컨대, 미국산 쇠고기의 수입에 관하여는 2007년 6월 30일 체결된 한·미 FTA 제8장의 위생검역 조치에 관한 규정이 적용된다.[3] 그런데, 이들

---

3) 흥미롭게도 한·미 쇠고기 협상에서 야기되었던 검역 문제는 한·미 FTA를 통하여 해결할 수 있게 되어 있다. 한·미 FTA 제8장의 위생검역 조치에 관한 규정은 한국과 미국 사이에서 발생할 수 있는 위생검역 조치에 관한 협의와 조정 등의 제도적 절차

국제 규범과 국내 규범이 다음과 같이 규범적으로 소통하고 있는 점에 주목하여야 한다.

첫째, SPS 협정을 포함한 WTO 규범은 한국과 미국 등 회원국들을 법적으로 구속한다. 즉, WTO 협정에 따르면 각 회원국은 자신의 법, 규정 및 행정 절차가 동 협정에 부속된 협정들에 규정된 의무에 부합할 것을 보장하여야 한다.[4] 이 규정의 마지막 구절인 '부속된 협정들(annexed Agreements)'에 SPS 협정이 포함되어 있다. 따라서 한국과 미국은 WTO 회원국으로서 쇠고기 수입에 대한 제한에 관한 자국의 국내법 제도가 SPS 협정에 규정된 관련 의무에 부합하도록 보장하여야 한다. 즉, 한국이나 미국은 SPS 협정의 규정에 따라 양국 간 쇠고기 무역을 규제할 수 있을 뿐이다. 위생검역에 관한 법제도의 투명성을 위하여 WTO회원국은 자신의 관련 법 규정을 WTO에 통보하도록 되어 있다.

둘째, 특정 국가들 사이의 FTA는 WTO의 관련 규범에 따라 예외적으로 허용된다. 이러한 규범에 상품 무역에 관한 GATT XXIV조, 서비스 무역에 관한 GATS V조 등이 있다. 이렇게 FTA가 WTO 체제에서 특별히 허용된다는 사실은 개별 FTA도 확인하고 있다. 예컨대, 한·미 FTA는 '한국과 미국의 WTO 협정의 권리와 의무에 기초'하여 FTA를 체결하고 있다고 별도로 규정한다.[5] 또한, 한·미 FTA는 WTO 협정을 포함하여 한국과 미국의 양국이 당사국인 기존의 양자 및 다자 협정에 따른 서로에 대한 기존의 권리와 의무를 확인하고 있다.[6] 구체적으로 한·미 양국은 위의 일반적인 규정에

를 마련하고 있기 때문이다. 동 제8장에 따라 많은 국민이 우려하는 위생검역의 문제들이 해소될 수 있다. 따라서 미국에서 광우병이 발생하였다고 가정하는 경우에 야기될 것이라고 가상적으로 다루고 있는 문제들은 한·미 FTA가 효력을 발생하면 좀더 용이하게 해결할 수 있게 된다.

4) WTO 협정 XVI 4조. 그 원문은 다음과 같다: "Each Member shall ensure the conformity of its laws, regulations and administrative procedures with its obligations as provided in the annexed Agreements."

5) 한·미 FTA 전문.

6) 한·미 FTA 1.2.1조. 그 원문은 다음과 같다: "The Parties affirm their existing rights and

추가하여 서로에 대한 SPS 협정의 권리와 의무를 확인한다.[7] 즉, 한국과 미국의 시장개방에도 불구하고 양국의 무역에 대한 위생검역 조치에 대하여 기본적으로 WTO의 SPS 협정이 적용되는 것이다. 또한, 이렇게 한국과 미국이 FTA를 통하여 그들 사이의 양자적 시장개방을 약속하면서도 자유무역에 관한 기본적인 국제 규범인 WTO 규범상 권리와 의무가 적용되는 점을 분명히 한 점에 주목하여야 한다. 또한 한국과 미국은 지방정부를 포함하여 한·미 FTA에서 달리 규정된 경우를 제외하고 동 FTA의 규정을 실시하기 위하여 모든 필요한 조치를 취할 것을 보장하여야 한다.[8] 이는 한국과 미국의 법제도가 한·미 FTA의 관련 규정에 일치하여야 한다는 것을 의미한다.

이렇게 한·미 FTA와 WTO 협정의 국제법 차원에서 WTO 회원국이면서 한·미 FTA 당사국인 한국과 미국은 각자의 법제도가 각각 WTO 규범과 한·미 FTA 규범에 일치하도록 하는 의무를 부담하고 있다. 특히 한·미 FTA가 WTO 협정의 틀 속에서 존재함으로써 자유무역에 있어서 한국과 미국의 법제도가 한편으로는 WTO 협정을 통하여 또 한편으로는 한·미 FTA를 통하여 소통하고 있으며, 또한 한·미 FTA가 WTO 협정과 연결됨으로써 소통하고 있음을 알 수 있다. 특히 쇠고기의 수입에 적용되는 위생검역 조치에 관하여 WTO의 SPS 협정이 한·미 FTA에서도 적용되게 되어 있음에 주목하여야 한다. 즉, SPS 협정은 한·미 FTA가 효력을 발생하여도 또는 효력을 발생하지 아니 하여도 한국과 미국의 무역에 적용되는 것이다. 이러한 규범

---

obligations with respect to each other under existing bilateral and multilateral agreements to which both Parties are party, including the WTO Agreement."

7) 그 원문은 다음과 같다: "Further to Article 1.2(Relation to Other Agreement), the Parties affirm their existing rights and obligations with respect to each other under the SPS Agreement."

8) 한·미 FTA 1.3조. 그 원문은 다음과 같다: "The Parties shall ensure that all necessary measures are taken in order to give effect to the provisions of this agreement, including their observance, except as otherwise provided in this agreement, by regional levels of government."

사이의 소통은 한국의 헌법에서도 확인된다. 즉, 헌법은 다음과 같이 규정한다: '헌법에 의하여 체결·공포된 조약과 일반적으로 승인된 국제 법규는 국내법과 같은 효력을 가진다.'[9] 따라서 우리 헌법은 SPS 협정을 포함한 WTO 협정은 물론 한·미 FTA도 양국에서 비준을 받으면 국내법과 같은 효력을 가지는 것을 확인하고 있다. 한편, 한국 정부는 6월 26일 한·미 쇠고기 수입위생 조건 개정에 관한 4월 18일 합의, 5월 19일 추가 협의 및 6월 19일 추가 협상의 결과를 국내법상 적용하기 위하여 동 수입위생 조건을 농림수산식품부장관고시를 통하여 시행하였다.

이렇게 자유무역 등에 관한 국내법과 국제법의 법제도적 소통은 이미 존재하고 있고, 그동안, 적어도 쇠고기 파동이 발생하기 전까지는, 대체로 원활하게 시행되고 있었음에 주목하여야 한다. 그렇다면 다음에서 검역 주권의 문제에서 확인되듯이 법제도적으로 큰 무리가 없는 내용의 협상과 합의가 이루어졌음에도 불구하고 국정을 한동안 마비시킨 쇠고기 파동의 근본적인 문제가 무엇인지 확인할 필요가 있다. 여러 가지 접근에 따른 문제의 인식이 가능할 것이다. 그중의 하나는 세계화 내지 선진화에 대한 우리 국민의 인식이 될 수 있다. 즉, 기본적으로 한국은 세계화의 수혜자임에 틀림이 없다. 부존 자원이 부족한 한국은 풍부한 고급 인력을 바탕으로 대외 시장을 적극 활용함으로써 그동안 세계적으로 유례가 없는 경제 성장을 이룩하였고, 이제 1인당 국민소득 2만 달러를 넘어 선진국의 진입을 바라보고 있다. 그리고 미국은 전통적으로 한국에게 중요한 시장이었고, 또한 중요한 투자원이 되었다. 그런데, 한국은 미국, 일본, 유럽은 물론 세계 모든 국가와 자유무역을 하면 할수록 혜택을 보고 있음에도 불구하고, 미국산 쇠고기 수입에 대하여 '병적'인 혼란을 자초하였다. 이에는 무엇인가 원인이 있을 것이다. 그 원인이 아마도 유럽연합(EU)과의 FTA 협상이 미국과의 협상에서와 달리 아주 조용하게 진행되었던 사실과도 관련이 있지

---

9) 헌법 6조 1항.

않을까 생각한다.

최근에 발표된 한국의 선진화 지수가 OECD 30개 회원국들을 포함한 세계 주요 40개국 중에서 종합 30위를 기록한 것은 쇠고기 파동이 다른 국가도 아닌 한국에서 발생할 수밖에 없는 현실을 보여 준다고 생각한다. 이 발표에 따르면, 한국은 경제 분야에서 26위, 사회 분야에서 27위, 문화 분야에서 28위, 정치 분야에서 31위 및 국제화 분야에서 35위를 기록하였다. 이러한 선진화 지수는 한국이 여전히 반시장주의에 바탕을 둔 반선진화 사고의 후진적 수준에 머물러 있음을 보여 주는 것이다. 국제법과 국내법의 규범적 소통을 바탕으로 이루어진 세계화의 과정에서 으뜸가는 수혜자인 한국이 이러한 세계화의 규범적 소통을 이해하지 못하고 이를 따르지 않는 것이 위의 수치로 확인된 것으로 보인다.

V. 검역 주권에서의 불통

통상법적으로 쇠고기 파동의 주된 쟁점은 소위 검역 주권이다. 미국산 쇠고기 수입 재개에 반대하는 시위 주동자들은 한국과 미국이 2008년 4월 18일 미국에서 광우병이 발생해도 한국이 수입 중단을 못하도록 합의하여 소위 검역 주권을 포기하였다고 주장하였다. 일반 국민들도 이에 상당히 공감한 것으로 보인다.

소위 검역 주권에 대한 국제 규범은 GATT XX조와 WTO의 SPS 협정에서 발견된다. 우선, GATT XX(b)조는 WTO회원국이 자유무역을 위한 GATT의 규정에도 불구하고 예외적으로 사람과 동식물의 생명 또는 건강을 보호하는 데 필요한 조치를 취할 수 있음을 규정한다. 이러한 조치는 국제 무역에 대한 가장된 제한 또는 자의적이거나 정당화될 수 없는 차별이어서는 아니 된다. SPS 협정도 WTO 회원국이 사람과 동식물의 생명과 건강을 보호하는 데 필요한 위생검역 조치를 취할 수 있다고 규정한다.[10] 이러한 위생검역 조치는 사람과 동식물의 생명과 건강을 보호하는 데 '필요한 정도까지만' 적용되고, '과학적 원칙'에 근거하여야 한다.[11] SPS 협정의 규정에 부합하는 위생검역 조치는 GATT XX(b)조의 의무에 일치하는 것으로 추정된다.[12] 국제 기준, 지침 또는 권고에 부합하는 위생검역 조치는 사람 등을 보호하는 데 필요한 것으로 간주되며, GATT와 SPS 협정에 부합하는 것으로 추정된다.[13] 그럼에도 WTO 회원국은 국제 기준 등에 근거한 조치에 의한 경우보다 더 높은 수준의 보호를 위한 위생검역 조치를 취할 수 있다.[14] 이 경우 과학적 정당성이 있거나 위험평가에 따라 해당 회원국이 적절하다고 결정하는 위생검역 보호 수준의 결과이어야 한다. 특히 입수 가능한 과학적 정보의 검토와 평가에 기초하여 관련 국제 기준 등이 적절한 수준의 위생검역 보호를 달성하기에 충분하지 않다고 결정하는 경우에 과학적 정당성이 인정된다.[15] 동물의 건강에 관하여는 국제수역사무국(OIE)의 기준이 SPS 협정의 국제 기준으로 인정된다.[16]

이상의 GATT XX조와 SPS 협정의 관련 규정을 검토할 때 국민의 생명과 건강을 보호하는 데 필요한 정도까지 위생검역 차원에서 미국산 쇠고기 수입을 제한할 수 있다. 다만, 이러한 제한을 위하여 OIE의 관련 기준 등에 부합하거나, 아니면 OIE의 관련 기준이 한국 국민의 생명과 건강을 보

10) SPS 협정 2.1조. 그 원문은 다음과 같다: "Members have the right to take sanitary or phytosanitary measures necessary for the protection of human, animal or plant life or health."
11) SPS 협정 2.2조. 그 원문은 다음과 같다: "Members shall ensure that any sanitary or phytosanitary measure is applied only to the extent necessary to protect human, animal or plant life or health, is based on scientific principles and is not maintained without sufficient scientific evidence."
12) SPS 협정 2.4조.
13) SPS 협정 3.2조.
14) SPS 협정 3.3조.
15) SPS 협정 각주 2.
16) SPS 협정 부록 A-3(b).

호하는 데 충분하지 않다는 과학적 정당성이 있어야 한다. 따라서 미국에서 광우병이 발생한 사실만으로 미국산 쇠고기의 수입을 일반적으로 제한할 수는 없다. 이것이 한국과 미국 등 WTO 회원국이 준수하여야 할 국제 규범이다.

이러한 법적인 이해를 바탕으로 미국산 쇠고기의 수입 재개 합의에 있어 소위 검역 주권의 문제를 검토한다. 2008년 4월 18일 합의, 5월 19일 추가 협의 및 6월 19일 추가 협상에서 드러난 검역 주권의 문제는 다음과 같다. 4월 18일 합의에서 미국에서 광우병이 발생하면 미국의 역학 조사 결과에 대한 한국과의 협의를 거쳐 OIE가 미국의 광우병 위험등급의 분류상 부정적인 변화를 인정할 때 한국이 미국산 쇠고기의 수입을 중단할 수 있도록 하였다.[17] 이러한 합의의 배경은 OIE 기준에 따르면 광우병 위험통제국의 경우에는 광우병이 발생하더라도 도축 검사 과정 등을 통해 광우병 감염 소가 도축되지 않도록 통제가 가능하고, 설사 도축된다 하더라도 OIE 기준에 의한 SRM이 제거되므로 안전성을 확보할 수 있다는 것이다. 즉, 미국이 OIE로부터 광우병 위험통제국으로 인정을 받았고, 한국의 독자적인 수입 위험 분석 결과 OIE평가를 원천적으로 부정할 만한 사항을 발견할 수 없었기 때문에 객관적으로 검증된 국제 기준인 OIE의 광우병 위험등급분류 기준을 존중하였다는 것이다.[18]

2008년 5월 19일 추가 협의에서 미국의 슈워브 무역대표는 김종훈

---

17) 그 원문은 다음과 같다: "In the event (an) additional case(s) of BSE occur(s) in the United States, the U.S. government shall immediately conduct a thorough epidemiological investigation and inform the Korean government about the findings of the investigation. The Korean government will suspend the importation of beef and beef products if the additional case(s) result(s) in the OIE recognizing an adverse change in the classification of the U.S. BSE status(Import Health Requirements for U.S. Beef and Beef Products, para, 5)."

18) 참고로 OIE의 광우병위험등급분류기준에 따라 '경미한 위험국(Negligible)', '통제된 위험국(Controlled)' 및 '미결정 위험국(Undetermined)'으로 평가된다. 한국은 '미결정 위험국'에 해당된다.

통상교섭본부장에게 보낸 서한에서 미국에서 광우병이 발생할 경우에 GATT와 SPS 협정에 따라 한국이 국민 건강의 보호를 위하여 필요한 조치를 취할 권리가 있음을 인정하였다.[19] 그런데 위 서한에서 슈워브 무역대표는 한국의 검역 주권에 대하여 자신의 5월 12일자 발언을 언급하였는데, 동 발언은 GATT와 SPS 협정이 각 국가의 식품 안전에 대한 주권을 인정하고 있고 식품 안전에 대한 조치는 과학에 근거하여야 함을 내용으로 하였다.[20]

2008년 4월 18일의 합의에서 한국과 미국이 미국에서 광우병이 발생하는 경우에 동물의 건강에 대한 국제 기준인 OIE의 광우병위험등급분류 기준을 따르도록 한 것은 일단은 WTO의 SPS 협정에 부합하는 것으로 보인다. 다만, 4월 18일의 합의는 미국에서 광우병이 발생한 경우에 GATT XX조와 SPS 협정에 따라 필요한 조치를 취할 수 있다는 점을 명기하지는 않았다. 이런 점을 들어 일부는 한국이 미국에 대하여 검역 주권을 포기하였다고 주장하는데, 그렇게 보기는 어려울 것이다. 일단 한국과 미국이 WTO 회원국인 사실에서 쇠고기를 포함하여 양국의 무역에 기본적으로 SPS 협정을 포함한 WTO 규범이 적용되기 때문이다. 이 점은 슈워브 무역대표의 2008년 5월 12일 발언과 5월 19일자 서한에서도 확인된다. 그리고 이렇게 일반적이고 기본적인 내용이 양국의 합의나 조약에 번번이 명기되어야

---

19) 그 원문은 다음과 같다: "I have recognized in my statement [of May 12, 2008], Every government has the right to protect its citizens from health and safety risks in accordance with GATT Article XX and the WTO SPS Agreement."

20) 슈워브 무역대표의 5월 12일자 발언의 관련 원문은 다음과 같다: "The GATT and the WTO SPS Agreement preserve each country's sovereignty so that every government can ensure the safety of its citizens, and that includes food safety. All WTO Members are also protected under these provisions by the knowledge they will be used with care and that any food safety actions will be based on science. Article XX of the GATT preserves Korea's right to take measures necessary to protect public health, so long as the requirements of that Article are met. Beyond the GATT and WTO SPS protections, our recently concluded protocol with Korea should address any concerns of Korean consumers by building several layers of procedures and safety measures to ensure that imported U.S. beef is safe."

하는 것은 비현실적이다. 그럼에도 PD수첩이나 광우병국민대책회의 등은 미국에서 광우병이 발생하여 한국민의 생명과 건강을 침해할 경우에 한국이 위생검역 조치를 취할 수 있음을 의도적으로 애써 부인한 것으로 보인다. 결국 과학과 규범의 소통은 이들의 한방에 불통이 되어 버렸다.

이렇게 미국산 쇠고기의 수입 제한 여부가 '국제 기준'과 '과학적 근거'에 따라야 하는 점은 우리 정부도 인식하고 있었다. 예컨대, 2008년 5월 8일 당시 한승수 국무총리가 '미국산 쇠고기 수입과 관련하여 국민 여러분께 드리는 말씀'을 통하여 광우병이 미국에서 발생하여 국민 건강이 위험에 처한다고 판단되면 수입 중단 조치를 취할 것이고, 대부분의 주장이 국제 기준에 맞지도 않고 과학적으로 증명된 것도 아니라고 국민들에게 호소하였다. 한 국무총리는 대국민 성명에서 관련 국제 규범에 따라 한국이 취할 수 있는 조치를 간략하지만 분명하게 선언하였지만, 그럼에도 불구하고 거리의 시위는 한동안 지속되었다.

VI. 한국의 정서법주의, 떼법주의, 무법주의

촛불시위 중에 특히 주동자들과 지지자들은 한국 사회의 근간에 대하여 다양하고 창의적인 분석들을 시도하였다. 그중의 하나는 소위 디지털 내지 직접민주주의가 국회를 중심으로 하는 대의민주주의를 대체할 수 있다는 것이다. 이러한 주장이 얼마나 진지하게 검토되어야 하는지는 모르지만, 국회가 헌법에서 자신에게 주어진 책무를 포기하여 국정이 제대로 작동하지 않은 빈 공간을 촛불시위 등이 잠시 점거한 것으로 볼 수 있다. 헌법 제정 60주년을 기념하는 즈음에 헌법 기관인 국회가 보여 준 것은 허무 그 자체였다. 촛불시위가 수그러진 시점이 국회가 개원한 시점과 일치하는 것은 역설적으로 국회의 마땅한 역할이 있음을 인정하는 것이다.

또 다른 분석은 촛불시위를 해산하고 관련 법질서를 유지하기 위한 경찰 등 공권력의 행사를 법치주의를 가장한 탄압으로 본 것이다. 법치주의는 민주주의와 더불어 헌법의 중추적 기본원리이다. '사람에 의한 통치'가 아닌 '법에 의한 통치'는 단순히 법을 수단으로 하는 통치가 아니라 '법이라는 객관적인 제도에 따른 통치'를 의미한다.[21] 실제로 우리 사회에서 법치주의를 가장한 인치주의의 부당함에 대한 논의가 있었던 것은 사실이다. 과거 군사독재 내지 권위주의적 정권에서 인권을 제한한 부분에 있어서 최고권력자에 의한 인치주의의 폐해가 지적된 것이다. 흥미롭게도 이러한 인치주의의 주장은 최고권력자를 정점으로 한 것인데, 이번 촛불시위에서는 그와 다른 양상을 보였다. 예컨대 광우병국민대책회의는 2008년 6월 12일 아래와 같이 선언하였다:"이제 주권자인 국민은 국민명령권을 발동하여 오는 6월 20일까지 전면 재협상에 나설 것을 명령합니다. 만일 이 정부가 주권자의 명령을 끝내 거부한다면 이명박 정부 퇴진을 위한 국민 항쟁도 불사할 것을 선언합니다." 그런데 헌법 어디에도 이들이 주장한 국민명령권을 인정한 조항은 없다. 아무리 정치를 잘못하고 한·미 쇠고기 협상에 문제가 많았다고 하지만 대통령의 퇴진은 헌법과 법률에 따라야 할 것이다. 헌법에도 없는 권한을 주장하고 행사하려 한 이들 소수야말로 법치주의를 무시하려 한 것으로 볼 수 있다.

한국법제연구원이 실시한 '2008 국민 법의식 조사연구'의 결과에 따르면 법에 대한 인상에 대하여 조사 대상자 3,007명의 43.6%가 '권위적'이라고, 32.6%가 '불공평'하다고 답하여 무려 76.2%가 법에 대하여 부정적 인식을 하고 있는 것으로 파악되었다. 또한 우리 사회의 법 준수에 대하여 조사 대상자의 58.2%가 '법이 잘 지켜지지 않는다'고, 4.6%가 '전혀 지켜지지 않는다'고 답하여 62.8%가 우리의 준법 수준을 낮게 인식하고 있는 것으로 파악되었다. 또한, 자신이 법을 지키지 않는 이유로서 조사 대상자의 34.3%가 '법대로 살면 손해 본다', 20.1%가 '법을 지키지 않는 사람이

21) 장영수, 《헌법학》(2007), 183쪽 참조.

많다', 14.5%가 '번거롭고 불편하다', 11.7%가 '법을 잘 모른다'라고 답을 하였다. 이번 조사 결과를 보면, 한국 국민의 법치주의에 대한 부정적 인식이 상당히 큼을 잘 알 수 있다.

그런데, 대한민국 60년의 역사는 법의 역사이다. 헌법을 기초로 정부가 수립되고, 관련 법제도가 마련되어 국가가 운영되었기 때문이다. 우리 사회의 근간이 법이기 때문에 법치주의는 가장 근본적인 국가 운영 원칙이다. 그동안 특히 정치적으로 많은 곡절을 겪었지만, 한편 경제적, 사회문화적 차원에서 한국의 발전에 대한 법의 기여를 부인하기는 어려울 것이다. 그럼에도 불구하고 위의 조사 결과가 보여 주듯이 한국 국민의 법에 대한 인식이 부정적인 점은 큰 문제임에 틀림없다. 이러한 법적 인식은 우리 사회에 만연하고 있는 '헌법 위의 정서법과 떼법'을 넘어 '무법'도 가볍게 여기는 상황과 무관하지 않을 것이다. 예컨대, PD수첩의 정확하지도 적절하지도 않은 미국산 쇠고기에 대한 프로그램은 미국산 쇠고기는 광우병에 걸려 있고 한국민은 광우병에 걸리기 쉽기 때문에 이러한 쇠고기는 수입할 수 없다는 '정서법'을 만들어 내었다. 또한, 2008년 4월 18일의 합의를 보완하기 위한 추가 협의 및 추가 협상을 통하여 검역 주권 등의 상당한 합의를 이끌어 냈음에도 불구하고 단지 '재협상'이 아니라는 이유로 이를 수용할 수 없다는 '떼법'도 만들어 내었다. 더욱이 사태가 진정되고 시시비비를 가리기 위하여 촛불시위 주동자들과 PD수첩 관계자들을 경찰과 검찰이 소환하는 과정에서, 이들은 소환에 불응하여 공권력 행사를 무시하는 '무법'도 만들어 내었다.

이 같은 일반국민의 '정서-떼-무법' 현상을 그저 나무라기 어려울 수도 있다. 이러한 반-법치주의적 풍토가 최근에 법을 제정하는 국회에서도 목격되었기 때문이다. 예컨대, 국회법의 규정에도 불구하고 국회의 등원을 거부함에 따라 교육과학기술부 장관을 포함한 3명의 장관 임명에 대하여 인사청문회법에 따른 기한 내에 청문 절차를 수행하지 못하고 대통령이 이들을 임명하였다. 이를 두고서 민주당은 '삼권 분립 위반'으로서 야당에 대한 선전포고라고 주장하였는데, 이것이야말로 떼법주의의 극치라고 볼 수밖에 없다. 사실 더 심각한 것은 한나라당과 민주당이 인사청문회법을 준수하지 못하게 되자 동법을 무시하고 인사청문특위를 설치하기로 합의한 사실이다. 이는 법률을 제정하는 국회가 법을 무시하는 무법을 자행하는 것과 마찬가지이다.

VII. 결어

한·미 쇠고기 협상은 소통과 불통 사이의 곡예로 볼 수 있다. 즉, 미국산 쇠고기의 수입에 관련하여 WTO의 GATT, SPS 협정의 국제법은 한국의 헌법 등 국내법과 서로 규범적으로 연결되어 있고, 한·미 양국이 합의한 내용은 대체로 이들 규범이 요구하는 국제수역사무국(OIE)의 국제 기준에 따름으로써 규범의 소통을 실현한 것으로 볼 수 있다. 그러나, PD수첩이 주저앉는 소가 광우병 소이고 한국민은 광우병에 잘 걸릴 수 있다고 방영하고, 이에 일부 국민들이 민감하게 반응하여 불법적인 시위를 오랫동안 지속함으로써 한국 사회에서 상식, 과학적 사실과 법제도의 불통이 초래되었다. 규범과의 소통을 지키지 못하고 사회와의 불통이 쉽게 야기된 것은 아직 한국 사회가 성숙되지 않았음을 보여 주는 것인지 모른다.

이렇게 온전하고 당연한 소통이 한방에 불통으로 뒤집어진 것은 많은 것을 생각하게 한다. 우선, 협상 차원은 물론 일반적인 정부 차원에서 합의되거나 채택된 결정에 대한 후속적인 처리나 작업의 중요성이 여실히 드러났다. 특히 협상 후에 필요한 작업의 대상이 해당 사안에 직접적으로 관련된 이해 집단에 국한되어야 하는지 아니면 좀더 넓게 일반 국민까지 포함해야 하는지에 대한 고민도 필요하게 되었다. 예컨대, 정부는 미국산 쇠고기의 수입에 대하여 예전처럼 소를 사육하는 국내 농가의 불만을 무마시키려고만 하였는데, 광우병이라는 식품 안전이 국민 일반의 문제라는 점을 깊게 고민하지 않은 것으로 보인다.

일각에서는 아무리 낮은 확률이라도 위험요소가 있다면 이러한 위험요소를 수용할 수 없다고 주장하였다. 이런 주장이 21세기의 복잡다기한 세상에서 지극히 감성적이고 이상적인 것이 아니었는지 반성할 필요가 있다. 이 점에서 쇠고기 파동의 사회, 정치, 경제적 파장은 컸지만, 사회와 소통하지 않는 과학이나 학문의 존재와 그 한계를 생각하게 되는 좋은 기회가 되었음은 틀림없다. 21세기의 새로운 현실에 맞추어 일반 국민과의 새로운 방식의 소통이 요구되어야 하는지 심각하게 고민하게 되었기 때문이다. 특히 일부이긴 하지만 국민들 사이에서 정부와 전문가들의 통상 규범과 과학적 사실 및 광우병으로부터의 안전성 등에 대한 공식적이고 전문적인 설명이 수용되지 않은 것 또는 수용되려 하지 않았던 것에 대하여도 진지한 검토가 필요할 것이다. 학자 등의 전문가의 문제일 수도 있고, 권위와 질서를 부인하려는 일반 국민의 문제일 수도 있다.

위에서 언급한 대로, 한국의 선진화 지수가 OECD 30개 회원국들을 포함한 세계 주요 40개국 중 종합 30위라고 한다. 이렇게 선진화 지수가 낮은 것은 한국이 여전히 반시장주의와 반선진화의 후진적 수준에 머물러 있다는 우려를 자아낸다. 실제로 쇠고기 파동은 이러한 우려를 현실로 확인시켜 주었다. 한국 국민은 자유무역을 중심으로 세계화의 혜택을 많이 받고 있으면서도 실제로는 세계화의 현실로부터 벽을 쌓으려는 모습을 보였기 때문이다. 더욱이 국민을 위하여 법률을 제정하는 국회까지 거들어서 국제법은 물론 국내법을 무시함으로써 법치주의에 등을 돌린 것도 목격하였다. 결국 전 세계의 이목이 한국의 촛불시위와 무분별한 정치투쟁으로 야기된 국정 혼란에 집중되었는데, 이로써 세계에서 유례를 찾을 수 없는 '광우병 공포국가'로서 국제 신인도 추락을 포함하여 막대한 규모의 직간접 비용을 감수할 수밖에 없었다. ■ **박노형** 법학전문대학원

리스크 커뮤니케이션의 관점에서 본 구제역

1. 서언 — 전통적인 관점에서의 리스크 커뮤니케이션과 위험성관리

리스크 커뮤니케이션(Risk Communication)은 위험성평가자, 위험관리자 및 이해관계자들 간의 위험에 대한 의견 교류 과정을 의미한다. 리스크 커뮤니케이션은 위험성평가와 관리에 있어서 핵심적이며 지속적인 부분으로서 이상적으로는 위험성관리의 시작부터 전 과정에 이르기까지 모든 이해관계자들이 참여하는 것이 바람직하다. 리스크 커뮤니케이션은 모든 이해관계자들에게 위험성관리 과정의 각 단계를 이해하게 하고 위험성평가의 논리, 결과, 중요성 및 한계를 명확하게 알 수 있게 해 준다(WHO, 2011).

인류 출현 때부터 위험성에 대한 개념은 존재하였으나 근대적인 위험성평가의 시작은 1960년대 FDA(미국 식품의약품청)에서 독성물질학적 데이터를 사용한 건강환경 예측 위험성평가이다. 그리고 EPA(미국 환경보호청)가 설립된 계기를 만들었던 저서 《침묵의 봄(*Silent Spring*)》에서, 살충제가 환경에 미치는 영향에 대한 위험성평가를 소개하고 있다. 1960년대에 원자력발전소, 우주 개발 등의 안전성평가에 사용된 확률론적 위험성평가 방법이 도입되면서 위험성평가 및 관리가 본격화되었다. 화학장치

산업에서는 대규모 독성물질 누출 사고, 화재 및 폭발 사고 등 중대 산업 사고의 발생을 예방하기 위하여 다양한 위험성평가 방법을 개발하여 적용하여 오고 있다. 이렇듯 위험성평가는 그 의미는 동일하지만 대상 및 목적에 따라 독립적으로 수행해 온 활동이라고 할 수 있다.

그 후, 1983년에 미국과학아카데미(National Academy of Science)와 연방연구협의회(National Research Council, NRC)에서 〈연방정부에 의한 위험성평가(risk assessment) 프로세스〉(1983)를 발행하였는데, 이 가운데 NRC는 위험성평가의 정의를 "일관성 및 기술적 품질을 확보하기 위해 또는 위험성평가가 위험성관리(risk management)에서 분리된 과학적인 노력을 유지하기 위해, 규제를 하는 정부 기관이 '추론을 위한 가이드라인'을 만드는 것"이라고 권고하고 있다. 화학물질의 위험성에 관한 포괄적인 산업안전보건 영역에서의 위험성평가의 도입 시기는 EU의 산업안전보건을 담당하고 있는 제5총국(DGV)의 홍보지인 《*Social Europe*》지 1990년 제2호의 기사에서 언급되었다. 이 기사에서는 위험성평가의 의미가 매우 다른 나라도 있고, 그것이 이미 법제화되어 있는 나라도 있다고 하였다. 영국에서는 1988년의 건강유해물질관리규정(Control of Substances Hazardous to Health, COSHH, 1994년 개정)에서 특정 상황에 대한 평가의 실행을 요구하고 있으며, 많은 사업주가 이 규정에 적합하도록 하기 위해 안전보건 위험성평가를 실시한 것으로 보고하고 있다. 이와 같이 다양한 산업에서의 안전보건 위험성평가 혹은 관리가 도입된 것은 비교적 최근이 아닐까라고 추정된다.

이 글은 위험성관리 영역에서 중요한 전략으로 대두되고 있는 리스크 커뮤니케이션의 주요 개념을 소개하고 구제역 사건을 중심으로 정부의 리스크 커뮤니케이션 실패 사례를 분석하여 향후 우리나라에서의 리스크 커뮤니케이션 활성화 방안을 제시하고자 하였다.

2. 리스크 커뮤니케이션의 등장과 배경

우리나라에서 리스크 커뮤니케이션(위해소통 혹은 위험소통)이 본격적으로 대두된 것은 지난 광우병 사태를 겪은 연후이다. 광우병 사태의 경우 과학적으로 위험에 관한 과학적 증거와 그에 따른 위험성평가 그리고 위험성관리가 어느 정도 수행되었음에도 불구하고 그것이 우리나라 사회를 뒤흔들어 놓은 사회적 이슈로 확대된 것은 리스크 커뮤니케이션의 실패 때문이다. 즉 과학적 문제에 대하여 정부가 국민을 대상으로 제대로 리스크 커뮤니케이션을 하지 못하여 광우병 사태가 촉발된 것이다.

과학적 사회 이슈는 이제 더 이상 일부 과학자들과 정책 담당자들의 전유물이 아니며, 과학적 정보의 소유와 판단에 대한 독점적 지위를 누리던 정부 정책 담당자들이 최근의 환경 변화에 대처하지 못한다면 광우병 사태와 같은 제2의 문제가 발생할 수 있을 것이다. 이러한 리스크 커뮤니케이션 관리의 사례로서, 외환, 테러, 석유 위기, 국제 분쟁, 유괴, 소송, 계약, 컴퓨터 시스템 다운, 화산, 기상, 환경오염 등이 있을 수 있다.

따라서 다양한 분야에 대하여 다음과 같은 사항을 고려하여 향후 리스크 커뮤니케이션의 전략을 설정하는 것이 필요하다 할 수 있다.

첫째, 과거 리스크 커뮤니케이션에서 주요 정보 생산자와 전문가, 정부 및 기업이 주도적인 역할을 하였다면, 최근의 리스크 커뮤니케이션의 핵심 이해관계자는 소비자와 국민, 그리고 미디어 그룹이라고 할 수 있다. 즉 과거에는 정보 생산의 독점적 지위를 바탕으로 한, 전문적이고 기술적인 측면에서의 리스크 커뮤니케이션이라고 할 수 있었으나, 최근에는 소수 전문가의 독점적 위치를 위협하는 정보 생산과 소유 방식의 민주화, 사회적 합의를 전제하는 복합적인 성격으로 정보의 생산, 소유, 전파 방식이 변화하게 되었다.

둘째, 이러한 정보 생산과 소유 방식의 변화에는 인터넷과 소셜미디어 등이 영향을 미쳤다.

셋째, 전 세계적인 다국적 기업의 등장과 경제 블록의 통합과 환경 문제가 전 지구적인 양상을 보이면서 위험 그리고 위해 역시 전 지구적인 문제로 발전하는 경향을 나타내고 있는 것과 관련이 있을 것이다. 즉, 특정 위험에 대한 리스크 커뮤니케이션의 이해관계자가 일부 지역에 국한되던 양상에서 대지역화 혹은 전 지구적인 규모의 불특정 다수로 확대되어 소비자로 대표되는 공중의 이해관계 참여가 획기적으로 증대한 것에 기인한다고 할 수 있다. 이에 따라 리스크 커뮤니케이션은 과거 전통적인 홍보의 일부분(Public Relation, PR)이나 각 분야 전문가들의 독점적이며 기술적인 접근으로는 효과적인 관리가 곤란할 수밖에 없는 실정이다.

3. 위험인식(Risk Perception)에 있어서 유해와 분노(Hazard vs Outrage) 개념

다음의 가상의 〈예 1〉을 살펴보자.

> 예 1:회의실 내에 전문가와 일반인들이 있다고 가정해 보자. 전문가들이 유기농 식품의 자연독성에 대하여 일반인들에게 적극적으로 교육을 실시하고 있다. 특히 항암식품으로 알려져 있는 브로콜리 채소가 다이옥신보다 발암성의 위험이 더 높다고 주장한다. 처음에는 일반인들이 반응을 보이지 않지만, 1-2시간이 흐르게 되면 다이옥신보다 발암성이 높다고 인지를 하게 된다. 그들의 브로콜리에 대한 위험인식(risk perception)이 변화하여, 교육자의 의도대로 사고의 전환이 일어나게 된다. 그러나 또 다른 새로운 전문가가 와서 "우리는 이제 브로콜리가 다이옥신보다 발암성이 높을 수 있다는 것을 알고 있습니다. 그렇다면 환경부가 규제하여야 하는 대상으로 무엇을 원합니까?" 대부분의 청중들은 '다이옥신'이라고 대답할 것이다(Sandman).

이 가상의 예가 보여 주는 시사점은 일반 시민들은 자신이 가지고 있는 신념을 잘 바꾸지 않는다는 것이다. 즉 브로콜리는 안전(safe)하고 다이옥신은 위험(risky)하다고 인식한다. 자신의 위험에 대한 신념은 유해(hazard)에 단순 비례하는 것이 아니라 사회문화적인 고유한 경험과 위험(risk)이 결합하고 있다는 것을 의미한다.

위험인식은 전문가들에 의해 인지되는 객관적 위험과 일반인들이 실제로 인지하는 주관적 위험으로 설명할 수 있다. 정책집행자를 비롯한 전문가들과 일반인의 위험인식 사이에는 상이한 차이점이 있음을 간과해서는 안 될 것이다. 전문가들의 경우 발생 가능성과 같은 확률적 통계와 같은 사실(fact)에 근거하여 판단을 하지만 일반인은 자신들의 감정과 믿음 등의 심리적인 요소 및 가치 등의 상호작용을 통해 판단하기 때문이다(그림 1).

그림1. 과학자와 소비자의 위험에 대한 인식 차이

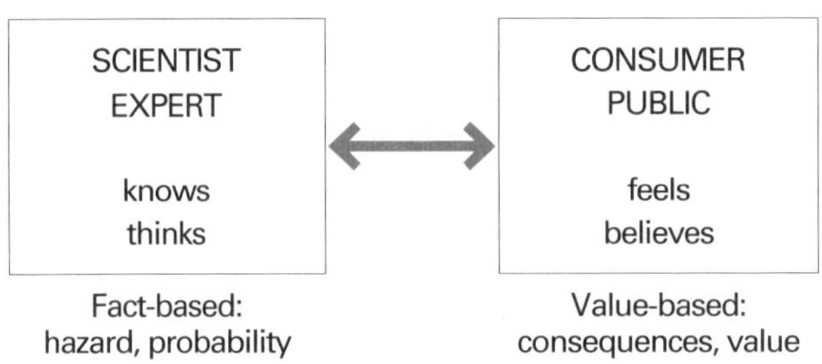

다음의 가상의 〈예 2〉를 살펴보자.

예 2:지역사회에서 화학물질 유출 사고에 대한 가상 시나리오를 3가지로 구분하여 신문에 기사를 게재하였다. 동일한 유출 사고를 3가지의 변수 요인을 고려하여 시나리오를 작성하여 공개하였다.

첫째, 화학물질 유출이 기술적으로 심각성이 있거나 경미한 경우에 초점을 맞춘 기사, 둘째, 기술적인 정보를 충분히 제공하거나 정보가 부족한 경우를 비교한 기사, 셋째, 지역 보건국의 방제 책임을 공개하고 지역 주민들의 반응이 차분한 경우와 보건국이 정보를 공개하지 않고 책임을 다하지 않아 지역 주민들이 분노한 경우의 기사.

위의 상황을 600명의 성인에게 읽도록 하고 그들이 해당 지역의 유출 사고를 얼마나 심각하게 생각하는지를 유출 지역에 집을 구매할 것인지로 조사를 실시하였다. 조사 결과 기술적 심각성에 따른 위험인식은 없었으나 유출 가능성 심각성에 대한 위험인식에는 영향이 있었다. 또한 지역 주민의 분노(outrage) 측면에서는 보건국과 지역 주민 간의 관계, 즉 실제적인 심각성의 크기보다 5배 이상의 심각성으로 인지하는 것으로 나타났다(Sandman PM et al, 1993).

위의 사례 연구에서 알 수 있는 바와 같이 리스크 커뮤니케이션 과정에서 사람들은 분노(outrage)가 개입되었을 때, 위험에 대해 훨씬 심각하게 생각하는 경향이 있다. 그리고 이러한 분노가 가라앉지 않는 한 위험관리자가 기술적으로 위험하지 않다고 아무리 이야기하여도 위험에 대한 심각도는 줄어들지 않는다. 즉 문제는 해결되지 않고 악화만 될 뿐이다.

4. 리스크 커뮤니케이션의 4가지 종류

현대의 기술 발달로 발생하는 위험은 예측이 불가능하며, 과학적인 확실성에 대한 정보를 제공하는 것이 어렵다고 할 수 있다. 이러한 위험들에 대한 이해관계자별 인식의 차이점을 최소화하고, 위험의 사회적 논쟁의 확산을 방지하기 위해서 정보를 교환하는 것이 리스크 커뮤니케이션의 목적이라 할 수 있다. 원용진(2003)은 리스크 커뮤니케이션의 이론에 대한 규정을 "일반적으로 위험인지, 위험관리, 그리고 위험수용의 문제를 다루고, 위험에는 어떤 유형이 있고 그 위험이 얼마나 큰가, 이러한 위험을 최소화하기 위해서 무엇을 해야 할까, 어떤 결정 행위와 연결된 위험은 수용 가능한가" 등을 소비자 매체와 관련시켜 다루는 분야라고 정의하고 있다

Fischhoff et al.(1978) 및 Slovic(1987)의 연구 결과 발표 이후 위험인식

에 영향을 주는 요인으로 개인의 지식 외 친숙성, 자발성, 통제 가능성, 두려움 등의 심리측정 패러다임(psychometric paradigm)에 대한 연구가 고려되기 시작하였다. Slovic의 심리측정 패러다임 외 새로운 심리적 요인을 강조한 연구자인 Sandman은 위험인식의 분노 모형을 '위해(hazard) + 분노(outrage)'로 정의하고 있다. Sandman의 분노 모형은 위험요소에 분노가 더해진 것이라고 설명하고 있으며, 리스크 커뮤니케이션을 크게 4가지로 분류하고 있다. 첫째, 낮은 분노를 보이지만 위해가 높은 유형, 둘째, 중간 정도의 분노 및 중간 정도의 위해 유형, 셋째, 높은 분노를 표출하지만 위해가 낮은 유형, 넷째, 높은 분노와 높은 위해를 가지고 있는 유형으로 구분하여 설명하고 있다. 구체적인 내용은 다음과 같다.

가. Public Relation 영역(보건교육 등):hazard ↑, outrage ↓

- **청중**:무관심하며 집중하지 않는다. 방어적이지 않으며 상기시키는 것에 흥미로워하지 않는다. 대부분의 사람들이 보이는 일반적인 경우로서 흔한 이슈들을 가지는 특징이 있다.
- **임무**:내가 호소를 하는 무엇이든 간에 당신의 목표를 청중들이 좋아할 수 있도록 전문적인 메시지를 전달해야 한다.
- **사용 매체**:매스미디어.
- **장벽**:청중의 무관심, 청중의 크기, 미디어의 저항, outrage를 촉진시키는 정부의 부적절한 정책.
- **교훈**:청중들에게 hazard를 인식시키거나, 혹은 반대하도록 하는 것이 매우 어렵다.

나. Stakeholder relations: hazard →, outrage →

- **청중**:흥미로워하며 집중적이다.
- **임무**:공개적이며 합리적으로 이슈에 대해 토의, 당신의 견해를 설명하도록 한다. 청중의 질문과 관심에 반응하도록 한다.
- **매체**:대면 대화이며 특정화된 미디어(web site, newsletter)를 같이 제공한다.

· **장벽**:원칙적으로 직접 대면 대화의 비효율성을 제외한다면 없다. 기술적인 측면에서의 정보를 설명할 수 있도록 준비해야 한다.
· **교훈**:커뮤니케이션의 환경에서 가장 쉽다. 리스크 커뮤니케이션의 다른 세 종류의 목표와 부합되기도 한다.

다. Outrage management:hazard ↓, outrage ↑
· **청중**:청중들은 논쟁이 어떻게 전개되어 나갈지를 의혹의 눈초리로 쳐다보고 있으며, 청중들은 outrage되어 있지만 규모가 훨씬 더 큰 많은 수의 열정적인 소규모 그룹들(fanatics)이 있다.
· **임무**:듣고, 모두 다 공개하고 언급(과거 실수 등)하고, 사과하고, 통제에 대한 방법을 교환하고, 신뢰를 함께하는 방법에 의해 outrage를 감소시킬 수 있다. 열정적인 그룹이 이겼다고 선언하거나 또는 유권자 층이 스스로 충분하다고 생각할 때 논쟁은 종료된다.
· **매체**:개인 간의 대화, 대부분은 청중들이 주도하는 대화이며, 저널리스트가 관심을 가지고 있다.
· **장벽**:청중의 outrage, 청중에 대한 자신 고유의 outrage. 위험의 본질적인 문제를 생각하기보다는 대화에 중심을 두어야만 outrage를 다룰 수 있다.
· **교훈**:청중들이 비록 적대적이더라도 주의를 기울이면 그들의 집중을 이끌어 낼 수 있다.

라. Crisis communication:hazard ↑, outrage ↑
· **청중**:대규모이며 분노보다는 매우 두려워하고 불안한 상태이다. 자칫하면 적대감과 테러와 불경기로 확산될 수도 있다.
· **임무**:공포와 불안감을 이겨 낼 수 있도록 환경을 조성한다. 지나친 확신(문제없다는 말만 강조하는 것)을 피하고 딜레마의 공유, 인간적인 접근과 감정 이입, 위기 시 해야 할 일과 불확실성을 알려 준다.
· **매체**:매스미디어를 통한 연설. crisis에는 public은 존재하지 않으며 모두 이해관계자이다.
· **장벽**:위기 그 자체로 인한 스트레스, 위기관리와 통상적인 public relation을 구분 못하는 경우이다.

· **교훈**:분노가 매우 크다 하더라도, 당신을 향한 분노는 아니다. crisis가 지날 때까지 직접적인 영향은 없다.

5. 구제역에서 나타난 리스크 커뮤니케이션 실패 사례

가. 정부의 대응 실패 사례

1) 농림수산식품부 장관 보도 사례

구제역 사태에 대한 농림수산식품부 장관의 브리핑이 이전 장관의 그것과 동일하여 논란의 대상이 되었다.

그러나 농림수산식품부의 해명은 'SOP에 의해 입장 표명 역시 동일할 수밖에 없다'는 것이었다.

· 강화 지역에서 발생한 구제역이 충북 충주로 확산된 10. 4. 22일과 안동 지역에서 발생한 구제역이 경주 파주로 확산된 10. 12. 15일은 가축질병 위기 경보 수준이 동일(경계단계)하며,
· 관계부처 합동 담화문도 구제역 긴급행동지침(SOP)에 따라 작성발표되기 때문에 4. 22일자 담화문과 12. 15일자 담화문의 주요 내용(방역조치 사항, 농가 준수 사항, 국민 협조)은 유사함.

위와 같은 정부의 해명은 구제역으로 인해 발생한 국민들의 정부에 대한 분노를 더욱 증가시킬 수 밖에 없었다. 이러한 국민들의 분노를 감소시키기 위한 구체적인 전략은 다음과 같이 설명할 수 있다.

가) 과거의 실수나 잘못된 관행을 인정하여야 한다.
나) 사과 인정을 할 때 4가지 원칙은 다음과 같다.
· regret/sympathy/responsibility/regal/moral 측면을 모두 포함하여 인정

해야 한다.

· 보상 및 개선 등을 포함한 사후조치를 언급하도록 한다.

· 대중들에게 직접 설명하라.

· 가능한 한 고위직이 설명해야 하며, 공개적으로 인정하도록 한다.

2) 환경부 장관 발언 논란 사례

다음의 사례는 '불확실성에 기초한 정보 제공'으로 발생한 리스크 커뮤니케이션의 실패 사례라 할 수 있다.

이만의 "침출수, 지하수 오염시키기 않는다" 발언 논란

이만의 환경부장관이 "구제역 침출수가 지하수를 오염시키지 않는다"면서 주민들의 우려를 "과학적 마인드가 없다"고 폄훼하는 발언을 해 논란이 일고 있다.

이 장관은 5일 2만5061마리가 매몰(돼지 2만4880, 소 181)된 충남 보령시 천북면 사호리 정명성씨 농장을 찾은 가축 매몰지에서 이 같이 말했다.

이에 매몰 지역 일대 주민들은 현재 침출수로 지하수 오염이 우려돼 식수를 돈을 주고 구입해 먹고 있는 마당에 이 같은 막말 발언한 것에 대해 장관이 주민들을 우롱하는 처사라며 분개하고 있다(《뉴시스》 2011. 3. 5).

3) 기획재정부 장관 리스크 커뮤니케이션 실패 사례

'구제역 실패에 대한 책임 전가'로 인한 커뮤니케이션 실패 사례라 할 수 있다.

윤증현 장관 '구제역 막말' 사퇴해야

구제역 발생으로 사상 초유의 피해가 발생한 가운데 윤증현 기획재정부 장관이 구제역 발생 책임을 축산 농가에게 전가한 발언을 놓고 사퇴 요구가 거세게 일고 있다.

민주당 김영록(해남·진도·완도) 의원은 30일 "축산 농가의 도덕적 해이로 몰아붙이는 윤증현 기획재정부 장관의 망언과 현실 인식에 분노를 금하지 않을 수 없다"면서 "윤증현 장관은 구제역 발생 책임을 축산 농가에게 전가하고 비하한 망언에 대해 즉각 철회하고 사퇴하라"고 촉구했다.

민주당 김영진(광주 서을) 의원도 이날 성명을 내고 "온 국토가 살처분된 가축들로 피를 흘리고 있는데, 한심스럽게도 윤증현 기획재정부 장관 등 정부 각료들은 최악의 구제역 사태에 대한 반성은커녕 그 책임을 농민 탓으로 돌리는 망발을 일삼고 있어 경악을 금할 수 없다"고 밝혔다.

그는 "흉흉해진 민심을 수습하기 위해 정부가 대책 마련에 총력을 기울여도 시원치 않을 판에 방역 무능 정권이라는 책임 회피를 위해 농민들을 모독하는 작태야말로 직무유기요 '도덕적 해이'라 아니할 수 없다"고 주장했다.

김 의원은 "사상 최악의 구제역 사태에 대한 이명박 대통령의 진솔한 대국민 사과, 그리고 방역 무능 책임을 농민에게 전가한 윤증현 장관의 엄중 문책을 강력히 촉구한다"고 말했다(《전남매일》 2011. 1. 31).

나. 정치권 및 지자체의 대응 실패 사례

1) 정치권의 대응 실패 사례

국민들의 정서를 이해하지 못한 실패 사례라 할 수 있다.

정치권 구제역 막말, 축산 농민 뿔났다.

정치권의 축산업·축산 농민에 대한 잇단 막말에 축산 농가들이 폭발했다. 최근 정치권의 축산업에 대한 막말이 이어지고 있는 가운데 김무성 한나라당 원내대표가 지난 20일 구제역 파동과 관련해 '20억 원 수출에 3조원 쏟아붇는 게 말이 되냐'는 등의 발언에 대해 축산 생산자 단체들은 축산업을 비하하고 실정을 알지 못하는 막말이라고 비난하며 진심어린 사과를 요구했다.

축산관련단체협의회는 지난 21일 '정치권의 축산업, 축산 농민에 대한 잇단 막말, 성난 농심에 신나 붓나'는 제목의 성명서를 발표하고 축산업의 붕괴가 농촌 경제의 붕괴를 의미하는 상황에서 정부와 여당이 해결 방안을 찾는 데 몰두해도 모자란 판국에 여당 원내대표가 축산업을 오염 산업, 비효율적 사업으로 비하하고 외국산 쇠고기가 맛이 좋다고 하는 등 망언을 서슴지 않았다며 비난의 목소리를 높였다.

축단협은 지금까지 축산업을 육성한 이유는 국민이 안전한 먹을거리를 안정적으로 확보하자는 국가 정책 목표에 의한 것으로 구제역을 하루빨리 종식시켜야 하는 이유며 쇠고기이력제, 축산물 브랜드 인증제처럼 피땀으로 일궈낸 성과들을 간과해서는 안 된다고 주장했다(《농수축산신문》 2011. 2. 22).

2) 정치권의 대응 실패 사례와 저자 수정 예시 보도문

다음은《미디어오늘》지에 개제된 2011년 2월 17일 보도 내용이다.

정운천 "구제역 침출수, 잘 활용하면 퇴비"
한나라당 최고위원 발언 논란…"제가 농사를 20년 지어 봐서 잘 안다"

정운천 한나라당 최고위원이 '환경 재앙' 우려를 낳고 있는 구제역 침출수와 관련해 잘 활용하면 퇴비가 될 수도 있다는 주장을 펼쳐 논란이 예상된다.

정운천 최고위원은 2월 17일 한나라당 최고위원회의에서 "제가 농사를 20년간 지어 봐서 저 나름대로는 잘 안다고 생각한다. 이 구제역 침출수는 화학적, 그러한 무기물 폐기물이 아니고 사실 유기물이다. 잘 활용을 하면, 지금 여러 가지 그러한 방법이 나오고 있는데, 퇴비를 만드는 유기물도 될 수 있다"고 말했다.

정운천 최고위원은 "땅의 씨앗 하나가 큰 나무를 이루고 씨앗 열 개가 큰 숲을 이룰 정도로 자연의 섭리는 대단하다. 또 자연정화 능력도 참 대단하다고 생각한다"고 덧붙였다.

"제가 농사를 20년간 〔…〕 될 수 있다"고 언급하여 문제시되었던 내용이다. 그리고 동일한 보도 내용을 '위험에 대한 불확실성 인정'과 '서로 다른 의견에 대한 존중'이라는 리스크 커뮤니케이션 전략을 적용하여 새롭게 작성한 예시 보도문을 제시하였다(그림 2)

그림 2. 리스크 커뮤니케이션 전략을 활용하여 작성한 보도문 예시(1)

제가 농사를 20년간 지어 봐서 저 나름대로는 잘 안다고 생각한다. 이 구제역 침출수는 화학적, 그러한 무기물 폐기물이 아니고 사실 유기물이다. 잘 활용을 하면, 지금 여러 가지 그러한 방법이 나오고 있는데, 퇴비를 만드는 유기물도 될 수 있다.

↓

Acknowledge uncertainty.
Establish your own humanity.
Acknowledge opinion diversity.

적용

↓

현재 구제역 침출수로 인해 환경오염 피해가 속출하고 있고 실질적으로 지하수 악취로 인해 심각성이 표면적으로 나타나고 있습니다. 이렇듯 국민들의 불안과 걱정을 위해 우선적으로 구제역 침출수로 인한 피해를 최소화하는 방법을 찾아야 할 것입니다. 이것은 불확실한 근거이지만, 20년 정도의 농사 경험을 바탕으로 추측한바, 침출수가 유기물이 될 수 있다는 가능성이 있듯이 여러 가지 방법을 모색하여 구제역 침출수로 인한 심각성이 완화되었으면 합니다.

3) 경기도 지자체의 대응 실패 사례와 저자 수정 예시 보도문

2011년 2월 16일 구제역 침출수에 대한 경기도 지자체의 입장을 보도한 내용이다.

구제역 침출수 하천에 흘러든다면…

팔당상수원 인근 매몰지 수두룩… 지하수 사용 지역 대책 필요

경기도 팔당상수원 인근 지역에 구제역 가축의 상당수가 매몰되면서 수도권 2,500만 주민이 마시는 식수의 안정성에 대한 의문이 제기되고 있다.

도는 지난 5-9일 가축 매몰지에 대한 일제 점검을 실시한 후 '이번 점검 결과 환경에 영향을 미칠 만한 요소는 발견되지 않았다'며 '앞으로도 체계적으로 관리하면 2차 환경오염은 없을 것'이라고 말했다.

하지만 팔당상수원을 식수로 사용하는 수도권 주민들은 이번 도의 점검 결과를 보고 지하수 오염 등 2차 환경오염에 대한 우려를 감추지 못하고 있다.

도 점검 결과 상당수 매몰지가 배수로 및 저류조, 침출수 유공관, 가스배출관의 보완이 필요한 것으로 나타났기 때문이다.

특히 77곳이 팔당상수원 보호구역으로부터 15km 이내 상류 지역에 매몰됐고, 137곳은 팔당상수원 보호구역 외곽 수질특별대책 지역에, 85곳은 급경사 지역에 매몰지가 만들어진 것으로 확인됐다.

뿐만 아니라 매뉴얼과 달리 하천으로부터 30m 이내에 만들어진 매몰지도 149곳에 이르는 것으로 드러났다.

이에 대해 인근 지역 주민 및 환경단체들은 해빙기 및 장마철 매몰지 붕괴 및 침출수의 하천 유입 등으로 인한 상수원 오염을 크게 우려하고 있다. 더욱이 침출수가 지하수를 오염시켜 상수도가 공급되지 않아 지하수를 사용하는 지역 주민들의 식수 조달을 어렵게 할 것으로 걱정하고 있다(경인일보, 2011년 2월 16일자)

보도 내용 중 "이번 점검 결과 환경에 〔…〕 2차 환경오염은 없을 것이다"고 언급한 내용을 '지나친 확신은 하지 마라(Zero risk란 없다)'는 리스크 커뮤니케이션 전략을 적용하여 제시하였다(그림 3).

그림 3. 리스크 커뮤니케이션 전략을 활용하여 작성한 보도문 예시(2)

이번 점검 결과 환경에 영향을 미칠 만한 요소는 발견되지 않았다. 앞으로도 체계적으로 관리하면 2차 환경오염은 없을 것

↓

Don't over-reassure. Put reassuring information in subordinate clauses.	적용

↓

이번 점검 결과 환경에 영향을 미칠 만한 요소는 아직 발견되지 않았다. 하지만 그러한 요소가 발견되지 않았다는 것이지 없다고는 단정지을 수 없다. 또한 매뉴얼과 달리 매몰지가 조성된 곳도 있어 해빙기 및 장마철 매몰지 붕괴 및 침출수의 하천 유입 등으로 상수원 오염이 발생하여 심각한 환경오염 문제로 대두될 수 있고 아직 발견되지 않은 다른 치명적 요소들로 인해 피해가 발생할 수 있으니 앞으로 체계적으로 관리하여 2차 환경오염이 없도록 노력해야 할 것이다.

다. 농림수산식품부 홈페이지 등 미디어 분석(2010.3-2011.3)

1) 농림수산식품부 장관의 현장 방문 관련 보도 자료 분석

농림수산식품부 장관의 현장 방문 관련 보도 자료는 11건으로 조사되었다.

보도 내용은 일정 안내 등을 포함한 1-2페이지의 보도 자료였으며, 대중의 분노를 감소시키기 위한 정부의 전략은 부재하였다.

년도	내용
2010. 4. 12	구제역 현장 방문
2010. 4. 13	구제역 상황실 방문
2010. 4. 20	구제역 현장 방문

2010. 11. 29	구제역 현장 점검
2010. 12. 2	구제역 방역 현장 점검
2010. 12. 22	구제역 발생 현장 점검
2010. 12. 24	구제역 상황실 방문
2010. 12. 31	구제역 상황실 점검
2011. 1. 4	구제역 상황실 점검
2011. 1. 16	구제역 점검
2011. 2. 11	구제역 발생 현장 점검

· 유정복 농림수산식품부 장관은 '10. 12. 23(수) 경기도 파주시·김포시 및 간원도청 구제역 상황실을 방문, 구제역 방역 추진 상황을 점검할 계획임.
· 이번 구제역 발생 현장 방문은 경북 북부 지역에 이어 경기, 강원 지역까지 확산됨에 따라 지자체의 철저한 방역을 당부하기 위해 방문하는 것임.
· 이 자리에서 유 장관은 구제역 확산 방지 및 조기 근절을 위해 발생 농장 및 우제류 가축에 대한 매몰 처리를 신속히 추진하고, 발생 농장을 중심으로 방역대를 설정하여 주요 도로에 대한 이동 통제 및 소독을 강화해 줄 것을 당부할 계획임.
· 아울러, 피해 농가 등에 매몰 보상금, 생계안정자금 등 지원을 신속히 추진할 계획이라고 밝히고, 행정기관·축산 농가들이 적극적으로 소독을 강화해 줄 것을 당부할 계획임.
· 유정복 농림수산식품부 장관이 '10. 12. 31(금) 오후 경기도청 구제역 상황실을 방문하는 것은 계속되는 방역 대책 수행으로 지쳐 있는 방역 관계자 등을 격려하고, 지자체의 철저한 방역을 당부하기 위한 것임.
· 이 자리에서 유 장관은 구제역 확산 방지 및 조기 근절을 위해 발생 농장 및 우제류 가축에 대한 매몰 처리를 신속히 추진하고, 주요 도로에 대한 이동 통제와 소독, 예찰을 강화해 줄 것을 당부하였음.

2) 농림수산식품부의 구제역 역학 보도 자료 분석

농림수산식품부의 구제역 역학 보도 자료를 분석한 결과(2010.3.23-2011.3), 2010년 5월 17일(구제역 역학조사 분석 결과), 2011년 1월 25일(구제역 확산 원인 및 전파 경로 분석 결과) 총 2건을 보도하였다. 기술적 측면의 역학 결과만을 기술하고 있었으며, 구제역 초기 대응의 문제점을 각 지방자치단체로 전가시키는 내용으로 분석되었다.

6. 결론

국외의 경우 리스크 커뮤니케이션에 대한 구체적인 지침 마련 및 자문위원회의 수립 등을 통해 지속적으로 정책 방안을 수립하고 있다.

FDA는 '2007 식품의약품 관리수칙 개정안(Food and Drug Administration Amendments Act of 2007)'을 따른다. 위험 발생 시 리스크 커뮤니케이션 자문위원회(Risk Communication Advisory Committe)의 권고에 따라 리스크 커뮤니케이션 전략을 마련한다(FDA, 2009b). 또한, 트위터, 페이스북, 블로그, 팟캐스트(PodCast) 등의 뉴미디어를 중요한 소통 채널로 인식하며 국민과 소통하고자 노력한다. CDC의 중요 비상사태 관리 시스템으로 Emergency Communication System(ECS)이 있으며, 위기대응센터(Emergency Operations Center) 내에 리스크 커뮤니케이션 부서(Emergency Risk Communication Branch, ERCB)와 합동정보센터(Joint Information Center, JIC)를 운영하고 있다.

CDC는 위험(risk) 및 위기(crisis)를 관리하는 데 있어서 속도(Be first), 정확도(Be right), 그리고 신뢰도(Be credible)를 중요 지침으로 한다. 리스크 커뮤니케이션의 가장 중요한 전제조건은 바로 정부에 대한 신뢰이다. 이러한 전제조건이 충족되었을 때 국민들은 정부의 정책 방안을 수용할 수 있을 것이다(심재철, 2011).

국내의 경우 각 정부 부처별 위험 및 위기 대응이 발생했을 경우 리스크 커뮤니케이션의 전담 부서 등의 미비로 구체적인 전략 및 지침이 부족한 상태이다. 이로 인해 위험 및 위기 대응 발생 시 정부는 국민들에게 일방향 소통을 전달할 뿐 국민들과의 정보 교환 등의 양방향 소통은 부족하다 할 수 있다. 이러한 상황은 정부에 대한 신뢰 감소를 야기한다 할 수 있다.

국내 역시 해외 선진 리스크 커뮤니케이션 조직 및 정책을 벤치마킹하여 평소 예측 가능한 위험(risk) 및 위기(crisis)를 대처할 수 있는 구체적인 전략 및 지침 등을 마련해야 할 것이며, 전문가위원회를 구성하여 리스크나 위험 발생 시 정해진 리스크 커뮤니케이션 매뉴얼에 따라 문제를 해결할 수 있도록 해야 할 것이다. 리스크 커뮤니케이션 매뉴얼은 정확한 정보의 제공 및 이해관계자들 간의 대화의 장, 참여 결정권을 유기적으로 마련해야 할 것이다.

또한, 대중의 관점과 전문가들의 관점은 상이할 수 있다는 것을 인식해야 한다. 다양한 위험들에 대한 이해관계자들 간의 관점의 차이는 불가피할 수 밖에 없다. 다만 커뮤니케이션을 어떠한 방법으로 하느냐에 따라 사회적 갈등을 확산시키느냐 사회적 합의를 이룰 수 있느냐가 결정된다 할 수 있을 것이다. ■**최재욱** 의학과

참고문헌

FDA's strategic plan for risk communication〔Online〕. U.S. Department of Health and Human Services, Food and Drug Administration. Available: http: //www.fda.gov/downloads/AboutFDA/ReportsManualsForms/Reports/UCM183683.pdf.(2009).

Fischhoff B., Slovic P., Lichtenstein S., Read S., Combs B., "How safe is safe enough? A psychometric study of attitudes towards technological risks and benefits", *Policy Sciences*(1978), 9, 127.

Four Kinds of Risk Communication(Apr 2003); Available online at www.psandman.com/col/4kind-1.htm.

Peter M. Sandman, Paul M. Miller, Branden B. Johnson, and Neil D. Weinstein, "Agency Communication, Community Outrage, and Perception of Risk: Three Simulation Experiments," *Risk Analysis*(1993), 13: 6, 585-598; Available online at www.psandman.com/articles/simulate.htm.

Peter M. Sandman, Reducing Outrage: Six Principal Strategies. Available online at http: //www.psandman.com/handouts/sand42.pdf.

Risk = Hazard + Outrage: Coping with Controversy about Utility Risks(Oct 1999); Available online at www.psandman.com/articles/amsa.htm.

Slovic P., "Perceptions of risk", *Science*(1987), 236: 280-285.

WHO, http: //www.who.int/foodsafety/micro/riskcommunication/en/

심재철·최재욱·정세훈(2011), 〈이해관계자 맞춤형 리스크 커뮤니케이션 실행 방안 연구〉, 《식품의약품안정청 연구보고서》.

원용진(2003): 《위험사회와 커뮤니케이션》. 문화과학, pp.75-90.

경인일보(2011.2.16. 〈구제역 침출수 하천에 흘러든다면〉); Available online at http: //www.kyeongin.com/news/articleView.html?idxno=566342.

농림수산식품부; http: //www.mifaff.go.kr.

농수축산(2011.2.22. 〈정치권 구제역 막말, 축산 농민 뿔났다〉); Available online at http: //www.aflnews.co.kr/aflnews/news/news_contents.asp?news_code=2011022204106&c_code=0401.

뉴시스(2011.3.5. 〈이만의 '침출수, 지하수 오염시키지 않는다' 발언 논란〉); Available online at http: //media.daum.net/society/others/view.html?cateid=1067&newsid=20110305161805007&p=newsis

미디어 오늘(2011.2.17. 〈정운천 '구제역 침출수, 잘 활용하면 퇴비'〉); Available online at http: //www.mediatoday.co.kr/news/articleView.html?idxno=93816.

전남매일(2011.1.31. 〈윤증현 장관 '구제역 막말 사퇴해야'〉); Available online at http: //www.jndn.com/read.php3?no=117771&read_temp=20110131&section=3.

한국 정치에서의 소통*

온 땅의 구음이 하나이요, 언어가 하나이었더라, 〔…〕
또 말하되 자, 성과 대를 쌓아 대 꼭대기를 하늘에 닿게 하여
우리 이름을 내고 온 지면에 흩어짐을 면하자 하였더니, 〔…〕
여호와께서 "우리가 내려가서 거기서 그들의 언어를 혼잡하게 하여
그들로 서로 알아듣지 못하게 하자 하시고, 여호와께서 거기서
그들을 온 지면에 흩으신고로 그들이 성 쌓기를 그쳤더라,
그러므로 그 이름을 바벨이라 하니(구약성경, 〈창세기〉 11장).

1. 머리말

성경에 나오는 바벨탑의 신화는 소통이 되지 않는 국가와 백성에 관한 이야기이다. 성경은 하나님께서 인간이 하나님의 권위에 도전하는 것을 징계하기 위해 언어의 소통에 혼란을 일으킴으로 바벨탑을 와해시켰다고 전한다. 바벨탑의 와해는 세속적 국가의 와해이다. 소통이 되지 않는 국가는 바벨탑처럼 무너진다. 왜냐하면 소통이 되지 않으면 집단행동이 불가능해지기 때문이다. 그런데 정치는 집단행동이다. 언어가 소통되지 않을 때 정치적 집단행동은 불가능할 것이고, 서로 다른 사상과 종교적 신념이 소통되지 않으면 내란이 일어날 것이다. 역사적으로 종교전쟁이 계급전쟁보다 더 피비린내 나는 유혈적인 전쟁이다. 계급은 이익에 바탕을 두기 때문에 이익의 교환으로 타협이 가능하나 종교, 사상, 신념 등은 정체성에 바탕을 두기 때문에 타협이 힘들다. 한 국가 내에서 종교, 계급 집단 간의 소통이

* 임혁백, 〈한국에서의 불통의 정치와 소통정치의 복원〉(한국언론학회 엮음, 《한국사회의 소통위기》, 2011, 커뮤니케이션북스)을 수정·보완한 글로서, 고려대학교 정경대학 교수 연구비에 의하여 수행되었음.

제대로 되지 않으면 그 국가는 바벨탑처럼 와해될 것이다.

우리 속의 바벨탑은 항상 존재한다. 한국 정치는 소통 부재의 정치이다. 여당과 야당 간의 소통 부재로 국회에서 쇠자물통과 전기톱이 난무한다. 대통령과 국민 간의 소통은 참여정부, 토론공화국을 표방한 노무현 정부에서조차 실질적으로 나아진 것이 없다. 참여정부에 참여가 없고, 토론공화국에서 토론이 없다. 대통령이 언론과의 전쟁을 선포한 나라에서 대통령과 언론 간의 소통이 제대로 될 리가 없고, 정부와 시민 간에 언로가 제대로 트일 수가 없다.

이 글에서는 왜 한국 정치에서 소통이 제대로 되지 않고 있는가를 규명하려고 한다. 먼저 현대 한국 정치에서의 소통의 부재가 역사적 경로의존(Path Dependence) 때문인가, 아니면 현대사의 굴곡으로 소통의 전통이 깨어졌기 때문인가를 살펴보고, 다음으로 현대 한국 정치에서 소통의 부재 현상을 서술한 뒤, 정치적 소통의 회복을 위해 무엇을 해야 할 것인가를 살펴볼 것이다.

2. 한국 정치에서 소통의 전통

한국 대사관에서 문정관을 지냈던 하버드 대학의 그레고리 헨더슨 교수는 한국 정치에 대한 책을 쓰면서 제목을 '소용돌이의 정치(Politics of vortex)'라고 지었다. 한국 정치는 중앙 권력을 장악하기 위해 모두가 필사적으로 달려드는 소용돌이와 같다는 것이다. 이러한 소용돌이의 정치에는 제로섬적인 '만인의 만인에 대한 늑대' 상태만 있지 소통과 타협은 없다.

소통 부재의 한국 정치가 조선 시대의 붕당정치에서부터 시작되었다는 주장이 있으나 이 주장은 과거 한국 정치의 기본 특징이 소통의 정치라는 사실에 부딪치면 설득력을 잃는다. 우리 역사에서 찾아볼 수 있는 소통의 정치는 한국 정치의 전통이 폭력적이고 대결적이며, 상극적인 정치가 아니라 평화적이고, 공존적이며, 상생적인 정치라는 것을 일깨워 주고 있다. 우리 배달민족은 역사의 시작에서부터 '널리 인간을 이롭게 한다'는 홍익인간(弘益人間)의 건국이념을 세웠다. 이는 우리 한민족이 인류 공영, 보편적 인권, 복지에 대한 권리, 공존공생의 합의주의를 건국이념으로 삼았다는 것을 보여 준다(《한국민족문화대백과사전》 제25권:151).

(1) 삼국, 통일신라, 고려 시대의 소통정치

한국 역사에서 소통정치의 전통은 부족하지 않다. 삼국 시대부터 한국에서는 소통을 통한 합의주의 정치가 꽃을 피웠다. 신라의 화백(和白) 회의는 합좌제적 회의 제도로서 왕위 계승, 개전 결정, 인사 등 주요 국정을 만장일치의 합의에 의해 결정하였으며, 백제의 정사암(政事巖)회의, 고구려의 제가평의(諸家評議) 혹은 군공회의(群公會議)는 국정을 총괄하는 수상인 좌평(백제)와 대대로(고구려)를 전원 합의에 의한 선거로 선출하고 주요 정책을 결정하였던 소통을 통한 합의기구였다(《한국민족문화대백과사전》, 제25권:227-228 ; 제6권:312 ; 제19권:785).

소통을 통한 통합은 고려 건국에서 확인된다. 우리는 민족의 재통합 과정에서 본보기로 삼을 수 있는, 소통을 통한 통합 모델을 고려에서 발견할 수 있다. 고려의 태조 왕건은 후삼국 시대에 분열된 한민족을 전쟁과 무력을 통해 통일했지만 통일 후에는 다양하고 독립적인 지방 간 관용, 화해, 포용을 도모하는 다원주의에 의해 한민족을 재통합하였던 것이다. 국왕이 최종적 결정권을 보유하고 있었으나 실제로는 재신들이 재추회의(宰樞會議)에서 합의로 국가의 주요 정책을 결정하였다(김익두, 1998:469).

고려 태조 왕건은 불교를 국교로 삼으면서도 도참설, 제천 행사, 유교 윤리 등 다양한 종교와 사상을 용인하고 수용함으로써 종교 간 소통이 가능하도록 했으며, 인사 정책을 통해 구신라, 구백제, 구고구려인들 간의 소통을 촉진하고 다양한 문화를 통합하여 삼한을 하나로 만드는 삼한 통일론(三韓統一論)에 의해 민족을 재통합하였다.

조선이 성리학이라는 하나의 원리에 의해서 모든 것이 움직이는 일이관지(一以貫之)의 사회였던 반면, 고려 사회는 하나의 원리가 아니라 다양한 사상, 문화, 제도가 복합되어 있는 다원적인 사회이면서도 다양한 사회제도, 사상, 문화가 하나로 통일되어 가는 다양성 속에서의 통일을 추구하는 다이관지(多以貫之, 다양한 이치와 원리로 모든 것을 꿰뚫는다)의 사회였다. 고려사의 대가인 박종기 교수(국민대)는 고려 사회를 수많은 벌집방이 모여 하나의 벌집을 이루는 벌집 구조와 같은 다원주의 사회라고 지적하였다. 성리학이라는 단일 이념에 의해서 운영되는 동심원의 조선 사회에서 중앙과 지방의 관계는 위계적인 지배-종속의 관계였는 데 반해, 고려의 벌집 구조 사회에서 각 구성원의 관계는 '평행의 원리'에 기초하고 있었다(박종기, 1999).

고려는 통일신라기 지배세력에서 소외되었던 지방세력의 연합이 주체가 되어 건설한 왕조였다. 고려 초기 중앙정부는 지방세력에게 성씨와 본관을 주어 그들의 영역에 대한 지배권을 인정해 주고 지방세력의 자율성을 최대한 존중하는 '본관제(本貫制)' 정책을 통해 왕조 건국에 참여한 다양한 성향의 수많은 지방세력을 통합하여 새로운 사회체제를 건설하는 데 성공하였다. 본관 단위가 지방사회에 벌집처럼 분포되어 있는 '벌집 구조의 사회'에서 중앙정부와 지방정부 간의 상호공생 관계 또는 상호의존 관계가 형성되어 있었으며, 엄격하게 신분을 구별하는 신라의 골품제와는 달리 고려는 하층민에게도 관리가 될 수 있는 기회를 부여했다는 점에서 개방적인 사회였다. 고려는 이와 같은 다원주의에 의해 신라 말기 이해 심화되어 온 지역 간, 계층 간 갈등을 극복하고 새로운 사회통합, 민족통합을 이루어 내었다. 이 점에서 고려의 벌집 구조 사회는 원초적인 형태의 연방주의로 볼 수도 있을 것이다.

고려는 또한 대외적으로도 개방적인 국가였다. 송, 원, 거란, 여진은 물론 멀리 아라비아 상인과도 무역을 번창시켰으며, 외국인에게도 관리가 될 수 있도록 용인했다는 점에서 고려 사회의 대외적 개방성을 확인할 수 있다. 고려 왕조가 대외적으로 개방적이면서도 중국에 대해 종속적이지 않았다는 것은 고려가 열린 민족주의를 지향했다는 것을 보여 주는 것이다. 고려가 원의 속국의 지위로 떨어지기 전까지는 제사, 왕실의 칭호, 복장, 중앙관제를 중국과 대등하게 사용했던 것이다. 고려는 국제주의적인 방식에 의해 민족을 통합하고 대외적인 자존을 지켰던 것이다.

고려는 국왕과 대신 간의 소통, 대신과 대신 간의 소통, 국왕과 백성 간의 소통, 중앙과 지방 간의 소통, 고려와 다른 나라 간의 소통을 통해 지역통합, 민족통합, 그리고 근린외교를 펼칠 수 있었다.

(2) 조선 시대의 소통정치 1—공론정치

중앙집권적 왕국을 건설했던 조선 시대에도 소통정치의 전통은 계승되었다. 조선조의 소통정치는 공론정치와 유교적 시민사회로 특징지어진다. 공론정치란 '양반이라 통칭되는 지식인 관료들과 예비 관료 집단인 유생들이 다양한 방식으로 공론을 형성하고 이러한 공론이 국왕과 언관을 주축으로 하여 공식적 공개적으로 소통되는 정치'(엄훈, 2002:289; 박홍규·이세형, 2006:7)를 의미한다. 말하자면, 소통을 통해 공론(Public Opinion)을 형성하는 정치이다. 공론이란 '천하의 모든 사람들이 한결같이 하는 말(漢口一辭)'(주희), '사람의 마음이 모두 그렇게 여기는 것'(이율곡)으로서 이미 결정되어 있는 실체가 아니라 다양한 토론과 대화 속에서 형성되고 만들어지는 것이다(박현모, 2004:45-47). 그러므로 공론에 도달하기 위해서는 반드시 소통의 과정을 거쳐야 한다.[1] 공론은 공적인 문제에 대한 토론

1) 이 점에서 소통을 통한 공론 형성의 개념은 루소의 공론이라 할 수 있는 일반의사(General Will)와는 다르다. 루소는, 일반의사는 선험적으로 존재하고 있고 민주적 과정은 기왕에 존재하는 일반의사를 발견하기 위한 과정이라는 '진리발견적 민주주의(Epistemic Democracy)'를 주장하였다. 유교의 공론은 심의를 통하여 자신의 선호를

과 합의를 통해 정당화되기 때문이다.

조선조 소통정치의 우수성은 소통을 제도적으로 보장했다는 점이다. 소통을 보장하는 제도적 장치로는 첫째, 합의제적 정부 구성을 통하여 토론과 심의에 의해서 주요한 정치를 결정했다는 점이다. 국정의 최고기관인 의정부는 영의정, 좌의정, 우의정의 3정승이 심의를 통한 합의로 국가의 중대사를 결정하였다(김익두, 1998:474).

둘째, 국왕과 학자관료(Literati) 간의 소통을 보장하는 경연 제도가 있었다. 국왕과 재상, 언관은 경연에서 토론과 심의(Deliberation)을 통하여 국가의 공론을 합의제적으로 정하는 유교적 심의정치(Confucian Deliberative Politics)를 구현하였다(박현모, 2004:44). 경연 제도는 왕과 신하가 경전을 읽고 토론하는 제도였지만, 경전을 매개로 왕과 신하가 고정적으로 정치적인 토론을 하며, 국왕과 신료 간에 대등한 대화가 가능했다는 점에서 심의정치의 요건을 충족시키고 있다고 할 수 있다(박홍규·이세형, 2006: 13-14).

셋째, 학자관료의 언론의 자유, 말하자면, 언로를 열어 주는 언관 제도이다. 조선조는 사헌부, 사간원, 홍문관이라는 언관 3사 제도를 두어 언로를 보장하였다. 조선조의 언관(言官)들은 대관(臺官)과 간관(諫官)으로 나누어져 있었고 이를 총칭하여 대간(臺諫)이라 하였다. 대관은 풍속을 교정하고 정치의 옳고 그름을 논하는 언관으로 인사문제를 심사하는 권한을 의미하는 서경(署經) 권한을 갖고 있었다. 간관은 관리들의 언행의 득실을 간쟁, 보도하며, 국가적 중대사의 시비를 논박하는 책무를 맡았다(김용직, 1998:66). 간관의 업무인 간쟁이라는 말은 고구려 시대부터 사용하여 왔는데, '웃어른이나 임금께 옳지 못하거나 잘못한 일을 고치도록 말한다'는 의미를 갖고 있다. 결국 간쟁은 오늘날의 언론의 의미를 함의하고 있다고

교정하여 모든 사람이 합의할 수 있는 공론을 형성한다는 심의민주주의 (Deliberative Democracy)를 닮았다(임혁백, 1994:제2장).

할 수 있다(김영주, 2002:75-76).

(3) 조선 시대의 소통정치 2—유교적 시민사회[2]

조선조에서 국왕과 학자관료들 간의 소통은 제도적으로 보장되어 있었다. 그렇다면 재야학자들(사림)과 정부 그리고 백성들 간의 소통은 어떻게 이루어지고 보장되었는가? 조혜인에 따르면 조선 왕조에서 유학자들은 국가관료로 등용된 학자관료 집단과 관직이 없는 재야 유학자 집단인 사림파의 두 집단으로 갈려 있었다. 관료들은 정상적으로는 과거시험의 모든 단계를 통과한 사람들로 충원되었다. 관료로 등용하지 못했거나 제안을 거절한 유학자들은 재야 유학자로 남아 있었다. 재야 유학자들은 최소한 과거의 첫 단계인 초시를 통과한 학자들로 구성되었다(Cho, 1997:31).

재야 유학자들은 자신들이 살고 있는 지역공동체에서 사회적 지도자의 역할을 담당했다. 그들은 지방 백성들을 유교적 방식으로 살아가도록 이끌어 나간 사적 개인들이었다. 대부분의 지역공동체 내부의 일들은 이들 유학자 집단에게 맡겨졌다. 왕에 의해 임명, 파견된 관료들은 이들 지역공동체의 지도자들과 협의해야 했고, 그들의 충고를 존중했다(Cho, 1997).

관직이 없는 유학자들의 사회는 분명 서구의 시민사회와 동등한 것이었다(Cho, 1997; Haboush, 1995). 첫째, 그들에게는 국가로부터 상대적으로 자율적인 소통 조직이 있었다. 그들은 공동체 내부 규약인 향약과 공동체의 관청인 유향소(留鄕所), 지방 사립학교인 서원을 조직했다. 유향소는 지역사회의 사대부층(在地士族)들의 자발적 결집소로 중앙에서 임명된 수령을 견제하는 역할과 더불어 수령의 직접적 통치가 미치지 못하는 영역에 형성된 지방자치행정 공공 영역(Public Sphere)[3]이다. 사당에서 현인과 학

---

2) 임혁백, 2000:306-309.

3) 김용직, 1998:67-68. 유향소는 후기에 鄕廳으로 불렸다.

자들을 숭배하는 일과 학생과 교사를 선발하는 일에 있어서 국가의 통제를 받는 공립학교(관학, 성균관과 四學)와는 대조적으로 지방 사립학교인 서원은 이런 일들에 있어서 상당한 자율성을 누렸다(Haboush, 1995:384). 하버시에 따르면, 사립학교인 서원은 국가와 사회를 매개하는 기능을 했다. 서원은 단순한 교육 기능을 넘어 정치적 담론과 여론을 형성하는 교육적 공공 영역의 역할을 했다(Haboush, 1995:381). 지방의 유학자들은 이런 조직을 통해서 지역공동체를 이끌어 나갔으며, 유학자들의 전국적인 소통 네트워크까지 형성하고 있었다. 사립학교인 서원에서 학자와 학생들은 다른 학교의 학자와 학생들과 의사소통을 할 수 있는 방법을 고안했고 사회적, 정치적 일에 관한 견해를 동원하기 위한 포괄적인 학문적 공동체를 형성했다(Haboush, 1995:382).

둘째, 재야 유학자 집단(사림 또는 유림)은 여론을 자유롭게 형성하고 표현하며 소통할 수 있는 수단과 장소를 확보하고 있었다. 관직이 없는 유학자에게도 왕에게 직접 탄원할 권리인 상소의 권리가 있었다. 상소의 소재는 매우 포괄적이어서 경제, 정치·외교, 교육, 사회, 인재 등용의 문제 등이 모두 그 대상이 되었다. 중요한 국사를 위해서는 전국적인 유학자들의 네트워크가 상소에 가담했다. 재야 유학자 집단의 소통권인 상소는 조선조에서 공론의 형성에 주요한 역할을 하였다.

이율곡은 공론의 주체를 사림(士林)으로 보았다. 이율곡에 의하면, '사림이 조정에 있어서 공론을 사업에 베풀면 국가가 다스려지고, 사림이 조정에 없어서 공론을 공언(空言)에 부치면 국가가 혼란해진다'(이이,《율곡전서》권24;《성학집요》6; 박현모, 2004:47). 조선의 공론정치는 초기에는 국왕과 학자관료 중심이었으나 후기에는 외의(外議)를 포함시켰다. 말하자면, 언관들과 3정승 간의 소통을 통한 공론정치가 점차 사림공론, 성균관 유생의 의견, 유향소의 향론을 포함하는 방향으로 확장되었다. 성종기에는 중앙의 삼사가 지방의 사림파 중심의 재지사족들의 공론을 중심으로 충원, 작동되었다(김용직, 1998:71).

셋째, 재야 유학자 집단들은 하버마스의 '공공 영역(Public Sphere)'과 같은 요소들을 갖고 있었다. 하버마스에 따르면, 공공 영역은 여론이 형성되는 사회적 생활의 영역이다. 공공 영역은 강압에 굴복하지 않고 공적 토론장에 접근할 수 있는 시민을 필요로 한다. 즉 시민들이 자유롭게 모여서 행동을 함께하고 자유롭게 공적으로 의견을 개진할 수 있어야 한다. 조선 왕조에서는 국가 밖에서 행해지는 재야 유학자 집단의 합리적인 공적 토론이 존재했다. 지방 유학자들의 활동은 국가에 의해 강요된 것이 아니라 자발적인 것이었다. 유학자들은 관료제의 권한 밖에 있었지만 공적인 문제를 토론하고 처리했던 것이다.

이와 같은 조선 왕조의 유교적 시민사회는 왕과 왕이 임명한 관료들에 의한 권력의 자의적 사용을 자제하도록 함으로써 제한 정부를 조성하는데 기여했다. 그러므로 17세기의 당쟁은 공론을 앞세운 붕당 사이의 상호비판과 견제 그리고 공존의 원리를 특징으로 하는 붕당정치로 이해되어야하며 지방 사림들의 의견이 수렴되어 중앙의 당론으로 표출되어 논쟁을 벌이는 심의정치(Deliberative Politics)로 보아야 한다(김용직, 1998:73).

그러나 조선 왕조 말 유교적 시민사회는 퇴화하여 공적 토론장이 아니라 가족, 가문, 씨족과 학파의 사적 이익을 추구하는 사적 영역(Private Sphere)이 되었다. 유학자 단체는 가족, 가문과 '학파'의 사적인 이익을 추구하려고 힘썼다. 유학자 집단의 강한 가족주의는 좋은 사회적 자본보다는 '나쁜' 사회적 자본을 육성했다. 지역공동체 조직은 지배적인 유학자 가문의 특권을 유지하는 요새가 되었다.[4] 유향소는 수령 보조 관청인 향청으로 전락하게 되었고 더 이상 재지사족들의 자치 영역으로 남아 있지 않았다. 조선조 말의 서원은 파벌적이며, 문중적인 성격이 강해 사족들의 공론 활동을 위축시켰다(김용직, 1998:76).

---

4) 임혁백(2000:309). 조선조의 쇠망은 당파 싸움 때문이 아니었다. 오히려 그 반대였다. 붕당 간의 경쟁이 없어지고 노론 일색의 일당 지배가 됨으로써 조선조는 부패와 무능력으로 망한 것이다.

(4) 민중들의 소통

조선조 사회는 전형적인 유교적 양반사회였고 국왕과 관료, 재야 양반 간의 소통은 제도화되어 있을 뿐만 아니라 공론을 형성하는 기초가 되었다. 그러나 조선조 사회에서 평민들은 합리적인 공적 토론과 심의, 소통에서 배제되었다. 이 점에서 조선조의 유교적 시민사회는 민주적 시민사회에 훨씬 못미치는 것이다. 사실 유교적 시민사회는 유학자들의 공공 영역이었을 뿐이다.[5)]

그럼에도 불구하고 조선조 사회뿐 아니라 그 이전부터 한국의 농촌사회는 자발적이고 공동체적인 소통의 제도와 수단을 갖고 있었다. 한국의 민중들은 노동을 통해서 경제적 안전을 도모했을 뿐만 아니라, 자아를 실현하고 생활문화 공동체를 형성하였으며, 공동체적 상호부조를 통해 모두가 낙오하지 않고 자립하면서 공생하는 사회적 연대의 삶을 살아갈 수 있었던 것이다. 노동은 고통이 아니라 축제였다.

조선 시대의 향약의 내부 생활은 공동체적 생활의 모습을 보여 준다. 향약 공동체에서는 병으로 농사를 짓지 못하는 집이 있으면 대신 김을 매주고, 가난한 병자는 치료해 주고, 빈궁한 처녀에게 혼사를 주선해 주고, 공동으로 도로, 교량 등 마을 인프라를 건설하고, 휼빈고를 세워 춘궁기와 흉년에 농민을 구제하였던 것이다(《한국민족문화대백과사전》 제3권:663-671).

또한 민중들은 소통을 통한 협력적 공동노동의 전통을 갖고 있다. 조선조의 노동 현장은 노사 간의 이익을 둘러싼 대결의 장이 아니라 공동노동, 공동행사, 공동의례를 통해서 상호연대를 다지는 장이었다. 두 마리의 소

5) 조혜인은 서구의 시민사회에서도 초기 단계에는 농민과 프롤레타리아와 같은 보통 사람들은 포함되지 않았다고 주장한다. 영국의 초기 시민사회는 젠트리와 부르주아의 사회였다. 19세기 독일의 시민사회는 조선의 유학자들과 유사한 교양 있는 사람들의 사회였다(Cho, 1997:34).

를 중심으로 묶어지는 노동협동조직인 '소겨리', 서로의 노동을 교환하여 공동으로 바쁜 철의 농사일을 원할히 처리해 나가는 '품앗이'〔'품'(노동력)을 '앗이'(지고 갚는다)〕, 평안도, 황해도 지방에서 김매기를 제철에 끝내기 위해서 서로 도와주는 공동노동조직인 '황두', 그리고 모든 청장년 성원들이 먼저 자기 일을 하고 난 다음 여가에 다른 성원의 일에 참여하는 공동노동상호부조 조직인 '울력', 자연부락을 단위로 공동노동과 생산을 하는 공동노동협동조직인 '두레'(두르다, 모이다, 뭉친다의 뜻) 등 다양한 노동 공동체가 형성되어 공동으로 생산하고, 축제를 열고, 의식을 거행하며, 공정한 분배를 실시하여 왔던 것이다(김익두, 1998:78-79, 87, 327, 329).

특히 두레(동사, 농청, 공청, 농계로도 불림) 공동체는 규모가 크고 조직, 의식, 규칙을 갖춘 대표적인 공동노동협동조직이었다. 두레를 시작할 때는 농청에 모여 큰기, 농기, 농악기(풍물)를 수리하고 두레 가입자들의 호미를 모아서 농청에 보관하는 '호미모둠'이라는 의례를 거행하는데 호미모둠에서 두레의 책임자와 역원들을 선출한다. 두레에 처음 참여하는 일꾼은 입사 의식으로 '주먹다짐/주먹다드미'를 하여 통과해야 하고 통과하면 '탁내'(진세, 공배, 팔레)로 술과 음식을 돌린다. 호미모둠에서 좌상이라는 책임자와 대방이라는 지휘자와 그 밑에 도감, 수총각, 조사총각/유사총각, 방목감, 비방(경리 책임자)과 같은 보조자를 선출한다. 좌상/행수는 이들을 거느리면서 작업을 지휘, 통제하고 성원 간의 화목을 도모한다.[6] 두레는 조직적으로 편성된 풍물굿 조직을 갖고 있었으며 이 풍물굿은 노동을 축제로 만드는 역할을 담당하여 노동의 효율성과 참여의식을 높였다.

두레의 회의는 대동회의로 불리는데 2월경에 열리는 농사 준비를 위한 회의와 가을에 농사가 끝난 후에 한 해를 결산하는 회의가 주요 대동회의

---

6) 총지휘자는 영동 지방에서는 행도/행수, 영서 지방에서는 영좌, 황해도에서는 좌상/영좌/영수, 호남 지방에서는 총각대방으로 불렸다(김익두, 1998:87).

였다. 농사를 시작하기 전에 열리는 놀이가 호미모둠이었고 모내기와 김매기가 끝난 기쁨을 온 동네 사람들이 같이 나누는 풍물놀이가 '호미씻이'였다. 대동회의는 완전히 민주적이고 합의주의적인 방식으로 진행되었고, 의례적인 양반 사족들의 부조와는 달리 과부, 노인, 환자가 있는 집의 농사를 거들어 준다든가 마을 전체의 이해가 걸린 노역에 우선적으로 인력을 제공하는 등의 현실적인 상부상조를 이룰 수 있는 결정이 대동회의에서 내려졌던 것이다(이해준, 1996:70-83).

3. 무엇이 한국 정치에서의 소통을 가로막는가?[7)]

한국 정치에서 소통의 전통은 부족하지 않다. 그런데 왜 현재 한국 정치는 소통의 부족으로 고통을 받고 있는가? 권위주의 독재하에서는 권력에 의해서 소통이 억제, 억압되었다. 그러나 민주화 이후 소통에 대한 억압이 사라졌음에도 불구하고 소통이 제대로 이루어지고 있지 않은 이유는 무엇인가?

(1) 정치사회의 불신

필자는 한국 정치가 안고 있는 가장 큰 문제는 3불정치(不和, 不容, 不姙의 정치)이고 이 3불정치(三不政治)의 바닥에는 불신이 깔려 있다고 진단한 바가 있다(임혁백·안석교, 2000). 한국 정치에 있어서 신뢰의 결핍이 시민과 정치인, 정치인과 동료 정치인, 시민과 동료 시민 간의 소통을 막아 한국 정치를 불화, 관용의 부족, 소모적인 정쟁의 연속으로 얼룩지게 하고 있다.

---

7) 임혁백, 2004:217-233.

소통의 정치, 또는 심의의 정치는 대화 당사자들 간의 신뢰를 바탕으로 한다. 한국 사회는 이러한 소통 문화가 부족하지 않음에도 불구하고 분단, 전쟁, 압축적 산업화, 지역 갈등, 세대 갈등으로 인해 불신의 사회가 되었고 사회적 불신(Social Distrust)은 사회적 소통, 정치적 소통을 가로막고 있다.

전반적인 정치적 불신의 뿌리는 분단 국가, 분단 체제에서 찾아야 할 것이다. 해방 후 남과 북의 분단은 국제적 요인과 국내적 요인이 결합하여 일어났으나 한국전쟁이라는 유혈적인 전쟁을 치르고, 국제적 냉전 체제하에서 반세기 이상 고착화되면서 분단 구조가 국내 정치에 투영되고 내장(Embedded)되어 여야, 지역, 계층 간에 불신, 분열, 대결 구조를 만들어 내었다. 분단 체제하에서 흑백논리의 정치, 카를 슈미트의, 우리와 적의 정치가 지배하였다. 타협과 협상보다는 배제, 반목, 대결의 정치가 지배하였다. 남북간의 분단이 우리 내부를 갈라놓은 것이다. 정치인들만 쪼개져 있는 것이 아니라 국민들도 지역적으로 쪼개져 있다. 정치인들 간에 그리고 지역 주민들 간에 상호신뢰가 형성되어 있지 않다.

한국에서 정당을 자신들의 이익을 모아서 정치적으로 실현시켜 주는 대표 기관이라고 믿는 사람은 드물다. 한국인들은 정당을 정당 지도자의 개인적인 권력을 추구하기 위한 도구로 간주한다. 한국의 정당은 국민의 여론을 수렴하려 하기보다는 여론을 양극화하려 한다.

3김 시대의 한국의 정치 지도자들은 자신의 정치적 목적에 따라 마음대로 정당의 창당, 해체, 분당, 재창당을 반복해 왔다. 정치인들도 이데올로기적 노선이나 정책적 선호와는 관계없이 우두머리의 움직임에 따라 이합집산을 반복해 왔다. 정당 지도자들 이 자신의 지지자와의 정기적인 협의 과정을 밟지 않은 채 정당을 옮겨 다니고, 정당과 정치인들이 유권자들에게 한 약속을 지키지 않고 자신들의 정치적 이익을 위해 움직임으로써 정당, 정치인과 유권자 간의 안정적 신뢰 관계는 형성되고 있지 않다.

3김 시대에 한국의 정치적 승자는 권력을 장악한 이후 정당 간 공조, 합당, 의원 빼내 오기와 같은 인위적 정계 개편을 통해 의회 내에 안정적 다수를 확보하려고 시도해 왔다. 그러나 이러한 인위적 정계 개편 시도는 야당의 반발을 불러왔고, 정치적 공존의 틀이 무너지고 말았다. 야당은 승자의 권리를 인정하려 하지 않았다. 민주화 이후에도 한국의 정치세력들은 민복을 위해 우의에 찬 경쟁을 하는 제도정치권 내에서의 동반자가 아니라 상대를 무너뜨려야 할 대상으로 삼는 정치적 적대 집단이었다.

(2) 시민사회의 불신

그러나 무엇보다도 한국의 정치적 불신의 원천은 시민들 내에 있다. 한국인들은 차이를 인정하는 데 인색하다. 남과 북, 영남과 호남인들이 서로 다를 수 있다는 것을 인정하지 않으면서 서로를 존중하지 않고 자신의 생각과 기준만을 상대방에 강요할 때 신뢰는 형성되지 않고 공존의 정치는 설 자리가 없어진다. 한국의 정치적 불신은 한국인들의 신뢰의 반경이 혈연 집단과 연고 집단으로 극히 한정되어 있다는 데서 연유한다.

유교적인 가족주의의 유산을 물려받은 한국인들은 가족과 같은 원초적 혈연 집단, 또는 학연과 지연으로 묶인 연고 집단 내에서는 강한 신뢰관계를 형성하고 있으나, 신뢰관계가 혈연 집단이나 연고 집단을 벗어나지 못한다. 혈연, 지연, 학연이 다른 타 집단에 대한 강한 불신과 배제, 배타의식을 바탕으로 자신이 속한 가족과 연고 집단 내에서의 강한 신뢰관계를 유지하는 것은 밴필드가 이야기한 이탈리아 시실리 지방의 '무도덕적 가족주의(Amoral Familism)'와 닮은 점이 많다(Banfield, 1958). 말하자면 한국인들의 신뢰의 반경은 극히 짧으며 따라서 모르는 시민들 간에 '일반화된 신뢰(Generalized Trust)'가 형성되어 있지 않다. 이러한 시민들 간에 전반적인 신뢰의 부족은 지역주의와 냉전적 색깔론에 의해 더욱 심화되고 있다.

민주화 이후 민주 대 반민주 구도가 사라진 자리에 지역적 대결 구도가 형성되었다. 냉전적 분단국가하에서 계급 균열 라인을 따라 표(지지)를 동원, 조직할 수 없는 상황하에서 정치인들이 가장 손쉽게 동원할 수 있었던 균열 선은 기왕에 형성되어 있었던 지역이었다. 정치인들은 타지역을 배제하고 타지역과의 대결 구도를 전제한 바탕 위에서 지역적 정체성을 형성함으로써 지역 라인을 따라 시민들 간의 상호불신을 조장하였다.

또한 전 세계적인 차원에서 냉전이 사라진 시점에서 한반도에는 여전히 냉전이 존속되었고 대북 적대 의식을 가진 시민들이 색깔론에 기초해서 남북 화해를 추진하려는 세력을 적대시하고 배제하려 하였다. 우리 내부의 냉전세력들은 대북 화해와 협력 정책의 색깔을 의심하면서 발목잡기를 시도하고 있고 이러한 색깔론은 지역 균열 구조와 교차(Cross-cutting)되지 않고 중첩(Overlapping)됨으로써 이데올로기를 둘러싼 불신이 지역 간의 불신을 더욱 심화시키고 있다.

4. 노무현 정부하에서 소통정치의 실패

2002년 노무현 대통령이 당선되었을 때 3김식 낡은 정치를 청산하고 대통령과 국민이 소통하는 새로운 정치 시대를 열어 갈 것이라는, 그에 대한 국민들의 기대가 있었다. 말하자면, 대립과 배제, 지역주의와 3김식 보스정치, 불신과 부패, 분열의 20세기 정치를 청산하고 모든 국민이 능동적으로 참여하는 가운데 지역, 남북, 중앙과 지방, 노사 간의 포용과 통합을 추구하는 21세기형 포용정치를 하라는 국민적 명령(Mandate)이 2002년 12월 17일의 대선 결과에 표출되어 있었다.

국민들은 노무현 대통령이 국민과의 소통 시대를 여는 대소통자(Great Communicator)가 되기를 기대하였다. 노무현 대통령은 50대 중반에 대통령이 됨으로써 젊은 세대와도 소통이 가능한 젊은 대통령이었고, 새로운 소통 수단으로 떠오른 인터넷을 가장 다루는 정치인으로 부각되었다. 대통령직 인수위의 구호도 '국민이 대통령입니다'였고, 대통령은 자신의 정부를 '참여정부'로 명명하기도 했다. 그리고 '토론 공화국'의 '토론 대통령'이 될 것이라고 공언하였다.[8] 노무현 대통령은 대소통자로서의 조건을 충족하고 있었고 국민들도 대통령이 대소통자가 되기를 강력하게 기대하고 있었고, 무언가 국민들이 국정의 운영에 참여하는 대혁명이 일어날 것 같은 기대가 있었다.

그런데 노 대통령은 소통정치에 실패하였다. 첫째, 노무현 대통령은 정당과의 소통에 실패하였다. 노무현 대통령은 '아우터 벨트웨이' 정치인으로 대통령이 된 뒤에도 끊임없이 기득권뿐만 아니라 중앙권력을 공격하고 자신을 대통령 후보로 뽑아 준 정당(새천년민주당)을 공격하고 마침내는 집권 1년이 못 되어 열린우리당을 조직하여 분당하였다.[9] 아우터 벨트웨이 정치인이라는 위치는 기득권을 공격하는 것이 청와대에 입성하는 데에는 자산이 되지만 대통령으로서 여러 다양한 세력을 규합하여 자신의 통치기반으로 삼는 데에는 불리하게 작용할 수밖에 없다. 따라서 아우터 벨트웨이 대통령은 입성하자마자 이너 벨트웨이 정치인과의 화해를 모색해야 하는 것이다. 그러나 노무현 대통령은 그렇게 하지 않았다. 그는 자신을 열광적으로 지지해 온 젊은 386보좌관들을 데리고 청와대로 입성하면서 자신을 대통령으로 만들어 준 집권여당과의 소통을 하지 않았다. 그는 인수위 과정에서 새천년민주당을 배제, 소외시켰고, 집권하자마자 대북송금특검을 수용함으로써 전임 김대중 대통령을 지지하는 호남 의원들을 분노하게 하였으며, 마침내는 전임자와 마찬가지로 새로운 정당을 창당하였다.

그러나 열린우리당이라는 새로운 여당과의 소통도 제대로 되지 않았

---

8) "사물의 본질에 도달하는 길은 독서, 사색, 토론 등 여러 가지가 있을 수 있으나 그중에서도 토론이야말로 사물의 본질과 다면성을 이해하여 올바른 판단과 의사 결정에 이르는 길이다"(인수위에서 노무현 당선자 발언).

9) 아우터벨트웨이(Outer-beltway) 정치인은 미국의 수도 워싱턴을 순환하는 I-495번 도로 바깥에서 워싱턴의 기득권 정치를 개혁하겠다고 외치면서 워싱턴에 입성하려는 정치인을 지칭한다. 반면에 워싱턴에서 정치하는 기득권 정치인은 이너벨트웨이(Inner-beltway) 정치인이다.

다. 오히려 더욱 후퇴하였다. 노무현 대통령은 당정 분리라는 원칙을 지킨다면서 신당인 열린우리당의 당직을 맡지 않았고 수석 당원으로서 영향력을 행사할 뿐이었다. 당정 분리로 제왕적 당 총재에 의한 정당의 사당화라는 3김 시대의 고질적 병폐는 없어졌다. 그러나 국민들이 요구한 것은 정치적 불패, 1인 지도자의 사당화의 철폐를 넘어서 대통령과 집권당 간의 소통의 제도화였다. 이에 대한 노무현 대통령의 응답은 정당의 무력화였다. 대표적인 것이 정무수석의 폐지였다. 참여정부하에서 정무수석은 유인태 수석이 유일하고 유인태 수석 이후 정무수석직은 폐지되었다. 이유는 당정 분리의 원칙을 지키기 위해서라는 것이었다. 권위주의 시대의 정무수석은 독재자의 정치자금을 전달하는 심부름꾼이었다. 그러나 민주정부하에서 정무수석은 대통령과 집권여당 그리고 야당과의 통로로서 대통령이 추진하는 주요 법안을 설명하고 이해를 구하는 소통자 또는 '연락자'(그래서 미국에서는 정무수석실을 Congressional liaison office라 부름)이다. 정당의 사당화가 없어졌을 때 제도화된 소통의 통로로서 정무수석이 더욱 필요해지는 것이다. 한국 정당의 제도화가 이루어지기 위해서는 한국 정당의 목소리가 정책 과정에 특히 정책 결정 과정의 꼭대기에 있는 대통령에게 전달되는 제도적인 소통의 통로가 있어야 할 뿐만 아니라, 대통령도 자신의 정책을 결정하는 데 있어서 반드시 집권여당—그리고 야당—과 상의하는 소통이 있어야 하는 것이다. 그래야 집권여당의 권위와 권력이 올라가고 집권여당이 시민, 이익 집단, 시민단체 등과의 소통을 통해 이익표출(Interset articulation)과 이익결집(Interest aggregation)의 주 기능을 수행할 수 있게 된다.

노 대통령과 집권당의 소통 부재는 4·13 총선 이후 열린우리당이 과반수 의석을 확보한 이후에도 마찬가지였다. 물론 열린우리당의 책임도 상당 부분 있지만 대통령과 정당 간의 소통이 제도화되지 않고 대통령과 집권여당이 통합적으로 움직이지 않음으로써 열린우리당은 각종 선거에서 연패하였고 노무현 대통령의 인기도 동반하락하였다.

둘째, 대통령과 국민과의 소통이 제대로 이루어지지 않았다. 노무현 참여정부에는 참여가 없었다. 인수위원회의 기자회견장에 걸려 있던 '국민이 대통령입니다'는 출범 이후 찾아볼 수 없었다. 노 대통령은 자주 이야기하고 기자회견도 자주 하는 편이다. 그러나 대통령은 들으려 하기보다 말하려 하였다. 대통령은 토론(Debate)에서 이기려 하였지 상대방의 말을 경청하려 하지 않았다('검사와의 대화', 2003). 참여정부하에서는 대통령의 일방적인 말의 뱉음만이 있었지 국민과 대통령 간의 쌍방향 의사소통이 없었다. 대통령이 사려 없이 뱉은 말들은 사회를 분열시키고 대한민국을 외교적으로 난처하게 만들었다. 그러나 대통령은 말로써 자신의 지지세력을 분기시키고, 동원하고, 정치적으로 이용하기를 멈추지 않았다.

물론 다른 대통령도 민심의 소리(民聲)을 듣기보다 말하기를 좋아하였다. 그러나 노무현 대통령만큼 테레사 수녀가 이야기한 '혀의 침묵'을 지키지 못하고 함부로 내뱉은 말로 나라를 흔들고 국민을 분열시킨 대통령은 없었다. 노 대통령은 보수세력을 대변하는 언론을 적대시하고 언론에 대한 적개심을 동원하여 정치적 지지세력을 분개시키고 규합하려 하였다. 그러나 보수 언론도 국민의 일부이고 정당이 제대로 대표의 기능을 하지 못하는 대한민국에서 조희연 교수가 이야기하는 '대의의 대행'의 기능을 수행하고 있다. 보수 언론과 생각이 다르면 차이를 인정하고 보수 언론이 틀렸다는 것을 국민들에게 설득력 있게 설명해 주면 된다. 일관되게 보수 언론에 대한 적개심을 유발시키고 동원하여 정치적으로 이용하려는 것은 포용적 민주주의의 대통령이 하지 말아야 할 금기사항이다. 민주주의하에서 언론 정책은 '불가근, 불가원'의 단순한 원칙을 지키면 된다. 보수 언론도 국민의 일정 부분을 대표하는 '부분 체제(Patial Regime)'(Philippe Schmitter)라는 것을 인정한다면 보수 언론에 대항하는 '대항 헤게모니(Counter-Hegemonic)' 담론을 개발하고 설득해야 할 것이지 전투적으로 반보수 언론 감정을 동원하고 이용해서는 안 된다. 그래서는 사회적 다수(Social Majority)를 형성할 수가 없다.

5. 한국 정치에서의 소통의 회복

(1) 소통의 제도화

신라의 화백회의, 고구려의 제가평의, 백제의 정사암회의, 고려의 재추회의, 조선의 의정부와 같은 제도화된 소통기구를 갖는 것이 필요하다. 소통의 시대를 열기 위해 차기 대통령은 제도화된 소통의 통로를 마련하는 것이 중요하다. 노무현 대통령에 의해 폐지된 정무수석을 부활하여 대통령과 여당, 대통령과 야당과 제도화된 소통의 통로를 확보해야 한다. 미국의 정부수석실이라 할 수 있는 의회연락실(Congressional Liaison office)은 백악관 내에서 가장 큰 부서 중의 하나이다. 대통령 직속 위원회보다는 다양한 시민사회와의 협의기구를 통해 시민사회와 소통해야 한다. 국민과의 대토론회, 소토론회를 통해 항상 국민들의 말을 듣고 의견을 경청해야 한다.

소통기구로는 대통령과 정당 대표, 주요 국가 원로가 참석하는 전국정상회의(National Summit Meeting), 주요 정당의 원내대표로 구성되는 정당대표자회의, 그리고 상임위원회 수준에서 법안 관련 상임위원장과 간사로 구성되는 법안심의회의 등을 구상할 수 있다. 그리고 대기업, 중소기업, 대기업 노조, 중소기업 노조, 비정규직, 실업자 그리고 해당 정부부처 장관, 정당으로 구성되는 국민경제사회협의회와 같은 사회협약기구를 생각해 볼 수 있을 것이다.

(2) 소통 민주주의(Deliberative Democracy)의 조건

소통 민주주의 의사 결정 과정은 심의에 의존한다. 시민들과 대표들이 이성적인(Reasoned) 성찰과 판단에 근거하여 공적인 문제에 대한 해결책을 토의, 토론, 심의하는 것이다. 소통 민주주의는 지배자와 시민, 시민과 동료 시민 간에 대화, 토의, 토론, 심의, 상호 발견, 설득, 교정의 과정을 통하여 공공의사 또는 집단적 의사를 형성해 나가는 민주주의이다. 소통 민주주의하에서 '공적 토론의 영역(공공 영역, Public Sphere)'은 대화, 담론, 토론, 심의를 통하여 시민들이 자신의 선호를 형성하고 세련화시키며, 자신의 잘못된 선호를 교정할 기회를 제공한다. 따라서 공공 영역은 다양한 시각과 이익들이 상호이해와 공동의 행동으로 수렴되는 장이라고 할 수 있다.

이러한 소통 민주주의하에서 평등한 시민들은 자유로운 심의에 의해서 의견의 불일치를 해결하며 갈등을 극복하는 길을 찾으려 한다. 소통 민주주의가 이루어지기 위해서는 3가지 조건이 충족되어야 한다.

첫째, 평등의 조건이 충족되어야 한다. 토론과 심의에의 참가는 평등과 대칭성의 규범에 의해서 지배되어야 한다.[10] 토론 참가자는 발언을 시작하고, 질의하고, 심문하고, 토론을 하는 데 있어서 동등한 기회를 가져야 한다. 심의 능력(Deliberative capacities)이 있는 모든 사람들은 심의 과정에서 동등한 지위(Standing)를 가져야 한다. 문제를 제기하고 그 문제에 대한 해결책을 제시하며, 제시된 해결책에 대한 지지 또는 반대의 이유를 제시하는 데 있어서 어느 누구도 특권적 지위를 누려서도 안 되고, 결정 과정에서 동등한 목소리를 낼 수 있어야 한다. 그러기 위해서 기존의 권력과 자원의 배분에 있어 심의에 기여할 수 있는 기회 구조에 영향을 미치지 않을 정도로 실질적인 평등이 이루어져야 한다(Benhabib, 1997 ; Cohen, 1998).

둘째, 자유의 조건이 충족되어야 한다. 심의 참가자의 정체성(Identity)이 심의 참가의 조건을 구성해서는 안 된다. 도덕적, 종교적 관점이 참여의 조건이 되어서는 안 될 뿐 아니라 주장의 수용조건이 되어서도 안 된다. 종교의 자유(양심, 사상, 믿음과 확신의 자유)에서 더 나아가 자신의 정체성에 관계없이 표현할 수 있는 자유(표현의 자유, 자유로운 언론)가 보장되어야

---

10) 이 점에서 노무현 대통령이 시도한 토론인 '검사와의 대화'는 심의적 토론의 원칙을 갖추지 못하고 있었다. 무엇보다도 검사들의 상관인 대통령과 검사들 간의 권력의 비대칭성은 심의 평등 원칙을 위반하고 있다.

심의민주주의는 가능해진다(Cohen, 1998).

셋째, 이성(Reason)의 조건이 충족되어야 한다. 심의 참가자는 제도와 프로그램을 옹호하거나 비판할 때 동료 시민이 받아들일 수 있는 이유를 제시해야 한다. 이 점에서 심의민주주의는 엄밀하게 이야기해서 '공적 토의(Public Discussion)'가 아니라 '공적 변론(Public Reasoning)'이다. 심의민주주의는 공적 변론을 통해서 서로 간의 이해에 도달하려는 것이다. 심의민주주의의 목표는 갈등하는 이익 간의 타협이 아니라 '합리적인 합의'이다.

넷째, 토론 문화가 정착되어야 한다. 토론 문화가 정착되기 위해서는 상대방을 존중하고 모든 문제가 폭력적 수단이 아니라 평화적인 대화와 토론을 통해서 해결되어야 한다는 '에티켓사회(Etiquette society)'가 형성되어야 한다.[11] 그런데 우리 사회는 대화와 토론이 아니라 반토론적인 '거리의 정치', '집단 시위의 정치'를 통해서 문제를 해결하려는 경향이 강하다. 우리 사회에는 기본적으로 남이 나와 다를 수 있다는 차이를 인정하고 수용하려는 다원주의적 가치가 형성되어 있지 않다. 에티켓사회, 관용의 문화, 차이를 인정하고 수용하는 정치가 정착되어 있지 않은 사회에서 대화, 토론, 심의를 통해 공적 문제에 관한 합의를 이루어 내려는 심의민주주의의 토양은 척박할 수밖에 없다. 한국에서 토론은 목소리 큰 사람이 이기는 방향으로 진행되고 있으며 공적인 문제에 대한 이성적인 심의는 이루어지고 있지 않다.[12]

---

11) 조선조의 유교적 시민사회의 소통의 핵심은 에티켓 사회였다. 유학자 집단은 특별히 공적 행동에 적합한 사회적 형식과 예절에 관한 공동 규약에 의해 제공된 시민성(Civilty)를 갖고 있었다. 그들은 자신들 고유의 "제스처, 억양, 특별한 연설 형태, 정중함, 자존심, 긍지, 품위, 고상한 사고와 취미, 예의범절, 전통에 충실함, 관대함, 외부로부터의 도전에 대한 단호한 태도를 견지하고 있었다"(Tu et al., 1992:97).

12) 이를 이탈리아 정치학자 Gambetta는 '심의적 남성주의(Discursive Machismo)'라 불렀다(Gambetta, 1998).

(3) 소통 민주주의의 지향점—공화주의 또는 공론의 정치

우리가 이 시점에서 다시 소통의 정치를 되살리려고 하는 이유는 무엇인가? 우리는 '대한민국은 민주공화국이다'라고 헌법 제1장에 기록하였고, 오랜 투쟁 끝에 민주화를 이룩하였지만, 공화국, 공화주의로 상징되는 한국 민주주의의 공공성에 관해서는 별로 관심이 없었다. 공화주의(Republic)의 연원은 레스 푸블리카(Res Publica)에서 나왔다. 공공적인 일 또는 '공적인 것(Public thing)'이라는 뜻으로 사적인 일, 사적인 것이라는 레스 프리바타(Res Privata)와 대립되는 말이다(김상봉, 2007:335). 그리스적인 표현을 빌리면 폴리스적인 것이다. 폴리스에 대한 헌신, 공공이익, 공동선의 추구, 사적인 것에 대한 공적인 것의 우위가 공화주의의 기본 특징이다(임혁백, 2007).

조선조에서는 공론의 정치를 통해 정치의 공공성을 구현하려 하였다. 그러나 조선조 말 노론 일당 지배로 정치에서 소통과 토론이 사라지면서 공론보다 사론이 지배하게 되었다. 조선조 말 권력은 가문과 문중의 것이었고, 가문들의 집단이 붕당을 이루었다. 가산제적인 붕당인 노론이 조선을 200년간 지배해 왔고 그 결과는 나라의 멸망이었다.

이러한 가산주의(家産主義, Patrimonialism)가 권위주의 독재하의 야당 내부에 부활하였다. 권위주의 독재하에서 야당 지도자들은 민주주의 회복을 위해 내부적으로는 비민주적인 방식과 조직을 채택하였다. 1인 지배 구조의 정당을 만들고 측근과 가신들에게 권력을 집중시키는 권력의 비밀주의가 있었다. 한국 야당의 민주화 투쟁 과정에서 발생한 가신주의는 민주화 이후에도 역사적 경로 의존을 낳았다. 민주화 이후 정치의 중심에 서게 된, 소위 3김으로 불리는 정치지도자들은 근대적 민주 정당을 발전시키보다는 사당을 발전시켰다. 정당 보스가 추종자의 충성과 교환으로 추종자의 복지를 책임지는 가산주의는 정당을 공공이익을 추구하기보다 사적 집단의 이익을 추구하는 조직으로 만들었다. 한국 정치에서는 민주적 절차와 과정을 도입한 후에도 유교적인 가산주의 전통이 존속함으로써 한국 정치의 공공성은 독재 이후에도 실현될 수 없었다. 베버(M. Weber)에 의하면 가산주의란 가부장주의(Patriarchism)의 특수한 형태로 기본적으로 가족주의(Oikos)에 기초하고 있다(Weber, 1978:1010-1011). 가산주의는 공공영역의 사유화를 가져왔다.

민주화 이후에도 가산주의는 지속되었다. 지역주의, 가신주의, 인치주의, 부패, 권력의 사유화가 국민에 의해서 공정하게 선출된 민주적 지도자 사이에 만연하였다. 특히 지역주의는 민주화 이후 한국의 공화주의, 공공성의 실현을 막아 온 장애물이었다. 가산주의적 원리에서 보면 가족의 동심원적 확장이 지역이었다. 가문의 확대는 지역이었고 정당은 지역의 사적인 이익을 도모하는 집단이 되었다. 지역의 이익이 나라의 이익이 되는 나라에서 공공성이 설 자리는 없다. 한국의 지역주의는 바로 가산주의의 표현이다. 한국의 지역주의에서 공동체의 이익은 염두에 없다. 오직 대한민국이라는 공동체의 이익의 희생 위에 특정 지역의 이익을 배타적으로 추구하는 지역 패권주의만이 있을 뿐이다.

정치에서의 공공성은 어떻게 회복할 것인가? 가산주의적인 부패, 인치주의, 위임주의, 가신주의, 지역주의, 보스주의의 유산은 3김의 퇴장과 함께 크게 퇴조하고 있다. 그럼에도 불구하고 한국의 공화주의, 또는 정치의 공공성은 증진되기보다는 후퇴했다는 생각이 든다. 바로 이러한 정치적 공공성의 회복을 위해서 우리는 더 많은 소통을 필요로 하고 있다.

그렇다면 한국 정치에서 소통을 회복하기 위해 무엇을 해야 할 것인가?

첫째, 공화주의의 핵심은 덕성 있는 시민의 적극적인 정치적 참여이고, 시민의 정치적 참여는 지도자와의 소통에서 출발한다. 차기 대통령은 국민과의 소통의 시대를 여는 대소통자가 되어야 한다. 대통령은 말하려 하기보다 들으려 해야 하고, 토론에서 이기려 하기보다 민심을 경청해야 한다. 그렇지 않으면 쌍방향 소통은 없다. 차기 대통령은 국민과 소통해야 하고, 정당, 의회와 소통해야 하고, 기업과 소통해야 하고, 노동자와도 소통해야 한다. 그리고 기업가, 노동자, 시민단체, 정치인들이 소통하도록 중재자의 역할을 수행해야 한다. 대외적으로도 북한과 소통하고 미국과 소통하고 동아시아와 소통해야 한다.

둘째, 시장주의 정치(Goverment by market)을 탈피해야 한다. 이번 대선보다 기업 경영주의가 판을 친 선거는 없었다. 여야를 막론하고 모두가 CEO 대통령이 되겠다고 했다. 국가를 기업 경영하듯이 하겠다고 했다. 그리고 기업 경영을 한 경험을 자랑하였다. 그러나 국가 경영은 기업 경영이 아니다. 국가는 공공 영역이고 기업은 사적 영역이다. 기업은 이윤을 극대화하는 것이 목적이라면, 국가는 모든 공민들의 복지를 고르게 극대화하는 것이 목적이다. 기업이 효율성을 최고의 가치로 삼아야 한다면, 국가는 형평성을 가치로 삼아야 하고 고르지 않는 것을 항상 걱정해야 한다. 세계화의 시대에 이미 권력이 시장으로 넘어갔다고 현직 대통령까지 이야기하고 있는 마당에 국가까지 시장주의에 합세하여 국가의 공공성, 공적 의무, 공익을 망각한다면 그로 인해 초래될 불평등, 불의, 불공정을 누가 시정할 것인가? 세계화 시대에 시장주의가 극성을 부릴수록 국가는 더 공공성에 충실하여야 하고 시장경쟁에서 낙오한 약자의 눈물을 닦아 주어야 한다. 그러기 위해서 지도자는 부단히 시장에서 퇴출된 약자와의 소통을 계속해야 한다.

셋째, 대통령과 그리고 정치인들이 공적인 존재가 되어야 한다. 대통령(그리고 국회의원)으로 당선된 순간부터 사적인 개인이 아니라 국가를 운영하고 책임지는 공적인 존재로 변한다. 공인으로서 대통령에게는 사적 소유물은 없는 것이다. 그것이 플라톤의 《국가론》에 나오는 가족공산주의의 핵심적 내용이다. 공인의 몸은 사유물이 아니라 국가에 속한 국유재산인 것이다. 따라서 한국에서 정치의 공공성을 회복하기 위해서는 공직자의 공공 정신을 부패시킬 수 있는 사유재산의 형성 과정을 투명하게 하고 공직자 재임 시 사유재산의 행사에 제한을 가해야 한다.

대통령과 국회의원들은 공인이다. 그들이 사인일 때 자본주의 원리에 따라 정당하게 돈을 벌고 부동산도 사고 할 수 있을 것이다. 그러나 공인으로서는 그렇게 해서는 안 된다. 공인으로서 대통령은 남들처럼 사법적 권리를 주장하며 송사를 벌이는 것을 자제해야 한다. 왜냐하면 권력을 가지고 있는 현직 대통령이 소송을 할 때 재판의 형평성, 공평성에 의문이 제기될 수 있기 때문이다. 따라서 대통령과 국회의원들은 공직에 있을 때에는 일반 시민들처럼 소송을 자제해야 하고, 공직에서 해방되었을 때에야 정정당당하게 다른 시민들과 똑같이 공인이 아닌 사인이라는 조건하에서 법의 평등한 적용을 받고, 공평하게 법이 판단해 줄 것을 호소할 수 있는 것이다.

공인들이 쟁송의 정치에서 벗어나야 하는 또 하나의 이유는 그러한 행위들이 검찰정치, 사법부정치 현상을 낳는 '다른 수단에 의한 정치'를 강화시키기 때문이다. 대표들이 자신의 문제를 사법부로 가져가는 것은 자신의 권위의 훼손이자 국민으로부터 위임받은 권위를 배신하는 것이다. 국민들로부터 권력과 권위를 위임받은 대표들은 가능한 한 스스로 문제를 해결해야지 자신들의 문제를 검찰과 법원으로 가져가서는 안 된다.

요약하자면, 공론을 형성하기 위해서는, 정치인들은 부단히 국민과 소통해야 하고, 그를 통해 공공이익, 공공선을 추구해야 하고, 따라서 국가를 기업처럼 경영하겠다는 기업 경영주의를 탈피해야 하며, 권력을 사유물로 보지 않고 공유물로 보는 공인으로서의 자세와 행동을 보여 주어야 한다.

6. 맺는말

이상과 같이 한국 정치에서의 소통의 문제를 살펴보았다. 사족으로 덧붙인다면, 소통의 정치를 실현하기 위해서 피해야 할 우상을 프랜시스 베이컨의 '네가지 우상'을 빌려서 지적하고자 한다. 베이컨은 합리적 선택과 판단을 방해하는 네 가지의 우상(종족의 우상, 동굴의 우상, 시장의 우상,

극장의 우상)이 있다고 했다(F. Bacon, *Novum Organum*, 1620).

먼저, 한국에서 '종족의 우상(Idols of the tribe)'은 다른 나라에 비해서 약하다 할 수 있다. 단일 민족에 더하여 종교 간의 화해가 이루어지고 있기 때문이다. 지역주의는 한국적인 종족의 우상이었고 민주화 이후의 한국 정치를 결정해 왔으나, 이번 대선에서는 상당히 약화되었다.

종족의 우상이 약화되고 있는 것과는 달리 다른 우상들은 여전히 활개를 치고 있다. 그중에서도 특히 한국의 진실을 제대로 전달한 정치인은 죽고, 거짓을 진실처럼 이야기하는 정치인은 승하고, 국민들은 허위를 진리처럼 믿게 하는 세력에 굴복하는, '동굴의 우상(Idols of the cave)'이 진리를 빙자하며 정치판을 어지럽히고 있다.

여기에 더하여 언어가 혼란스럽고, 말이 권위를 상실하고, 쌍방향 소통이 없는 '장돌뱅이' 정치가 판을 치는 '시장의 우상'이 공공성의 정치를 압도하고 있다. 실제로 시장은 우상이다. 모든 대선 후보가 성장률 경쟁을 하고 시장을 살아 있는 신으로 숭배하는 '시장의 우상(Idols of the marketpalce)'은 이미 우리 내부에 정착하고 있다.

또한, 가짜를 진짜처럼 꾸미고, 가짜가 진짜처럼 행세하고 정치를 쇼처럼 하며, 정책보다는 이미지의 정치를 펴는 '극장의 우상(Idols of the theatre)'이 판을 치고 있다. 그람시(Gramsci)가 이야기한 '바보들의 행진(Marche de dupes)'이 21세기의 한국에서 일어나고 있다.

이러한 우상이 판을 치고 국민들의 마음을 붙들고 있는 한 공공선을 향한 진정한 정치적 소통은 이루어지지 않는다. 따라서 이러한 우상의 정치에서 벗어나는 것이야말로 한국 정치가 공공성을 회복하는 데 긴요하다. ■ **임혁백** 정치외교학과

참고문헌

김상봉(2007): 〈모두를 위한 나라는 어떻게 가능한가?—공화국의 이념에 대한 철학적 성찰〉, 이병천·홍윤기·김호기 편, 《다시 대한민국을 묻는다—역사와 좌표》, 서울: 한울.

김용직(1998): 〈한국 정치와 공론성(1)—유교적 공론정치와 공공 영역〉, 《국제정치논총》, 제38집 3호.

김영주(2002), 〈조선 왕조 초기 공론과 공론형성 과정 연구—간쟁, 공론, 공론수렴 제도의 개념과 종류〉, 《언론과학연구》, 제2권 3호.

김익두 편(1998): 《우리 문화 길잡이》, 한국 문화사.

박종기(1999): 《5백년 고려사》, 푸른역사.

박현모(2004): 〈조선 왕조의 장기지속성요인 연구 1—공론정치를 중심으로〉, 《한국학보》, Vol. 30, No.1

박홍규·이세형(2006): 〈태종과 공론정치—유신의 교화〉, 《한국 정치학회보》, 40집 3호.

이해준(1996): 〈농민이 두레를 만든 까닭〉, 한국역사연구회 공편, 《조선 시대 사람들은 어떻게 살았을까 1》, 청년사.

엄훈(2002): 〈조선 시대 공론 영역 논변에 대한 장르론적 접근〉, 《국어교육학연구》, 제14집.

임혁백(1994): 《시장, 국가, 민주주의》, 나남출판.

_____(2000): 《세계화 시대의 민주주의》, 나남출판.

_____(2004): 〈한국에서의 정치적 신뢰의 회복〉, 이온죽 편, 《신뢰—지구촌 시대의 사회적 자본》, 집문당.

_____(2007): 〈공공성의 붕괴인가, 공공성의 미발달인가—한국에서의 허약한 공화주의〉, 《삽회비평》 제37호(가을호).

임혁백·안석교(2000), 《새천년의 한국과 세계》, 나남출판.

한국정신문화연구원(1991): 《한국민족문화대백과사전》 제3권, 제6권, 제19권, 제25권.

Banfield, Edward(1958): *The Moral Basis of a Backward Society*, Glencoe, IL: Free Press.

Banhabib, Seyla(1997): "Toward a Deliberative Model of Democratic Legitimacy", in Benhabib(ed.), *Democracy and Difference*, Princeton: Princeton University Press.

Cho, Hein(1997): "Historical Origins of Civil Society in Korea", *Korea Journal*, Vol 37, No. 2.

Cohen, Joshua(1998): "Democarcy and Liverty", in Jon Elster(ed.), *Deliberative Democracy*, Cambridge: Cambridge University Press.

Gambetta, Diego(1998): "Claro!: An Essay on Discursive Machismo", in Jon Elster(ed.), *Deliberative Democracy*, Cambridge: Cambridge University Press.

Haboush, Jahyun Kim(1995): "Academies and Civil Society In Chosun Korea", in Leon Vandermeersch(ed.), *La Societe Civile Face a L'etat: Dans les Tradtions Chinoise, Japonaise, Coreene, et Vietnamienne*, Paris: Ecole Francaise D'extreme-orient.

Tu, Wei Ming et al.(1992): *The Confucian World Observed*, Honolulu: EAST WEST CENTER.

Weber, Max(1978): Guenther Roth and claus wittich(eds.), *Economy and Society*, Berkeley: University of California Press.

제2부

한국 사회와 문화를 들여다보다

한국 민주주의와 사법부의 좌표

법률가·법학자와 정치학자 간 소통을 위한 시론

1. 들어가는 말

이 글에서 필자는 민주화 이후 한국 사회의 맥락에서 사법부의 좌표를 진단해 보고자 한다. 여기서 민주화 이후라는 말은 큰 의미를 갖는다. 알다시피 한국의 주요 국가기구와 제도, 그리고 그것의 운영 원리와 인적 구성은 대체로 민주화 이전 권위주의 시기에 형성되어 이어져 왔다. 국가기구의 중심 지주 가운데 하나인 사법부 역시 그러하다. 또한 국가 운영의 제도적 근간이 되는 헌법의 연속성 역시 괄목할 만하다. 그러나 이 말은 민주화가 한국 사회에 큰 변화를 가져왔다는 사실을 부정하는 뜻은 아니다. 구제도의 연속성을 한편으로 하고 민주화라는 체제 변화를 다른 한편으로 할 때, 국가와 사회질서에 대한 변화의 압력은 민주화 이행이라는 전환점에서가 아니라, 오히려 민주화된 이후 장기간에 걸쳐 여러 수준에서 현실화되고 있다. 권위주의 유산과 그에 따른 제도, 운영 원리, 에토스의 연속성과 민주화를 통해 새로운 시대 변화를 요구하는 압력 사이에는 커다란 긴장과 갈등이 존재하며, 최근년에 이르러 그것은 여러 수준에서 제도 개혁의 형태로 구체화되고 있다. 이 글의 주제인 사법부의 좌표를 진단하는 문제는 이와 같이 민주화를 전후로 한 전체적인 사회 변화를 배경으로 한다. 민주주의에서 사법부의 역할은 어떠해야 하는가 혹은 어떻게 변하는 것이 바람직한가의 문제는 실로 커다란 주제가 아닐 수 없다.

한국 사법부의 역사는 미국이나 유럽과 같은 선진 민주주의 국가들과 비교하면 짧은 것임에 분명하지만, 그 시작이 해방 이후 한국이라는 근대 국가 건설 직후부터임을 감안하면 반드시 짧다고만 할 수도 없다. 그러나 민주주의가 본격적으로 시작된 시점으로부터 생각한다면 그 역사는 극히 일천하다. 따라서 한국의 사법부가 민주주의와 대면하면서 발생하는 문제들에 대한 논의, 즉 민주주의에서 사법부의 역할은 무엇인가 하는 질문을 둘러싼 논의는 이제 막 시작되었다 할 수 있다. 이 글은 바로 이 문제에 대한 매우 거시적이고 광범한 스케치이다. 만약 이 문제 영역에서 심화된 기존 논의가 있었다면, 이러한 개관적 성격의 글은 가능하지도 필요하지도 않을 것이다. 이 글이 포괄하는 문제 영역은 오늘날 한국 헌법에 담긴, 사법부에 헌법재판소를 설치해 헌법 해석권을 부여한 입헌주의의 원리로부터 정부 구성 및 운영과 관련한 권력 분립과 견제와 균형의 원리, 이런 구조 속에 위치한 사법부의 역할, 사회와의 관계에서 사법부의 자율성과 책임성의 문제, 법의 지배와 공정성의 문제, 그리고 사법부의 민주적 거버넌스에 이르기까지 매우 다양하고 광범위하다. 그리고 이 모든 주요 이슈들을 관통하는 핵심 질문은 한국 사회의 민주주의 발전을 위해 사법부에게는 어떤 역할을 기대할 수 있는가로 집약된다.

이 글에서 다루는 주요 문제들의 내용과 성격을 이해하고 판단하기 위한 준거로서 필자는 세 가지 가치 기준을 통해 논의를 전개하고자 한다. 첫째는 민주주의적 입헌주의(democratic constitutionalism)의 가치를 준거로 문제를 살펴보는 것이다. 둘째는 어떻게 법에 의한 지배(rule by law)로부터 법의 지배(rule of law)로 발전할 수 있는가 하는 점이다. 세 번째는 사법부 및 법률공직자들의 자율성(autonomy)을 어떻게 책임성(accountability)과 균형을 이루도록 할 것인가 하는 점이다. 이상 세 가지 기준, 즉 민주주의적 입헌주의, 법의 지배, 책임성은 필자가 오늘날 사법부와 법률공직자들의 정치적, 사회적 역할을 평가하는 기준임과 동시에, 민주주의에서 그들이 갖춰야 할 바람직한 위상과 역할을 상정하기 위한 기준이다.

민주주의에서 사법부 역할에 대한 논의는 정치학과 법학이 만나는 접점으로, 최근 들어 구미학계의 가장 생산적이고도 활발한 연구 분야로 부상하고 있다. 또한 그것은 학문적 관심사일 뿐 아니라 실천적 견지에서도 정치, 법, 사회, 경제의 모든 영역에 걸쳐 커다란 영향을 미치는 중요한 분야이다. 필자는 앞에서 제시한 가치 기준을 바탕으로 민주화 이후 사법부의 좌표를 점검하고자 한다. 그리하여 오늘날 한국 사회에서 사법부는 어떤 문제를 안고 있으며, 어떤 진로를 향해 발전하는 것이 바람직한가에 대한 하나의 시론을 제시하고자 한다.

2. 민주화 이후 사법부의 역할 증대와 변화

민주화 이후 한국에서 사법부의 기능은 두 가지 측면에서 크게 강화되었다. 첫 번째는 제도 변화의 결과이다. 1987년 개정된 현행 헌법은 해방 이후 처음으로 매디슨적 민주주의를 제도화한 미국 헌법과 가장 닮은 모습을 갖게 되었다.[1] 연방제를 제외할 때, 한국 헌법은 미국 헌법과 마찬가지로 대통령제에서 삼권분립을 통한 견제와 균형의 원리를 제도화한 것이고, 여기서 사법부는 집행부와 입법부를 견제할 권능을 부여받았다.[2] 이는

---

1) 매디슨적 민주주의에 대해서는 Robert A. Dahl, *A Preface to Democratic Theory* (Chicago U.P., 1956)를 참조. 민주주의에 관한 이 고전적 저작에서 달은 민주주의의 유형을 '매디슨적 민주주의(Madisonian democracy)', '민중주의적 민주주의(populist democracy)', 그리고 그 자신이 개념화한 '다수지배 민주주의(polyarchy/polyarchal democracy)'로 분류하였다.

2) 정종섭, 〈한국의 민주화에 있어서 헌법재판소와 권력통제—1988년부터 1998년까지〉, 《서울대학교 법학》 제42권 제1호(2001).

한국 정치체제와 국가기구에서 사법부의 독립성과 역할 강화를 의미하는 것이다. 두 번째는 정당정치의 저발전 내지 약화의 결과이다. 민주화 이후에도 허약한 정당정치가 지속됨에 따라, 정치 경쟁에서 우위를 점하고 정치 갈등을 자신에게 유리한 방향으로 해소하는 방편으로 주요 정치세력들은 정치 영역 밖의 제3자, 특히 사법부나 검찰을 자주 불러들임으로써 이른바 '다른 수단에 의한 정치' 또는 '정치의 사법화' 현상이 점증하였다. 그것은 정치에서 사법 기능의 증대를 의미했고, 법률공직자들의 정치적 역할 증대라는 결과를 가져왔다.

먼저 첫 번째 문제를 살펴보자. 1987년 헌법 개정 당시 그 과정에 참여한 주요 정치세력들은 민주주의의 원리 중에서도 특히 견제와 균형의 원리를 크게 의식하며, 국가기구를 구성하는 3부의 기능을 재분배하고 그 균형을 맞추는 데 상당한 노력을 기울였다. 그중 5년 단임제를 통한 대통령직의 임기와 권한 제한은, 지난날 정치적 권위주의화가 견제되지 않는 대통령 권력을 중심으로 전개됐던 것을 고려할 때, 구체적인 개정 내용과 그 효과에 관한 논의를 생략하더라도 최소한 방향만큼은 수긍할 만한 것이었다. 물론 이 같은 집행부 권력의 제한은 입법부의 권력과 기능 확대로 이어졌다. 그러나 이 글의 주제와 관련하여 더욱 중요한 사실은 1987년 헌법 개정이 사법부의 기능을 뚜렷하게 강화시켰다는 데 있다. 헌법재판소(이후 헌재로 약칭)의 별도 설치는 가장 대표적인 제도 변화이며, 중앙선거 관리위원회(이후 중선관위로 약칭) 기능 강화도 큰 변화였다.[3] 먼저 1987년 헌법은 4·19혁명 이후 제2공화국 헌법을 통해 도입되었다가 5·16 쿠데타 이후 폐지된 헌법재판소를 다시 부활시켜 헌법 해석 기능을 갖는 사법부의 기능 확대를 통해 견제와 균형을 강화하고 이에 기반해 정부 부서 간 '수평적 책임성'을 증대시켰다는 점에서, 미국의 매디슨적 민주주의의 방향으로 한국 민주주의 제도를 변화시킨 것으로 평가할

---

3) 김영수, 《한국헌법사》(학문사, 2000), pp.684-699.

수 있다.[4] 다만 미국과의 차이는 최고 법원을 대법원과 헌법재판소로 분리했다는 점이다. 순전히 제도적 관점에서만 볼 때, 헌재의 별도 설치는 미국 헌법의 전통을 따른 것이라기보다는 일본을 매개로 수입된 독립된 헌법재판소의 아이디어를 포함하는 한스 켈젠의 법이론과 독일식 법치국가(Rechtsstaat)의 영향으로 보인다. 그러나 켈젠의 법이론 전통은 오늘날 EU 법원과 헌번 해석에서 나타나듯 오히려 영미식 법제보다 더 시민 권리를 우선시하고 옹호하는 방향으로 변화하고 있다는 점을 지적할 수 있다.[5] 다른 한편, 기본적으로 헌재 설치와 헌번 해석권이 미국식 입헌주의를 제도화하는 것임은 말할 나위도 없다. 이와 관련하여 한국에서 헌재를 별도로 설치한 것의 이론적 기반이 어디로부터 유래한 것인가와 관계없이, 한국의 민주화가 심화되면서 헌재의 기능이 미국 헌법의 권리 중심 모델을 따라 발전할 가능성을 고려할 수 있다. 그러나 그 발전 경로가 어떤 모델 내지 전통에 근거한 것이든, 민주화 이후 한국 정치체제는 로버트 달의 민주주의 이론을 따르자면 고대 아테네의 경험과 루소의 이론에 기초하고 프랑스 혁명의 전통을 구현한 '민중주의적 민주주의'와 시민 정치참여의 평등과 다수결 원리가 가져올지도 모를 결과를 위험시하며 이를 헌법을 통해 제어하고자 하는 데 초점을 둔 '매디슨적 민주주의'라는 서로 다른 두 가지 민주주의 요소를 동시에 포괄하고 있다. 이때 문제는 어느 요소를 더 많이 포함하며, 두 요소를 어떻게 적절히 결합할 것인가에 있다.

이와 관련하여 독립된 헌법기구로서 설치된 중선관위에 대한 논의는

---

4) '수평적 책임성(horizontal accountability)'에 관해서는 Guillermo O'Donnell, "Horizontal Accountability in New Democracies", in Andreas Schedler, Larry Diamond, Marc F. Plattner, eds., *The Self-Restraining State:Power and Accountability in New Democracies*(Lynne Rienner Publishers, 1999), 그리고 Scott Mainwaring and Christopher Welna, eds., *Democratic Accountability in Latin America*(Oxford U.P., 2003)를 참조.

5) Martin Shapiro, "Judicial Review in Developed Democracies", in Siri Gloppen, Roberto Gargarella, and Elin Skaar, eds., *Democratization and the Judiciary:The Accountability Function of Courts in New Democracies*(Frank Cass Publishers, 2004), p.14.

특히 중요하다. 사법부의 권한 확대를 논의하는 맥락에서, 공식적으로 사법부에 포함되지 않는 중선관위에 말하는 것이 의아스러울지 모른다. 이 기구는 사법적 기능을 갖는 행정위원회로 또는 행정적 기능을 갖는 사법부의 별도 기구로 여겨지곤 한다. 그럼에도 필자의 관점에서 중선관위는 엄연히 사법부 기능이 중심이 되는 제도이다. 제도적 견지에서 볼 때, 민주화 이후 중선관위가 민주주의 발전에 부정적 효과를 가질 수 있다는 것은 커다란 역설처럼 보인다. 중선관위는 그 제도적 기원이 4·19혁명 직후 민주당 정부하에서 이뤄진 헌법 개정에 있다는 점과 아울러, 1987년 헌법을 통해 민주주의가 본격적으로 작동하는 조건에서 그것은 과거 권위주의 시기와는 질적으로 다른 문제들을 만들어 내고 있는 것으로 판단된다. 현행 헌법에서 중선관위는 그 이전과 비교할 때 제도적으로는 연속성을 갖지만, 한 가지 매우 중요한 측면에서 1987년 헌법 개정은 중선관위 기능을 크게 강화시켰다. 중선관위에 내부 규율에 관한 규칙제정권을 새로 부여한 헌법 제114조 6항이 그것이다. 여기에는 의회가 제정한 정치관계법과는 별도로 독자적인 행정 규칙의 형태로 그 시행 절차를 규정할 수 있는 사실상의 입법권이 포함되어 있다. 한국 헌법의 모델이라 되는 미국 헌법에서 사법부가 막강한 부서로 성장할 수 있었던 것은 이른바 '사법적 정책 결정' 내지 '사법적 입법'이라는 말에서 보듯 법을 해석하는 부서로서의 사법부가 집행부와 입법부의 기능 또한 아울러 갖추게 되는 기능 확대에 따른 결과이다.[6] 민주화 이후 중선관위는 내부 규칙을 통해 사실상의 입법 행위를 한다는 점에서 입법 기능을 갖는가 하면, 정해진 법을 실행하는 집행권을 가지며, 선거와 관련된 특정 행위가 법에 저촉되는지에 대해 소추하고 평결하는 사법적 기능까지 갖춤으로써 입법, 사법, 행정이라는 정부의 모든 기능 범주를 포괄하는 막강한 권한을 갖는 매우 특별한 사법기구

---

6) '사법적 정책 결정(judicial policy-making)', '사법적 입법(judicial legislation)'에 대해서는 Robert A. Dahl, *How Democratic Is the American Constitution?*(Yale U.P., 2001), p.19를 참조.

로 부상했다. 법적으로(de jure) 해석되는 중선관위의 성격이 어떠하든, 그 중심적 기능과 함께 판검사 출신의 법률공직자를 압도적 다수로 하는 인적 구성과 대법관에서 위원장이 선임되는 관례 등의 요소로 인해 그것은 사실상(de facto) 대법원의 하위 기구로서 사법기구의 성격을 갖는다고 볼 수 있다. 또한 선관위의 법률 해석은 사건의 평결을 위해 헌재나 대법원으로 이관된다는 점에서 법원의 외연으로 기능하기도 한다. 이렇게 광범하고 다양한 기능과 권한에 덧붙여, 그것이 헌법에 의해 선거 관리의 배타적 권한을 부여받았다는 점, 정치와 법행정 간의 경계가 극히 애매한 영역에서 막강한 권한을 갖는다는 점, 선거와 관련된 규칙의 문제는 극히 추상적이며 정치적인 해석을 필요로 한다는 점에서 선관위의 역할과 권한은 드러난 것 이상으로 위력적이며 그만큼 논쟁적이다. 선관위 기능들 중 가장 문제가 되는 것은 민주주의 제도와 실천의 핵심이 되는 선거를 단일의 방대하고 중앙집중화된 관료행정 체제를 바탕으로 소수의 위원으로 구성된 기구가 배타적으로 관리한다는 데 있다. 선관위 홍보물에서 보듯, "선거 관리 기관을 독립위원회형의 헌법기관으로 규정하는 것은 세계적으로 그 예가 드물다". 한국의 중앙집중화된 관료 체제에 의한 선거 관리는 실제로 세계적으로 유례를 찾기 어려운 하나의 극단적 사례이다. 그렇다고 할 때, 주마다, 군마다, 시마다 제각각의 선거 관리 제도를 가짐으로써 전체적으로 수천, 수만 가지의 선거 관리 기구를 가진 미국은 한국과 정반대되는 다른 극단이라 하겠다.

민주주의 국가들에서 선거 관리는 이를 수행하는 기구가 의회 내에 설치되든 행정부 내에 설치되든, 정당 간 합의에 따라 선거 절차와 과정이 결정되는 것이 일반적이며, 그것은 민주주의 원리에 부합하는 것이기도 하다. 그러나 만약 선관위를 운영하는 소수 위원들이 특정의 민주주의관이나 정당관을 가질 때, 특히 민주주의의 민중주의적 요소, 즉 대중 참여가 확대되고 다수의 목소리가 반영되며 시민사회의 활성화와 함께 정당 간 경쟁이 폭넓은 이념적 스펙트럼에서 이루어짐으로써 실현되는 참여의 확대와 이를 통한 투입 기능 증대에 부정적이라면, 그것은 민주주의 발전에 매우 부정적인 효과를 미칠 수 있다. 그리고 선관위의 인적 구성에서 사법부의 고위법률공직자나 고위행정관료가 다수를 차지한다면, 선거 운영이 얼마나 민주주의의 규범과 가치를 존중하는 방향으로 실현될지도 의문이다. 또한 여러 다른 관료행정 체제에서 드러나듯 그들의 가치 정향이 보수적이고 대중 참여에 부정적이라면, 그와 병행하는 막강한 관료행정 기구를 통해 그들 스스로가 원하는 대로 선거 제도를 만들고자 시도할 수도 있다. 이럴 경우 선관위는 선거의 중립적 관리가 아니라, 실제로는 그들 스스로의 특정 이념과 가치 정향, 파당적 정치관을 실현하고자 하는 하나의 정치 집단으로 변질될 가능성이 크다고 하겠다.

이 문제와 관련하여 지난 2008년 총선 과정에서 나타난 대표적 실례를 살펴볼 수 있다. 대운하 건설의 총선 이슈화를 제지했던 선관위의 선거 관리정책이 바로 그것이다. 대운하 건설은 이미 대통령 선거 과정에서 중대 이슈로 제기되었고, 총선에서도 당연히 중대 이슈로 제기될 수 있을 만큼 중요한 문제였다. 이 문제를 선거운동 과정에서 다른 정당 혹은 시민단체들이 제기하고자 했을 때, 선관위는 그 방법을 문제 삼고 이를 선거법 위반으로 해석하며 사실상 이슈화를 금압했다. 총선이든 대선이든, 선거는 여러 이슈들에 대한 시민 유권의 의사 표명과 결정이 이뤄지는 민주주의의 핵심 정치 과정이자 기제이다. 그리고 유권자가 선거에서 계몽된 결정을 내리기 위해서는 주요 이슈들이 선거 과정에서 여러 방식으로 광범한 심의 대상이 되어야 하고, 유권자는 이들 이슈에 대한 대안적 정보를 가질 권리가 있다. 이 점에서 볼 때, 지난 총선에서는 이슈 제기로부터 결정에 이르는 과정 자체가 근본적으로 제약받았다.[7] 이렇듯 지난 총선을 통해 많은

---

7) 달은 민주주의의 기준을 다섯 가지로 정리하면서, 시민이 의제를 선택하고 결정하는 방법, 어떤 문제가 의제에 들어가야 하는가를 결정함에 있어 최종적인 통제력을 가져야 하는 것을 기본조건의 하나로 강조한 바 있다. Robert A. Dahl, *On Democracy* (Yale U.P., 1998). 또한 민주주의는 투표 과정뿐 아니라 투표 이전 시기

정당정치인들과 투표자들은 경직된 선거 제도와 관료적 선거 관리가 실제로 민주적 선거 과정을 심대하게 제약할 수 있다는 사실을 경험했다. 여기서 필자가 강조하고자 하는 바는 민주주의의 정치적 실천이 사법적, 관료적 관리하에 두어질 때의 위험성에 관한 것이다.

매디슨적 헌법에서 그 전형을 볼 수 있는 사법부의 엄격한 독립과 헌법 해석권을 중심으로 하는 입헌주의적 원리와 사회적 균열의 표출과 정치적 갈등을 조직하고 타협을 통해 공적 결정을 내리는 정당이 중심 역할을 수행하는 민주정치에 대한 강조 사이에는 커다란 갈등과 긴장이 존재한다. 필자의 판단으로는 1987년 헌법 개정은 한국 민주주의에서 입헌주의의 원리와 제도를 크게 확대하는 계기였다. 앞서 언급했듯이, 그것은 헌법이 헌재를 별도의 헌법기구로 설치하고 선관위의 기능을 획기적으로 강화시킨 제도적 변화를 통해 구체적으로 나타났다. 이것은 뒤에서 논의하게 될 법률공직자 구성의 특성과 더불어, 민주주의의 핵심 요소인 참여와 이를 통해 사회의 지지기반에 광범하게 뿌리내린 대중정당의 발전을 제약하는 '관리된 민주주의'의 성격을 강하게 드러낼 여지를 남긴다. 민주화 이후 제도적 측면에서 헌정주의적 요소의 도입은 무엇보다 보수주의적인 사법부와 헌재 판사들을 통해 그리고 선관위의 민주주의와 정치에 대한 협애한 관점을 통해 민주주의 발전을 제약하는 요소로 작용할 가능성을 높이고 있다. 이 말로 인해 필자가 헌재를 포함한 사법부 역할 전체가 민주주의 발전에 부정적이거나 한국 법원의 판결 내용 전반을 비판적으로 인식한다는 것을 의미하지 않는다는 점을 강조할 필요가 있다. 민주화 이후 사법부는 분명 대통령의 권력 남용과 비합리적 결정에 대한 견제 역할을 담당함으로써 민주주의 발전에 기여한 점 역시 적지 않기 때문이다.

민주화에 따른 제도 변화의 결과와는 별개로, 민주화 이후 사법부의 역

에도 시민-투표자들이 정책 대안과 관련한 의견이나 정책을 투표에서의 선택사항에 집어넣을 수 있는 권리를 핵심요소로 포함한다. Dahl, *A Preface to Democratic Theory*(University of Chicago Press. 2006), p.84.

할 증대는 그와는 전혀 다른 측면에서도 발생했다. 그것은 민주화 이후에도 지속된 정당의 저발전과 허약함, 정치에 대한 부정적 인식과 담론의 확대, 그리고 그로 인한 정당정치인의 위상 약화가 중요한 원인을 이룬다. 물론 오늘날 정당정치의 약화가 정치 영역에서 사법부와 법관들의 역할 증대로 이어진 것이 비단 한국만의 현상은 아니다. 정치에서 사법부 역할 증대가 현대 민주주의의 일반적 현상임에도 불구하고, 이 문제를 특히 미국과 비교할 때 한국 정치에서 그것은 때 이른 현상이라는 점과 함께 미국과는 다른 원인을 갖는다는 점에서 한국적 특성을 발견할 수 있다. 벤저민 긴스버그와 마틴 세프터가 개념화한 '다른 수단에 의한 정치'는 민주-공화 양당으로 제도화된 미국 정당체제가 소수인종, 저학력, 저소득층 등을 포괄하는 사회적 약자를 대표·조직하지 못하고, 또한 그들을 선거 경쟁에서 효과적으로 동원하지 못함으로써, 결국 중산층 중심의 정치 경쟁으로 국한된 정당 기능의 쇠퇴에 따른 현상이다. 나아가 그러한 현상은 양당이 각각 집행부와 입법부를 나누어 지배하는 분할정부적 상황에서 더욱 두드러지는 것으로 평가된다. 이런 조건에서 정치는 언론이 정치적 범죄를 폭로하고 검찰이 이를 조사·기소하고 법원이 평결하는, 즉 폭로-조사-기소(Revelation, Investigation, Prosecution)의 이른바 'RIP 과정'으로 전환된다. 그리하여 정치가 선거 경쟁이라는 본령에서 벗어나 언론과 '형사사법 체제'를 정치투쟁의 주요 무기로 사용하는 빈도가 급증하게 되는 것이다.[8] 요컨대, 미국에서 그 전형을 보여 주는 '다른 수단에 의한 정치'는 사법적 기능이 선거를 중심으로 한 정치를 대체하는 정치의 퇴행을 가리킨다고 하겠다.

노무현 정부에서 의회의 대통령 탄핵 소송과 헌재의 부결 판결로 귀결된 사건을 필두로 정치권에 의해 제기되는 무수한 헌법소송을 비롯해, 최

---

8) 특히 제도 간 투쟁(institutional combat)에 대해서는 Benjamin Ginsberg and Martin Shefter, *Politics by Other Means:Politicians, Prosecutors, and the Press from Watergate to Whitewater*(W.W. Norton & Co. Ltd., 1999), pp.23-27을 참조.

근 이명박 특검, 삼성 특검 등의 큰 정치적 의미를 갖는 특검 설치, 그리고 선거가 끝날 때마다 쏟아지는 당선무효 소송 및 판결 등은 이미 한국 정치의 낯익은 구성요소가 되었다. 그러나 한국의 현상이 미국과 완전히 동일한 것은 아니다. 미국의 경우 다른 수단에 의한 정치는 기본적으로 민주주의 쇠퇴의 한 현상이다. 즉 미국에서 그것은 선거 경쟁의 중심 단위이자 메커니즘으로서의 정당체제가 사회의 광범한 이익과 갈등을 대표하고 유권자를 동원했던 과거의 다이내믹한 발전의 정점을 지나면서 나타나는, 당 관료나 당 지도부의 체제 안주적 행태들에 의해 야기된 정당 조직의 경직성과 정당체제의 쇠퇴에 따른 현상이다. 반면 한국에서 그와 유사한 현상은 민주화 초기 단계에서, 즉 정당이 사회의 균열과 갈등을 제대로 대표하지도 조직하지도 못하고, 정당 간 선거 경쟁에서 제대로 된 경쟁축이 채 형성되지도 못한 정당정치의 저발전 상태에서 발생하고 있다. 이 점에서 미국과 비교할 때 한국의 다른 수단에 의한 정치는 때 이른 것이라 하지 않을 수 없다. 더욱이 우리는 지난 2008년 총선 과정에서 한국의 대표적인 두 정당이 후보 공천 자체를 외부 법률가들에게 위임하는 아주 새로운 사태를 목도하였다. 정당의 중심 기능 중 하나가 공직 후보 선정과 이를 통한 선거의 조직화라고 할 때, 그것은 정당의 가장 중요한 권한을 외부 법률가들에게 맡겨놓은 것이다. 즉 가장 대표적인 정당들마저 본연의 역할을 스스로 수행하지 못하는 상황에 놓였으며, 이제 정당들은 자기 역할을 대행하거나 부족한 권위의 공백을 메워 줄 제3의 해결자를 요구하게 되었고, 그 역할을 수행하는 데 있어 법률가는 가장 이상적인 집단으로 여겨지게 된 것이다.

한국의 법률가 집단은 권위주의 시기 사법 업무를 담당했다는 점에서 그들의 도덕적 권위와 위상에 일정한 손상을 받았을지 모른다. 그럼에도 민주화 이후 그들은 여전히 한국 사회의 최상층 엘리트 집단이며, 법을 다루는 전문가 집단으로서 그 위상이 다른 집단에 비해 매우 높게 평가된다. 특히 선출직 정치인들과 비교하면 더욱 그렇다. 이 점에서 법률가 집단이 정치인으로 역할 전환을 추구할 때, 그들은 특별한 정치 자원을 향유한다고 말할 수 있다. 오늘날 비단 한국만이 아니라 다른 나라에서도 다른 수단에 의한 정치가 증대되는 현상은, 한편으로 법의 지배와 투명성, 자유경쟁과 전문성, 도덕성과 능력과 같은 신자유주의적 시장경쟁 원리에 적합한 덕목과 규범이 강조되는 조건과 다른 한편으로 선거 경쟁에서 대중매체의 역할이 증가된 정치 환경과 밀접한 상관관계를 갖는다. 더욱이 민주화로 인해 도덕성과 아울러 법의 지배나 투명성과 같은 기준들이 강조되면서, 정치인은 과거에 비해 크게 높아진 도덕적 기준에 부응해야 하는 강력한 압력하에 놓인다. 그렇다고 정치활동에 소요되는 비용이 더 낮아진 것도 아니다. 이런 조건은 법이 정치에 개입할 여지를 비약적으로 증대시키고, 이는 다시 법률가들이 활약할 수 있는 텃밭을 제공한다. 그러나 여기서 이러한 현상과 더불어 제기해야 할 문제는 정부와 사회에 대한 법률공직자들의 책임성에 대한 것이다. 아울러 법의 지배를 실현하고, 시민의 권리와 자유를 수호하는 수호자로서의 법률공직자들은 앞서 언급한 바와 같이 민주화 이후 증대된 그들의 권력과 위상에 비례해, 얼마나 어떻게 견제될 수 있는가의 문제 역시 제기하지 않을 수 없다.

이 점에서 법률공직자 집단의 구성과 특성, 그리고 변화를 살펴보는 것은 매우 중요하다. 여기서 초점은 사법관료 체제의 충원과 위계 구조에 있어 민주화는 어떤 변화를 가져왔는가 하는 것이다. 이를 평가하기 위해 고려할 수 있는 기준으로 다음 세 가지를 들 수 있다. ① 사법시험 합격자와 법률공직자로 충원되는 인사들의 소득, 학력, 출신 등을 포괄하는 사회경제적 배경, ② 권위주의 시기 수행했던 직급과 판결 중 권위주의적 가치에 부응했던 요소들이 민주화 이후에도 얼마나 연속성을 가지며 영향력을 발휘하는가의 문제, ③ 민주적 가치들이 민주화 이후 사법관료들의 가치 정향에 얼마나 수용되고 있는가의 정도가 그것이다. 이를 하나의 질문으로 요약하자면, 민주화 이후 사법관료 체제의 공직자들은 얼마나 민주적으로 변모했는가 하는 것이다. 불행하게도 필자는 이런 문제들과 관련해 체계적인 경험적 연구조사에 기반한 구체적 근거를 갖지 못하며, 따라서 이 질문에 정확히 답할 수는 없다. 다만 단편적인 자료들에 근거한 보직자의 배경·성향을 통해, 일반적 변화를 추론할 수 있을 뿐이다. 그럼에도 필자는 몇 가지 중요한 경향적 특성을 짚어 낼 수 있다고 생각한다. 이 문제와 관련해 무엇보다 중요한 것은 충원 제도의 변화가 가져오는 효과이다. 물론 민주화 이후 사법시험 제도 그 자체가 변한 것은 아니기에 큰 틀에서 충원 제도 변화의 효과는 없다. 그러나 여기서 언급할 수 있는 중요한 변화는 널리 알려진 것처럼 사법시험 합격자 수의 현저한 증가와 그 효과로써 임용 보직 배정을 둘러싼 경쟁원리의 도입과 그에 따른 경쟁 심화이다. 특히 언론을 통해 단편적으로 알려진 지표들로부터 유추할 수 있는 것은 사법시험 합격자와 사법공직의 충원이 사회계층구조의 상층에 편향된 양상으로 나타나는 경향이 점점 더 강해지고 있다는 사실이다.[9] 사법시험 합격과 보직임용의 경쟁 구조는 대학입학시험의 그것과 점점 더 긴밀하게 상응하는 것으로 판단된다. 주지하다시피 오늘날 일류 대학 입학자들은 지역적으로는 점점 더 서울의 강남 지역에 편중되고, 소득 수준에서는 상층으로부터 오는 경향이 더욱 강해지고 있다. 이런 현상과 병행하여 사법시험 합격자들 역시 기본적으로 학교의 서열 구조와 비례하는 것으로 추정할 수 있다. 그 결과 권위주의 시기 사법관료의 충원과 민주화 이후 시기의 그것은 의미 있는 그러나 역설적인 차이를 만들어 내는 것으로 보인다.

과거의 시험 제도하에서는 대학시험, 사법시험 합격자들과 그들의 사

---

9) 법률공직자의 충원 구조에서 그 사회적 배경을 체계적으로 분석한 경험적 연구는 존재하지 않는다. 따라서 언론매체에 간간이 등장하는 관련 보도, 정부 부처에서 수집한 초보적 통계, 해당 이슈에 관심 있는 국회의원 국감 자료 등을 통해 관련 사실을 단편적으로 확인할 수 있을 뿐이다. 먼저 사법시험 합격자의 출신 대학별 현황은 법무부 홈페이지 http://www.moj.go.kr/barexam, 2000년부터 2004년까지 5년간 사법연수원생 전원의 사회적 배경에 관한 조사는 민주노동당 노회찬 의원실의 '강남구, 서초구 출신 사법고시 합격 압도적'이란 제하의 보도자료(2004. 12. 2), 그리고 가장 최근의 언론 보도는 '사법시험까지도 외고 출신 초강세'(《국민일보》, 2007. 5. 22) 등을 참조.

회적 배경이 상응하지 않았고, 따라서 사법시험은 사회적 상향 계층이동의 중요한 메커니즘으로 기능했다. 그러나 오늘날 대학입시와 사법시험는 응시자의 사회적 배경과 독립적으로 기능하지 못하고 있는 것으로 판단된다. 즉 과거의 시험 제도가 상향 이동을 가능하게 함으로써 사회적 계층구조를 경직되지 않게 하는 중요한 수단이었던 반면, 지금은 그렇다고 말할 수 없게 된 것이다. 민주주의하에서의 시험 제도가 권위주의하에서의 그것보다 사회적 계층구조를 더욱 경직되게 만든다는 사실은 커다란 역설이 아닐 수 없다. 두 번째 변화의 기준으로서 승급 및 보직 임용상의 변화를 발견하기는 어렵다. 바꿔 말해, 법률공직자들의 권위주의 시기 판결 내용과 권위주의적 부서에서 봉직한 기간이 보직 임용 및 승급에 특별한 고려사항으로 작용하지는 않은 것으로 보인다. 마지막 세 번째 기준에서 법률공직자들의 가치 정향 변화는 어떠하며, 다시 그것이 사법관료 체제의 조직과 운영에 어떤 변화를 가져왔는지를 판단할 자료는 없다. 다만 논리적 추론은 가능하다. 민주화에 따라 일괴암적이고 전일적인 가치의 지배는 분화의 압력에 직면할 수밖에 없다. 그리고 그것은 신자유주의의 유입 및 확산과 결합되면서 매우 복합적인 압력으로 작용할 수밖에 없으며, 여기에 덧붙여 시간이 가져온 물리적 세대교체의 압력 또한 가중될 수 있다. 따라서 민주주의와 권위주의, 진보와 보수, 자유주의와 보수주의, 시장경쟁과 복지와 분배 등의 가치나 이념을 둘러싸고, 신구 세대 간에, 상위직과 하위직 간에, 서로 다른 기능을 갖는 부서 간에 갈등의 폭과 강도는 과거에 비해 증가될 수밖에 없다. 그럼에도 불구하고 필자의 판단으로 그 변화의 정도가 사법관료 체계 전반에 영향을 미치고 있는 것으로 보이지는 않는다. 요컨대 법률공직자의 가치 정향이라는 점에서 민주화로 인해 어떤 괄목할 만한 변화나 단절을 관찰하기 어렵다는 것이 필자의 판단이다.

3. 사법 개혁에 대해 생각할 수 있는 기준들

사법 개혁 이슈는 민주화 이후 한국 사회에서 사법부와 법률공직자들의 바람직한 역할에 대한 문제의식을 반영하고 있다. 풀어 말해, 국가 내지 정부의 핵심기구로서 사법부는 스스로 민주주의를 어떻게 이해하고, 민주주의에서 자신의 역할을 어떻게 규정하며, 한국 사회의 민주주의 발전을 위해 무엇을 기여할 수 있는가 하는 것이다. 이러한 문제의식에 비춰, 그간 사법 개혁의 목표와 문제의식은 협애화되고 변질되면서 기술적인 문제로 축소되어 왔다는 생각을 지우기 어렵다. 민주화 이후에도 법률전문가 집단은 한국 사회 최상층엘리트 집단으로서의 기득권을 유지해 왔고, 사회적 배경·인간관계·사회적 가치 정향에서 그 동질성은 더욱 심화되어 왔다. 게다가 로스쿨 제도 개혁에서 드러나듯 사법 개혁의 중심 이슈는 법률전문가들의 엘리트화를 더욱 강화하는 방향으로 전개되었다. 만약 이런 추세가 그대로 진행된다면, 사법부와 법률엘리트는 민주적 가치나 법의 지배, 사회정의 구현과 같이 법률공직자에게 기대되는 역할과는 반대로 사회 상층 이익을 대변하는 일에 복무할 가능성이 높다. 보통 사람들 사이에서는 사법부, 법률공직자, 법률전문가들이 평등한 법의 지배를 관철하는 집단이라기보다는 돈과 권력을 위해 활동하며 사회 위에 군림하는 엘리트라는 인식이 널리 확산되어 있다.[10] 사법부 및 법률엘리트들에 대한 이런 평가와 민주주의 가치와 이를 바탕으로 한 한국 사회의 건강한 발전이 병행할 수는 없다. 그렇다면 변화와 개혁의 방향은 어떤 것일 수 있는가? 필자는 이 문제를 입헌주의, 법의 지배, 그리고 법률공직자의 자율성과 책임성이라는 세 가지 기준을 통해 살펴보려 한다.

---

10) 한 여론조사 결과는 재산과 권력이 법 위에 있다고 생각하는 사람들이 대다수임을 보여 주고 있다. '법보다 재산이나 권력의 위력이 더 크다'고 생각하는 사람은 응답자 중 91%, 법무부가 말하는 '떼법(불법시위) 근절이 시급하다'고 생각하는 사람은 2.3%였다(《한겨레》, 2008. 4. 21).

(1) 입헌주의적 민주주의에서 민주주의적 입헌주의로

한국 사법부의 역할을 입헌주의와 관련해 생각해 볼 때, 가장 먼저 떠오르는 문제는 그 기원에서 권위주의와의 연관성이다. 한국의 입헌주의는 정치적 실천과 이론 양면에 걸쳐 권위주의와 연관성을 갖는다. 먼저 정치적 실천에서 그것이 권위주의와 깊이 관련될 수밖에 없었던 까닭은 해방 후 냉전 체제의 전개 과정에서 민주주의보다는 분단국가 건설과 안정화가 우선시되었던 현실 상황의 제약과 직결되어 있다. 그러나 이유는 이것만이 아니다. 내전에 가까운 이데올로기적 양극화와 정치적 혼란 속에 국가를 건설해야 했다는 조건이 없었더라도, 정치적 조건으로서 전통사회로부터 벗어나 이제 막 벗어난 탈식민지 상황에서 민주주의 경험이 거의 없었다는 점과 사회적 조건으로서 산업화 이전 단계의 농업사회적 기반에서 민주주의를 실현하기 어려웠다는 현실적 제약이 있었다. 1950년대 분단국가 건설기와 1960-70년대 산업화 시기 권위주의 정치는 모두 이들 요소가 결합된 결과물이자 그 정치적 표현이라 할 수 있다. 해방 후 건설된 국가는 민주주의 국가가 아니라 강력한 권위주의 국가였다. 이러한 조건에서 한국의 헌법과 그로부터 도출되는 법체계는 당시 권위주의적 정치현실과 사회현실을 반영하기보다는, 현실과 유리된 채 한국의 국가가 마땅히 그러해야 하는 규범을 표현했다. 한국의 정체가 민주주의적이고 자유주의적이기 때문에 헌법이 그렇게 기술한 것이 아니라, 분단국가의 존재 이유가 그러해야 하기 때문에 헌법은 그렇게 기술한 것이다. 법의 일차적 기능은 개인의 자유와 권리를 보장하기보다 국가의 목표와 이익이 무엇인가를 규정하고 그것에 우선적 가치를 부여하며 이를 실현하는 데 맞춰졌다. 그리고 그 과정에서 사법부와 법률공직자들은 권위주의적 가치와 규범을 내면화하게 되었다.

해방 후 국가 건설 과정에서 정치체제의 권위주의화와 법의 역할이 상호보완적일 수 있었던 까닭은 일제 식민통치를 포함한 근대화 과정에서 형성된 법체계와 이를 형성하고 습득한 법률공직자의 법에 대한 태도 및 이해와 깊이 관련된 것으로 보인다. 해방 이후의 정치적 조건과는 무관하게 한국의 헌법과 법체계는 매디슨적 민주주의를 제도화한 미국 헌법을 따라 형성됐다기보다는 유럽의 독일-오스트리아 법이론과 제도에서 유래하는 바 컸고, 그것은 일본을 경유해 한국으로 수입되는 과정에서 전전(戰前) 일본 천황제 군국주의와도 깊이 연관되어 있었다. 이 점에서 한국 헌법과 법이론에 강한 영향력을 미친 독일식 법치국가(Rechtsstaat) 개념은 중요하다. 독일식 법치국가의 의미는 국가의 정치체제와 법체제 간 분리를 핵심으로 한다. 19세기 후반의 독일에서 경제적으로는 강력하나 정치적으로는 취약한 중산층과 이들에 속한 법이론가들은 자신들의 정치체제가 절대군주제였음에도 자의적인 국가권력 행사에 대응해 당시 정치체제와는 독립적인 법을 통해 시민의 자유와 안전을 최대한 보장받고자 했던 것이다. 법치국가는 이러한 정치적 의도로부터 체계화된 이론이자 법 형태이다.[11] 그러나 한국에서 법치국가나 그와 관련한 켈젠의 법실증주의 이론은 국가가 법을 만든 것이 아니라 정치논리를 초월하여 존재하는 규범이 국가로 하여금 법을 만들도록 한다는 것으로 잘못 이해되었다. 이렇게 한국에서 이해된 법 실증주의는 현실보다는 규범을 표현하기 때문에, 국가와 법의 관계에서 국가가 법을 현실에서 실천한다고 이해하기보다는 법이 국가를 창출했다는 논리를 만들어 냈다. 그에 따라 국가는 신성한 동시에 현실적인 정치체제로 존재하면서, 법과 현실 사이의 간극을 접합하는 기능을 갖게 되었다.

이제 막 국가 건설을 시도하는 시점에서 한국에 유입된 이 실증주의적이고 국가주의적인 법이론은 새로이 건설될 국가를 규범적으로 정의하고

---

11) Franz Neumann, *The Rule of Law:Political Theory and the Legal System in Modern Society*(Berg Publishers, 1986), pp.179-182. Peter C. Caldwell, *Popular Sovereignty and the Crisis of German Constitutional Law:The Theory & Practice of Weimar Constitutionalism* (Duke U.P., 1997), pp.45-52.

이를 제도화하는 데도 활용될 수 있었고, 그것이 함축하는 권위주의적 요소나 정조를 통해 강력한 권위주의적 국가 발전과 일정하게 조화될 수 있는 이론적 장치로 기능할 수 있었다. 즉 독일식 법치국가의 개념이나 입헌주의도 한국의 법체계를 형성하기 위해 변용되면서 원래의 의미는 사상(捨象)되었던 것이다. 이 점에서 한국의 법이론과 그 실제가 무엇이든 간에, 한국에서 이해되고 실천되었던 입헌주의의 특성은 자유주의적 규범을 강조하는 독일식 입헌주의의 요소도, 견제와 균형을 제도적 근간으로 하는 미국식 입헌주의의 요소도 결여한 것이었다.

민주화가 사법부와 법률공직자에게 일정한 충격을 가했다면, 그것은 그간 권위주의와 갈등 없이 어울릴 수 있었던 한국적 입헌주의 내로 어떻게 민주주의의 규범, 가치, 제도를 불러들이고 어떻게 이를 실천할 것인가라는 새로운 문제를 제기했기 때문이라 할 수 있다. 민주화는 국가중심적이고 권위주의적인 요소가 두드러진 입헌주의의 연장선상에 있던 입헌주의적 민주주의로부터 민주주의적 입헌주의의 발전 내지 전환을 요구하는 것이다. 민주주의적 입헌주의는 민주주의와 입헌주의 간 관계에서 민주주의에 우선적 가치를 부여하는 체제를 말한다. 이는 개인의 자유와 인권의 가치를 수호하고, 사회의 갈등과 균열이 광범하게 정치 과정에 투입되며, 민주적 참여의 원리와 정당을 중심으로 하는 책임정당정부의 요소가 강화되고, 국가의 가치에 대응 혹은 병행하여 그와 균형을 이루는 시민사회의 자율성과 가치의 다원성이 허용될 수 있도록 헌법과 법체계가 제도화되고 운영되는 체제를 일컫는 말이다. 이러한 가치들은 권위주의 시기, 그리고 그 연장선상에서 강조되는 입헌주의적 실천에서는 대체로 소홀히 다루어졌던 요소들이다. 법률공직자와 법전문가들 사이에서 당연한 것으로 이해되며 한국 사회 전반에 걸쳐 널리 수용되고 있는 '법리'라는 말은 입헌주의적 요소와 잘 어울리는 개념이다. 그것은 민주주의 원리를 초월한 어떤 규범과 법 원리를 상정하는 것으로, 현실로부터 괴리된 상태에서 법전문가들만이 이해하고 그에 따라 평결할 수 있는 배타적인 지적 전유물이며, 이를 소지한 사람들의 특권을 보호하는 논리로 이해할 수 있다. 앞에서도 언급했지만, 이는 현실에 우선해서 법규범을 강조했던 독일식 법치국가 개념과 법실증주의 철학의 한국적 변용이라 하겠다. 이러한 법리 개념은 실정법을 현실 속에서 이성적으로 독해하고 평결하는 법의 실천이성으로서의 또 다른 '법리', 즉 '법의 이성적 이해와 적용(legal reasoning)'이란 의미와는 매우 다른 것이다.[12)]

해방 이후 국가 창건 과정에서 여기에 기본이념을 부여하고 제도의 틀을 잡았던 제도 건설자가 미국이었음에도 불구하고, 한국 입헌주의의 내용이 미국의 매디슨적 민주주의의 원리 및 내용과 다르다는 사실은 하나의 역설이다. 그것은 전전 일본 천황제 제국의 영향력이 그만큼 강했기 때문일 것이다. 그러나 민주화의 도래와 함께 한국에서도 매디슨적 민주주의의 원리들을 면밀하게 검토해야 할 상황에 이르렀다. 매디슨적 민주주의로 불리는 미국 민주주의가 구현하고자 했던 최우선 목표는 다수파가 권력을 독점하는 다수의 전제정을 방지하는 데 있다. 민주주의는 선출된 대표를 통해 정부를 운영하고, 그 정부가 선출해 준 시민 유권자에게 책임지는 대표와 책임의 고리를 통해 실현되는 통치체제이다. 연방정부 건설 당시 미국의 헌법 입안자들이 해결해야 했던 가장 큰 난제들 중 하나이자, 연방주의자들과 반연방주의자들 사이에서 야기된 가장 치열한 논쟁 가운데 하나는 바로 사법부의 위상이었다.[13)] 여기서 문제의 핵심은 대통령과

---

12) 한국에서 법관들이 '법리'라는 말을 사용할 때, 그 의미는 다소 신비스럽다. 필자의 생각으로 그것은 철학적으로나 분석적으로도 분명히 정의되지 않은 것으로 보인다. 이 말은 가장 넓은 의미에서 판사들이 법을 사실에 적용하는 과정에서 필요한 모든 형태의 법에 대한 해석과 분석을 포함하는 의미를 갖는다. 그러나 한국에서 이 말은 분명 '법치국가' 이론을 만들어 낸 독일적 법이론과 훨씬 가까운 의미로 사용된다. 미국의 경험에 기초해 판사들이 재판 과정에서 구체적으로 사건에 대해 판결하는 문제를 둘러싼 법이성의 사용에 대해서는 특히 Cass R. Sunstein, *Legal Reasoning and Political Conflict*(Oxford U.P., 1996)을 참조.

13) Bernard Manin, "Checks, Balances and Boundaries:the Separation of Powers in the Constitutional Debates of 1787", in Biancamaria Fontana, ed., *The Invention of the Modern*

의회의 경우 선출된 대표로서 대표-책임의 원리를 구현할 책무를 갖지만, 선출되지 않은 사법부는 민주주의에서 어떤 역할을 갖는가 하는 것이다. 이는 사법부에 대해 어떻게 책임을 물을 수 있는가 하는 문제이기도 하다. 더욱이 선출되지 않은 사법부에게 헌번 해석권을 부여하고 헌법 수호자의 역할을 위임하는 것은, 통제되지도 책임지지도 않는 제도를 마련하고 3부 중에서도 가장 강력한 권한을 보장해 줌으로써 인민 주권과 다수 지배라는 민주주의 원리에 반하는 상황을 초래할 수도 있다. 이 논점은 전체 헌법 논쟁 가운데서도 반연방주의자들이 제시했던 가장 날카로운 문제 제기였다. '인민의 자유와 권리를 수호하는 사법부는 누가 통제할 것인가?(Who guards the guardian?)' 이 문제는 민주화 이후 한국에서 더욱 실감나게 느껴진다. 앞서 필자는 민주화 이후 사법부와 법률공직자 및 전문가들의 영향력이 권위주의 시기보다 더 비대해지고 막강해졌다고 언급한 바 있다. 그리고 그것은 제도적 측면에서만이 아니라, 최상층 엘리트로 성장한 사회적 위상에서도 그러하다. 이들의 관장하에 있는 사법부와 법률관료행정체제는 어떻게 민주적으로 통제할 수 있는가? 이 문제에 대한 미국의 해결책은 제도적 차원에서 부서 간 '수평적 책임성'을 강화하는 것이었다. 삼권분립과 견제와 균형의 원리가 그것이다.

집행부 수장인 대통령이 대법원을 포함한 연방법원의 판사를 임명하고, 상원에서 이들을 인준하는 것은 사법부를 민주적으로 통제하는 주요 수단이다. 그 밖에도 집행부는 사법부 결정의 실행을 거부할 수 있고, 법원이 유죄 판결한 자를 사면할 수 있는가 하면, 의회는 연방법원의 규모와 연방대법원 판사의 수를 바꿀 수 있으며 헌법수정안을 제기할 수도 있다. 물론 사법부 또한 입법부와 집행부를 견제하는 장치들을 보유하고 있다. 여기에서 핵심은 선출되지 않은 사법부를 선출된 대표 기구인 의회와 대통령이 견제토록 함으로써 간접적으로 사법부를 민주적 통제하에 두는 데

Republic(Cambridge U.P., 1994), pp.27-62.

있다. 이 점에서 사법부는 정부의 다른 두 부서에 대해 '수평적 책임성'을 가지면서도 사회와 유권자들에 대해서는 '수직적 책임성'을 갖지 않는 특별한 정부 부서이다. 반면 한국에서 대법관을 제외한 법관들은 국회 동의 없이 대법원장이 독자적으로 임명한다. 헌재와 선관위 구성 자체도 9인의 법관 및 위원 중 3인은 선출되지 않은 대법권에 의해 임명된다. 민주적 책임성의 기준에서 이를 미국과 비교할 때 한국의 정부 구조에서 사법부의 위치는 상대적으로 높은 독립성을 보장받으며 수평적 책임성으로부터도 크게 자유롭다. 이론적으로만 말한다면, 대법원이 아닌 하급법원 판사의 임명은 전적으로 대법원장을 수장으로 하는 법원 자체의 소관 사항이며, 헌재와 선관위에서 대법원장이 임명하는 판사 및 위원 3인은 대법원장 외에 누구에게도 책임지지 않는 독자적 지위와 권한을 향유한다.

한국 사법부의 위상에서 수평적 책임성이 허약한 문제는 수직적 책임성의 문제와 연관시켜 볼 때 더욱 두드러진다.[14] 삼권으로 분립된 정부 부서의 책임성의 문제는, 정부의 다른 두 부서들에 대한 수평적 책임성만으로는 부족하며, 그와 동시에 시민사회에 대해 책임지는 것 또한 매우 중요하다. 민주주의의 제도적 원리 가운데 하나인 삼권분립 이론을 발전시킨 몽테스키외는 《법의 정신》에서 사회세력 간의 견제와 균형이야말로 전제정을 완화하고 법의 지배를 가능하게 하는 핵심 요소라고 강조한 바 있다. 그는 법의 지배와 사회 내 중간 집단들의 존재를 병치시켰다.[15] 법 없이는 의회나 신분 집단들의 존립이 가능치 않으며, 또한 그러한 사회세력 없이는 법은 자신의 효과적인 수호자를 갖지 못한다는 말이다. 그의 논리는 삼권분립과 견제와 균형의 원리 간의 관계를 잘 보여 준다. 미국 민주주의의

14) Philippe C. Schmitter, "The Limits of Horizontal Accountability", in Andreas Schedler, et al., eds., *The Self-Restraining State:Power and Accountability in New Democracies*(Lynne Rienner, 1999), pp.59-62.

15) 사회세력 간 견제와 균형의 원리에 관해서는 특히 Montesquieu, *The Spirit of the Laws, Cambridge Texts in the History of Political Thought*(Cambridge U.P., 1989), Book II, pp.10-20.

제도 건설자들이 정부를 서로 다른 기능을 갖는 세 부서로 분리하여 이를 삼권분립이라 하고, 이러한 권력 분립이 작동하는 원리를 견제와 균형이라고 말하면서 양자의 차이를 사실상 하나로 결합했지만, 그 제도 창안자의 이론에서는 사회세력 간 힘의 견제와 균형이라는 고대 그리스, 고대 로마의 공화정 모델이 삼권분립 이론의 원형이라는 점이 잘 드러난다. 이 이론이 함의하는 바는 크다. 오늘날 현대 민주주의에서 사회적 힘과 가치가 다원화되지 않고, 그것이 정치적으로 조직되고 표출되지 못하는 상황에서, 그리고 이를 뒷받침하는 조건이 부재하거나 허약한 조건에서 법의 지배를 중심으로 하는 입헌주의가 실현되기는 어렵다. 즉 민주주의가 작동하기 위해서는 입헌주의가 필요하지만, 반대로 입헌주의는 사회적 힘의 견제와 균형이라는 민주주의의 사회적 기반을 필요로 하는 것이다. 사법부를 포함한 정부의 책임성은 제도적 분립과 상호 견제라는 수평적 책임성만으로 보장되지 않는다. 정부 부서들이 서로에 대해, 그리고 사회에 대해 책임성을 갖기 위해서는 아래로부터 제기되는 사회의 견제력이 필요하다. 이 점에서 사회의 갈등과 균열을 정치적으로 조직하고 대표하는 정당의 존재는 입헌주의의 실현에 있어서도 필수적인 요건이다.

(2) 법에 의한 지배에서 법의 지배로

민주주의에서 통치는 사회를 구성하는 개인과 집단이 민주적 절차를 통해 법 제정 과정에 참여하고, 다수결 원리를 통해 법을 결정하며, 그들이 법 앞에 평등하다는 의미에서 법의 지배를 통해 이뤄진다. 권위주의는 법 제정자 내지 통치자가 법에 구속되지 않고 법 위에 군림하며 법을 수단으로 자기 권력을 정당화하고 유지한다는 의미에서 법에 의한 지배라 말할 수 있다. 이런 의미에서 볼 때, 한국에서 민주화 이행은 법에 의한 지배에서 법의 지배로 전환한다고 말할 수 있을지 모른다. 그러나 정치체제의 형태와 법의 지배 양식에서 권위주의는 법에 의한 지배, 민주주의는 법의 지배라는 식으로 단순하게 구분할 수는 없다. 실제로 법의 지배의 기원은 정치체제로서의 근대 민주주의보다 앞서 있다고 말할 수 있다. 유럽, 특히 독일의 절대군주 체제 내지 계몽군주 시기에 이미 법치국가 이론 속에 법의 지배 개념이 자리 잡고 있었기 때문이다. 이러한 전통에 의거해 법률가들은 현실에서 개인과 집단의 행위를 구속하는 어떤 외부의 규범을 상정하며 실정법은 그 규범을 구체화한 것으로 이해하면서 이를 법의 지배라 말해 왔고, 한국의 법률가들 역시 대체로 그렇게 생각하고 있다. 또는 반드시 법 자체의 근간으로 어떤 기본 규범을 상정하지 않더라도 일정한 형식 조건을 갖춘 법이 보편적으로 적용될 때, 이를 법의 지배라고 말할 수도 있을 것이다. 어떤 경우든 법의 지배를 통해 법률가들은 법규범과 그 형식적 절차를 해석하고 적용하는 특권을 갖는 전문가 집단으로서의 지위를 부여받는다.

그러나 필자는 현실정치를 초월한 어떤 규범에 근거하여 법의 지배를 상정하는 것은 가공의 허구라고 생각한다. 당장 한국 사회에서 법의 지배라는 말이 사용될 때, 전혀 다른 두 개의 관점에서 전혀 다른 내용으로 이해되는 현실을 어렵지 않게 만날 수 있다. 한편으로 그것은 사회의 어떤 소수자가 공식적인 제도의 틀을 벗어나거나 법 외적 방법으로, 이를테면 운동, 시위, 데모, 파업과 같은 수단을 통해 그들의 이익과 요구를 표현하거나 관철하려 할 때, 대통령이나 정부 또는 사법 당국의 누군가가 법을 강조하면서 사용하는 말이다. 반면 사회의 소수자나 약자들이 권력과 돈 앞에서 법이 평등하게 실현되지 못하는 데 대해 법은 강자들의 무기라고 불평하면서, 그들에게도 법이 공정하게 적용돼야 한다고 주장할 때도 법의 지배라는 말이 사용된다. 이처럼 대조적인 두 의미는 한국 현실을 잘 반영하고 있을 뿐만 아니라, 법의 지배라는 말의 본질을 보여 준다. 한국의 사법부는 법의 지배를 실현하는 법의 수호자라고 말할 수 있는가? 있다면 위의 두 의미 중 어떤 것인가? 양자 가운데 어느 한쪽의 의미로 말한다면, 그것은 파당성 내지 편향성을 갖는다는 비난을 면하기 어렵다. 그렇다면 이들 양자 사이의 어떤 균형점을 발견해야 하는데, 그것은 어디에 위치할 수 있는가? 필자는 셰보르스키와 마라발의 관점을 따라, 법에 의한 지배와 법의 지배를 질적으로 다른 두 개의 원리가 아니라 하나의 연속선상에서 움직이는 차이를 갖는 개념으로 이해한다.[16] 한 사회의 법이 소수의 통치자 내지 소수자의 이익과 목표에 부응하여 작동하는 권위주의적 상황을 법에 의한 지배라고 할 때, 그 통치자와 다수자의 이익과 가치는 충돌할 수밖에 없다. 이러한 조건에서 다수자는 법에 복종하려 하지 않고 체제에 저항할 가능성이 높으며, 그렇다면 국가가 강권력을 발동할 가능성 또한 높아진다. 민주주의에서는 권위주의적인 법에 의한 지배와는 달리 다수의 지배가 이뤄지며 보통 사람들의 권익이 법과 제도를 통해 구현될 수 있기 때문에, 그들은 법에 복종하고 따라서 그들을 법에 복종시키기 위해 강권력을 발동할 가능성은 크게 낮아진다.

그러나 민주주의하에서도 선출된 정부는 방대한 국가기구와 그 밖의 많은 경제적, 사회적, 이데올로기적 자원을 활용할 수 있기 때문에, 다수를 소외시키고 이 과정에서 법이 그 수단으로 작용할 가능성은 얼마든지 상존한다. 다른 한편 민주정부는 다수의 지배를 구현하기 때문에 민주적 정당성을 가진 채로 소수를 소외시킬 수도 있다. 따라서 법의 지배는 사회구성원들의 이익과 갈등, 가치와 열정 사이의 어떤 정치적 균형점을 반영하며, 이 균형점은 제도적 권력을 통해 구성되는 것이다. 따라서 법의 제정과 집행은 이와 같은 방식으로 작동하는 제도적 권력의 영역 내에 있고, 우리는 이를 법의 지배라 말할 수 있다. 여기서 균형점은 소수자와 다수자, 선출된 정부와 시민, 사회의 여러 집단과 개인들 간의 차이와 갈등이 어떠하든 간에 그들의 이익과 가치가 법에 복종함으로써 실현될 수 있다는 유인

16) 필자는 법에 의한 지배와 법의 지배를 정의함에 있어 마라발과 셰보르스키, 그리고 홈스의 견해를 따르고 있다. 이에 대해서는 편저자들의 서문과 이 문제를 자세히 다룬 Stephen Holmes, "Lineages of the Rule of Law", in Maravall and Przeworski, *Democracy and the Rule of Law*, pp.19-61을 참조.

을 제공하는 지점을 의미한다. 이 균형점을 구성하는 요소(들)가 단지 사회경제적 이익의 차이와 갈등이라고 말하는 것은 지나치게 단순하다. 개인이 행복한 삶을 영위할 수 있는 기반은, 개인이 선호하는 가치와 무관하게 그것을 실현하는 방법에 있어 이성에 기초한 좋은 사회 형태에 있다. 즉 그것은 민주주의의 가치와 규범을 어떻게 제도적으로 잘 만들어 낼 수 있는가 하는 방법을 둘러싼 차이 내지 갈등의 결과물이다. 이는 곧 하나의 정치공동체의 도덕적 정당성과 관련된 문제이기도 하다. 민주화는 과거 권위주의와 달리 법의 지배라 말할 수 있는 조건을 크게 확대시켰다. 여기서 우리는 한국 민주주의가 법의 지배라는 조건을 얼마나 충족시켰는가를 세 가지 영역 내지 수준을 통해 확인할 수 있다.

첫째, 민주주의의 중심 가치인 정치참여와 관련된 영역에서 법의 지배는 어떻게 작동했는지 살펴볼 수 있다. 민주주의란 한마디로 말해 평등한 투표권을 수단으로 하는 대중의 정치참여에 기반한 통치체제이다. 따라서 법학자 제러미 월드런이 말하듯 정치참여야말로 법을 만드는 과정에 참여할 수 있게 하는 '권리 중의 권리'인 것이다.[17] 개인의 투표권이라는 의미에서 한국은 1948년 최초 선거에서 이미 정치적 권리를 실현한 바 있어 투표권만큼은 선진국 수준에 해당한다고 말할 수도 있다. 그러나 서구에서 투표권은 점진적인 확대 과정을 거치면서 그간 정치 과정에서 소외되었던 광범한 대중, 특히 노동자들로 하여금 자율적 결사체로서의 노동조합과 대중 정당을 조직하게 하는 촉매가 되어 정당체제를 포함한 정치체제의 구조와 내용을 변화시키는 데 크게 기여했다. 다른 한편, 민주주의 정치를 구성하는 최소한의 기본 요건은 자율적 결사체의 형성과 발전이라 할 수 있다. 오늘날 민주주의의 사회적 토대는 국가권력으로부터 자유로운 시민사회이며, 시민사회란 간단히 말해 시민들이 서로 공유하는 이익과 열

---

17) Jeremy Waldron, "Participation:The Right of Rights", *Law and Disagreement*(Oxford U.P., 1999), pp.232-254.

정, 가치와 이념으로 결집한 다양한 자율적 결사체, 여러 형태로 조직화된 집단적 힘들의 앙상블이다. 이 층위에서 한국의 사법부와 법률공직자들은 사회의 소외계층, 소수자, 약자들의 결사체에 대해 부정적으로 평가하고 판결하는 편향성을 드러내 왔다. 이것은 압도적인 상층 편향성으로 민주주의의 핵심 원리인 시민권에 반하여 행위하는 경향을 말한다. 현실의 정치 과정에서 이뤄지는 투표는 개인들이 자신의 선호에 따라 자율적으로 선택하는 것이지만, 실제에 있어 그들은 이익과 가치, 열정을 공유하는 집단을 구성하고, 그것은 특정의 이익결사체와 정당에 대한 지지의 형태로 나타난다. 바꿔 말해 선거에서 그들은 시민 + 무엇, 이를테면 시민-기업가, 시민-자영업자, 시민-교사 등으로 투표하는 것이다. 즉 그들은 일반 시민으로서뿐만 아니라, 기업가로서, 자영업자로서, 교사로서, 노동자로서 투표할 수 있어야 한다. 이 점에서 정치적 권리는 개인으로서의 시민뿐만 아니라 사회적 존재로서의 집단을 포함하지 않으면 안 된다. 조지프 라즈의 명제, 사회의 도덕적 기초는 개인 권리의 연장선상에서 공공선과 관련된 '집단적 권리'를 포함한다는 말은 바로 이런 의미를 담고 있다.[18)]

집단으로서 향유할 수 있는 정치적 권리의 저발전 내지 부재는 광범한 정치참여를 바탕으로 하는 선거 과정과 정당 발전에 지극히 부정적 효과를 미치고 있다. 지난 2007년 대선과 2008년 총선은 대중의 정치참여가 크게 제약되고 정당과 유권자가 소통할 수 있는 기회가 심각하게 제한된 단적인 사례를 보여 주었다. 그러한 결과를 야기하는 데 있어 선관위와 사법공직자들의 행위와 판결은 중심적인 기능을 담당했다. 이 점에서 미국과 한국은 좋은 비교 사례가 될 수 있다. 미국에서는 무엇보다 선거 과정 자체가 길다고 하겠는데, 대선의 경우 중간선거가 끝난 직후부터 사실상 선거운동이 시작되고 그 과정에서 정당 및 후보자와 투표자들은 항상적인 소통의 기회를 갖는다. 미국과 전혀 다른 선거 과정상의 차이가 한국 정치

---

18) Joseph Raz, *The Morality of Freedom*(Oxford U.P., 1986), pp.207-209.

를 좀더 투명하고, 부패로부터 자유롭고, 정책의 차이를 갖는 선거로 발전시키는 데 기여했다고 말할 수는 없다. 돈 안 쓰는 목표에 집중된 선거 관리는 그 목표가 높은 만큼이나 선거 이후의 많은 당선 무효와 재보궐선거, 정치적 범법자를 양산하는 사태를 되풀이하고 있다. 한편으로 정책정당으로의 발전과 경쟁을 강조하는 동안, 실제 선거 과정에 있는 투표자들에게는 후보가 누구인지, 그가 어떤 정책을 말하는지 숙지할 충분한 기회도 시간도 주어지지 않는다. 오늘날 사법부가 관리하는 선거 제도는 그 취지와는 반대로 정당이 정책정당으로 발전하지 못하는 데 기여하고 있다. 사법부가 주요한 규제자로 기능하는 선거 과정은 대중의 정치참여와 정당 간 정책 경쟁을 제약하는 동안 정치의 '범죄화' 현상을 만들어 내고 있는 것이다.[19] 이것은 정당정치가 쇠약하고 허약해진 정치 영역 속으로 사법 행위가 깊숙이 들어오고 있는 현대 정치의 한 특징적 단면이지만, 한국 정치에서는 좀더 뚜렷하게 나타나고 있다. 이러한 현상이 법의 지배에 기여한다고 말하기는 어렵다. 그것은 상당 정도로 정치인들이 불러들였고 법률공직자들 스스로가 주도한 것은 아닐 수도 있지만, 법적인 것에 의한 정치의 대체, 비선출직 공직자에 의한 선출직 공직자의 대체라는 경향을 반영하는 현상이다.

둘째, 인권은 법과 법률가들에 의해 얼마나 잘 수호되었느냐 하는 것이다. 민주화와 더불어 인권에 대한 의식과 관심은 비약적으로 진작되었다. 민주정부들은 국가인권위원회를 설치하고 운영하며 인권 증진에 앞장섰다. 여기서 말하는 인권 개념은 T. H. 마셜의 '시민적 권리(civil rights)'를 의미하는 것으로 이해할 수 있다.[20] 이는 자유주의와 자연권사상의 핵심을 이루는 개인의 자유에 필수적인 권리로서, 인신보호, 적법한 절차를 통한

---

19) 정치의 '범죄화(criminalization)'에 대해서는 Jose Maria Maravall & Adam Przeworski, "Introduction", in Jose Maria Maravall & Adam Przeworki, eds., *Democracy and the Rule of Law*(Cambridge U.P.), p.14 참조.

20) T.H. Marshall, *Citizenship and Social Class and Other Essays*(Cambridge U.P., 1950).

재판, 사상과 양심의 자유, 재산권 등을 포함하고 있다. 권위주의에서는 인권 탄압과 국가보안법에 의한 이데올로기적 통제가 심각했던 만큼, 민주화는 곧 인권 보장과 실현으로 이해되었고 이에 대한 요구는 강력했으며 이 영역에서의 발전은 괄목할 만하다. 그럼에도 국가보안법이 존치되고 있다는 사실은 최근년에 들어 운영의 묘를 통해 법 적용을 대폭 제한하고 있다 하더라도 여전히 인권이 크게 제약되고 있음을 의미한다. 필자의 관점에서 국가보안법이 갖는 문제는, 냉전 시기를 통해 정당화되었던 그 법의 목적으로부터 발생하는 것이 아니라, 그 법의 내용이 특정의 이데올로기를 금압하는 것을 중심으로 한다는 데 있다. 국가보안법은 법의 적용 범위와 목표가 국가 안보에 한정되지 않고 그 범위를 훨씬 넘어서는 법 적용의 자의성, 즉 주로 정부와 권력에 대한 비판자들에 대해 시민적 권리의 핵심요소인 사상, 이념, 양심의 자유를 제한하는 효과 때문에 비판과 부정의 대상이 된다. 여기서 핵심 문제는 사상이나 이념, 즉 인간 내면세계의 양심이나 이성을 국가가 관장하는 법의 대상으로 상정한다는 데 있다. 또한 정치적인 측면에서 그것은 정치사회의 이념적 스펙트럼을 좁히고, 정책적 대안들의 발전이나 노동운동의 발전을 제약함으로써 정당체제의 발전을 저해하는 효과를 갖는다. 국가보안법이 상존하는 조건에서 법과 법률공직자들은 의도했든 의도하지 않았든 자유주의 가치와 민주주의 원리에 반하여 판단할 수 있고, 특히 그것이 야당이나 정치적 비판자, 진보적 활동가, 사회적 소수자나 약자를 대상으로 적용될 때 그 편향성은 더욱 커진다고 하겠다.

셋째, 한국 사회에서 지배적인 영향력을 갖는 자유시장과 경제성장의 가치뿐만 아니라 다른 사회적, 인간적 가치들을 포함하는 일반적인 문제 영역에서 법의 지배는 얼마나 잘 실현되고 있는가 하는 문제를 살펴볼 수 있다. 한국의 민주화는 신자유주의적 세계화의 본격적인 도래와 그 시점을 같이한다. 두루 알다시피 권위주의는 국가 주도 산업화와 병행했고, 사법부를 포함한 모든 국가기구는 이를 실현하는 데 매진했다 해도 과언이 아니다. 민주주의에서 사법부의 이러한 역할은 시험대에 오른다. 바꿔 말해, 국가의 최대 목표로서 신자유주의가 지향하는 경쟁과 성장의 가치와 정책으로부터 자율적인 차원에서 사법부는 민주적 가치를 포함한 보편적인 법의 지배를 실현할 수 있는가 하는 문제가 그것이다. 민주주의에서도 자유시장 원리와 경제성장은 민주정부의 기본 정책 노선이었을 뿐 아니라, 사회의 지배적인 가치로 군림해 왔다. 이러한 정책과 가치를 실현한다는 것은 성장의 견인차인 기업, 특히 재벌대기업의 이해관계에 일차적으로 부응하는 것을 의미한다. 또한 그것은 사회계층구조의 관점에서 하층집단보다는 상층 집단의 이익 증진에 더 잘 기여하는 체제를 발전시키게 된다. 법의 기능 역시 이러한 체제 원리에 따라 편향된 방식으로 나타날 수 있으며, 여러 경험적 관찰과 자료들은 이를 뒷받침하고 있다. 여기서 필자는 언론이 자주 언급하는, '반시장', '반기업적' 태도를 갖거나, 어떤 '계급적' 관점에서 말하려는 것이 아니다. 강조하고자 하는 내용은 경제성장과 경제 살리기, 국가경쟁력 강화, 기업의 중심적 역할, 경쟁력 있는 기업, 영어 조기교육 등 오늘날의 성장 담론들이 말하듯, 사회에서 발생하는 모든 상황이나 사건이 단일한 사회적, 국가적 목표를 실현하는 데 필요한 도구로 인식될 때 나타나는 사회적 가치의 위계적 편재와 그러한 상황에서 촉진될 수 있는 사회구조이다. 그리고 바로 이러한 조건에서의 법의 기능을 말하는 것이다. 이와 같은 환경하에서 민주적 참여의 가치와 민주주의의 기반이 되는 다원주의적 사회 발전, 법 앞의 평등, 인권, 노동과 분배의 정의, 복지, 환경보존, 문화와 교육 등의 다른 많은 규범, 가치, 제도들은 경제에 대한 하위개념, 경제발전을 위한 수단적 가치로 전락하게 된다. 사태의 전개가 이렇다면 한국의 가치 체계는 경제성장의 가치라는 하나의 잣대로 재단된 단원적 위계 구조를 특징지을 수 있다. 이런 구조를 사회정의와 도덕적 가치가 자리잡고 법의 지배가 구현될 수 있는 조건이라고 보기는 어렵다. 인간의 복리, 인간의 행복한 삶은 가치의 다원적 구조가 존재하는 곳에서, 그리고 그것을 유지하는 사회 속에서 가능하다. 법의 지배를 통해 인간 복리를 증진하기 위해서는 그 자체가 갖는 가치의 독자성으로 인하여 '재화의 크기나 가치가 비교가능하지 않다는 것, 또는 이들 다양한 가치들을 공통의 잣대로 측정할 수 없는 것(incommensurability)'을 실현하는 조건을 유지하고 발전시키는 일이 필수적이다.[21)]

오늘날 한국 사회에서 쉽게 듣게 되는 '유전무죄, 무전유죄'라는 말은 국가 안팎의 법률종사자 일반에게는 공정하지 않은 비판일 수도 있다. 그러나 사적재산권, 경제적 분배, 노동문제와 관련된 이슈, 경제성장 및 경제적 민족주의 내지 국가주의의 가치와 관련된 사안에서 법의 현실은 그렇게 특징지을 수 있다.[22)] 지난 삼성그룹의 불법 사례를 위한 특검 조사를 포함하여 한국 사회에서 재벌대기업과 관련된 대부분의 판결들은 이를 입증하는 사례라 할 수 있다.[23)] 경제성장과 국민경제에 대한 기여, 국가경쟁력 강화, 한국을 대표하는 세계적 기업, 한국보다 유명한 브랜드 등의 이유는 탈세, 횡령, 배임과 같은 불법행위에 대해 법이 침묵하도록 만들 뿐 아니라 법이 이를 변호하는 수단이 되는 것을 기꺼이 허용하고 있다. 이 영역에서 법의 지배는 존재하지 않는다. 여기에서 법은 경제성장을 위한 수단적 가치에 불과하다.

---

21) 이 문제를 법이론의 맥락에서 다루고 있는 논의로는 Cass Sunstein, *Free Markets and Social Justice*(Oxford U.P., 1997), pp.80-86을 참조. 이 문제에 대한 철학적 논의는 John Gray, *Isaiah Berlin*(Princeton U.P., 1996), 특히 6장 "Agonistic Liberalism", pp.141-168을 참조.

22) 필자는 이와 같은 기준에서 전체 법원 판결을 분석한 자료를 갖고 있지는 않다. 그러나 민주화 이후 헌재의 판결 내용은 그러한 경향을 보여 주고 있다. 이에 대해서는 전정현, 〈민주화 이후 헌법재판소의 역할에 대한 연구〉, 고려대학교 정외과 박사논문 참조.

23) 필자가 대부분의 판결이라고 말한 것과 구분되는 한 사례로, 현대-기아차의 정몽구 회장에 대한 항소심 판결에서 그에게 내려진 사회봉사명령 조건의 집행유예를 파기하고 이를 환송한 대법원 판결(김지형 대법관)을 생각해 볼 수 있다(《한겨레》, 2008. 4. 10). 한국의 현실에서 문제가 되는 것은 이러한 판결이 예외적인 것으로 인식된다는 점이다.

(3) 사법부의 자율성과 책임성의 균형

사법부가 삼권분립의 원리를 실천하고 민주주의에 부응하는 자기 역할을 수행하기 위해 권력으로부터 자율성을 확보해야 한다는 주장은 자연스러우며, 그러한 의견은 사회 일반에서도 널리 수용되고 있다. 여기서 자율성 개념은 정치적 중립의 의미를 포괄하는 것이기도 하다. 권위주의에서 사법부는 정치권력으로부터 독립된 자율성을 갖기 어려운 반면, 민주주의에서는 삼권분립이 말하듯 자율적인 사법부야말로 민주주의 제도의 근간으로 정의될 수 있다. 그러나 앞서 지적했듯이, 선출되지 않은 유일한 부서인 사법부는 견제와 균형의 원리에 의해 타부서에 대해 책임질 뿐만 아니라 사회에 대해서도 책임져야 할 의무를 갖는다. 민주주의에서 사법부에 기대되는 역할은 스스로의 이익과 목표를 추구하고 전문성을 앞세우는 폐쇄적 고립성과 독자성이 아니라 '수평적으로' 타부서에 의해 그리고 '수직적으로' 사회로부터의 견제와 균형에 종속되고 상호 침투되고 책임지는 개방성과 결합된 자율성이다. 이런 의미에서 자율성과 책임성은 균형을 이루지 않으면 안 된다. 자율성 문제와 관련하여 혼동하지 말아야 할 두 가지 요소를 강조할 필요가 있겠다. 정치적으로는 자율성이 정치적 중립 내지 파당성을 초월하는 어떤 것과 혼동될 수 없으며, 법적으로는 그것이 법의 해석, 집행, 판결에 있어 형평성, 불편부당함을 뜻하는 것으로 이해될 수는 없다. 이와 관련하여 한국 정치체제에서 사법부의 위치 및 역할에 대해 제기할 수 있는 문제는 두 가지이다. 하나는 사법부와 법률관료들이 권위와 신뢰를 갖기 위해 자율성이 필히 요구된다 하더라도, 어떻게 이를 한편으로 국가의 다른 두 부서에 대해 다른 한편으로 사회에 대해 책임지도록 하는 일과 균형을 이루게 할 것인가 하는 문제이다. 다른 하나는 자율성과 아울러 어떻게 법을 불편부당하게 다룰 수 있는가 하는 문제이다.

현실에서 이 문제를 보기 위해 민주화 이후 제기된 이른바 '사법 개혁 문제'와 최근년에 그것을 다루는 과정에서 나타난 내용을 살펴볼 필요가 있겠다. 그동안 사법 개혁 문제를 둘러싼 이슈의 범위와 그 변화는 대체로 민주화 이후 정치 변화의 궤적을 반영하는 것이었다. 무엇보다 먼저 왜 사법 개혁인가 하는 문제는 민주화라는 전체 정치체제의 변화를 고려치 않고서는 이해할 수 없다. 민주화에는 구체제 유지를 위한 정치적 억압의 방편이었던 권위주의적 국가강권기구를 해체하고 이 기구를 민주적으로 개편·운영하는 일이 포함된다. 그 변화의 중심에 국가 사법기구가 위치하고 있기 때문에, 민주화는 사법기구의 민주적 개혁을 수반할 수밖에 없다. 개혁의 내용과 정도에서 차이는 있지만, 민주화 이행을 경험한 모든 나라에서 사법 개혁은 공통적인 현상이었다. 스페인, 브라질, 아르헨티나, 칠레 등 남부유럽과 라틴아메리카의 신생 민주주의 국가들은 한국과 마찬가지로 크든 작든 사법 개혁 문제를 직면했다. 이 문제에서 민주화 이전 권위주의 구체제의 성격, 민주화의 특성, 그리고 민주주의 공고화 과정의 특성은 사법 개혁의 방향과 성격에 영향을 미치는 중요한 변수라 할 수 있다. 여기서 한국의 민주화 과정과 사법 개혁 이슈의 제기 과정에 대해 상세히 기술할 필요는 없다. 다만 구체제의 권위주의가 강력하고 폭력적이라면, 그만큼 민주화 이후 사법부는 좀더 강하게 개혁 압력에 놓이게 된다고 할 수 있다. 이와 관련하여 비교의 관점에서 한국의 구체제는, 광주항쟁과 같은 대사건이 있었다 하더라도 이를 제외하면, 라틴아메리카에 비해 권위주의 국가의 폭력 수준과 정도가 상대적으로 약했거나 적었다고 볼 수 있다. 이는 민주화에 따른 개혁 압력에도 불구하고 한국의 사법부가 제도적, 인적 연속성을 유지할 수 있었던 중요한 이유 가운데 하나이다. 다음으로 민주주의 공고화 과정 자체는 민주화운동이 가져왔던 정치와 사회의 모든 수준과 영역에 대한 시민사회의 개혁 압력을 점차 완화하는 과정이었다고 볼 수 있다. 이러한 정치 변화의 전반적 특성이 사법 개혁 문제의 정치적 맥락을 구성하면서, 사법 개혁에 대한 압력의 강도는 시간이 지나면 지날수록 약해졌고 이슈의 성격 또한 변해 왔다.

사법 개혁 문제는 두 가지 측면에서 그 특징을 지적할 수 있다. 첫째는 개혁 주체가 대법원을 중심으로 하는 사법부와 국가 밖 법률가 및 법과대학을 포함하는 광의의 법조계였다는 점이다. 둘째는 개혁 의제들이 한국 정치체제와 사회에서 사법부와 법률공직자들의 역할과 위상을 정립하고 민주주의적 입헌주의라는 틀에서 문제를 접근한 것이 아니라, 사법관료행정 체제라는 내부 구조의 관점에서 사법부를 어떻게 민주화하고 합리화할 것인가, 한국 법조계 전체를 어떻게 경쟁적 시장 체제에 걸맞은 효율성을 갖도록 만들 것인가에 맞춰져 있었다는 것이다. 이러한 개혁 가치와 목표는 물론 빠른 정치적·사회경제적 변화와 세계화라는 시대 변화에 대응해 권위주의하에서 구조화된 사법부와 사법 체제를 변화시키려는 의지를 담고 있기에 그 의의를 부정하기는 어렵다. 그럼에도 사법부와 법조계가 어떻게 민주주의 발전에 기여할 수 있는 국가기구로 변해야 하는가에 대한 문제의식을 찾아보기는 어렵다. 개혁의 시각과 문제 영역은 여전히 사법부와 법조계 내부 문제에 한정되어 있는 것이 큰 특징이다. 한 연구자가 사법 개혁 주체를 '법률서비스 공급자위원회'라고 평한 것처럼, 개혁 주체는 대개 법조인들로만 구성되었다.[24] 개혁 과정의 참여 집단으로 중심적 개혁자의 하나여야 할 정당 대표와 사법서비스 수요자를 포함한 관련 당사자들은 개혁의 심의와 결정 과정에서 완전히 빠져 있거나 별다른 영향을 미치지 못했다. 게다가 사안의 중요성에 비해 시민사회의 주요 부문들, 정치권, 학계, 언론 등이 보인 관심의 정도 또한 예상보다 크지 않았고 지속적이지도 못했다. 김영삼 정부 출범 초기부터 지난 노무현 정부에 걸쳐 개혁을 중심적으로 다루었던 사법개혁위원회(사개위, 2003년)로부터 사법제도개혁추진위원회(사개추위, 2005년)에 이르기까지 개혁 사안의 범위도 크게 변한 것이 없었다.[25] 대법원이 주도하는 이들 개혁 기구와는 별도

---

24) 이국운, 〈사법서비스 공급자위원회의 한계—노무현정부의 사법 개혁에 대한 분석과 평가〉, 《공법학연구》, 제8권 제2호 (2007).
25) 사법개혁위원회, 《국민과 함께하는 사법 개혁—사법개혁위원회 백서》, 사법개혁위원회 자료집 VII(법원행정처, 2005).

로 '민주적 사법 개혁 실현을 위한 국민연대(민주사법국민연대)'가 중심이 되어 사법 과거 청산, 배심제 도입, 법관의 기수별 서열 승진 제도 철폐, 법관 인사 국민 참여 확대, 검사동일체 원칙 철폐를 비롯한 검찰에 대한 민주적 통제 강화, 법조윤리 강화와 아울러 사법서비스 확대를 실현할 여러 제도적 개선 방안들을 제시하였다.[26] 그러나 시민사회의 개혁 추진 기구라 하더라도 사법 개혁에 대한 문제인식의 틀은 앞서 지적한 이슈의 범위와 성격에 있어 사개위-사개추위의 그것과 큰 차이를 갖는다고 말하기는 어렵다. 게다가 이러한 개혁 사안들조차 시간이 흐르면서 논의 밖으로 사라지고, 현재는 법학전문대학원, 이른바 로스쿨 설치와 운영이 사법 개혁의 전부인 양 이슈는 더욱 좁아졌다.

로스쿨 정책에 관한 한 연구에 따르면, 그 결정 과정에서 나타난 이해당사자들 간 갈등은 대법원-법학교수 대(對) 변호사협회에서 대법원-법무부 대(對) 법학교수들 간의 갈등으로 변화했다.[27] 그러나 이러한 갈등축의 변화와 이를 둘러싼 행위자 간 연합의 패턴이 이들 내부의 이해관계자들 사이에서는 극히 중요할지 모르지만, 한국 사회 전체의 관점에서 사법부와 법률공직자들이 해야 할 역할과 민주주의 발전에 미치는 영향은 극히 미미한 것이 아닐 수 없다. 문제를 좁혀 로스쿨 설치의 목표와 그것이 가져오는 효과에 초점을 둔다 하더라도, 이 문제를 둘러싼 집단 간 갈등은 첨예하나 그 갈등의 결과가 애초 개혁이 의도한 결과를 가져올 것이라고 기대하기는 어렵다. 미국 로스쿨 제도를 모델로 한 제도 도입의 원래 목표는 전문법률지식만이 아니라 법률의 기초가 되는 광범한 인문사회적 지식을 교육해 법관의 자질을 높이고, 법전문가의 공급을 획기적으로 증대해 경쟁을 통한 법관의 질적 수준과 법률서비스의 질을 향상시키는 데 있었다. 그리고 그것은 세계화와 급변하는 사회 변화에 대응하여 법교육을 현대화하고

---

26) 민주적 사법 개혁을 위한 국민연대, 《온 국민이 함께 가는 민주적 사법 개혁의 길》(필맥, 2006).
27) 이국운, 앞의 논문.

민주화하려는 의도였다고 할 수 있다. 그러나 그것은 로스쿨 정원 배정의 문세로 협소해지고 말았고 지금은 로스쿨 제도 도입이 사법 개혁의 여러 과제를 해결해 줄 만큼 중요한 무언가로 여겨질 수도 없게 되었다.

요컨대, 사법 개혁을 추동했던 정신 내지 기본 가치에 나타난 중요한 특징 가운데 하나는 민주적 책임성과 법의 형평성, 불편부당함을 통해 법의 지배를 실현하고자 하는 문제의식이 빠져 있다는 것이다. 사법 개혁의 중심사안 가운데 하나였던 로스쿨 도입 문제는 이를 잘 보여 준다. 김영삼 정부 시기 사법 개혁은 세계화의 맥락에서 다루어졌고, 그것은 소비자들의 법률서비스 접근 기회 확대, 산업으로 상정한 법률과 법학 교육의 경쟁력 강화를 주된 목표로 접근했다. 또한 개혁은 국가기구의 한 부서로서 사법 관료기구를 근대화하고, 효율화하고, 합리화하는 데 일차적 목표가 두어졌다. 물론 이런 개혁 방향과 의제는 민주화된 사회에 부응하고자 하는 노력의 일환이라 할 수도 있다. 그러나 그것은 민주주의의 가치와 원리를 구현하는 목표라기보다는, 세계화 시대 시장경쟁이 지배하는 사회경제적 조건에서 사법부가 현대적인 공조직으로서 그에 대응하고, 효율적 서비스를 제공하며, 국가 경제발전에 기여한다는 효율성의 가치에 좀더 큰 비중을 둔 것이었다. 여기서 문제는 효율성의 가치가 중요하지 않다는 것이 아니라, 효율성의 원리가 민주주의의 가치와 균형을 이룰 수 있어야 한다는 것이다. 이러한 맥락에서, 현재의 사법 개혁에는 민주주의 가치를 구현하는 개혁 목표와 문제의식이 배제 내지 사상되어 있으며, 그럼으로써 효율성의 기준이 압도하고 있다는 평가를 피하기 어렵다.

민주주의 기준이 빠져 있다는 것은 정치체제 전반에서 사법부의 위상과 역할을 자리매김하는 문제의식이 부재하다는 의미이다. 이것은 삼권분립과 견제와 균형의 원리를 잘 실현할 수 있는 사법부와 이와 관련한 문제가 무엇인가에 대한 문제의식을 말한다. 건국 이래 한국의 헌정사는 정치권력에 대한 사법부의 예속, 곧 허약한 사법부로 특징지을 수 있다. 이 점에서 사법부의 자율성이란 의미는 두 방향으로 구분해 볼 필요가 있다. 집행부 내지 정부권력에 대응하는 사법부의 자율성과 보통 시민과 시민사회에 대응하는 사법부의 자율성이 그것이다. 현재까지는 전자에서는 자율성이 극히 취약한 반면, 후자에서는 자율성은 극히 강하다고 평가할 수 있다. 따라서 사법 개혁은 전자에 대해 자율성을 높이고, 후자에 대해 자율성을 낮추는 접근이 요구된다. 이 문제와 관련하여 사법부의 자율성 확보만으로 사법부 원래의 기능, 시민적 자유와 권리를 수호하고, 가난하고 힘없는 사회적 약자들에 대해 법의 정의를 구현하며, 평결의 공정성을 실천하는 불편부당함, 즉 법의 지배를 실현할 수 있는 것은 아니라는 점을 강조할 필요가 있다. 이 문제를 해결하기 위해서는 보편적 인권과 민주적 가치에 부응하지 못하는 현존 법률을 개정하는 작업이 사법 개혁의 어떤 과제보다 우선돼야 한다. 그러나 현재 사법 개혁 사안을 둘러싼 이해당사자들이나 시민사회의 여론에서는 집행부 권력에 대해 사법부의 자율성을 제고해야 한다는 관점이 여전히 지배적으로 것으로 나타나고 있다.

5. 결론

민주화는 먼저 통치기구로서 국가를 민주화하는 일로부터 시작하며 그것을 중심으로 전개된다. 사법부는 그 국가기구를 구성하는 세 개의 부서 가운데 하나이다. 따라서 사법부 개혁은 민주화 이행과 더불어 필연적으로 제기되는 문제이다. 그러나 사법 개혁은 국가의 다른 두 부서에 비해 지난한 문제가 아닐 수 없다. 집행부 수장으로서의 대통령이나 입법부를 구성하는 국회의원의 경우 권위주의적 대통령에서 민주적으로 선출된 대통령으로, 자유로운 선거 경쟁이 억압된 조건에서 선출된 의회로부터 정당간 자유로운 경쟁을 통해 선출된 의회로 변화하는 것 자체가 개혁이기 때문에, 민주화는 그 자체로 이 영역의 중요한 문제를 상당 정도 해결한다. 반면 사법 개혁의 어려움은 그들 스스로가 선출된 대표가 아님에도 그것 없이는 민주주의도 질서도 유지될 수 없는, 법을 다루는 특별한 통치기구이며 특별한 전문가들로 구성된 통치 집단이라는 데 있다. 그들은 통치 역할을 담당하지만 시민-투표자에 대해 대통령과 의회를 통해 간접적으로만 책임지는 지위에 있다. 중요한 통치 역할을 담당하지만 시민에 대한 책임성이 취약한 문제, 바꿔 말해 시민-투표자들이 그들에게 책임을 물을 수 있는 방법이 극히 제한될 수밖에 없는 특수한 지위를 갖는다는 말이다. 이것이 바로 사법 개혁을 지난하게 만드는 근원이다.

정치체제의 전환과 더불어 사법 개혁 이슈가 정치의 중심사안으로 부상할 때, 제일 먼저 제기되는 문제는 누가 개혁의 중심 역할을 담당하는냐 하는 것이다. 다음은 사법 개혁의 방향과 내용이 무엇이어야 하는가로부터 나오는 개혁 의제의 설정이다. 첫 번째 문제와 관련해 적어도 이론적으로는 대통령과 정당-의회가 중심 역할을 맡아야 한다. 물론 사법부도 당사자로서 개혁 과정에 참여해야겠지만 중심이 되기는 어렵다. 제임스 매디슨이 로크의 주장을 빌려 말했듯이 '누구도 자신의 사안에 심판관이 되도록 허용할 수는 없기' 때문이다.[28] 이런 까닭에 시민사회 여론을 대표하는 정당과 사회 집단이 개혁에 참여하는 것이다. 그러나 한국의 현실은 이런 상황을 허용하지 않고 있다. 무엇보다 대통령과 의회가 사법 개혁을 주도할 리더십과 능력을 갖추지 못하고 있으며, 시민사회 역시 여론의 소통과 결집을 감당하기에 역부족이다. 이것은 특히 민주화 이행기가 끝나고 민주주의가 공고화되면서 한편으로 선출된 대표의 정치적 역량이 빠르게 고갈되고 정당 역시 제도화되지 못하는 동안, 다른 한편으로 이들이 비워 놓은 정치공간에서 사법부와 법률공직자들의 역할이 빠른 속도로 증대됐기 때문이다. 강력한 집단의식(esprit de corps)을 갖는 법률공직자들과 비교할 때, 정치인들은 막강한 사법부 개혁에 필요한 힘을 결집하기 어려운 집합

---

28) James Madison, Alexander Hamilton, and John Jay, *The Federalist Papers*, Isaac Kramnick, ed.(Penguin Books, 1987).

행위의 문제를 안고 있다. 그 결과 개혁은 당사자 스스로가 주도하는 양상으로 나타났다. 두 번째 개혁 의제의 문제점은 일차적으로 사법부 스스로가 개혁 주체가 되는 상황의 당연한 결과물처럼 보인다. 그러나 이유는 그것만이 아니다. 시민사회로부터 제기된 개혁 사안들 역시 사법부 스스로가 주도하는 개혁 사안의 범위를 크게 벗어나지 못하고 있다. 그뿐만 아니라 민주화 이후 개혁을 압박했던 운동의 힘과 변화에 대한 열망과 에너지들이 소진되면서, 사법 개혁 이슈는 시민사회 여론에서 더 이상 중요한 관심 대상으로조차 다뤄지지 못하고 있다.

이 글에서 다루고자 하는 바는 개혁의 구체적 대안에 관한 것이 아니다. 누군가 그렇게 말하는 사람이 있다면, 그것은 사태에 대한 지나친 단순화나 어떤 특정 대안이 가져올 결과를 터무니없이 낙관한 결과일 가능성이 크다. 필자가 시도한 것은 사법 개혁이 필요하다는 전제에서, 그 전 단계로서 이를 둘러싼 문제가 어떤 것인가에 대해 기초적인 스케치를 제시해 보는 것이다. 먼저 민주주의 정치체제에서 사법부의 역할과 위상을 위치시키고자 했다. 그것은 민주주의라는 지도 속에서 사법부는 어디에 위치하며, 어느 방향으로 움직일 수 있는가 하는 기본적인 좌표를 설정해 보는 것, 즉 문제를 지도에 배치하는 일(mapping)이라고 생각한다. 물론 이것은 사법부의 현재 위상과 역할을 확인하는 정태적인 것이 아니라, 구체제의 권위주의와 민주화 이행, 그리고 이행 이후 한국 정치의 맥락에서 문제를 동태적으로 보는 것이다. 이 글에서 필자가 사법 개혁에 대해 민주주의 발전이란 가치기준이나 목표에서 사법부의 위상과 역할은 무엇인가에 대해 검토해 봤다 하더라도, 실제로 그런 방향의 개혁이 실현될 수 있다는 믿음을 가지고 그렇게 한 것은 아니다. 현실에서 실현 가능한 개혁 대안을 검토하는 것은 또 다른 문제이기 때문이다. 필자는 전체적으로 사법 개혁이라는 말의 의미에 대해, 그리고 그 실현 가능성에 대해 회의를 갖는다.

정치이론가 욘 엘스터는 민주주의에서 헌법의 역할을 말하면서, 통치자는 언제나 합리적일 수 없기 때문에 자신이 이성으로부터 벗어나 행위할 때를 대비해 '스스로를 묶는 행위'의 제도적 표현을 헌법으로 이해했다.[29] 이것은 이 글에서 기술한 사법부와 사법 개혁 문제에도 적용할 수 있다고 생각한다. 오늘날 한국 정치의 현실을 감안할 때, 국가와 시민사회 모두에서 사법 개혁을 제기하고, 이를 추진할 수 있는 세력은 어디에도 존재하지 않는다. 만약 할 수 있다면, 현재까지의 사법 개혁이 그랬듯 사법부 스스로가 개혁자가 될 수밖에 없는 상황이다. 스스로를 묶는 행위는 한국 민주주의의 발전을 위해서뿐만 아니라, 사법부와 법률공직자들이 자신의 권위를 유지하고 존경받으며 민주주의 발전에 기여할 수 있기 위해서도 필요한 일이라고 믿는다. ■ **최장집** 정치외교학과

참고문헌

김영수, 《한국헌법사》, 학문사, 2000.

민주적 사법 개혁을 위한 국민연대, 《온 국민이 함께 가는 민주적 사법 개혁의 길》, 필맥, 2006.

사법개혁위원회, 《국민과 함께하는 사법 개혁—사법개혁위원회 백서》, 사법개혁위원회 자료집(VII), 법원행정처, 2005.

이국운, 〈사법서비스 공급자위원회의 한계—노무현 정부의 사법 개혁에 대한 분석과 평가〉, 《공법학연구》 제8권 제2호, 2007.

전정현, 〈민주화 이후 헌법재판소의 역할에 대한 연구〉, 고려대학교 정외과 대학원, 박사논문 초안, 2008.

정종섭, 〈한국의 민주화에 있어서 헌법재판소와 권력통제—1988년부터 1998년까지〉, 《서울대학교 법학》 제42권 제1호, 2001.

Bobbio, Norberto, *The Future of Democracy*, Polity Press,1987.

Caldwell, Peter C., *Popular Sovereignty and the Crisis of German Consitutional Law: The Theory & Practice of Weimar Constitutionalism*, Duke U.P.,1997.

---

29) Jon Elster, "Introduction", in Jon Elster and Rune Slagstad, eds., *Constitutionalism and Democracy*(Cambridge U.P., 1988), pp. 1-17.

California Law Review ed., *Essays in Honor of Hans Kelsen*, University of California, Berkeley, 1971.

Dahl, Robert A., *A Preface to Democratic Theory*, Chicago U.P., 1956.

______, *On Democracy*, Yale U.P., 1998.

______, *How Democratic Is the American Constitution?*, Yale U.P., 2001.

Elster, Jon, "Introduction", in Jon Elster and Rune Slagstad, eds., *Constitutionalism and Democracy*, Cambridge U.P., 1988.

Gargarella, Roberto, "In Search of a Democratic Justice: What Courts Should Not Do: Argentina, 1983-2002", in Siri Gloppen, Roberto Gargarella and Elin Skaar, eds., *Democratization and the Judiciary: The Accountability Function of Courts in New Democracies*, Frank Cass Pub., 2004.

Ginsberg, Benjamin and Martin Shefter, *Politics by Other Means: Politicians, Prosecutors, and the Press from Watergate to Whitewater*, W.W. Norton & Co. Ltd.,1999.

Gray, John, *Isaiah Berlin*, Princeton U.P., 1996.

Holmes, Stephen, "Lineages of the Rule of Law", in Maravall and Przeworski, *Democracy and the Rule of Law*, Cambridge U.P., 1996.

Kelsen, Hans, *General Theory of Law and State*, translated by Anders Wedberg, The Lawbook Exchange, Ltd., 2007.

Madison, James, Alexander Hamilton, and John Jay, *The Federalist Papers*, Isaac Kramnick, ed., Penguin Books, 1987.

Mainwaring, Scott and Christopher Welna, eds., *Democratic Accountability in Latin America*, Oxford U.P., 2003.

Manin, Bernard, "Checks, balances and boundaries: the separation of powers in the constitutional debates of 1787", in Biancamaria Fontana, ed., *The Invention of the Modern Republic,* Cambridge U.P., 1994.

Maravall, Jose Maria and Adam Przeworski, eds., *Democracy and the Rule of Law*, Cambridge U.P., 2003

Marshall, T. H., *Citizenship and Social Class and Other Essays*, Cambridge U.P., 1950.

Montesquieu, *The Spirit of the Laws, Cambridge Texts in the History of Political Thought*, Cambridge U.P., 1989.

Neumann, Franz, *The Rule of Law: Political Theory and the Legal System in Modern Society*, Berg Publishers,1986.

O'Donnell, Guillermo, "Horizontal Accountability in New Democracies", in Andreas Schedler, Larry Diamond, Marc F. Plattner, eds., *The Self-Restraining State: Power and*

Accountability in New Democracies, Lynne Rienner Publishers, 1999.

Raz, Joseph, *The Morality of Freedom*, Oxford U.P., 1986.

Schmitter, Philippe C., "The Limits of Horizontal Accountability", in Andreas Schedler, et al., eds., *The Self-Restraining State: Power and Accountability in New Democracies*, Lynne Rienner Publishers, 1999.

Shapiro, Martin, "Judicial Review in Developed Democracies", in Siri Gloppen, Roberto Gargarella, and Elin Skaar, eds., *Democratization and the Judiciary: The Accountability Function of Courts in New Democracies*, Frank Cass Publishers, 2004.

Sunstein, Cass, *Legal Reasoning and Political Conflict*, Oxford U.P., 1996.

______, *Free Markets and Social Justice*, Oxford U.P., 1997.

Sunstein, Cass R. David Schkade, Lisa M. Ellman, and Andres Sawicki, *Are Judges Political?: An Empirical Analysis of the Federal Judiciary*, Brookings, 2006.

Waldron, Jeremy, *Law and Disagreement*, Oxford U.P., 1999.

한국의 근대 문화

사회적 평등을 향한 노력을 중심으로

1. 머리말

일반적으로 말할 때 근대 혹은 근대화란 개념 안에는 여러 요소들이 함축되어 있다. 즉 근대는 정치사적으로 볼 때 정당정치를 기반으로 한 민주주의 및 민족국가(Nation State)의 등장을 뜻하는 사건이었다. 경제사적 측면에서의 근대화는 산업화 내지 자본주의화를 말하며, 사회사적으로 이를 논할 때에는 사회적 평등화와 도시화 등을 들 수 있다. 그리고 문화사 내지 사상사적 경우에 있어서 근대의 개념은 합리화, 자유화를 의미하는 사건을 말한다. 또한 근대화라고 할 때에는 전근대와는 구별되는 근대적 생활양식의 출현을 주목하기도 한다.

한국의 근대 문화를 논하기 위해서도 이상과 같은 여러 측면들이 다각적으로 검토되어야 한다. 그러므로 한국의 근대 문화를 밝히기 위한 기존의 연구 과정에서는 한국 민족주의의 시원을 밝히기 위한 노력의 일환으로 구한말의 척사위정론을 주목한 바가 있었다.[1] 그리고 근대 민족주의 사

---

1) 이상익, 〈위정척사파의 민족주체의식과 반침략론〉, 《서구의 충격과 근대한국 사

상의 대두에 관한 개략적 연구가 진행되었다.[2] 이에 이어서 경제사적 측면에서 자본주의 맹아론의 전개를 통해서 조선 후기 이래 자생적으로 자본주의 맹아가 발생하여 근대를 준비하고 있었음을 논하기도 했다.[3] 한편, 사상적인 측면에서는 실학사상을 주목하면서 이를 근대 지향적, 민족 지향적 특성을 가지고 있는 사상으로 평가한 바도 있었다.[4] 또한 근대화가 서구화의 방향을 취함에 따라서 서양사조의 도입과 토착화에 근대 사상의 특성을 설정하기도 했다.[5]

그러나 이상의 여러 요소들 가운데에서 이 글에서는 근대적 사상의 중요한 요소 가운데 하나인 평등의식의 출현과 사회적 적용에 관해서 간략히 논해 보고자 한다.

사회사상의 이해에 있어서 전근대 사회와 근대 사회를 구분하는 가장 중요한 특징으로는 사회신분제에 대한 이해를 들 수 있다. 사회신분제는 인간에 대한 인식에 있어서 가장 기본적인 기초로 인식되고 있다. 전근대 사회에서는 '사회적 불평등'을 뜻하는 신분제의 원칙이 사회 각 부분에 걸쳐 관철되고 있다. 반면에 근대 사회 사상은 신분제도와 같은 사회적 불평등을 거부하고, 사회적 평등을 인간의 생득적 자연권의 일환으로 평등이 주목되는 단계로 설명하고 있다.

그런데, 조선 후기 사회는 기본적으로 신분제 사회였다. 즉 조선 후기는 사회적 불평등을 전제로 한 신분제가 의연히 존속하고 있었다. 물론 이와

상》(서울:한울아카데미, 1997), 129-178쪽; 이재석, 〈조선조말 척사위정론의 정치사상적 위상〉, 《한국 정치사상의 성찰》(서울:한국정치외교사학회, 1997), 341-382쪽.

2) 백동현, 〈대한제국기 민족인식과 국가구상〉(고려대학교 한국사학과 박사학위논문, 2004).

3) 강만길, 《조선 후기 상업자본의 발달》(서울:고려대학교출판부, 1973).

4) 천관우, 《한국실학사상사》, 한국문화사대계 VI(서울:고려대학교 민족문화연구원, 1973).

5) 유홍렬, 《천주교의 도입과 그 영향》, 한국 민족사상사대계 4(서울:아세아학술연구회, 1978), 113-132쪽; 이광래, 〈서교수입과 사상 지도의 변화〉, 《한국의 서양사상 수용사》(서울:열린책들, 2003), 33-96쪽.

동시에 신분제에 대한 도전과 배격의 현상도 심화되고 있었다. 조선 후기 역제(役制)의 변경 내지는 호적대장 분석을 통해 확인할 수 있는 호구별 신분 구조의 변동 상황은 기존의 신분제가 봉착했던 한계점을 나타내는 현상이었다. 그러나 이러한 상황에 대해 신분제의 재편을 정당화하는 평등사상이 출현되고 있었다. 이 평등사상은 근대 사상의 핵심적 요소 가운데 하나이다.

조선 후기에 이르러 평등사상이 출현되는 과정에서는 자생적 측면과 수용적 측면이 공존한다고 생각된다. 물론 조선 왕조의 전통사회가 근대적 사상 혹은 서구적 사상을 수용했다는 사실은 조선 전체의 문화 역량이 증대되어 가는 과정을 뜻한다. 동시에 한국의 근대적 사상에 외래적 요소가 있다 하더라도 그것은 한국 문화 안에 용해된 한국 사상의 일환으로 인식된다. 그러므로 한국사상사에서 근대화를 논하게 될 경우에는 자생적 측면과 함께 외래적 요소도 같이 주목하게 마련이다.

이와 같은 상황에서 이 글은 평등사상의 출현과 확산 과정을 검토해 보고자 한다. 여기에서는 외래적 측면에서 조선 후기에 수용되었던 서학사상과, 자생적으로 출현한 동학사상에서 나타난 평등의식 등이 제일차적 검토의 대상이 된다. 그리고 개화사상에서 강조되고 실천되었던 평등의식에 대한 이해 상황 및 그 보급에 관해서도 아울러 간략히 검토해 보겠다.

그런데 이 글에는 적지 않은 한계가 있다. 그 한계 가운데 첫 번째로는 이 글의 서술 범위가 가지고 있는 제약성을 들 수 있다. 즉, 한국의 근대화를 논하기 위해서는 근대의 개념 전반에 대한 검토가 되어야 한다. 그럼에도 불구하고 이 글에서는 근대의 극히 일부 현상에 불과한 평등사상에 관한 주제만을 다룬다는 문제점을 자인하게 된다.

또한 두 번째의 한계점은 그 서술의 이론적 측면에서 제기될 수도 있을 것이다. 다시 말하자면, 포스트 모던적 역사 이론이 점차 기승을 더해 가는 학계의 현실을 볼 때, 평등성의 출현과 실천은 근대의 긍정성을 강조하는 것으로 이해될 수 있다. 그리고 이러한 방향의 논고는 그 자체로 '낡은' 주장의 반복으로 치부될 수도 있다. 그러나 필자는 한국근대사의 서술에 있어서 평등이나 민족 담론 등이 가지고 있는 가치는 아직도 유효하며, 전환기의 한국 사회를 효과적으로 설명해 줄 수 있는 이론들로 인식하고 있다. 따라서 필자는 포스트모던적 역사 이론에는 동의하지 않으므로 이점을 한계로 생각할 연구자들에 대해서는 미리 양해를 구하고자 한다.

세 번째의 한계점은 필자의 능력에 수반되는 한계점일 뿐이다. 이러한 여러 가지 한계가 있다 하더라도, 이 글이 한국의 근대 문화, 혹은 근대적 사유와 사회질서의 출현 과정을 이해하는 데에 조금이라도 도움을 줄 수 있다면 다행으로 생각하겠다.

2. 서학적 평등사상의 출현

조선 후기 서학사상 내지 천주교 신앙에서 드러나는 평등사상을 이해하기 위한 배경으로 당시 사상계의 동향을 간략히 검토하고 넘어가야 한다. 당시 사회에서는 성리학이 강력한 지배이념으로 구실하면서 조선 사회를 지배하고 있었다. 이 가운데 송대 이래의 성리학에서 드러나는 주자유일주의를 비판하고 원초유학사상을 기초로 한 왕도정치론 내지는 이상사회론으로 실학사상이 제기되고 있었다.

조선 후기 사회에서는 신분제에 대한 도전과 배격의 현상이 심화되고 있었다. 조선 후기 역제의 변경 내지는 호적대장 분석을 통해 확인할 수 있는 호구별 신분 구조의 변동 상황은 기존의 신분제가 봉착했던 한계점을 나타내는 현상이었다. 그러나 이러한 상황에 대해 18-19세기의 실학사상에서는 단지 온정주의적 입장에서 노비세습의 문제점을 지적하거나, 모든 농민을 양반으로 만들려는 생각이 제시되기도 했다. 그렇다고 해도 실학자들이 신분제 문제에 대해 적극적으로 비판하거나 이를 거부하는 데에까지 이르지는 못하고 있었다.

실학이 가지고 있던 이와 같은 제한성은 양반 지배층이 아닌 민중을 배경으로 하여 일어났던 민중종교운동[6]의 과정에서 민중들에 의해 극복되어 갔다. 조선 후기 근대적 의식의 출현과 관련되는 민중종교운동으로는 서학 즉 천주교 신앙운동과 동학운동을 들 수 있다. 이 두 사상은 인간존엄성에 대한 새로운 인식을 강화하고, 인간의 평등성에 대해 역설하고 있었다. 그리하여 이 사상들은 조선 '봉건' 정부의 탄압에도 불구하고 그침 없이 전파되어 갔고 근대 사회로 이어졌다.

조선 후기 19세기 사회에서 본격적으로 전래된 민중종교운동으로는 서학/천주교운동을 먼저 주목할 수 있다. 천주교신앙운동은 당시의 성리학적 가치관에 대한 내적 번민의 표현이었고, 그에 대한 외적 대결 내지는 도전이라는 성격을 가지고 있었다. 그리고 조선 후기의 인간관 내지 사회의 기본질서였던 신분제도는 성리학적 가치관과 관련되는 것이었다. 즉, 조선 후기 인간관계에 대한 이론은 주희(1130-1200)의 인성론에 기초를 두었다. 주희는 인간의 기량에 따라 그 귀천이나 화복이 선천적으로 결정되는 것으로 보았으며,[7] 여기에서 사회적 불평등 내지는 신분의 차이를 당연한 것으로 인정했다. 이러한 이론을 발전시킨 조선 성리학의 경우에도 그 인성론(人性論)을 전개하는 과정에서 사회신분의 차이를 수용하고 있었다.[8] 성리학적 인간관은 인간의 선천적 불평등성을 설명하고 제시했던 것이다. 천주교가 전래되어 탄압받았던 18세기 후반 및 19세기 전반기 조선

6) 민중종교운동은 "사회의 중심적 가치 체계가 사회의 내적 요인이나 외적 요인에 의해 손상됨으로써 사회가 불균형 상태에 빠지게 될 때 자신들의 生을 조직화시킬 수 있는 능력을 상실한 사람들이 카리스마적 창시자를 중심으로 하여 기존의 가치를 부분적 내지 전면적으로 재구성하고자 시도하는 사회운동의 한 형태"로 규정되고 있다. 노길명, 〈한국신흥종교운동에 대한 기능론적 전망〉, 김영정 편, 《집합행동론》(1984), 346쪽.

7) 석천명, 《주희급기철학》(북경:중화서국, 1982), 166-170쪽; 候外盧 外, 《중국사상통사》 下(북경:인민출판사, 1960; 四刷 1992), 636-637쪽 참고.

8) 한영우, 《조선 전기 성리학파의 사회경제사상》, 한국사상사대계 II(서울:성균관대학교 대동문화연구원, 1976), 95쪽 참조.

사회에서도 층서적(層序的) 인간관계가 의연히 강조되고 있었다. 즉, 조선 후기 성리학에서는 계층적 상하관계 아래 부자관계 및 부부관계 그리고 형제와 친족 등의 상호관계를 강조해 왔다. 특히 조선의 사회는 신분제적 질서를 기초로 하여 구성되었다.

그런데 당시의 천주교 신앙운동에서는 사회계층의 대결이라는 성격이 검증되고 있다.[9] 조선 후기 서학/천주교에서 논하던 사회신분관을 올바로 이해하기 위해서 먼저 인간관 자체에 대한 이해가 전제되어야 한다. 천주교의 인간관은 성리학에서 제시하는 인간관과는 차이를 제시하는 것이었다. 성리학적 인간관은 인간의 선천적 불평등성을 설명하고 제시하는 기능을 담당하고 있었다.[10]

반면에 천주교의 인간관에서 나타나는 특징은 인간이 인간을 사랑해야 하는 까닭으로 인간이 천주의 피조물이라는 사실에 근거를 두고 있다. 이를 설명하기 위해서 당시의 한글 서학서에서는 천주에 대한 사랑이 이 세상 모든 '의리'의 원천이 됨을 먼저 확연히 밝혀 주었다.[11] 그리고 인간은 신도나 외교인이거나를 불문하고 모두가 '천주(天主)의 모상(模像)'임을 강조했다.[12] 당시 교회에서는 천주의 모상에 따라 창조된 인간을 말함으로써 인간 존재를 천주께 직결시켰다. 그리고 인간 존재가 천주에 버금가는 존귀한 존재이며, '천주를 대신하여 이 세상에 있는 귀한 존재'도 된다고 표현한 바 있다.[13] 인간 본성은 천주의 본성에 상접(相接)해 있다는 사실도

---

9) 조광, 《조선 후기 천주교사연구》(고려대학교 민족문화연구원, 1988), 81쪽 등 참조.
10) 守本順一郎 지음, 김수길 옮김, 《동양정치사상사연구》(서울:동녘, 1985), 152쪽.
11) 안 안도니, 〈ᄋᆞ주〉, 《신명초ᄒᆡᆼ》, 하권(1864), 57a, "텬쥬 ᄉᆞ랑ᄒᆞᄂᆞᆫ 계명은 이 모든 계명의 웃듬이오 또 지극히 커 셩교의 근본이오 죵향이라 이 ᄉᆞ랑이 업ᄉᆞ면 세상의 모든 의리가 다 틀니리니 더옥 힘써 생각ᄒᆞᆯ지어다."
12) 〈셩교ㅣ 대행ᄒᆞ기ᄅᆞᆯ 구ᄒᆞᄂᆞᆫ 경〉, 《텬쥬셩교공과》, 제2권 11ab, "텬쥬여 ᄉᆡᆼ각ᄒᆞ쇼셔. 모든 외교인의 령혼이 다 제가 내신바ㅣ오 또 네 모샹으로 내신 바ㅣ라."
13) 〈강림후팔쥬일〉, 《셩경직ᄒᆡ》, 권6, 102a, "ᄋᆞ궁이 곳 쥬의 모샹이라 ᄒᆞ시니 귀ᄒᆞ다 ᄋᆞ궁ᄒᆞᄂᆞᆫ 사ᄅᆞᆷ 귀ᄒᆞᆷ이여 텬쥬ᄅᆞᆯ ᄃᆡ신ᄒᆞ야 세샹에 잇시니라."

강조해 주었다.[14] 흔히 말하기를 신관과 인간관은 동전의 양면처럼 서로 깊은 관련이 있는 것이라고 한다. 이를 우리는 새로운 신관이나 우주관에 대한 인식이 새로운 인간관의 출현을 가능하게 해 주었다고 해석할 수 있을 것이다.

당시의 한글 서학서에서는 모든 사람을 천주의 모상으로 보아서 자신과 같이 사랑해야 함을 강조하고 있었다.[15] 사람이 사람을 사랑해야 하며, 사람이 모두가 형제가 된다는 사실은 천주의 모상을 타고 난 피조물이라는 점 외에도 모든 사람이 아담과 하와의 자손이라는 그리스도교적 창조론도 근거로 제시되었다. 즉, 보천하(普天下)의 억만 사람이 다 그의 자손이므로 사람은 서로 사랑하기를 한 부모에게서 태어난 동생혈육(同生血肉)과 같은 존재임이 강조되었다.[16] 이처럼 인간은 모두 다 형제이므로 감히 형제를 업신여길 수 없다는 사실은 명백한 것으로 생각되었다.[17] 또한 성서의 중심 사상이 애주애인(愛主愛人)에 있음을 밝혀 주었다. 형제를 사랑하지 않으면서 주를 사랑한다고 말할 수 없으며, 서로 사랑함이 예수 그리스도의 제자가 된다는 징표임이 서술되고 있다.[18]

---

14) 안 안도니, 〈죵향〉, 《신명초ᄒᆡᆼ》(1864; 활판본:1891), 10b, "셩 레오 교종이 ᄀᆞᆯ와ᄃᆡ 교우야 네 존귀함을 ᄉᆡᆼ각ᄒᆞ라 텬쥬 본셩에 샹접ᄒᆞ엿시니 떨어지난 행실로 네 비쳔한 녯 디위에 도라가지 말지어다 ᄒᆞ니 깁히 ᄉᆡᆼ각ᄒᆞ야 셰물을 경히 넉이고 우리 죵향을 닛지 말지어다."

15) 안 안도니, 〈ᄋᆡ인〉, 《신명초ᄒᆡᆼ》, 하권, 70a. "모든 사ᄅᆞᆷ을 텬쥬 모샹으로 보아 ᄌᆞ긔와 갓치 ᄉᆞ랑하고 셩실히 도라볼지니라"

16) 丁若鍾, 《쥬교요지》, 하, 39a, "텬쥬ㅣ 두 사람의게 ᄌᆞ식 낫ᄂᆞᆫ 능을 주샤 ᄌᆞ식을 나ᄒᆞ니 보텬하 억만 사ᄅᆞᆷ이 다 그 ᄌᆞ손이 되ᄂᆞᆫ 고로 우리 사ᄅᆞᆷ이 서로 ᄉᆞ랑하기ᄅᆞᆯ 한 부모의게로 난 동ᄉᆡᆼ갓치ᄒᆞ게 ᄒᆞ심이라."

17) 〈강림후12쥬일〉, 《셩경직ᄒᆡ》, 권7, 22b, 23a, "사ᄅᆞᆷ을 의론ᄒᆞ면 보텬하 사ᄅᆞᆷ을 도모지 포ᄒᆞᆷᄒᆞ니 혹 친ᄒᆞ거나 혹 소ᄒᆞ나 ᄀᆞᆺᄒᆞᆫ 디방이나 다ᄅᆞᆫ 디방이나 다 텬쥬의 ᄌᆞ식이라 〔…〕 셰샹 사람은 다 텬쥬의 ᄌᆞ식이라 동죵되니 경에 ᄒᆞᆼ샹 사ᄅᆞᆷ을 형뎨라 닐ᄋᆞ신 연고ㅣ니라 경에 또 서로 해ᄒᆞᄂᆞᆫ 쟈ᄅᆞᆯ 깁히 ᄎᆡᆨᄒᆞ야 ᄀᆞᆯᄋᆞ샤ᄃᆡ 모든 사ᄅᆞᆷ의 공번된 아비ᄂᆞᆫ ᄒᆞ나이라 텬쥬ㅣ시니 네 오리려 감히 형뎨ᄅᆞᆯ 업수히 넉이ᄂᆞ냐 ᄒᆞ시니라"

18) 안 안도니, 〈ᄋᆡ인〉, 《신명초ᄒᆡᆼ》, 하권, 63ab, "모든 ᄉᆞ람이 서로 ᄉᆞ랑함은 텬쥬의 본뜻이오 〔…〕 예수ㅣ 강ᄉᆡᆼ하야 셰상에 ᄎᆞᆼ교를 셰우시매 이 명을 새롭게 ᄒᆞ고 온젼케

한편, 사람이 사람을 사랑하는 구체적 방법에 대해서도 당시의 한글 서학서는 제시해 주었다. 즉, 모든 이를 형제같이 사랑하되 그 인품이나 지위나 덕행 때문에 사랑하는 것이 아니라 모든 사람은 '사람된 위(位)' 즉 인격을 가지고 있고 천주의 피조물이기 때문에 사랑해야 함을 가르치고 있었다.[19] 그리고 외교인과 신도, 벗과 원수를 가리지 말고 천주를 위해서 사람을 사랑해야 함을 말한다. 이 사랑은 당연히 원수에게까지 이르러야 함을 강조했다. 신자가 되기 위해서는 원수를 용서하고 그와 화목해야 함이 강조되었고,[20] 이와 같은 사람에 대한 사랑은 사회윤리의 기본으로 작용하고 있었다. 그리고 가족과 사회에서 사랑을 구체적으로 증거하기 위해서 '화목(和睦)'을 특히 강조했다. 당시 한글 서학서가 제시하고 있었던 화목의 논리는 자신과 타인, 그리고 인간 상호간의 관계에서 관철되어야 할 중요한 덕목으로 강조되었다. 화목은 자연의 질서에 있어서도 중요한 것이니, 화기수토(火氣水土) 사행(四行)이 화(和)하여 만물이 생성되듯이 인간계의 질서도 화목을 통해서 올바로 이루어지는 것으로 해석했다.[21] 그리하여 당

ᄒᆞ샤 ᄀᆞᆯᄋᆞ샤ᄃᆡ 너희에게 새 명을 주ᄂᆞ니 나ㅣ 너희ᄅᆞᆯ ᄉᆞ랑함과 갓치 너희도 서로 ᄉᆞ랑ᄒᆞ여라 ᄒᆞ시니 이 신교이 특별ᄒᆞᆫ 계명이라 〔…〕 셩 요왕 종도도 〔…〕 그 뎨자를 ᄀᆞᄅᆞ치시ᄃᆡ 쇼자들아 서로 ᄉᆞ랑하고 ᄉᆞ랑하여라. 이 계명을 직희면 모든 계명을 온젼이 직흼이라 ᄒᆞ시니라 ᄋᆡ인하는 명의 엄ᄒᆞ고 간절ᄒᆞᆷ을 또ᄒᆞᆫ 셩경 말ᄉᆞᆷ에 볼지어다 사ᄅᆞᆷ을 ᄉᆞ랑함이 쥬를 ᄉᆞ랑하는 명과 갓다 ᄒᆞ시고 셩경과 션지자의 기록한 바ㅣ 다 애쥬애인 두가지에 매이엿다 ᄒᆞ시니 어더케 크교 즁하며 〔…〕 예수ㅣ 갈아샤대 너희들이 서로 ᄉᆞ랑ᄒᆞᆷ을 인ᄒᆞ야 모든 이 너희가 내 뎨쟈인줄노 알니라 ᄒᆞ시고 셩 요왕이 ᄀᆞ아샤ᄃᆡ 제 형뎨를 ᄉᆞ랑치 아닛는쟈ㅣ 텬쥬를 사랑노라 ᄒᆞ면 거ᄌᆞ말이나 ᄒᆞ시니라."

19) 안 안도니, 〈ᄋᆡ인〉, 《신명초ᄒᆡᆼ》, 하권, 64b, "텬쥬ㅣ 살람을 내시고 본 모샹을 ᄐᆡ오시고 ᄌᆞ식을 삼으심은 모든 이로 ᄒᆞ여곰 쥬를 위하야 형데ᄀᆞᆺ치 공번되이 서로 ᄉᆞ랑하게 ᄒᆞ심이니 인픔과 ᄌᆡ능과 덕ᄒᆡᆼ을 ᄉᆞ랑ᄒᆞᆯ거시 아니라 가히 ᄉᆞ랑ᄒᆞ고 맛당이 공번되이 ᄉᆞ랑ᄒᆞᆯ거슨 오직 ᄉᆞᆲ된 위와 쥬의 내심이로다 그위 쥬ᄅᆞᆯ 보고 그 ᄉᆞ랑을 쥬ᄭᅴ 도라보낼지니 므ᄅᆞᆺ 삶을 ᄉᆞ랑하고 뮈워ᄒᆞᆷ이 곳 텬쥬를 ᄉᆞ랑하고 뮈워ᄒᆞᆷ이 되는지라."

20) 백요왕 감준, 〈진교절요〉, 《천주셩교공과》, 1a, "므ᄅᆞᆺ 나히 만코 우몽ᄒᆞᆫ 사ᄅᆞᆷ이 텬쥬셩교에 나아오고져 ᄒᆞᆯ진대 〔…〕 맛당이 원슈와 서로 화목ᄒᆞ고 ᄂᆞᆷ의 명셩과 공번되지 아니 ᄌᆞ물을 기워 갑ᄒᆞᆯ 거시오."

21) 〈져셩첨례〉, 《셩경직ᄒᆡ》, 권8, 107a, "화목은 셰샹 만사ㅣ 다 스승이 되니 화긔슈토 ᄉᆞᄒᆡᆼ이 비록 심히 서로거ᄉᆞ리나 때때로 서로 합ᄒᆞ야 서로 도아 만물이 보존ᄒᆞᆷ을 편

시의 서책(書冊)에서는 화목한 사람만이 천주의 자녀가 될 수 있다고 단언하고 있었다.[22)]

천주교 서적에서 드러나는 인간관은 천주에 대한 신앙과 직결된 것이었다. 신앙과 신분평등론을 직결시킨 사례는 1799년 5월 충청감영에서 옥사한 박취득(朴取得)이나 1790년대에 입교했던 신태보(申太甫)와 같은 신도들의 증언을 통해서 확인된다. 즉, 신태보는 "일단 천주교에 들어오면 양반과 상놈의 차이는 아무런 소용이 없게 된다"라고 말한 바 있다.[23)] 또한 신태보는 "천주교는 크게 평등한 것이다. 거기에는 대인도 소인도 없고, 양반도 상놈도 없다"라는 말을 들은 바도 있었다.[24)] 이처럼 천주에 대한 신앙과 관련하여 인간의 존엄성 및 신분제 거부의 논리가 마련되고 있었다.

물론 당시 간행되어 신도들에게 읽혔던 한글 서학서에는 신분제를 거부하거나 사회적 평등을 주장하는 말이 직접 수록되어 있지는 않았다. 그러나 초기의 신도들은 자신의 신앙을 현실에 적용시켜 신분제를 사실상 거부하고 있었다. 이러한 사례는 1801년 충청도 덕산(德山)에서 체포되었던 부유한 신도였던 유군명(Iou Koun-mieng)을 통해서 발견된다. 유군명은 천주교 세례를 받은 이후 자신이 거느리고 있던 노비들을 모두 해방시켜 주었기 때문이다.[25)] 또한 충청도 내포 지방의 백정 출신 황일광(黃日光)도

히 ᄒᆞ니 합ᄒᆞ야 돕지 아니면 만물이 임의 멸ᄒᆞᆫ지 오랠 거시오 〔…〕 화목하ᄂᆞᆫ 공부ᄂᆞᆫ 오쥬의 본 소임이오 셰샹에 ᄂᆞ리신 본 뜻이오. 본 공부ㅣ라." 여기에서 우리는 당시 유학계에서 통용되던 오행설과는 다르게 서유럽의 사행설(四行說)이 일반 신도들 차원에서도 이해되고 있었음을 알 수 있다.

22) 〈봉ᄌᆞ후삼주일〉, 《셩경직ᄒᆞ》, 권3. 72b, "텬쥬의 명은 쥬ㅣ 사ᄅᆞᆷ을 권ᄒᆞ야 화목ᄒᆞ라ᄒᆞ야 ᄀᆞᆯ아샤ᄃᆞ 나ㅣ 괴려ᄒᆞᆷ의 쥬ᄂᆞᆫ 아니오 화목ᄒᆞᆷ의 쥬ㅣ라 너희 무라 가히 입을 ᄀᆞ치ᄒᆞ고 ᄆᆞ음을 ᄀᆞ치ᄒᆞ라 대게 형뎨 서로 합ᄒᆞ고 셰샹 사ᄅᆞᆷ이 서로 ᄉᆞ랑ᄒᆞ고 부부ㅣ 서로 화학ᄒᆞᆷ을 보면 내 ᄆᆞᄋᆞᆷ이 반ᄃᆞ시 즐거오리라 ᄒᆞ시니라 경에 ᄀᆞᆯ아샤ᄃᆞ 화목ᄒᆞᆫ 쟈ㅣ 이에 진복이니 그 쟝ᄎᆞᆺ 텬쥬의 아ᄃᆞᆯ이라 닐ᄋᆞ리라 ᄒᆞ엿시ᄂᆞᆯ 그레고리ㅗ 성인이 ᄀᆞᆯᄋᆞᄃᆞ 합ᄒᆞᄂᆞᆫ 사ᄅᆞᆷ이 텬쥬의 아ᄃᆞᆯ이 된즉 합지 아닛ᄂᆞᆫ 이ᄂᆞᆫ 반드시 마귀의 아ᄃᆞᆯ이 되리라 ᄒᆞ니라."

23) 달레, 《한국천주교회사》, 중(서울:한국교회사연구소, 1980; 원본 1974), 127쪽.

24) 위의 책. 상, 388쪽.

주목할 수 있다. 백정 황일광은 세례를 받은 이후, 양반 명망가였으며 다산 정약용의 친형으로 천주교 신도였던 정약종(丁若鍾)과 함께 살았다. 황일광은 "신도들이 그의 신분을 잘 알지만 멸시하지 않고 사랑으로 받아들여 형제처럼 대우한" 사실에[26] 감격하여 자신은 지상에서도 천국을 누리고 있다고 단언한 바 있었다. 신도들의 이러한 움직임은 19세기의 80년대에 전주 지역의 '교우촌'에 관한 다음과 같은 선교사의 보고서를 통해서 계속 지속되고 있었음을 확인할 수 있다.

> 신입교우들의 협동심은 감탄스럽습니다. 그중에서 뛰어난 미덕은 그들 서로가 사랑과 정성을 베푸는 일입니다. 현세의 재물이 궁핍하지만 사람이나 신분의 차별 없이 조금 있는 재물을 가지고도 서로 나누며 살아갑니다. 이 공소를 돌아보노라면 마치 제가 초대 그리스도교회에 와 있는 것 같습니다. 사도행전을 보면 그때의 신도들은 자기의 전 재산을 사도들에게 바치고, 예수 그리스도의 청빈과 형제적인 애찬(愛餐, agape)을 함께 나누는 것 외에는 이 세상에서 아무것도 바라지 않습니다.[27]

한편, 조선 후기의 지배층들은 천주교를 거부하면서 그 거부의 이유로 천주교 신도들이 신분질서를 무시한다는 사실을 들었다. 즉, 1801년의 천주교 탄압에 대한 기록을 담고 있는 《눌암기략(訥庵記略)》에서는 "사학도(邪學徒)들은 〔…〕 비록 노비나 천인이라 하더라도 일단 그 당(黨)에 들어가면 그를 보기를 형제처럼 하여 신분의 차등이 있음을 알지 못하니, 이것이 우민(愚民)들을 현혹(眩惑)하는 술(術)인 것이다"라고 말한 바 있다.[28] 그리고 정부의 공식 문건에서도 천주교도들이 상하의 구분을 무너뜨리는

---

25) 위의 책, 중, 48쪽. 1790년대 유군명의 노비해방은 1894년 갑오경장 때 공식적으로 선언되었던 사노비(私奴婢) 해방보다는 100여 년 앞선 선각적 행동이었다.

26) 위의 책, 상, 139쪽.

27) 〈Beaudounet 신부의 1889년 말 보고서〉, 《뮈텔문서》(1889. 4. 22).

28) 《訥庵記略》, 12a, "邪學法門 〔…〕 雖奴隷之賤 一入其黨 親之若兄弟 此其眩惑愚民之術也."

집단으로 규정돼 계속하여 규탄받고 있었다. 이와 같이 조선 후기의 민중종교적 성격을 가지고 있던 서학을 통해서 평등의 관념 내지는 신분제를 거부하는 움직임은 확산되어 가고 있었다.

요컨대, 조선 후기 사회에 성립된 천주교 신앙은 당시의 신도들이나 지배층에게 일종의 평등사상으로 인식되었다. 물론 당시 한글로 저술되었거나 번역된 서학서에는 직접 평등을 주장하지는 않았다. 그래도 당시의 신도들은 교리를 해석하는 과정에서 천주교의 주장을 사회적 평등론으로 이해하고 실천하는 경우가 나타났다. 또한 정부 당국에서는 천주교 신앙의 결과로 신분제 사회가 붕괴되는 현상을 두려워하고 이를 탄압하고자 했다. 이 과정에서 민중종교운동적 특성을 가지고 있던 천주교 신앙운동은 정부 당국으로부터 탄압을 받았고 적지 않은 사람들이 처형되었다. 그러나 평등을 지향하던 조선 후기 사회와 민중들은 성리학적 세계관과는 판이하게 다른 서학사상 내지 천주교에 심취하면서 세계관의 전환을 시도해 나갔다. 이 세계관의 전환은 우리의 역사를 평등이라는 근대적 가치에 한 발 더 접근시켜 주고 있었다.

3. 동학 및 개화기의 평등의식

인간의 존엄성에 대한 선언이나 신분제에 대한 거부의 움직임은 동학사상을 통해서도 드러나고 있다. 동학사상에서 등장하는 신분개혁 사상의 배경으로 새로운 우주관 내지는 신관의 출현을 들 수 있다. 즉, 최제우는 '천심즉인심론(天心卽人心論)'을 전개한 바 있다.[29] 이는 천인합일사상(天人合一思想)의 표현으로 해석되며, 모든 인간을 하늘의 위치로 들어 올린 인간존중의 사상이었다. 그리고 최제우는 '오직 사람만이 가장 신령한 존재

29) 〈論學文〉, 《東經大全》.

(獨惟人 最靈者也)'[30]이고, '만물지간(萬物之間) 오직 사람만이(唯人) 가장 영특한 존재(最靈)일세'[31]라고 말함으로써 인간의 존엄성을 강조했다. 동학의 2세 교주였던 최시형(崔時亨)도 '사인여천(事人如天)'을 강조하고 있다.[32] 이는 최제우보다도 더 직설적인 화법을 사용하여 인간의 존귀함을 하늘에 비견해 주고 있는 것이었다. 그리고 최시형은 경천(敬天)과 경인(敬人), 나아가서는 경물(敬物)까지도 강조했다.[33] 그는 인간을 비롯한 만물 모두가 존엄하다는 입장의 표명을 통해서 인간 존엄성을 필연의 이치로 확립하고자 했다. 이와 같은 교리에 대한 다른 측면으로 최제우와 최시형 등은 인간 평등성의 원리를 계속해서 강조해 주었다. 우리는 최제우가 가지고 있던 신분 평등의 관념을 다음의 자료를 통해서 확인할 수 있다.

> 부하고 귀한 사람 이전 시절 빈천이요, 빈하고 천한 사람 오는 시절 부귀로세[34]
> 입도한 세상 사람 그날부터 군자 되어 무위이화 될 것이니 지상 신선 네 아니냐[35]

이 자료에서 나타나는 바와 같이 최제우는 빈천한 사람들에게 부귀를 약속함으로써 신분의 해방을 이야기하고 있었다. 그리고 그는 누구든지 일단 동학에 입도하면 곧 양반인 군자(君子)가 되고 도통한 신선이 될 수 있다고 말함으로써 신분의 평등을 기반으로 한 새로운 사회의 도래를 전망했다. 한편, 최시형의 경우에도 신분 평등을 위한 주장은 도처에서 발견된다. 그는 인간에게는 귀천이 없고, 인간 모두는 평등한 존재임을 강조해

---

30) 위의 글.
31) 〈안심가〉, 《용담유사》.
32) 吳知泳, 《東學史》(1940), 41쪽.
33) 《天道教創建史》, 17-18쪽.
34) 〈교훈가〉, 《용담유사》.
35) 위의 글.

주었다.[36] 그리고 그는 부인이나 어린이까지도 평등한 인간임을 강조했다.[37] 이러한 과정에서 개항기 동학농민군의 사회사상 가운데 신분평등론은 많은 농민의 호응을 얻으며 보급되어 갔다. 그리고 동학의 가르침으로 인해 동학농민전쟁 당시 농민군들은 평등을 실천하고 있었다.[38] 또한 개화기에 이르러 점차 고양되어 가던 사회적 평등의식은 동학농민전쟁의 과정에서 경제적 평균공작론(平均公作論)으로 전개되기도 했다.[39] 그리하여 동학이 전파되어 가던 1860년대의 양반사회에서나, 1890년대 농민운동이 전개되어 나가는 과정에서 양반층은 농민군이 반상을 무시하는 일에 크게 분개했다.[40]

한편, 개항기 개화사상가들도 사회신분제를 개혁하고자 하는 노력을 전개하고 있었다. 즉, 1884년에 단행되었던 갑신정변에서는 양반신분제도와 문벌제도의 폐지와 인재 등용이 공표되기도 했다. 갑신정변의 〈혁신정강〉 제2조에는 '문벌을 폐지하여 인민 평등의 권리를 제정하고, 사람의 능력으로써 관직을 택하게 하지, 사람으로써 관직을 택하지 않을 것'을 규정했다.[41] 사실 갑신정변의 주도자였던 김옥균은 신분제도의 철폐를 주장하면서 다음과 같이 상소한 바 있었다.

> 오늘 우리나라의 과제는 양반을 제거하는 데에 있다. 우리나라 중고(中古) 이전 국운이 왕성할 때에는 모든 기계와 물산이 〔중국과 일본〕 동양 두 나라보다 앞섰는데 이제 모두 폐절에 속하여 그 흔적도 없음은 다른 까닭이 아니라 양반의 발호와 전횡으로 인해서 그렇게 되었다. 인민이 물건 하나를 제조하면 양반 관리들이 이를 부당하게 빼앗고, 백성이 땀

---

36) 《天道教書》, 제2편(해월신사 포덕 6년).
37) 崔時亨, 《內修道文》.
38) 金九, 《白凡逸志》(서울:범우사), 32쪽.
39) 朴贊勝, 〈동학농민전쟁의 사회경제적 지향〉, 《한국 민족주의론》 III(서울:창작과비평사, 1985), 267-274쪽 참조.
40) 이에 관해서는 1863년 상주 道南書院의 예를 들 수 있을 것이다.
41) 愼鏞廈, 〈갑신정변의 전개〉, 《신편 한국사 38》(과천:국사편찬위원회, 1999), 409쪽.

> 흘려서 작은 재물을 축적하면 양반관리들이 와서 이를 빼앗아 가니 인민이 말하여 〔…〕 여러 산업을 폐기하여 위험을 면함만 같지 못하다 한다. 이에 놀고먹는 사람들이 전국에 충만하여 국력이 날마다 소모되기에 이르렀다.[42)]

이처럼 초기 개화사상가에게 있어서 양반신분제도의 철폐는 절실한 과제로 인식되고 있었다. 물론 갑신정변의 실패로 말미암아 이때의 신분제 폐지론은 관철될 수 없었다. 그러나 신분제 폐지론은 당시 사회의 도도한 흐름을 형성하고 있었다. 그리하여 신분제의 불합리성에 대한 지적은 독립협회운동 내지는 만민공동회운동의 과정에서도 계속해서 지적되고 있었다.

신분제의 폐지를 주장하던 생각들이 결실을 맺게 된 때는 1894년 갑오개혁의 과정에서였다. 이때의 이르러 갑오개혁을 추진하던 군국기무처에서는 조선 후기 사회 이래 염원되어 왔고, 동학농민전쟁 때에 농민군이 제시했던 사회신분제폐지운동론을 수용하여 신분제도의 폐지를 규정하는 법령을 제정 공포하게 되었다. 이때 제시된 신분제 폐지와 관련된 내용은 다음과 같다.[43)]

> ① 양반, 상민의 신분제도 철폐
> ② 문벌제도 폐지
> ③ 귀천의 출신성분에 구애받지 않는 관리등용
> ④ 문관과 무관의 차별 폐지
> ⑤ 서얼차별 제도의 폐지
> ⑥ 공사노비 제도의 폐지
> ⑦ 인신매매의 금지

42) 金玉均, 〈池運永事件 糾彈上疏文〉, 《金玉均全集》(서울:아세아문화사), 146-147쪽.
43) 柳永益, 〈제1차 개혁〉, 《신편 한국사 40》(2000), 200-204쪽; 왕현종, 《한국근대국가의 형성과 갑오개혁》(서울:역사비평사, 2002), 289-303쪽의 내용들을 재정리했음.

⑧ 과부재가 금지 제도의 폐지
⑨ 평민의 정치적 의견제출 승인
⑩ 신량역천(身良役賤) 제도의 폐지
⑪ 천인(賤人) 제도의 폐지
⑫ 퇴직 양반관료의 상업 활동 자유의 보장

요컨대, 신분제 철폐에 관한 사상은 동학사상에서도 의연히 제기되고 있었다. 1860년 4월 5일에 창도되었던 동학은 당시 조선 후기 사회에서 강력히 지향하던 평등에 대한 추구를 결집시켜 제시된 신앙이었다. 동학의 경우에도 민중종교운동의 성격을 분명히 하고 전개되어 나갔다. 이로 인해 동학도 정부 당국의 탄압을 받게 되었다. 그러나 동학사상은 개항기에 이르러서 더욱 치성하게 되었고, 동학농민전쟁의 사상적 근거를 제시해 주는 데에 이르렀다. 그리하여 동학농민전쟁의 과정에서는 신분의 평등에 관한 농민군의 내용들이 제출되기에 이르렀다. 한편, 평등사상은 동학농민전쟁 이전에도 개화사상가들에 의해서 꾸준히 주장되어 왔다. 이들의 사상도 조선 후기 평등론의 계승이라는 성격을 가지고 있다. 그리고 이 평등사상은 갑오경장을 통해서 법적인 구현 장치를 마련하게 되었다. 그렇다 하더라도 신분제의 오랜 폐습은 법의 제정을 통해서 즉각적으로 소멸되지는 않았다. 그러나 이때의 개혁은 조선 후기 이래 전개되었던 근대 문화 내지는 근대 사회사상의 핵심이 되는 평등사상에 대한 희원(希願)의 결실이었다. 이를 통해서 근대 문화가 한국 사회에 뿌리를 내릴 수 있는 계기가 마련되었다.

4. 맺음말

19세기를 전후한 조선 말기 사회는 급격한 변동을 겪고 있었다. 우선 개항 이전의 사회에서 성리학이 지배이념으로 기능하고 있던 가운데 신분제가 당연히 인정되어 왔다. 신분제 폐지는 당시 개혁 이론으로 제시되었던 실학사상에서도 분명히 제안되지는 못했고, 양반 지식층에 속했던 대부분의 실학자들은 온정주의적 입장에서 노비 제도 등의 철폐를 논하는 경우에 지나지 않았다. 그러나 신분제에 대한 반발은 조선 후기 민중종교운동을 통해서 분명히 드러나기 시작했다.

조선 후기의 대표적 민중종교운동으로는 서학사상 내지는 천주교 신앙운동을 먼저 들 수 있다. 당시 조선에 전래된 천주교 신앙운동에서는 새로운 신관(神觀)을 강조하고 있었다. 그리고 이 새로운 신관은 인간을 새롭게 규정하고 이해하는 데에 원천 사상으로 작용하게 되었다. 그들은 인간을 천주의 모상(模像)으로 인정하면서 인간의 존엄성을 주장했다. 그리고 존엄한 인간 사이에는 상호 사랑해야 함을 강조했다. 이 과정에서 신분제에 대한 실천적 거부의 움직임이 제시되고 있었다. 19세기 전반기를 전후하여 당시의 신도들이나 집권층에서는 천주교 신앙을 일종의 평등사상으로 인식하고 있었고, 이 때문에 박해가 초래되었다.

조선 후기의 사회에서 창도된 또 다른 민중종교운동으로는 동학을 들 수 있다. 동학은 인간의 존엄성을 강조했고, 인간이 평등한 존재임을 제시해 주었다. 이는 양반지배층으로부터 수탈을 강요당하고 있던 농민들에게 새로운 구원의 소식으로 전해졌다. 동학은 요원의 불길처럼 번져 가고 있었다. 물론 조선 정부 당국에서는 동학도 서학, 즉 천주교와 마찬가지로 사학(邪學)으로 규정하고 탄압을 강행시켜 나갔다.

그러나 당시 불평등한 사회 제도 아래에서 탄압받던 민중들은 평등에 대한 염원을 계속하여 간직하고 있었다. 이와 같은 염원은 개화기에 이르러 개화지식인들에 의해서 본격적으로 제기되기에 이르렀다. 개화사상가들은 실학자들에 비해서 좀더 분명하고 적극적으로 신분제도의 문제점을 지적하고 있었다. 그리고 동학농민전쟁에 참여했던 농민군들의 신분평등 이념은 개화기를 거치면서 갑오경장을 통해서 제도화될 수 있었다.

그런데 19세기 이래로 꾸준히 전개되었던 신분평등을 확보하기 위한 노력은 서학운동이나 동학운동 또는 갑신정변의 과정에서나 동학농민전쟁 및 갑오개혁의 과정에서 다 같이 확인되고 있다. 이는 당시 사회가 그만큼 성장한 결과로 제기된 이론이었다. 그리고 이와 같은 주장의 관철은 사회의 발전을 나타내는 지표적(指標的) 사건이 되었다. 신분평등에 대한 주장과 그 실현을 통해 근대 문화 내지 근대 사상의 기초가 우리나라 사회에서도 마련되었기 때문이다.

그런데 이와 같이 천주교 사상 및 동학사상 그리고 개화사상 사이에 있어서 신분해방 문제는 상호 합치되는 측면이 있었다. 그렇지만 이들 사이에 신분제 폐지를 위한 공동의 노력이나 협동 작업이 진행되었던 것은 아니었다. 신분제 폐지론에 있어서는 새롭게 수용된 외래사상에 기초했거나, 또는 내재적 발전의 결과 등장한 사상이었거나를 막론하고 상호 일치점을 가지고 있었다. 그러나 이를 실천하기 위한 노력은 각자의 입장에서 별개로 진행되어 나갔다. 그들에게서는 그 지향의 일치점은 찾을 수 있으되, 그 관철의 방법에 있어서는 차이가 있음을 확인하게 되는 것이다. 그러나 신분의 평등을 확보하고자 했던 이 다양한 움직임들은 당시 조선 사회가 가지고 있던 역동성을 나타내며, 이 여러 줄기로 나뉘어 전대되었던 노력들의 총화로 한국 근대 문화의 기초가 되는 평등사상이 정착되어 갔다고 할 수 있겠다.

그리고 종교의 자유가 허용된 1895년 이후 급속히 발전해 갔던 개신교 신앙운동에서도 신분제 문제를 여전히 극복의 대상으로 삼고 있었다. 또한 1900년대 첫 10년간에 걸쳐 활발히 전개되던 애국계몽운동의 과정에서도 한국 근대 문화의 기초가 되는 사회적 평등의 논리가 선전 정착되어 나가고 있었다. 이처럼 사회적 평등을 향한 노력은 근대 사회에 이르러서도 더욱 강하게 진행되어 가고 있었다. ■ **조광** 한국사학과

민족종교의 지혜와 동학*

1. 머리말

한국은 유라시아 대륙의 동쪽 끝, 한반도의 지형에 위치한다. 한국 땅의 남북 길이는 1천여 킬로미터, 동서의 폭은 평균 300여 킬로미터, 그리고 해안변의 도서는 독도를 포함하여 3,200여 개에 이른다. 한국의 국토 면적은 22만 2천여 제곱킬로미터 남북한의 인구는 7,100만여 명이다(통계청, 2005a). 자본주의 사회로서 자유민주주의의 대한민국은 한국인의 국토 중 45.5%가 되는 10만여 제곱킬로미터의 면적을 점유하며, 그 땅 위에 4,880만여 명이 살고 있다(한국행정연구원, 2009). 남한의 거주민 평균연령은 36세 정도이고,[1] 인구밀도는 1제곱킬로미터당 496명으로 상대적으로 밀집된 공간에서 집단생활을 영위한다(국토해양부, 2008; 통계청, 2005a).

---

*이 글은 2008년 3월 고려대학교 학문소통연구회의 5차 워크숍에서 처음 발제되어, '민족종교의 지혜와 천도교'의 제목으로 《동양사회사상》 제21집(2010년 5월)에 게재되었다. 여기에서는 제목과 내용을 부분적으로 수정하였다.

1) 통계청의 인구추계에 따르면 2010년 남한에서는 43만여 명이 태어 나고 28만여 명이 사망해 인구의 자연증가율은 3.1%, 인구성장률은 0.26%, 평균연령은 남 36.8세, 여 39.2세로 평균 38세이며 2015년에는 평균 40세를 넘을 것으로 추산한다.

한국인의 역사[2]는 구석기 시대의 수렵 채취, 신석기 시대의 정착농경문화의 선사 시대, 그리고 청동기문화의 고조선과 부여국의 부족연맹체부터 문자를 이용한 역사 사회의 시대로 이행된 것으로 알려져 있다. 역사가 기록되기 시작한 고조선 이후 5천여 년 지속된 한얼민족의 하늘과 땅, 그리고 사람에 대한 인식론은 고조선의 단군신화, 부여의 제천의식, 고구려·백제·신라에의 불교 전래, 고려의 불교, 조선의 유교, 그리고 17세기 이후의 기독교 유입 등의 사상적인 계보를 갖는다. 선대로부터 이어져 온 생활양식에 대한 한국인의 인식 계보로는 상고 시대의 역론(易論)과 음양오행설, 기원전 6-5세기경에 수용된 격물치지론, 노장의 무위사상, 불교의 유식론, 기원후 삼국 시대에 유입된 사주명리학, 고려 시대에 소개된 이기론, 그리고 16세기 이후에 만난 과학주의 및 역사주의의 철학을 들 수 있다(이대희, 1999).

한국인이 자민족의 역사문화를 체험하면서 축적한 삶의 지혜와 생활인식은 대체로 전통적인 민속의 무교와 역술, 불교 및 유교사상, 그리고 그러한 인식 체계에 근거한 행위양식에 깊이 관련되어 있다. 중국 한족의 생활 및 종교사상은 오랫동안 한국인의 생존양식에 영향력을 행사하여 왔으나, 역사문화 과정을 거치면서 그것들은 한국인의 생존양식에 녹아내려 한민족의 인식 체계 내에서 민족의 종교사상으로 전환되었다. 19세기 말의 사회분열과 민족국가의 붕괴 과정은 현실에 대한 민족 각성의 새로운 기회가 되었고, 새롭게 유입된 서양 종교와 물질생활의 확산은 민족 가치의 전환과 새로운 민족운동을 필요로 하였다. 시대적인 환경의 변화에 적응하기 위하여 한민족은 서구의 그리스도사상과 기술문명의 침투에 대응하여 신사회질서의 가치 정립과 민족 개념의 종교운동을 전개하였다.

세기말의 변곡점에서 주권 상실과 사상 분열에 직면한 한민족은 민족

2) 한국인이 한반도에 정착하고 씨족사회를 구성하여 민족의 역사를 시원한 것은 8천여 년 전부터인 것으로 추론하지만 한민족의 집단 형성은 대체로 청동기 시대 이후로 보고 있다.

종교 동학을 창도하고, 동학혁명을 통한 민족의 중흥을 시도하였으나 외세의 개입으로 좌절되었다. 주권 상실의 기간 동안 동학을 중심으로 전개된 민족종교의 사회운동은 민족의 전통 보존과 주체 회복, 그리고 신사회의 환경 적응 능력의 신장에 크게 기여하였다. 그렇지만 해방 이후 남북 체제의 이원화, 체제 갈등에 따른 동족 전쟁, 그리고 종교 집단의 분열과 이질화는 한민족의 동질성 회복의 문제를 제기한다. 특히 남측 국가는 자유민주주의를 지향하는 자본주의 체제를 지향하지만, 그리스도 사상을 추종하는 주류 기독교인들이 전통적인 종교사상과 종교행위에 배타적인 태도를 표출하는 탓에 민족종교의 부흥과 민족정신의 재활에 큰 쟁점으로 부각된다. 현존의 한국 사회에서 무교신앙과 유불선의 민족사상을 통합한 것으로 알려진 동학을 위시한 민족종교의 종단들은 기독교의 교리에 근거한 생활양식의 파급에 휩쓸려 사회생활의 종교 활동에서 특정인의 소수종교[3]로 소외되어 있으며, 심지어는 사이비 종교 집단으로 매도되기까지 한다.

오늘날 세계의 모든 나라는 민족 정체성을 확립하고 민족 지혜의 통합을 이루어 민족 자긍심을 높여야 하는 과제에 당면하고 있다(강돈구, 2001). 특히 한반도의 민족은 한 민족, 두 국가의 대립 체제로 나누어져 있는 까닭에, 민족 간의 이념 대립과 국민 이질감의 극복, 그리고 한겨레 민족의 정체성 확립 등의 현안들이 통합 체제를 염원하는 민족의 당면 과제로 부각된다. 우리는 누구이고 한민족의 미래를 위해서 무엇을 할 것인가? 무엇이 옳고 그른가를 판단할 수 있는 민족 지혜의 결집은 여러 갈래로 분열된 민족사상과 민족종교의 재구조화의 문제로 귀착된다 할 수 있다.

그러므로 이 글에서는 한국 민족의 집단 형성과 역사 발전의 과정에 따른 민족사상의 정립 과정을 살펴보았다. 고시대의 무속과 선도 사상, 삼국

---

3) 통계청의 종교별 인구조사에 따르면 천도교, 증산교, 대종교 등의 민족종교인들은 21만여 명으로 종교 인구의 0.86%에 불과하고, 유교 및 기타 종교 미상의 인구까지 포함하면 종교 인구의 2.8%, 전체 인구의 1.5%의 분포를 보인다(통계청, 2005a).

시대의 불교 도입과 미륵사상, 조선 왕조의 유교철학과 생활윤리, 그리고 근대 한국의 그리스도 종교의 발흥과 과학사상이 유입되는 과정에서, 한국 민족의 민족 사상이 어떤 의미을 부여받을 것인가를 고찰하였다.이 글은 한민족의 사상 접목과 그 계승을 하나의 흐름으로 고찰하는 방법으로, 민족 형성의 무격신앙을 전제하고 구술적인 주문의 기원 양식에 따르는 언어적 암송 기법을 적용하였다. 그리고 민족종교의 출현은 민족 생존의 역사 과정에서 거주민들의 생각의 얼개가 생활양식으로 녹아난 실존적인 생존투쟁의 결과물로 생성되는 당위적인 문화적 귀결의 산물로 간주하였다. 이러한 관념하에 글의 후반부에는 세기말의 격동하는 시대적인 환경 변화에 대응하여 자생한 대표적인 민족종교의 전형으로 한민족에게 널리 파급된 동학종교의 민족사상과 종교의식을 살펴보았다.[4] 이 글이 의도하는 바는 복합적이지만, 단순하게는 민족과 사람들 간의 이해와 소통에의 기여이다. 한반도에서 사는 사람들은 대다수의 종교인들이 갖는 민족종교에 대한 홀대와 편견들을 민족사상의 흐름으로 성찰하면 좋겠다. 또한 오늘의 세인들이, 모든 것을 객관적 단일지표로 전환하여 결과적 산물의 단일척도로 간주하는 금전 본능의 물화적인 사유 체계를 우리 조상들의 믿음과 생각의 흐름에 접목하여 변화무쌍할 한반도의 공간들에서의 생존양식을 어떻게 유지할 것인가를 통합 민족의 관점에서 음미했으면 좋겠다. 아울러 권력과 화폐 경쟁에 익숙한 오늘의 우리들이 백두산 민족의 종교사상에 좀더 많은 식견을 지녀 남북과 동서로 쪼개진 민족 갈등을 순한 눈으로 바라볼 수 있는 여유를 갖고, 상호 반목하는 각박한 현실의 세상살이를 좀더 폭넓은 시각으로 이해하고 소통해 보려는 노력을 기울이면 좋겠다.

4) 사례 기술적인 수준이나마 민족종교의 속성과 미래상을 다시 살펴본 이 글의 내용들이 체제 분열과 서구 종교의 확산 추세에 비례하여 쇠잔하고 잊혀져 가는 민족 정신의 기력 회복에 조금이나마 도움이 되었으면 한다.

II. 한국인의 민족사상과 믿음의 지혜

1. 민족사상의 특수성과 종교 가치의 보편성

사람들은 집단의 생존을 위하여 공동체를 형성하며, 생활공동체를 유지, 존속하기 위하여 생존 가치의 믿음 체계를 사회질서의 규범으로 조화한다. 인간의 생존에 필수적인 대상은 믿음의 가치를 가지며, 그것이 집단공동체의 번영에 기여하면 믿음의 대상으로 이념화되고, 믿음의 대상에 대한 상징들은 공동체의 신앙 체계로 구조화된다.

한국 민족은 빙하기가 거의 없었던 한반도의 온화한 자연환경에 적응하는 가운데 생존양식에 가치를 부여하며 공동체 생활에 합당한 믿음 체계를 형성하여 왔다. 인류의 믿음 체계에 대한 역사는 2만여 년 전의 구석기, 5천여 년 전의 신석기, 그리고 문자 사용 이전의 선사 시대에 중심이 된 주술신앙의 과정을 거쳐, 역사 시대의 신념 가치를 체계화하는 과정을 구축하며 지속되어 왔다. 한반도에서 생존한 민족의 믿음 체계 형성은 인류의 종교사의 흐름과 맥락을 같이한다. 세계의 종교사는 큰 범주에서, 흔히 선사종교, 역사종교, 고전종교, 중세종교, 그리고 현대종교의 다섯 단계로 분류된다(윤이흠, 2004).[5] 현대 사회의 종교 제도는 민족과 국경을 초월하여 현대적인 생활환경에 적응하기에 합당한 믿음 체계를 제도화한 것이다. 현대 종교가 체계화한 신앙 대상의 보편성은 민족 중심의 믿음 체계가 세계 공동체의 생존 가치로 구조화된 속성들이다. 지금 한국 사회의 구성원들이 갖고 있는 종교는 세계종교의 보편성을 중심으로 결집되어 왔으며, 소수의 민족종교인들이 한국인의 역사 문화적 유산을 내재화한 민족 고유의 종교적 신앙 가치를 숭배하고 그 나름의 종교의식을 행사하고 있다.

대부분의 종교는 인간의 생사화복을 관장하는, 스스로 존재하는 자를

---

5) 좀더 간결하게 분류하면, 원시종교, 중세종교, 그리고 현대의 세계종교 등의 세 가지로 나눌 수 있다(이상훈 외, 2001).

'하늘'로 간주하고, 그것에 신성을 부여하는 형식논리로 신의 속성을 상징화한다. 종교적 신성의 상징화는 특정 공간에 생활하는 민족의 언어로 표현되고, 그것은 주어진 환경의 영향을 반영하여 시간의 흐름에 따라 수정 보완될 수 있다. 그러나 수정된 신성의 상징들은 당대의 생존에 필수불가결한 대상물들을 현존하는 인간의 지식 체계로 재구성한 것으로 종교 창시자가 하늘님의 음성을 듣고 기록한 원형을 능가한다고 볼 수 없다. 인간의 생명은 유한하고 신성은 무한하기 때문에 원형으로 부여된 신의 속성은 집단의 시간과 공간에 따른 가치판단으로 달라질 수 있다. 신앙숭배의 대상이 되는 하늘님은 원시종교에서는 자연을 관장하는 초자연적인 힘에서 인간의 생사화복을 기원하는 주술의 대상으로 신성화되었고, 그것들이 구전의 신화로 이어지며 숭배되었고 시대 변화에 전환되며 계승되었다. 인간의 생존양식에 대한 의사소통이 언어와 문자로 교환된 이후, 우주의 질서를 주관하는 궁극적인 힘의 작용과 질서는 깨달은 지혜의 존재자들이 행한 언행들로 집대성되어 종교의 경전으로 전해진다.

종교의 보편적 속성을 규명하는 학문적 연구는 종교의 교리나 고유 성격보다는 종교인들의 종교적 행위양식의 사회적 수렴 현상에 주된 관심을 갖는다. 그러나 세계종교라 해도 그것이 위치하는 지역과 시간에 따라 그들에게 합당한 생존 가치에만 의미를 부여하며, 그들의 조건에 맞는 종교의식을 행하기 마련이다. 시간상으로 일정한 기간의 삶을 살고 생을 마쳐야 하는 인간의 입장에서 사람은 신과 더불어 영원히 존재하기를 희구한다. 사람은 후손이 영원하게 이어지도록 생명 존속의 핵심가치에 신성을 부여하고 신의 축복을 기원함과 동시에 자신이 시공간을 초월하여 존재할 수 있도록 종교적인 수행 방안을 모색한다고 볼 수 있다.

유한한 존재의 인간이 영원한 존재자로서 전환할 수 있는 이행 방법은 신성의 의식적 내재화이다. 사람의 육체는 비록 사라질지라도 인간은 영적인 존재로 신의 세계에 귀의할 수 있는 것으로 믿고자 한다. 믿는 자들은 기도와 수행과 고행을 통하여 신의 속성이 자신에게 임재하도록 노력한다. 종교적 수행 양식은 사람이 신의 세계에서 공존 가능한 길을 제시한다. 종교가 인간에게 제시하는 신성에 이르는 한 방법은 종교적 수행 양식에 따르는 수도와 수행의 길이다. 인간이 신성을 소유하고 신적인 질서를 정립하여 신의 토양에 영주할 수 있는 가장 간단한 수행 방식은 신성의 주문을 암송하는 것이다. 하늘이 무엇인지는 모르지만 그저 거룩하고 위대한 신의 존재를 믿고 숭배하며, 절대 존재의 속성을 표현한 상징이나 기호, 또는 소리를 소유하거나 암송하면 신성한 영성의 계시를 받아 천리를 알게 되고, 그 뜻에 따라 거룩한 삶을 영위할 수 있다고 믿을 수 있다. 어떤 의미로 종교적 주문은 우주의 생성 원리 및 창조의 소리를 요체로 정리한 종교적 상징으로 볼 수 있을 것이다. "힌두교나 불교에서 만트라(이는 원래 주문이라는 뜻의 범어이다) 암송법이라고 해서 '옴남'이나 ''옴마니 반메훔'과 같이 '옴'[6] 자를 중심으로 한 주문"을 암기하여 낭송하는 방식은 대표적인 주문 수련법으로 간주된다(최준식, 1998:177).

제도적 종교인들은 특정 집단의 종교인이 종교적 주문을 암송하고 상징물을 숭배하는 의식을 보편성의 결여라는 사유로 비이성적 행위로 외면하는 경향이 있다. 그렇지만 모든 종교는 원시 상태에서 초월자에 대한 주술의 행위양식이었고, 오늘날의 세계종교도 간결한 기도문을 언술의 주문으로 암송하는 기도를 권면한다. 모든 것은 변한다는 사회진화론의 입장을 따를 때 주술은 종교의 원형이다(프레이저, 1957). 한국인의 신앙은 개인적 기원을 간구하는 기복신앙의 성격이 강하다. 유일신을 전제하는 수입종교의 경전과 의식을 과학신앙이라고 주장하는 종교인들은 나름의 믿음 체계를 따르는 민족종교인들을 대표적인 기복신앙의 추종자로 오해할

---

6) 우파니샤드의 경전에서 옴(Om)은 Sound Brahman이고 태양이며, 지구의 구르는 소리로서 생명 그 자체의 고동소리이다. Om은 탄생의 소리 '아', 지속의 소리 '우', 파멸의 소리 '음', 그리고 초월을 나타내는 M의 묵음을 합친 '옴(AUM)'을 우주의 소리로 간주한다. '옴(AUM)'을 끊임 없이 암송하는 사람은 우주의 원리를 깨달아 신의 세계로 갈 수 있다고 전해진다(석주현 역주, 1997:49-50, 214-218 참조).

수 있다. 그러나 민족종교의 역사가 짧고 상황적 여건 때문에 집단의 규모가 아직 지배적 위치의 제도화에 이르지 못했다 하여도, 민족종교는 종교적 사상 체계를 시대적 변화 조건에 상응하여 체계적으로 확립하여 왔으며, 또한 민족의 종교인들은 그들의 현세적 생활의 장에서 믿는 바의 종교사상을 실천하며 민족의 번영과 발전에 기여하여 왔다. 민족종교인들이 표방하는 민족사상과 그들의 종교적 행위의식들은 민족의 문화적 유산으로, 생존질서의 고유 가치에 대한 사상과 행위양식으로 간주되고 존중되어야할 것이다.

2. 민족의 역사 발전과 겨레 얼의 형성

한국 민족이 한반도에 정착하여 언제부터 어떻게 민족의 역사를 일구어 왔는지에 대한 역사 기록은 선사 시대의 민족지를 명확하게 해명하지 못하고 있다. '역사'라는 학문적 용어가 단순히 '과거'를 의미할 때 그것은 지나간 모든 사건들을 함축한다. 이러한 의미에서 역사는 많은 개인들이 체험한 경험적 산물의 총체이며, 인간 집단의 총체적인 체험 중심의 사실적 집합 산물로 간주된다(차하순, 1990). 사실 확인에 대한 명확한 사료가 결여된 경우 집단이 경험한 과거 사실의 총체성을 기록하는 작업에서는 사가들의 주관적인 가치판단이 개입될 여지가 크다. 역사적 기술이 자료의 사료적 제시로만 나열된다는 것은 상상하기 어렵다. 그러므로 기록에 의한 역사적 사실들은 기록자들의 주관적인 가치판단이 함축된 자료로 간주되어야 할 것이다.

사실 기록의 역사로서 한민족의 기원이나 믿음 체계는 명확하게 규명되지 않는다. 그러나 사가들의 기록들은 한반도에 정착한 민족들의 생활역사에 대한 추론을 가능하게 한다. 고고학적 자료에 의하면, 기원전 3, 4천 년경에 한반도의 자연환경은 인간의 생존에 적합하였고, 그 시기 한반도 유역에는 구석기의 즐문토기인들이 거주하였다고 한다. 기원전 1천 년

경의 한반도 정착민들은 무문토기를 사용하는 청동기문화를 형성하였고 씨족 간의 혼인을 통하여 부족사회의 연맹체를 발전시켰다.[7] 부족사회의 주민들은 정착민으로, 농사에 영향을 끼치는 자연물을 숭상하는 애니미즘(animism)을 지니고 풍요로운 생산물을 기원하는 대상으로 태양과 물을 으뜸의 숭배대상으로 간주하였다(국사편찬위원회, 2003). 또한 그들에게는 인간의 조상과 영혼을 숭배하여 하늘과 영혼을 매개하는 무당과 주술을 신봉하는 샤머니즘(shamanism), 그리고 부족의 기원을 나타내는 동식물을 상징화하여 숭배하는 토테미즘(totemism)도 있었다. 청동기문화의 확산과 더불어 한반도 유역에는 부족의 지배자가 집단을 통솔하는 사회가 출현하였다. 《삼국유사》의 기록에 따르면 지배자를 단군왕검으로 부르던 부족인들이 요령 지방의 족장사회를 통합하고 한반도까지 세력을 확산하여 고조선의 나라를 건설한 것으로 전해진다. 한반도 정착민의 국가 건설은 단군의 시조신화[8]로 전승되고 있다.

> 환웅 부족은 태백산의 신시를 중심으로 세력을 이루었고, 이들은 하늘의 자손임을 내세워 자기 부족의 우월성을 과시하였다. 또 풍백, 우사, 운사를 두어 바람, 비, 구름 등 농경에 관계되는 것을 주관하게 하였다. 〔…〕 환웅 부족은 주위의 다른 부족을 통합하고 지배해 갔다. 곰을 숭배하는 부족은 환웅 부족과 연합하여 고조선을 형성하였으나 호랑이를 숭배하는 부족은 연합에서 배제되었다. 단군은 제정일치의 지배자로 고조선의 성장과 더불어 주변의 부족을 통합하고 지배하기 위하여 자신들의 조상을 하늘에 연결시켰다(국사편찬위원회, 2003:35).

신화라는 용어는 대체로 서사 담론과 집단생활에 의한 인간의 생존양

---

7) 기원전 2333년에 부족사회의 연맹체를 집단화하고 나라의 지배체제를 구성한 주체 민족은 맥족(貊族)과 한족(韓族)으로 알려져 있다(한국교육개발원, 1991).
8) 고조선 시조왕인 단군왕검의 탄생은 시조신화이지만 49대나 존속한 고조선의 단군 왕조는 실존의 역사이다.

식을 상징적으로 나타내는 특정한 사례의 이야기들을 가리키는 것으로 민족의 생존 과정에 대한 신뢰할 만한 민속의 목소리라는 위상을 갖는다(부르스 링컨, 2009). 고조선은 기원전 108년에 중국 한나라에 예속되었다. 고조선 이후 한민족은 만주 송화강 유역의 길림 지방에서 부여, 압록강의 환인 지역에서 고구려, 함경도와 강원도 북부 지역에서 옥저와 동예, 그리고 한반도의 남쪽 지역에서 진한, 마한, 변한 등의 부족국가로 융성, 발전하였다. 부여의 풍속에는 하늘제사를 지내고 노래와 춤을 즐기는 영고라는 제천의식이 있었다. 부여를 합병한 고구려[9]는 조상신을 섬기는 제사를 지냈으며, 10월에는 농산물의 추수감사 종교 의례로 '동맹'이라는 제천 행사를 제도화하였다. 철기문화를 근간으로 한 남쪽의 삼한사회도 농산물의 추수를 수확하는 10월에 계절제를 열어 하늘에 제사를 지내는 풍속을 가졌다.

농경 중심의 부족사회에서 하늘은 부족 생존의 식량 생산을 결정하는 지고의 숭배 대상이 되었다. 자연환경을 관장하는 하늘님은 부족의 삶을 좌우하는 최고의 신으로 우주 지배자의 존재로 인식되어 부족이 숭배할 수 있는 천신의 개념으로 상징화되었고, 하늘의 뜻을 계시받을 수 있는 의식으로 역술과 주술을 시행하였다. 한민족이 생존해 왔던 생활양식의 정착 과정에서 하늘님에 기원한 언어적 주술과 행위적 의례 주문들은 가림토문,[10] 갑골문, 진서 등으로 전해졌다고 한다. 대부분 확인되지 않고 있으나, 오묘한 역술 주문으로 신비의 금서로 인식되는 《천부경》은 신라의 최치원 선생의 한자 기록으로 남아 있다. 한민족의 조상이 우주 원리에 입각한 하늘과 인간 그리고 땅에 대한 관계 질서의 내용을 담았다는 《천부경》

---

9) 고구려의 건국신화는 〈광개토왕비〉, 〈모두루 묘지〉 등의 당대 금석문과 《삼국사기》, 《삼국유사》 등의 국내 사서, 중국의 《위서》, 《양서》, 《수서》 등에 실려 있다(최광식, 2007).

10) 원시한글의 가림토(加臨土/加臨多)문은 사슴의 발을 형상화해 소리와 의미를 함께 아우르는 문자로 《한단고기》에 언급되어 있다고는 하지만 사료적 기록은 확인되지 않는다.

은 요즈음 학문적 탐구 대상으로 연구되고 있지만 아직 공인된 해석은 없다. 알려진《천부경》의 한문 81자는 아래와 같다.

> 一始無始一 析三極 無盡本(일시무시일 석삼극 무진본)
> 天一一 地 一二 人一三一積十鉅(천일일 지일이 인일삼 일적십거)
> 無匱化三 天二三 地二三 人二三(무궤화삼 천이삼 지이삼 인이삼)
> 大三合六 生七八九 運三四成環五七(대삼합육 생칠팔구 운삼사성환오칠)
> 一妙然萬往萬來用(일묘연만왕만래용)
> 變 不動本 本心本 太陽昻明(변 부동본 본심본 태양앙명)
> 人中天地一 一終無終一(인중천지일 일종무종일)
> (최동환, 2008:460-461)

> 하나의 시작은 시작 없는 시작이라, 셋으로 나누어도 다함이 없도다. 天은 하나이며, 처음이요, 地도 하나요, 하나를 얻어 땅(二)이 되고, 人도 하나요, 둘을 얻어 사람(三)이니라. 하나가 쌓여 十을 이루니 천지의 氣가 化하여 인간이 되니라. 大三(천지인)이 합하여 六을 이루고, 六에서 다시 펼치니 천지인이 상생하여 七八九를 이루니라. 三(삶)은 四(넋)을 이루고, 이로서 五七(천지인이 하나 되는 수)을 이루니라. 하나가 신묘하게 만물에 오가는구나, 쓰임은 변해도 근본은 변치 않으니, 본마음은 빛이요 밝음을 우러르나니, 사람이 천지간에 으뜸이 되리라. 하나의 끝은 끝남이 없는 하나니라(김대원, 2009:41-42).

《천부경》은 민족의 뿌리와 지속을 상징하는 우주원리로의 민족혼에 대한 표현으로 간주된다.《천부경》의 주문은 하늘의 태양과 같이 맑고 밝은 사람이 되는 원리를 담고 있다. 고대의 한민족은 '밝은 땅'을 의미하는 '배달'의 민족으로 밝은 땅에 살고 있는 '한겨레'의 민족성을 표현하고 있다(김용환, 2007). 겨레의 정신과 영혼을 의미하는 용어인 '겨레 얼'의 개념은 배달민족의 생성 과정에 해당하는 天(환인)·地(환웅)·人(단검)에 대한 삼원사상의 결합 원리를 내포한다. 겨레 얼에는 하늘의 뜻에 따라 하늘을 섬기고 땅을 받들어 인간의 도리를 깨닫자는 민족정신의 지혜가 함축되어 있다. 밝은 하늘을 숭배하는 배달민족은 한반도에서 역사 문화를 축적하는 생존 과정에서 사람은 하늘과 인간 그리고 땅 위의 생명을 존중해야 한다는 인식 관념을 민족사상으로 형성해 왔다고 본다.

1) 외래사상의 유입과 선도사상의 융합

배달의 한겨레 민족은 부족연맹체의 세력을 확장하여 강력한 왕권국가를 건설하였다. 고구려는 집안 지역을 중심으로 만주 지역과 한반도의 북쪽 지역에 있는 부족세력을 통합하여 절대 권력의 왕권 체제로 발전되었다. 백제는 한강 유역의 토착세력과 고구려 유민들이 결합하여 왕권국가를 건설하였다. 신라는 진한의 소국 사로국으로 부족세력을 확장하고, 경주 지역의 토착민과 동해에서 유입된 석탈해의 유민 집단과 결합하여 박·석·김 3성이 교대로 왕권을 행사하는 고대 국가를 건설하였다. 신라의 법흥왕은 골품 제도를 정비하고 불교를 공인하여 정치세력을 체계화하였다(국사편찬위원회, 2003). 불교의 국교 수용은 신라인의 민족 정체감을 확장하여 고구려, 백제 민족을 병합하고 한민족의 통일국가를 형성하는 데 크게 기여하였다. 통일신라 이후 불교사상은 통일 왕국의 지배원리로 작용하였다.

불교는 한민족 통일 왕국의 지배 집단을 위한 통치기제로 작동하였다. 그러나 불교사상은 다른 한편으로 대중생활의 보편적 생활양상에 밀착되어 원효[11]와 의상대사의 계보로 계승되는 화엄사상과 관음신앙으로 발전되어 수입종교인 불교신앙의 토착화가 전개되었고 한반도 민족의 신앙 체계로 불교사상의 세속화가 촉진되었다. 통일신라와 발해국이 고려왕국으로 계승된 이후, 불교는 국교로 채택되었고, 고려의 불교는 외래사상의 한계를 벗어나 한국인의 민족사상으로서 그 틀이 구축되었다(최준식, 1995).

11) 원효는 정토신앙으로 민중들을 교화하였다. 정토신앙에 의한 불교의 교화는 한마디로 그저 '나무아미타불'의 주문만 암송하면 깨달음을 얻을수 있다는 민중 신앙이다.(최준식, 1995)

불교 왕국의 고려인들은 축제와 무속 같은 전통적인 민속가치를 불교에 접목하였으며, 그들의 생활양식에 토착화된 미륵불사상과 더불어 도교의 무위자연(無爲自然)의 신선사상도 한민족의 겨레의 얼로 융합되었다.

고대종교의 신화적 설화를 민중가치로 수용한 한국인의 인식 체계는 고려 시대에 유불선(濡佛仙)의 외래사상과 결합되어 새로운 가치철학으로 변용되었다. 민족의 시원과 더불어 민족정신의 주체로 형성된 한국인의 겨레 얼은 시공간의 환경변화에 적응하며 새로운 모습으로 변모한다. 씨족과 부족사회에서 생활양식의 지침으로 수용된 점성술과 음양오행론의 인식론은 기원전 5세기 전후에 성립된 도교의 신선사상과 융합되고, 배달민족의 겨레 얼에 융해된 신선사상의 뿌리는 본래 고조선 문화의 주류를 이루었던 단군 시대의 선도사상에서 비롯되었다고 전해진다(김용환, 2007).

고조선문화의 유산인 《삼일신고(三一神誥)》[12]와 《천부경(天符經)》은 배달민족이 체험한 민족 생존의 방법을 전승한 경전이다. 《천부경》이 생명의 근본원리와 우주의 질서를 밝히는 기호라면 《삼일신고》는 우주의 원리가 현실의 구체적 표상으로 나타날 수 있는 방법을 제시한다. 《삼일신고》의 수양 방법은 배달민족이 행했던 선도사상의 근원이었다고 전해진다. 노장의 도교사상에서 표현되는 선선 논리는 동이 땅의 신선술이 중국에 유입되었다가 노장의 무위사상으로 진화되어 한겨레 민족에게 다시 흘러들어와 배달겨레의 얼에 재통합된 것으로 이해되고 있다. 통일신라의 최치원은 선도를 중심으로 한 유불선의 합일을 보여 주는 그의 문서 〈난랑비서(鸞郎碑序)〉에 한국 도교[13]의 삼교합일(三教合一)의 정신을 간명하게 서

---

12) 《삼일신고》는 《천부경》과 《366사》와 더불어 한겨레민족의 삼대 경전의 하나로 간주된다. 《삼일신고》는 한민족의 '삼일신관'의 종교관을 서술한 경전으로, 이에 따르면 한겨레족은 절대적인 신에게 구원과 은총을 구하지 않고 스스로 노력하여 '하나님'이 원하는 존재가 되도록 삶을 영위한다는 종교사상을 담고 있다(최동환, 2008).

13) 한국 도교의 흐름은 조선 시기에 김시습(1435-1493), 한무외(1517-1610), 조선

술한 기록을 남겨 놓았다(정재석, 2006).

선도 수양법은 인간이 개인적으로 하늘의 기운을 내재화하는 수양 방법으로서 고구려의 동명왕이 창시했다고 전해진다. 고구려의 선도사상과 수행 양식은 신라 왕국에 유입되어 '신라화랑도'로 계승되었고, 신라의 화랑 제도는 삼국 통일의 위업 달성에 크게 기여한 것으로 알려진다. 그러나 삼국 통일의 결과, 신라 왕권의 강화 과정에 영합된 불교의 융성으로 화랑도의 선도사상은 쇠퇴하였고, 강화된 왕권의 탄압을 피하여 한민족의 선도사상은 은둔과 소요의 성격을 갖고 역사의 뒷면으로 자취를 감추었다(김용환, 2007). 오늘날의 현실에서 한겨레민족의 선도사상은 중국 도교의 신선사상과 구별되지 않으며, 보통의 생활 관념으로는 일상생활에서 흔히 속세를 등지고 개인적인 은둔의 삶을 살아가는 현실도피적인 생존양식으로 이해된다.

2) 깨달음의 지혜로서의 불교

배달민족의 겨레 얼은 통일신라와 고려의 불교 왕국 시대를 거치면서 외부에서 전래된 불성의 깨달음을 접목하여 민족의 지혜를 확장한다. 불교사상은 개체 인간도 우주의 원리를 터득하고 우주의 존재와 동일하게 귀의할 수 있다는 믿음 체계를 형성하게 하였다. 불교는 사람이 생의 과정에서 교리를 신봉하여 불심을 수용하면 개체 인간도 부처가 될 수 있다는 신앙 체계를 갖고 있다. 신라의 불교 수용 이후 불성에 대한 믿음 체계는 왕권을 강화하는 정치적 도구로 이용된 부정적인 측면이 많이 있었다. 그렇지만 한국인의 불교사상 수용은 권력 집단의 정당화보다는 개체 생명의 인식적 각성과 자비성덕의 불성이 구현되는 금욕적인 수행 실천의 전통이 더 강하였다고 본다. 불교의 지혜가 통치 집단에게 지배 권력을 정당화하

후기 이규경(1788-?), 그리고 이능화로 이어진다. 이러한 내용은 이능화(1869-1945)의 노작인 《조선도교사로》에 잘 정리되어 있다(정재서, 2006).

는 원리로 작용하였다면, 불교의 수행 방식은 보통의 생활인에게는 현실의 아픔을 극복하고 영원한 삶을 구현하는 깨달은 자가 되는 지침이었다. 인간이 깨달음의 지혜를 터득한 자가 되는 것, 즉 부처님이 되는 길은 기원전 5, 6세기에 히말라야 남쪽 기슭에 위치한 소국 카밀라 왕국의 싯달다 왕자가 시도한 가출 수행의 산물로 구현되었다. 석가모니 보살의 탄생은 불교를 실제적 현실의 종교적인 믿음 체계로 추종하게 하였다. 약관 29세의 젊은이가 속세를 출가한 다음, 6년간의 수행으로 삼라만상 우주의 원리를 터득하였고, 깨달은 자인 부처님, 보살이 되어 중생을 구제하는 설법을 펼친 45년의 행적은 《아함경》, 《반야경》, 《법화경》, 《무량수경》, 《화엄경》 등과 같은 수많은 불교 경전으로 집성되어 전해지고 있다.

석가모니의 진리에 대한 설법은 청자와 화자 간의 상호 의사소통이 자연스러운 묻고 답하는 형식의 '문답식의 대화법'이다. 대화법은 현실의 실체적 현상에 회의나 의문을 품은 자가 대화의 상대로서 자신의 관심사항에 의견을 소통할 수 있는 사람을 만나면 상호간에 말씀을 나누는 대화가운데 스스로 깨우침을 터득하는 일종의 변증법적인 진리 터득의 방법이다. 석가모니의 대화법에 따른 진리의 풀이는 '나는 이렇게 들었다(如是我聞)'고 하는 진언으로 착수된다. 부처님과 대면하여 깨달음을 터득한 수많은 제자들은 그들이 석가모니 보살과 교환한 대화 내용을 암송하는 구전으로 전하였고, 구술된 암송 경전은 차후에 문자로 기록되어 사상의 유형별로 수많은 경전으로 집대성되었다.

수많은 경전 중의 하나인 《반야경》[14]은 대승불교의 원리를 간결한 구술주문의 형식으로 잘 정리하고 있다. 현장법사의 〈반야심경〉은 260자의 짧은 주술문으로 '공(空)' 지혜의 요체를 잘 표현한다.

---

14) 당나라 현종 시기 현장법사가 서역의 천축국에서 가져온 대승불교의 경전 중 가장 대중적으로 잘 알려진 경전이다.

摩訶般若波羅蜜多心經(마하반야바라밀다심경)

觀自在菩薩 行心般若波羅 蜜多時(관자재보살 행심반야바라 밀다시)

照見五蘊階空 渡一切苦厄(조견오온계공 도일체고액)

舍利子 色不異空 空不異色 空卽是色 色卽是空(사리자 색불이공 공불이색 공주시색 색즉시공)

受想行識 亦復如是(수상행식 역부여시)

〔…〕

三世諸佛 依般若波羅蜜多故 得我(褥)多羅 三藐三菩提(삼세제불 의반야바라밀다고 득아뇩다라 삼먁삼보리)

〔…〕

故說 般若波羅蜜多呪 卽說呪曰(고설 반야바라밀다주 즉설주왈)

揭諦揭諦 波羅揭諦 波羅僧揭諦 菩提薩婆訶(아제아제 바라아제 바라승아제 보리사바하)

관세음보살이 깊은 반야바라밀을 행하실 때,

오음(五陰)이 공함을 비추어 보고, 일체의 고액에서 벗어나셨느니라.

사리불이여! 색(色)이 공한 까닭에 괴롭다거나 무너진다는 상이 없으며, 수(受)가 공한 까닭에 안다는 상이 없으며, 행(行)이 공한 까닭에 짓는다는 상이 없으며,

식(識)이 공한 까닭에 차별된 상이 없느니라.

〔…〕

삼세의 모든 부처님들도 반야바라밀에 의지하므로, 위없는 바르고 두루한 깨달음을 얻느니라.

〔…〕

이에 반야바라 밀다주를 설하노니 주에 이르되,

아제아제 바라아제 바라승아제 모지사바하

(법상, 2007:26-28)

〈반야바라밀다심경〉의 주문 '아제아제 바라아제 바라승아제 모지사바하'는 '가세, 가세, 저 언덕으로 가세, 우리 함께 저 언덕으로 건너가세, 깨

달음이여 영원하여라'라고 기원하는 신들의 세계를 실현하고자 암송하는 주문이다. 불교의 '공' 사상은 체험적인 인간의 실존적 삶에 따르는 마음과 이성의 인식 수준을 나타내는 변증법적인 방법의 대구적인 대비 개념을 내포하고 있다. 고조선의 건국신화에서 상징적으로 표현되는 '밝음'과 '어둠'의 대칭 개념은 불교에서 존재하는 것과 존재하지 않는 것에 대한 관념의 대칭을 전제하고, 먼저 그것을 부정하고, 또다시 부정한 것을 부정한다. 이러한 대칭 개념의 3차원적인 부정은 인간의 신성을 지향하는 주문의식과 기도에서 기독교에서의 신앙 대상이 되는 여호와 같은 유일신의 절대개념으로는 귀결되지 않는다. 유일신과 같은 절대자 관념으로 인간의 신성 구현을 염원할 경우, 신성을 터득한 개인은 신의 계시를 대행하는 자가 되고, 그것을 실현하지 못한 존재는 대행자에게 종속되는 관계가 설정된다. 그러나 부정의 부정을 다시 부정하게 되면 자기 자신도 인식적인 깨달음에서 사라져 버리는, 내가 없는 상태에 진입하게 된다. 이러한 깨달음의 지혜는 지배와 피지배의 상대적 관계를 불식시키고 모든 존재가 공동체의 세계에서 함께 공존할 수 있는 지혜를 갖게 한다.

민족종교로서 불교사상은 우주 현상과 사회 현상의 탐구 원리로 작용하여 우주와 세계 그리고 사회를 이해하고 설명하는 제도화된 가치질서로 체계화되어 민족문화의 융성과 발전에 크게 기여하였다. 반면에 민중의 생활양식에 밀착된 주술 중심의 무교신앙과 현실기피의 풍류적인 선도사상은 민족의 우주세계 및 국가사회의 가치인식에 대한 변화 추세와 더불어 점차적으로 제도화된 공식 체계에서 이탈되어 민중의 개인적인 믿음체계로, 비공식적인 인식가치로 내재화되었다. 무교의 신앙의식은 가족중심의 소집단 생활의 민속신앙으로 정착되었고, 도가적인 풍류의 선도사상은 '멋스러움'으로 표현되는 한민족의 풍류도[15]로 개인적인 일상가치로

15) 풍류도는 신라 화랑도에서 볼 수 있는 선도 사상을 반영하나 종교의 명칭은 아니고, 한국인의 민족적 영성으로 작용하는 한국인 개개인의 일상적 행위원리로서의 보편가치로 간주된다(유동식, 1997).

사유화되었다. 그렇지만 주술신앙과 선도사상은 불교사상의 공식적인 제도화, 유교사상의 체계화, 그리고 기독교 및 과학사상의 확산으로 현대의 생활양식에서 공적인 제도가치로서의 의미는 미약하다.

3. 유교정신의 일상화와 그리스도 사상의 확산

1) 사회도덕적인 윤리로서의 유교

불교국의 고려 왕조는 몽골족의 침략과 정치개혁의 실패로 쇠퇴하고, 유교사상을 수용한 신진사대부의 개혁 세력에 의하여 1392년 조선 왕조로 대체되었다. 조선의 사대부들은 성리학을 수용하여 불교의 폐단을 배척하고 유교를 학문적 지식의 기반으로 숭상하였다. 성리학을 토대로 한 조선의 유교사상은 사람의 사회적 신분 서열에 따라 왕조사회의 사회질서를 유지하는 데 기여하였다.

조선 사회가 국민 종교로 수용한 유교의 예학은 춘추전국 시대 말미에 공자가 체계화한 도덕사상이다. 공자는 기원전 551년 노나라 대부의 자녀로 태어나 이름은 구, 자는 중니로 공자 또는 공부자로 존칭되었다. 공자는 기존의 전래 사상을 정리하여 《시경》과 《서경》을 편찬하고 예(禮)와 악(樂)을 선정하고 《춘추》와 역(易)술을 해석한 《십익(十翼)》을 저술하였다(정진일, 2006). 공자의 사상은 맹자, 순자, 동중서, 주희 등의 유학자들에 전승되어 유교학으로 집성되었다.

유교의 종교적 성격은 인격적인 신앙과 합리적인 도덕질서의 상반된 사유관계가 대립적인 이해관계가 아니라 상호일치와 조화를 지향한다는 데 그 특성이 있다(금장태, 2009). 이런 점에서 유교는 신적 신앙보다는 인륜적인 실제의 생활 질서가 중심 역할을 하는 것으로 생각할 수 있다. 그러나 인간의 질서와 하늘의 질서를 동등한 격물로 간주하는 유교에서는 천인일치와 조화를 강조하는 관념논리에서 하늘의 질서가 배태된 인간사회의 질서를 중용의 이치로 풀이한다.[16] 사람이 시공간 속에서 상호간에 관계를 맺으며 생존하는 과정에서 질서화되는 일정한 규범이 있다는 것이 유교의 인간과 사회에 대한 관점이다.

유교에서는 사람은 본성을 좇아 행하는 것이 자연과 조화를 이루는 것이며, 본성의 덕목인 인의예의지신을 자연스럽게 발현하는 삶이 군자의 길이라 하였다. 공자의 유학에서 강조하는 '인(仁)'의 개념은 두 사람 간의 관계가 본성으로 평등하다는 질서를 상징한다. 인이 인간간의 사랑의 원리라면 의(義)는 상호간에 해야 할 의무, 예(禮)는 사회에서 주어진 직책에 따른 호상간의 질서로서 부자유친(父子有親), 군신유의(君臣有義), 부부유별(夫婦有別), 붕우유신(朋友有信), 장유유서(長幼有序)의 다섯 가지 윤리기준의 근본이 되며, 그리고 지(知)는 이러한 인간과 사회의 관계적 질서를 터득하는 지혜이다(이동일, 2001).

유교의 시각은 인간과 사회를 동일한 질서로 보고, 규범적인 행위를 준수하여 주어진 사람의 본성을 선한 덕목으로 실천하도록 교육하며 권면한다. 인간의 본성에 대한 유교의 성리학적 입장은 하늘의 성품을 기(氣)로 받은 사람이 선(善)한 것으로 전제한다. 맹자(孟子)는 인의예지로 나타나는 본성의 단초를 측은(惻隱), 수오(羞惡), 사양(辭讓), 시비(是非)의 지심(之心)으로 제시한다. 측은하고, 부끄러워하고, 사양하는 마음은 본성이 선한 인간의 정(情), 즉 사랑의 심성에서 발현된 것이며, 시비를 분별하는 이성적인 지혜까지도 선한 가치를 전제하여 옳고 그름을 판단해야 한다는 성찰적인 지혜를 담고 있다.

유교의 인식론에서 이성과 감정은 이원화되지 않으며 개인과 사회도 분리되지 않는다. 사람이 사회를 구성하며 사회가 하늘의 이치로 사람을 교육하여 새사람이 되게 한다. 유학은 사람이 사회생활에서 인식 수준을 확대해 나가는 단계로 격물(格物), 치지(致知), 성의(誠意), 정심(正心), 수신

---

16) 유교의 '중용'은 '양 극단을 잡아서 그 중도를 백성에 쓰는 것(執基兩端, 用基中於民)'이라는 의미를 갖는다. 이런 중용의 관점에서 유교는 '조화와 포용' 그리고 '일치와 균형'의 논리를 갖는다고 볼수 있다(금장태, 2009).

(修身), 제가(齊家), 치국(治國), 평천하(平天下)의 순서를 제시한다(최석만, 1998). 개인의 지적 자각에 깨달음의 순서가 있듯이, 인간의 인식 수준의 확대는 인간과 사회, 그리고 자연과의 관계 인식에서 그 중요성의 수준이 단계적으로 설정되어 있다고 보는 것이 유교적 사유의 한 특징이다.

유교사상에서 개인과 사회의 관계는 상호 의존하는 가변적 관계로서 생각의 인식이 바로 실존이라는 통합적 사상을 나타낸다. 유교가 생활 규범으로 작용하는 동양에서 사회와 개인은 개체적 분자와 개체들의 통합체로서의 관계를 구성하며, 개인과 사회의 관계는 지속적으로 계승 연계하는 상호 생성의 관계로 표현된다(최봉영, 1994). 이러한 일체의 이론적인 관계주의에서 보면 한민족의 인간 및 사회질서에 대한 일원론적인 관계주의는 서양의 도구적 합리성에 따르는 상대주의적인 인식과는 차별화된다. 서양의 지식 및 인식 체계가 주지적으로 강요된 교육을 받은 많은 한국인들이 사람과 사물의 인식에서 자신의 관심에 필요한 가치만을 취사선택하고 상대 대상을 그 자체의 독립적 존재로 분리하는 현상은 서양문물의 유입에 따른 상대적 자유주의의 영향으로 판단된다.

2) 천주교의 전파와 그리스도사상의 유입

임진왜란과 병자호란의 전쟁을 겪으면서 유교 국가 조선에서는 민생 문제가 발생하였고, 천주교 및 그리스도 사상의 유입으로 신분제의 사회질서가 크게 동요되었다. 조선 사회의 민심이 교란되면서 유교예학의 명분론은 설득력을 상실해 갔으며, 사회 변화를 예고하는 비기 도참 등의 예언 사상들이 민중들 사이에 확산되었다. 이러한 사회적 분위기와 더불어 전통적인 민속신앙과 밀교 전통의 미륵사상[17]도 점차 확장되었다

---

17) 미륵은 미래의 부처님으로 미륵사상 연구에는 첫째, 미륵을 새 시대의 구세주로 보는 입장, 둘째, 미륵사상을 도교의 영향을 받아 새 시대를 여는 사회혁명사상으로 보는 입장, 셋째, 미륵사상을 불교 경전에 입각한 개인의 도구적인 신앙과 수행의 측면에서 연구하는 입장 있다. 원효대사의 미륵사상은 세 번째의 입장으로 간주된다

조선 중기 사대부 집안 출신의 천주교도들은 교리에 따라 조상의 제사를 거부하였고, 이러한 행위는 유교의 규범을 거역하고 국가에 반하는 사교 집단의 역적 행위로 간주되어 순조왕 시대 이후 지배 집단의 탄압을 받았다. 그러나 천주교는 사회에 대한 민중들의 현실 불만, 신 앞에 평등한 인간의 논리, 천주의 인간 사랑, 그리고 미래의 삶에 대한 기독교적인 민중 신앙을 민중의 의식 체계로 세속화하여 점차적으로 교회의 세력을 확장하였다. 더구나 조선 말기 개화기의 문호개방은 다양한 기독교 종파들이 대량으로 유입되는 계기를 제공하여 그리스도사상을 기반으로 하는 외래종교는 새로운 가치 체계를 모색하던 조선 민중의 신흥사상으로 급격하게 확산되었다. 1910년 조선 왕국은 멸실되었고, 주권 없는 민족 집단으로 전락한 한민족은 서양의 과학사상을 추구하고 새로운 신앙 가치로 형식상으로는 유일신의 그리스도교사상을 수용하였다. 그 결과 그리스도사상은 사대부의 양반만이 아니라 서민들의 민중 신앙으로 확산되었고, 이후 그리스도사상은 한국인에게도 보편적인 세속종교의 믿음 체계로 자리하고 있다.[18)]

기독교인들이 인지하는 하느님은 궁극적 존재로서의 유일한 절대자이지 기존의 배달겨레가 생각하는 부처님이나 공자님이 상징하는 인간과 하늘의 규범질서로서의 신의 개념은 아니다(윤이흠, 2004). 유교에서의 궁극적 실재는 하늘이지만 유교의 하늘은 인간과 사회의 본성에 내재되어 있기 때문에 인간이 하늘을 찾아가는 길로 작용할 뿐이다. 불교에서는 생명의 생성과 소멸이 인연과 연기에 의한 법칙으로 작용하는 것으로 간주한

(박성배, 2009)

18) 천주교와 기독교의 천주 및 그리스도사상은 일제 식민지와 해방, 민족전쟁, 4·19혁명과 군사정권, 민중항쟁과 시민정부의 사회 변화를 겪으면서 오늘의 한국인의 종교생활에 제도적인 중추세력으로 군림하고 있다. 그러나 기독교는 사회적인 가치에는 민감하게 대처하여 주도적인 종교 위상을 견지하고 있으나 민족문화의 생활양식에는 배타적인 입장을 유지하여 한국 문화에 정착되지 못한 것으로 지적된다(윤이흠 외, 2001)

다. 그러기에 부처님이나 여래는 불법의 계율에 의한 회귀를 의미하며, 본래 그렇게 왔다가 다시 그렇게 가는 불성의 존재성을 표상할 뿐이다. 불교나 유교의 신성 개념과는 다르게 기독교의 하느님은 인간의 지혜로 신을 이해하는 것이 아니라 무소부재하고 전지전능한 스스로 존재하는 신으로 피조물의 절대적인 복종과 순종을 당위화하는 유일자이다.

천주교와 기독교의 하느님 말씀은 성경으로 편집되어 하느님이 직접 인간과 의사소통하는 구약과, 예수 그리스도의 언행을 통하여 하느님을 소통하는 신약으로 구분되어 있다. 구약의 하느님은 인간의 무조건적인 복종을 인간의 신성으로 간주하지만, 신약은 하느님의 아들이 인간으로 현현화된 예수그리스도의 사랑으로, 절대복종의 믿음이 아니라 절대자의 신성을 그리스도의 뜻에 따라 사람이 헤아려 순종하는 자세를 신성으로 간주한다. 이러한 관점에서 하느님을 이해하면 피조물인 인간이 구원을 받을 수 있는 유일한 길은 오직 하느님이 인간에게 하명하신 계율에 대한 복종과 순종에 의한 방법뿐이다.

기독교도들은 기독교의 구원사상이 단순명쾌하여 사람은 하느님이나 예수의 뜻을 알고 그저 복종하거나 순종하기만 하면 주의 사랑을 받을 수 있다고 포교한다. 문제는 하느님의 주체와 그의 뜻을 아는 방법이 기독교인의 수만큼이나 많기 때문에 스스로 해결하지 않으면 결코 그 길을 알 수가 없다는 데 있다. 예수 그리스도는 이 문제를 해결하는 열쇠로 구술적인 주문의 형식으로 '주기도문'의 기도문을 주었다. '주기도문'은 성경의 〈누가복음〉(11:2-4)과 〈마태복음〉(6:9-13)의 복음서 두 곳에 있는데 〈누가복음〉의 주문이 원문에 더 가깝다고 한다.

> 너희는 기도할 때 이렇게 하라. 아버지여 이름이 거룩히 여김을 받으시오며, 나라에 임하옵시며 우리에게 날마다 일용할 양식을 주옵시고 우리가 우리에게 죄지은 모든 사람을 용서하오니 우리 죄도 용서하여 주옵시고 우리를 시험에 들게 하지 마옵소서 하라(전봉준, 1997:111-112).

〈마태복음〉의 주기도문은 '다만 악에서 구하옵소서 나라와 권세와 영광이 아버지께 영원히 있사옵나이다 아멘'의 예배문이 추가된 것이다. 예수그리스도가 말씀하신 기도문은 기독교인들이 일상으로 암송할 수 있는 주문으로 하느님에 대한 찬양, 바라는 바의 실상에 대한 보상, 그리고 구원받는 미래상 등의 세 가지 핵심 개념을 담고 있다. 개신 기독교의 한국적인 신학사상은 한국 보수주의적 정통주의 신학, 진보주의 생활 신학, 그리고 문화 대화적 토착신학으로 분류되고 있다(주재용, 1994). 보수정통주의 신학과 진보신학사상을 주도하는 기독인들은 규모 및 세력의 측면에서 주도적인 위치를 점유하며 민속신앙과 토착불교, 그리고 생활 규범의 유교를 승자의 논리로 배제하는 경향이 강하다. 또한 그들은 동학의 천도교를 비롯한 여타의 민족종교의 종교 단체들을 이단시하기도 한다. 민족종교 및 여타의 주류 종교와의 대화를 아직도 터부시하는 한국 기독교인들의 일반적인 풍토는 기독교 사상을 한민족의 생활양식에서 민속가치로 뿌리내리는 기독교의 토착화 작업에 커다란 걸림돌이 된다고 지적된다(정진홍, 1987).

III. 민족종교, 천도교의 동학사상과 민족 지혜

1. 민족종교의 발생과 확산

인간은 생명의 존재로서 스스로의 존재성을 인식하고 사회적 존재로서 타자와의 관계에서 자신의 존재가치를 확인하며 사회적 삶을 영위한다. 개인의 인식 수준은 자신의 주체에서 객체의 의식 수준으로 확대된다. 주체의식의 확산 과정에서 자연적으로 발생하는 가치의 확신은 믿음의 토대가 되어 자신의 존재가치에 대한 믿음의 체계가 사회적 보편성을 가질 때 집단의 종교 가치로 나타날 수 있을 것이다. 이런 뜻에서 종교는 특정 개인의 종교적 영적 체험을 통한 깨달음의 지혜를 따르는 추종자들의 집단 현상으로 발생한다고 볼 수 있다.

한국 민족의 사상사는 고조선 시대의 토속적인 무교(巫敎)신앙, 삼국 이후의 불교사상, 조선의 유교 및 근현대의 그리스도교 및 과학사상의 계보로 이어져 왔다. 한국인의 민족사상 형성은 문화 외적인 시각과 문화 내적인 관점에서 살펴볼 수 있는바(최준식, 2007), 문화 교류의 외재적 시각에서는 372년 고구려의 불교 전래 및 조선 후기의 기독교 수용이 민족사상에 획기적인 충격을 준 역사적 사건이고, 국민 내적인 토착화 시각으로 보면 통일신라 이후의 원효사상에 따른 대승불교의 한국화 및 종교개혁운동으로서의 한국형 민족종교의 출현이 큰 획이 된다. 흔히 상식적으로 누구나 그렇게 여기듯이 우리의 종교적인 사상 전통은 유불선이라고 생각하나, 유불선교는 외래종교로서 우리민족의 생존사상에 근거한 민족종교로 간주하기 어렵다. 한국인의 믿음 체계를 역사적으로 회고하면 우리 민족은 조선 말기까지 수입사상에 의존하여 종교 생활을 영위하였다고 간주할 수 있다. 그렇지만 나라와 민족의 소멸위기에 직면하여 한민족의 종교인들은 민족적인 신앙 체계였던 무교, 유교, 불교 선교의 전통을 재해석하여 새로운 종교들을 탄생시켰다.

발생의 측면에서 모든 종교는 신종교의 과정을 밟는다. 그렇지만 모든 신흥종교들이 제도화된 종교로 발전하지는 않는다. 논리상의 역설로는 제도화된 종교가 개인의 믿음 체계로 축소될 수도 있다. 그러나 사회적 실제의 현실에서 기존의 제도종교가 쇠퇴는 할지라도 소멸되는 경우는 희소하고, 반면 신종교의 경우는 소멸되는 것은 쉬워도 제도종교로 발전하기는 어렵다. 신종교는 사회적 소요와 혼란, 기존 종교의 가치 쇠퇴, 그리고 깨달음을 가진 지혜자의 출현 등 세 가지 요소가 결합된 사회적 여건에서 발생할 개연성이 높다(노길명, 1996). 우리의 역사 과정에서 신흥종교의 발흥은 이상의 세 가지 조건을 충족한다.

19세기 조선 왕조는 세계 사조의 환경변화에 적응하지 못하여 사회질서의 제도 유지가 불안하였으며, 서구 자본주의와 그리스도 종교세력의 침투로 민족 전통의 가치 체계가 붕괴되고 있었다. 특히 조선 사회의 믿음의 토대가 되었던 유교의 사회적 규범은 사대부들의 횡포와 타락으로 민중의 삶을 지탱하는 사회질서를 유지하는 명분을 상실하였고, 유교의 교리 규범은 도탄에 빠진 민생의 고통을 덜어 주는 데 도움이 되지 못하였다. 불교 또한 생존하기 위한 수단으로 세속가치에 영합되어 부처님의 계율을 지키는 종교 단체가 이미 아니었고 세속적으로 타락한 탓에 민중의 신뢰를 상실하였다. 이러한 총체적인 가치 체계 및 사회적 환경변화의 여건에서 한민족은 단군의 민족 개념[19]에서 무속신앙과 선도, 불교와 유교 등의 사상을 융합하여 신종교의 중심 사상으로 통합하였고, 이러한 민족적인 종교사상이 미래의 이상적인 생활현실로 구현될 수 있는 개벽사상을 피력하였다.

한민족의 민족종교는 민족 개념에 내포된 혈연, 지역, 역사 및 문화적인 의미를 복합적으로 아우르는 운명공동체의 의식을 종교적인 신념가치로 내세우는 특성을 갖는다. 그러므로 민족종교란 용어는 한국 신종교들의 자생적인 공동 성격과 공동정체감을 나타내는 개념으로 기본적으로는 한국 민족문화의 주체의식에 대한 각성을 전제로 사용되는 개념이다(윤이흠, 1987). 한국의 민족종교에 속하는 종단들은 '한국민족종교협의회'[20]에 속하는 동학계, 정역계, 증산계, 갱정유도계, 단군계, 각세도계, 물법계, 무계 및 기타 계통의 29개의 종단을 비롯하여 기독교의 토착화를 시도하는 기독 계통의 신종교들이 포함될 수 있다. 한민족의 민족종교들은 "한국의 자생 종교이며, 민족공동체의 의식을 갖고 있으며, 민족의 고유 얼의 계

19) 한국인의 민족 개념은 서구 언어의 'nationalism'과는 의미가 다른 것으로 한국의 민족주의는 혈연공동체, 지역공동체, 역사문화 공동체 그리고 운명공동체의 의미를 갖는다(윤이흠, 1987)

20) 이 협의회는 1981년 6월 한국민족종교친목회를 발족한 이후, 1984년 11월 협의회로 결성되었다(윤이흠, 1987).

발을 위하여 기도하고, 고난으로부터 해방된 민족의 영광을 약속한다"(윤이흠, 1987:187)는 공통성을 지닌다. 대표적인 한국의 민족종교는 1860년 경상도의 경주 지역에서 수운 최제우가 서학의 기술문명에 대응하여 동학의 도에 관한 지혜를 터득한 이후 도의 이치를 설법하면서 일으킨 동학교이다. 하늘로부터 영성의 계시를 받고 민족의 정기를 계승하는 신종교의 운동은 동학 이외에도 1871년에 태어나 1909년에 화천(化天)한 종교 천재 증산 강일순의 증산교, 소태산 박중빈의 원불교, 그리고 평안도의 김염백의 대종교운동 등을 들 수 있다.[21)]

민족종교의 교단 수는, 종단이 생겼다가 없어지는 것을 파악할 수 없어 정확하지 않으나, 1998년 원광대 종교문제연구소가 조사한바 350개로 파악되고 있다. 신종교의 계통 분류를 어떻게 하느냐에 따라 종단 수는 차이가 나지만 대략 300-400개 정도로 추산한다(최준식, 1998). 신흥 종교의 계보에 대한 《문화일보》의 기사에 따르면 한국 자생 신종교는 증산계 51, 단군계 21개를 비롯하여 133개, 불교계 신생 종단이 법화계 13개를 비롯하여 56개, 그리스도교계의 신생 교파는 장로교계 53개, 자생 교단의 전도관계 11개 등 126개, 그리고 외래 계통의 신종교로 일본계 30개를 포함하여 중국계, 중동계 등의 35개의 계보로 추정한다(《문화일보》, 1998). 이러한 민족종교의 계보로 미루어 볼 때 우리나라 민족종교는 신종교의 효시로 간주되는 동학계, 증산 강일순의 증산계, 단군을 섬기는 단군계, 역학 이론 계통의 오음주(五音呪)를 암송하는 남학계 등의 계보가 민족종교의 흐름을 주도하는 것으로 이해된다.

---

21) 이러한 신종교운동 이외에도, '음·아·어·이·오'의 오음주를 주문으로 암송하는 남학계의 김일부, 각세도의 이선평, 찬물교의 김봉남, 전도관의 박태선 등의 인물들이 추종자들로부터 종교 교단의 창시자로 모셔지고 있다(최준식, 1998).

2. 천도교의 동학사상과 깨달음의 지혜

민족종교는 종교세계의 시간관이 일 직선적이면 믿음의 궁극적 실재가 유일신의 존재형태를 띠고, 영원 회귀적이면 도(道)와 같은 규범적 형태로 나타난다(윤이흠, 2004). 이러한 시각에서 직선형의 종교의식 수행에는 고전적인 절대적 군림의 원리가 작용하고 영원 회귀적인 경우에서의 종교의식은 기복 관념의 형식을 취한다. 이러한 기준을 적용할 때, 한국 민족종교가 갖는 특성들을 살펴보면 다음과 같다(윤이흠, 2004). 첫째, 한국 민족종교는 시간관에서 영원 회귀적이면서 직선적인 복합적 시간관을 갖는 개벽사상이 중심이다. 개벽은 천지가 시작된 이후 처음 새 세상으로 바뀌는 신천지의 전개 사상이다. 둘째, 민족종교의 궁극적 실재는 우주의 규범과 존재의 두 형태가 혼재하는 복합적 내용을 갖는다. 셋째, 민족종교는 고전적 전통을 유지하면서 기복적 실천을 수용한다.

동학은 대표적인 민족종교로서 동학사상은 상기의 이념적 특성들을 가장 잘 나타낸다. 동학은 민족 최초의 자생적인 종교로서 19세기에 몰락하던 왕조사회의 민중에게 천지인의 새로운 사상을 포교하며 신천개벽의 희망을 고취시킨 민족의 종교운동이다. 고등학교 역사 교과서에 게재된 '동학의 발생'은 구한말의 사회에서 동학교의 세력 확산을 잘 예시한다.

> 동학은 1860년에 경주 출신의 최제우가 창도하였다. 동학에는 19세기 후반에 이르기까지 조선 사회가 처한 여러 사회 상황이 반영되었다. 교리는 유불선의 주요 내용이 바탕이 되었고, 주문과 부적 등 민간신앙의 요소들이 결합되었다. 또 사회모순을 극복하고, 일본과 서양국가의 침략을 막아 내자는 주장을 했다. 동학은 모든 사람이 평등하다는 시천주(侍天主)와 인내천사상을 강조하였다. 그래서 양반과 상민을 차별하지 않고, 노비 제도를 없애며, 여성과 어린이의 인격을 존중하는 사회를 추구하였다. 조선의 지배층은 신분질서를 부정하는 동학을 위협시하여 세상을 어지럽히고 백성을 현혹한다는 죄로 최제우를 처형하였다. 뒤

> 를 이은 최시형은 교세를 확대하면서 《동경대전》과 《용담유사》를 펴내어 교리를 정리하는 한편 의식과 제도를 정착시켜 교단 조직을 정비하였다. 다시 교세가 커진 동학은 경상도, 충청도, 전라도는 물론 강원도와 경기도 일대로 퍼져 나갔다(국사편찬위원회, 2003:234).

동학의 창시자 최제우(1824-1864)는 유교의 형식적 의례를 거부하고, 인류의 도를 위배한 불교, 그리고 무위자연의 소요로 현실을 외면하는 도교를 비판하였다. 그 대신 그는 우리 민족의 경천사상을 일깨우고, 민중의 일상에 스며든 유교의 성의정심(誠意正心), 불교의 자비평등(慈悲平等), 도교의 무욕청정(無欲淸淨)의 전통적인 유불선사상을 종합하여 서구세력의 침략을 극복하고 민족 전통의 하늘님을 숭앙하는 새로운 종교의 길을 열어 놓았다(박연수, 2003). 동학의 근본 이념인 시천주(侍天主)사상은 수운이 신비한 체험으로 터득한 하늘의 도(道)로, 그것을 얻고 베푼 것이 동방이기 때문에 서학에 대응하는 동학으로 명명되었다. 이 동학의 명칭은 1905년 의암 손병희의 3대 교령 시기에 천도교로 개칭되었다(유병덕, 1987).

수운은 동학의 길을 무위이화(無爲而化)라 하여 마음을 지키고 기운을 바르게 하여 조화를 체험하고, 하늘님을 모시고 사랑하게 되면, 스스로의 자신도 하늘님과 같이 될 수 있는 길을 제시하였다. '인간이 하늘이다'라는 인내천(人乃天)사상은 사람이 하늘의 뜻을 인간의 품성으로 수용하여 하늘의 도를 인간의 도로 실천해야 한다는 의미를 갖는다. 그러나 서학의 종교나 기존의 외래종교는 천주님의 축복을 받고, 군자의 길을 따르고, 스스로 부처가 되는 각성의 획득에 이르는 길을 복잡하고 난해하게 설명한다. 이와 다르게 천도교는 하늘님의 뜻을 알고 실천하는 방법을 유불도의 종교나 기독교와는 다르게 아주 단순하게 천명한다. 천도교에서는 평상의 생활에서 하늘님을 만나는 길을 단순한 주문의 구술적인 암송 양식으로 제시한다. 동학의 수행 방법에 따르면 누구든지 성경의 주기도문이나 《반야경》의 독경주문과 같이 하늘님을 모시고 주문을 상시로 암송하기만 하면 하늘의 도를 획득할 수 있다.

동학의 주문은 21자 주문, 13자 주문, 신사주문(神師呪文)의 세 가지가 있다.

이십일자 주문(二十一字呪文)

至氣今至 願爲大降 侍天主 造化定 永世不忘 萬事知
(지기금지 원위대강 시천주 조화정 영세불망 만사지)

십삼자 주문(十三字呪文)

侍天主 造化定 永世不忘 萬事知
(시천주 조화정 영세불망 만사지)

신사주문(神師呪文)

神師永氣 我心定 無窮造化 今日至
(신사영기 아심정 무궁조화 금일지)

(한국민족종교협의회, 2005:36-37)

'지기(至氣)'란 궁극적인 실재의 기운이고, ㅍ금지(今至)'는 지금 도에 들어가 궁극의 기운을 만나 아는 것이다. '원위대강(願爲大降)'은 하늘의 기운이 내려와 화합하는 것이다. '시천주 조화정(侍天主 造化定)'은 하늘님을 모시고 생성과 변화를 정하는 것이다. '영세불망 만사지(永世不忘 萬事知)'는 영원히 잊지 않으면 모든 것을 터득하게 된다는 의미이다. '신사영기 아심정(神師永氣 我心定)'은 신령한 스승의 기운을 내 마음으로 정하는 것이고, '무궁조화 금일지(無窮造化 今日至)'는 영원한 조화가 오늘 이루어지는 것을 의미한다. 21자 주문은 천도교인들이 수련할 때 묵송 또는 현송한다. 30자 주문은 입교식, 기념식, 영결식 등 각종 행사 때 교인들이 음율에 맞추어 발성으로 노래한다. 신사주문은 일요일 오전 11시에 봉행하는 집회인 시일기도(侍日祈禱)에서 묵송 또는 현송하는 암기문이다.

동학의 주문은 수운의 초기 시절부터 주술성뿐만 아니라 시천주사상의 행위적 수행법으로 간주되었다. 수운은 하늘의 뜻을 계시받아 위천주(爲天主)의 언어로 설법하였고, 말로 암송되는 주문들은 교도들을 위한 위천주의 실천과 수련의 도구로 활용되었다. 주문의 암송이 지니는 발화의 힘(perfomative power)은 하늘의 뜻을 내포한 의미론적 가치와 내용을 현실의 실생활에서 종교적 행위로 실천할 수 있는 수행의 도구가 되게 하였다(최종성, 2009). 반복적인 주문의 언어적 암송은 동학교도들에게 하늘의 뜻을 현실의 생활에서 직접 체험하는 마력으로 작용하였다.

수운의 시천주사상은 해월 최시형(1829-1898)에 전승되었고, 해월은 하늘을 모시는 사람들을 하늘처럼 대하는 사인여천(事人如天)의 사상과 만물에는 하늘의 뜻이 깃들어 있으니 모든 것을 양성하여 하늘의 질서를 이루자는 양천주(養天主)사상을 피력하였다. 그는 또한 사람의 일상에서 하늘 이웃 사물을 존중하는 경천(敬天), 경인(敬人), 경물(敬物)의 삼경사상을 설파하였다. 해월은 《동경대전》[22]과 《용담유사》를 동학의 경전으로 완성하고 동학의 종교논리와 종교의식을 체계화하였다. 해월 이후 의암 손병희(1861-1919)는 인내천사상을 천도교의 핵심 요지로 삼았다. 민족주의 독립운동가요, 사회개혁의 지도자로서 의암은 저서 《삼전론》에서 보국안민의 방법으로 교정일치(敎政一致)의 전학(戰學)을 제시하였고, 광제창생(廣濟蒼生)의 수단으로 재전(財戰)을 실행하였고, 천도교를 온 세상에 펼치는 방안으로 언전(言戰)의 외교 전략을 주장하였다. 의암에 의한 교정일치의 사상은 교리의 실천이 정치의 실천과 일치해야 한다는 것으로 천도교에서는 정치와 종교를 병행하는 것을 의미하기 때문에 '교정쌍전(敎政雙全)'[23]이라고도 한다.

---

22) 그러나 동학의 《동경대전》은 강증산의 가르침에 대한 《대순전경》이나 《원불교교전》 같은 다른 민족종교의 경전과 같이 이야기 형식의 기록이 되지 못하고 한문글로 되어 민중에의 소통에 지장이 있다고 지적된다(최준식, 1998).

23) 천도교의 종교와 정치의 병행론은 천도교가 3·1독립운동을 주도적으로 전개하

3. 천도교의 정치사회적 실천운동과 신행의식

1) 정치와 사회문화 활동

동학 창도의 핵심 이념은 해체되어 가던 민족 공동체의 얼을 살려 나라를 재건하고 민중을 편안하게 하며, 하늘의 길을 열고, 인간의 존엄성을 살려 사람 사랑을 실현하여 민생과 가치 부재의 현실사회를 개혁함으로써 민중을 구원한다는 것이다. 이러한 민족종교의 이념들을 실천하기 위하여 동학의 지도자들과 교도들은 민주주의 겨레 얼 살리기, 사회개혁, 민족교화 등등에 대한 사회운동들을 사회 전 방위 영역에 걸쳐 전개하였다.

동학 정신의 창도자 수운은 종교적 윤리운동으로 하늘에 대한 민족 신앙과 하늘의 도를 추구하는 종교 교리를 따르는 종교 개화 운동을 펼쳤다. 그러나 그는 그리스도의 예수와 같이 사악한 교리로 민중을 선동하여 반역을 꾀하는 역적의 죄목으로 처형되어 순도하였다. 수운의 교지를 이어받은 해월은 수많은 동학 교도들과 더불어 시민으로서의 수운의 명예와 권리를 회복하는 '신원운동'을 전개하여 동학의 교세를 확대하였다. 이 신원운동은 사회개혁을 시도하는 동학 교단을 거대한 민족 집단으로 성장시켰다. 1894년 민족의 혁명전쟁으로 확산된 전봉준 장군의 봉기는 수운과 해월이 전개한 종교 이념을 실천하는 종교운동으로의 활동이지 단순한 반정부의 사회개혁의 농민혁명으로 보기 어렵다(최준식, 1998)는 것이 오늘날의 관점이다.

동학혁명의 지도자 전봉준 장군은 전라도 고부 지방의 동학 조직 접주로서 고부 군수의 폭정에 대항한 동학교도들의 한 지도자였다. 고부 지방에서 촉발된 동학교도들의 봉기는 점차 대규모로 확산되어 동학군이 창설되었다. 해월은 전봉준 장군과 협력하여 혁명전에 참여하였으나 충청도

고, 천도교의 정치 단체로 청우당을 조직하여 교리의 이념을 실천하는 정치 활동을 활발하게 추진, 전개하게 하였다(임형진, 2004).

공주의 우금치 전투에서 외래 군대에 패전해 혁명전쟁은 실패로 마감되었다. 혁명아 전봉준은 1894년 12월 부하의 배반으로 체포되고 이듬해 3월에 순도하였다. 해월은 혁명의 지도자로 도피 생활을 하면서도 동학의 종교운동을 실천하였고 종단의 의식 절차를 체계화하였다. 그는 천도교의 제사의식으로 향아설위법(向我設位法)을 채택하여 제물을 조상의 위치로 차리지 않고 제사지내는 나를 향하게 하였다. 해월은 1898년 원주에서 체포되어 6월 2일 순도하였다. 해월이 동학을 이끌 때 동학의 교도들은 수십만이라고 알려져 있을 뿐 정확한 수는 모른다.

1898년 동학을 이끌게 된 의암 손병희는 1910년 기독교, 불교 등의 민족의 종교지도자들과 협력하여 기미년의 독립만세운동을 주도하였다. 의암은 또한 민족계몽을 위한 신문화운동을 전개하여 청년운동, 출판문화운동, 농민운동, 여성운동, 어린이운동을 전개하여 각 분야에서 많은 업적을 이루어 민족문화의 창달에 크게 기여했다.[24)]

2) 천도교의 신행의식

동학 즉 천도교의 의례행사는 의식 법단을 구체화하여 논하여 정하지 않고 예를 위한 탁자와 맑은 물(淨水) 한 그릇을 봉전하는 의례를 원칙으로 한다. 절차상의 의식은 물 한잔 올리고, 마음을 고백하고, 주문을 암송하는 간소한 절차를 가질 뿐이다. 그러나 집회의 성격에 따라 축문과 심고문은 달리할 수도 있다. 천도교인의 수행은 대부분 일상적인 생활 가운데 주문, 청수, 시일, 성미, 기도의 오관 수행을 행한다.

천도교도들은 개별적으로 매일 밤 9시에 가족원들이 모여 기도를 올리는 가정 예배 의식을, 집단으로는 시일인 일요일 11시에 교당에 모여 합동

---

24) 우리에게 알려져 있는 1920년의 최초의 종합문화지 《개벽》의 창간, 1927년 신간회 창간, 방정환의 어린이운동, 만주 지역 천도교민의 독립투쟁 지원, 상해 임시정부와의 협력, 그리고 천도교 청우당의 지원 활동 등은 천도교의 적극적인 민족 계몽과 문화운동의 산물이다(조규태, 2006).

예배를 드린다. 제1세 교조가 득도한 날인 4월 5일을 천일(天日) 기념, 제2세 교조가 법통을 이은 8월 14일을 지일(地日) 기념, 제3세 교조가 계승한 날인 12월 24일을 인일(人日) 기념, 제4세 교주 춘암 상사가 대도주의 종통을 받은 1월 18일을 도일(渡日) 기념일로 정해 의례의식을 시행한다. 민족의 관습인 관혼상제에 관한 의식으로는, 약혼과 결혼에 관해서는 식순 절차에 따른 엄숙한 의식을 봉행하고, 상례로는 수시(收屍), 입관, 영결, 하관 등의 네 단계의 과정에로 간략한 의식을 갖는다.

끝으로 천도교에서 교인들이 지켜야 할 계율은 네 가지 계명으로 정리되어 있다. 그 내용은, 첫째, 번복하는 마음을 두게 되면 역리자(逆理者)가 되는 것이고, 둘째, 물욕에 빠져 관계 교류를 폐쇄하면 비루자(鄙陋者)가 되는 것이며, 셋째, 헛말로 사람을 현혹하면 이는 혹세자(惑世者)가 되며, 넷째, 겉은 그럴듯하게 꾸미면서 속으로는 불량한 마음을 가지면 기천자(欺天者)가 되는 것이다(한국민족종교협의회, 2005). 천도교의 사상과 교리를 준행하는 사람은 이러한 네 가지 금기에 대한 계율을 지키면서 민족정기의 천심을 자신의 마음으로 받아들이고, 깨달음의 큰 지혜를 일상의 생활 규범으로 실천해 나아가는 것이 큰길을 열어 영원한 세계에 이르게 한다고 믿는다.

Ⅳ. 맺음말

민족의 지도자는 사람을 길러 나라를 튼튼하게 하여 세상을 평안하게 만든다. 단군신화는 하늘의 혼이 땅의 기운과 화합하여 얼을 지닌 사람을 짓는 신화이다. 민족의 신서로 여겨지는 《천부경》은 천지 인간의 구성 원리를 나타내는 주문으로 사람이 천지조화의 질서를 터득하여 주어진 생애를 태양의 빛과 같이 밝게 살아가는 길을 제시한다. 《천부경》의 주문을 상술한 '삼일신고(三一神誥)'는 사람이 하늘의 뜻을 읽고 땅의 기운을 운용하는 방법을 상술하고 있다. 단군신화는 신선사상을 담지하여 땅을 벗 삼아 노닐면서 하늘의 뜻을 새기라는 신체 단련의 길도 내포하고 있다. 불교의 지혜는 공(空)의 원리로 인간의 정신과 이성을 각성시킨다. 유교의 도는 사람이 천지의 중간에 서듯이 세상사의 인간관계에서 중용의 길을 갈 것을 권면한다.

민족종교 동학은 선불유의 전통을 이어받아 하늘의 뜻을 읽고 땅의 기운을 활용할 수 있는 인재를 양성하여 밝은 세상을 만들고자 한다. 동학뿐만 아니라 많은 민족종교의 종단들도 하늘의 섭리를 깨우치고 땅의 기운을 모아 세상을 평정하고자 나름대로의 교리를 체계화시키고 종단의 지혜를 세상에 널리 펼친다. 대종교의 지도자 홍암 나철은 천지인이 통합되는 삼일정신의 한얼로 단군이념을 실현시키는 새로운 세계를 제시하였고, 대순진리회의 상제(上帝), 증산 강일순은 천지인의 운행질서를 재구조화하는 후천개벽의 천지공사를 논하였다. 소태산 박중빈은 하나의 원상(一圓相)에 대한 진리를 터득하고 동그라미로 상징되는 원의 불국을 이루자는 개벽사상을 실천하는 원불교 종단을 설립하였다.

민족종교의 지도자들이 제시하는 종교이념은 공통적으로 하늘의 뜻으로 대변할 수 있는 천지인(天地人)의 질서이다. 동학사상은 사람이 하늘과 땅의 중심이라는 천지인사상을 요체로, 동학정신에 입각한 교도들은 사람을 하늘 받들 듯 모시며, 더불어 생존하자는 사인여천(事人如天)의 공동체의 생활양식을 지향한다. 또한 동학의 천도교도들은 후천개벽의 미래상으로 한민족 중심의 공동체가 완성되는 새로운 개벽세상의 전개를 기대하고 있다. 천도교도들의 동학사상과 종교의식 그리고 그들의 미래상을 이해하는 것은 민족의 본질 가치를 음미하고, 전통적인 민족정신을 회복하여 한국인의 종교 생활에서 투영된 종교 정체성의 이질화를 축소하고, 앞으로 도래할 통일사회에서의 민족의 발전과 번영에 조금이나마 기여할 수 있을 것으로 본다.

서양의 지배종교로서 창조주 여호와를 숭배하는 그리스도교계의 종단들은 유일신의 개념으로 창조신의 계시에 따른 인간 개별자의 독립적 삶을 강조한다. 기독교의 신앙 체계에서 낱개의 개체는 상호 무관한 독립 존재이고 그 존재의 총합은 하느님이다. 그러므로 이러한 신앙관에서는 전체로서 존재하는 전지전능자 하느님이 낱개의 개체에게는 절대자가 되며 낱개의 개별자는 다른 사람이나 하느님에 대해 무지하므로 하느님의 말씀에 따른 복종만이 선택받은 자로서 천국의 삶을 누릴 수 있다는 논리가 배태된다. 예수 그리스도의 하느님에 대한 깨우침과 민중과의 대화 설법을 사도 바울이 새롭게 정리하여 복종의 관계를 순종의 관계로 재해석하였으나 여기에서도 창조자와 피창조자 간의 불평등한 관계 질서는 개선되어 나타나지 않는다. 이에 비하여 민족종교는 천지인의 질서에 종속적인 관계 질서를 상정하지 않는다.

민족종교에서 사람은 하늘과 땅 사이의 중도적 위치에 존치한다. 그러므로 대부분의 민족종교들은 민족 하늘과 민족 땅의 관계에서 사람의 위상을 수평적으로 설정한다. 그리고 민족종교들은 앞으로 민족이 살아갈 세상의 모습으로 민족 전통의 지혜를 활용하여 하늘이 열리고 땅이 열리는 개벽사상을 내세운다. 민족종교의 사상 체계는 그들이 생존한 시공간의 영역 내에서의 역사적 체험과 문화적 전통에 기반한다. 이러한 의미에서 민족종교의 사상적 특성은 개벽사상과 민족주체성으로 정리될 수 있다(노길명, 2003). 세계의 어느 곳에서나 인종들은 그 나름의 공간에서 시간의 흐름과 더불어 삶의 역사를 계승하며 민족 전통의 생존사상을 민족종교로 제도화한다. 특정 민족의 종교적 교리가 세계인의 보편적인 믿음 체계로 수용되면 특정의 민족종교는 시공간을 초월하여 세계의 종교로 제도화된다.

한민족의 민족종교가 표방하는 미래사회의 개벽사상은 현실사회의 제반 모순이 노출된 쟁점을 해결한 사회의 모습을 설계한 그림이다. 민족이 개시된 선천개벽의 세상은 오늘날 이미 많은 문제가 배태된 타락한 사회가 되었다. 그러니까 민족종교의 지도자들은 당면한 사회문제를 해소한 후에 새로운 극락정토를 이룩해야 한다고 주장한다. 그러나 현실적으로 사회적 모순을 해결하는 데는 많은 어려움이 있다. 대체적으로 만족종교가 제시하는 대안은 각각의 사람이 밝은 마음을 지닌 인품을 만들어 천심을 알고 하늘의 뜻으로 땅의 기운을 운용하여 후천개벽의 세상을 그리는 민족 생활의 미래상이다. 하늘의 뜻을 알고 새 세상을 여는 열쇠는 민족 주체의 형성에 있다. 천지의 이치를 터득하는 것은 개인의 일이나 민족을 이끄는 일은 하늘이 계시한다. 사회구성원 모두가 수심정기(修心精氣)하여 하늘의 계시를 받아 현재의 모순을 극복하고 민족 주체의 정신으로 새로운 왕국을 건설하자는 것이 후천개벽이다.

민족종교는 개인의 사람됨과 민족정신의 결집을 위한 민족의 지혜를 필요로 한다. 민족종교는 민족지혜의 결과물이다. 지식은 낱개의 앎이지만 지혜는 전체에 대한 앎이다. 지식은 사실적 경험의 축적으로 습득되지만 지혜는 지식의 통섭으로 통찰에 따른 깨달음으로 각성된다. 개인적인 통찰이 민족의 통찰로 통합이 될 때 현실의 모순들을 해결할 수 있는 방안들이 모색될 수 있을 것이다. 민족종교가 당면한 문제는 종단이 가지는 그들만의 문제는 아닌 것 같다. 한민족은 배달겨레의 한얼을 지닌 밝은 사람들이다. 영원한 빛, 태양빛의 안목으로 민족 모순의 쟁점들을 풀어 갈 때 민족 숙원의 통일의 길도 열릴 것이다. 현재의 사회적 현실에서 민족종교가 말하는 후천개벽의 세상은 남북의 민족이 합쳐지는 통일 이후에 번영하는 한국인 민족의 새로운 사회라고 간주해도 무방할 것이다. ■**손장권** 사회학과

참고문헌

강돈구(2001): 〈동아시아의 종교와 민족주의〉, 이상훈 외 4인, 《종교와 민족》, 한국정신문화연구원, pp.13-40.

국사편찬위원회(2003): 《고등학교 국사》, 교육인적자원부, pp.51-53.

국토해양부 국토지리연구원(2008): 《국토조사연감》.

김대원(2009):《천부경 81자와 도덕경 81자의 진실》, 현음사.
김용환(2007):〈겨레얼의 형성과 전개〉, 이서행·김용환 공저,《겨레얼 살리기Ⅲ》, 겨레얼살리기운동본부.
금장태(2009):《귀신과 제사 — 유교의 종교적 세계》, 제이엔씨, pp.56-57.
노길명(2003):〈한국 근현대사와 민족종교운동〉, 한국 민족종교협의회,《한국 민족종교운동사》, pp.17-96.
링컨, 브루스(2009):《신화 이론화하기》, 김윤성·최화선·홍윤희 옮김, 이학사, pp.7-9.
박연수(2003):《동양의 지혜》, 집문당, pp.393-403.
법상(2007):《반야심경과 마음공부》, 무한.
박성배(2009):《한국 사상과 불교》, 혜안.
유동식(1997):《풍류도와 한국인의 종교사상》, 연세대학교출판부, pp.60-63.
유병덕(1987):《동학·천도교》, 시인사.
윤이흠(1987):〈민족종교—민족종교의 사회 변화에 대한 대응태도를 중심으로〉, 한국정신문화연구원,《사회변동과 한국의 종교》, pp.169-222.
_____(2004):〈세계종교사의 맥락에서 본 한국 민족종교〉, 한국 민족종교협의회,《민족종교의 개벽사상과 한국의 미래》, pp.25-74.
윤이흠·금장태·이은봉·서영대·김종서·김용환·윤원철·김홍수(2001):《한국인의 종교관》, 서울대학교출판부.
이대희(1999):《한국의 인식론》, 대영문화사.
이동일(2001):〈공동체에 있어서 유교적 가치의 함의〉,《동양사회사상》 4집, pp.129-161.
이상훈·강돈구·김경일·박규태·이정숙(2001):《종교와 민족》, 한국정신문화연구원, pp.13-40.
석주현 역주(1997):《우파니샤드》, 일지사.
임형진(2004):《동학의 정치사상》, 도서출판 모시는 사람들.
전봉준 편(1997):《라이프성경》, 기독지혜사.
정재서(2006):《한국 도교의 기원과 역사》, 이화여자대학교출판부.
정진일(2006):《동양의 지혜》, 박영사, pp.28-127.
정진홍(1987):〈한국 사회의 변동과 기독교〉, 한국정신문화연구원,《사회변동과 한국의 종교》, pp.223-289.
조규태(2006):《천도교의 민족운동 연구》, 선인.
주재용(1994):〈개신교〉, 윤이흠 외,《한국인의 종교》, 문덕사, pp.147-170.
차하순(1990):《역사의 본질과 인식》, 학연사.
최광식(2007):《한국고대의 토착신앙과 불교》, 고려대학교출판부.

최동환(2008): 《천부경》, 지혜의나무, pp.460-461.
최종성(2009): 《동학의 테오 프락시—초기동학 및 후기동학의 사상과 의례》, 민속원.
최봉영(1994): 《한국인의 사회적 성격(I)—일반 이론의 구성》, 느티나무, pp.26-35.
최석만(1998): 〈사회윤리로서의 합리주의와 유교의 비교〉, 《동양사회사상》 1집, pp.133-159.
최준식(1995): 《한국종교 이야기》, 한울, pp.294-302,
______(1998): 《한국종교, 문화로 읽는다》, 사계절, pp.160-161.
______(2007): 〈한국 종교사를 어떻게 볼 수 있을까〉, 《최준식의 한국종교사 바로보기》, 한울, pp.101-270.
통계청(2005a): 《한국통계연감》.
______(2005b): 《한국의 사회지표》.
한국교육개발원(1991): 《고등학교 사회 II》, 대한교과서 주식회사.
한국민족종교협의회(2005): 《한국 민족종교》, 육일문화, pp.36-37.
한국행정연구원(2009): 《전국통계연감》.
《문화일보》, 1998년 2월 28일 기사; 최준식(1998), 《한국종교, 문화로 읽는다》에서 재인용.

Frazer, James G.(1957): *The Golden Bough: A Study in Magic and Religion*, London: The Macmillan Company; 노길명, 〈종교 제도〉, 홍승직 외, 《사회학 개설》, 고려대학교 출판부, 1996, pp.114-122에서 재인용.

탐구의 수사학 혹은 수사학적 탐구*

1. 머리말

인문학을 어떻게 할 것인가 하는 문제는 '인문학의 위기'라는 말과 더불어 그간 적잖이 논의되어 왔고, 그에 대한 제안이나 대안 제시도 상당수 있었다. 예를 들어, '굽혀읽기'와 대비되는, 누가, 언제, 왜, 어떤 상황에서, 무엇을 위해 등을 고려하는 주체적 읽기로서의 '버텨읽기'가 하나의 방안으로 제시되는가 하면, 인문학을 '반성적 탐구'로 규정하여 '의심의 해석학'이 하나의 대안으로 제시되기도 했다. 또한 인문학과 자연과학의 '잡종성'이 인식의 주요 과제로 등장하기도 했고, '자기 성찰'과 '저항'의 이론이 인문학의 새로운 과제로 대두되기도 했다. '표현 인문학', '문화 인문학' 등도 다수 학자들의 지지를 받았거나 받고 있는 제안들이며, 그 외에도 많은 성찰들을 찾아볼 수 있다.

특히 관심을 끄는 것은 언어의 '수사적 성격'에 주목한 경우들이다. 장

---

*이 글은《텍스트언어학》17집(2004)에 '탐구의 수사학과 수사학적 탐구'라는 제목으로 실린 것을 다소 고쳐 풀어쓴 것이다.

경렬(2003)은 인간의 언어가 본질적으로 수사적인 것이고, 니체의 말대로 투명한 철학의 언어란 환상이라는 사실을 망각한 사람이 갖는 환상에 불과한 것이라면, 그 누구도 진리에 이르렀다는 주장을 할 수 없을 것이라 말한다. 언어가 이 진리에 이르는 인식론적 도구여야 하지만 바로 이 진리에 이르는 길을 막는 도구가 될 것이기 때문이라는 것이다. 그렇기 때문에 그는 철학이든, 문학이든, 영역 구분과 관계없이 모든 분야의 인문학은 인간의 언어 자체가 본질적으로 수사적 차원을 갖고 있다는 사실을 받아들여야 한다는 것이다. 그는 철학과 문학을 포함한 인문학의 과제는 바로 이러한 관점에서 새롭게 정립될 필요가 있을 것이라고 제안한다.

표현 인문학의 제안의 긍정적인 부분을 인문학의 수사술적 정신을 되살리자는 촉구로 이해하는 이태수(2003)도 인문학 전통의 '수사적 설득력의 회복'을 기대한다.[1] 이러한 수사학의 중요성은 현대 수사학 연구의 주요 전환점이라 할 수 있는 페렐만/올브레흐트 티테카(1958), 툴민(1958)을 기점으로 하면[2] 서구에서는 벌써 반세기 전부터 주장되어 오던 것이고, 미국의 '탐구의 수사학'만 해도 적어도 80년대 중반까지 거슬러 올라간다.[3] 하지만, 한국의 경우, 수사학에 대한 관심이 '줄어든 수사학'이 아니라 '설득의 수사학'에 맞추어진 것은 소수 연구자들의 경우를 제외하면 비교적 최근의 일이다. 우리 인문학의 새로운 도약을 위해서라도, 탐구의 수사학

1) 이태수(2003:120): "우리의 인문학은 자기 자신이 하고 있는 일의 의의를 설득할 수 있는 수사적인 힘을 갖추지 못하면 설 자리가 자꾸 좁아질 수밖에 없다. 그 결과는 인문학만의 문제가 아니다. 〔…〕 요즈음 소위 정보 사회가 도래하면서 개발된 다양한 의사 소통 매체에 관심을 가지는 인문학자들이 많이 늘어나고 있다. 그것이 인문학이 새로운 활력을 얻는 계기가 되리라는 기대 때문이라고 생각된다. 두고 볼 일이지만, 어쨌든 새로운 매체의 힘에 대한 관심은 인문학자들 스스로 인문학의 전통 속에 이미 있었던 수사적 설득력을 회복해야 제대로 결실을 맺을 수 있을 것은 확실하다. 13세기 스콜라주의의 승리 후 또 한 번 수사술 중심의 인문학이 부활했듯이 또 한번 그런 때가 와야 하지 않을까?"

2) 이에 대한 간략한 소개에 대해서는 플랑탱(2003:1-30) 참고.

3) 미국의 수사학 전통에 대해서는 플랑탱(2003:55-97) 참고.

을 비롯한 수사학적 탐구들에 대해 개괄적으로라도 살펴볼 필요가 있다.

2. 수사학과 반정초주의

퀸틸리아누스는 가장 널리 퍼져 있던 '설득하는 능력'으로서의 수사학을, 의도적 모호성을 부여하여 '말 잘함의(말 잘함에 관한) 지식'의 수사학으로 확장시켜 '담화의 문법적 정확성, 미학적인 아름다움, 도덕적 가치와 실천적인 유효성을 동시에 포괄'하려 했는데, 페르노(2004)는 이러한 정의가 '가장 일반적이며 총제적'이라 말한다. '레토리케'를 '그리스의 민주주의와 로마의 공화정을 주된 무대로 자유롭게 활동하던 여러 분야의 연설가들에 의해 형성된 의사소통의 기술을 지칭하는 일종의 고유명사'로 정의하는 김헌(2004)은 이 '레토리케'의 번역어로 흔히 쓰이는 '수사학'을 '모든 주제에 관하여 설득을 목적으로, 언어를 다듬어 생각을 분명하고 참신하게 전달할 수 있도록 담론을 구성하고 표현할 수 있는 능력, 기술 또는 학문'이라고 정의한다면, '수사학'은 충분히 '레토리케'라 할 수 있다고 인정한다.

이러한 수사학을 '탐구'에 대한 하나의 전망으로 삼은 것은 적어도 소피스트 전통까지 거슬러 올라간다.[4] 로티는 1984년 아이오와 대학의 '인문학의 수사학' 심포지엄에서 인문학적 '탐구'를 다시 생각하려는 움직임이 하나의 '전환'을 이루었다고 지적한 바 있다.[5] 이 심포지엄에는 현재 널리 인정되고 있는 과학적 정설들에 불만을 가지고 수사학에 대한 관심을 공유하는 다양한 분야의 학자들이 다수 참석했는데, 그 결과는 《인문과학

---

4) 넬슨/메길(1986:23): "간헐적으로 고대 소피스트들 이래 인간사의 주요 연구자들은 탐구의 전망으로서의 수사학에 관심을 가져왔다."

5) 맨 먼저는 '언어학적 전환'이고, 그 다음엔 '해석학적 전환', 그리고 지금은 '수사학적 전환'을 이루어졌다는 것이다; 사이먼스(1990a:vii) 참고.

의 수사학》[6]이라는 제목으로 1987년에 출판되었다. 같은 해 템플 대학에서도 인문학의 수사학에 대한 심포지엄이 다시 개최되었으며, 그 결과 두 권의 단행본으로 출간되었고,[7] 지금은 POROI가 그 작업을 이어 가고 있다.[8] 사이먼스(1985)는 탐구의 수사학[9]이 '키워드'가 된 아이오와 대학의 심포지움을 수사학사에서 하나의 '분수령'이 되는 사건으로 간주하는데, 적어도 인문학의 학제적인 수사학 연구에 하나의 중요한 계기가 된 것은 인정해야 할 것으로 보인다.

탐구의 수사학자들은 수사학을 전래의 공공 영역에서 학문적 담론으로 그 영역을 넓혀 가면서 수사학 이론의 지적 역사를 재고할 필요를 느꼈고, 그 과정에서 자신을 수사학자로 생각지 않았던 상당수의 학자들—예를 들어, 바르트, 레비스트로스, 푸코 등—을 그 선구자들에 포함시키기도 한다. 넬슨/메길(1986)은 '탐구논리학'과 '탐구의 수사학'을 구분하는데, 전자에서 후자로의 전환은 탐구의 수사학의 선구자들로 간주되는 페렐만/올브레흐트 티테카(1958), 툴민(1958), 쿤(1972)에 힘입은 바 크다고 말한다. 이들은, 물리학을 대표적 학문으로 삼고 모든 과학에 단일 방법론을 적용하고자 한—탐구 행위를 추상적으로 파악하고자 하는—'탐구의 논리학'과 달리,[10] 탐구의 수사학은 연구의 실질적 분야들에서 논증의 구체적 사

---

6) 넬슨 외(2003a):《인문과학의 수사학》, 고려대학교출판부. 원제목은 *The Rhetoric of the Human Sciences:Language and Argument in Scholarship and Public Affairs*(The University of Wisconsin Press, 1987)이다.

7) 두 책은 *Rhetoric in the Human Sciences*와 *The Rhetorical Turn:Invention and Persuasion in the Conduct of Inquiry*이다.

8) 1980년에 비공식적으로 아이오와 대학에서 출범한 탐구의 수사학 프로젝트 POROI, 즉 'The Project on Rhetoric of Inquiry'는 학제 간 연구와 교육 프로그램으로서, 그 목적은 예술, 인문학, 과학, 전문 직업, 특히 학제 간 상호작용에서의 학문적 탐구, 논증, 글쓰기를 개선하는 것이다. 구체적 내용에 대해서는 http://www.uiowa.edu/~poroi/를 보라.

9) 사이먼스(1990a:vii)에 의하면, '탐구의 수사학'이란 이름은 존 넬슨에게서 비롯된 것이라고 한다.

10) 넬슨/메길(1986:30):"따라서 페렐만, 툴민, 쿤이 탐구의 수사학의 선구자들이었

실, 구체적 실천들에 관심을 기울이며, 법학, 정치학 등을 모든 논증의 추상적 모델로 삼기보다는—광범위한 다양한 학문적 혹은 기타 실천에서—탐구의 맥락적, 비교적 연구들을 위한 시사적인 출발점으로 삼는다고 설명한다.

넬슨/메길(1986)은 탐구의 수사학이 대두되게 된 이유로 정초주의[11]에 대한 철학적 공격, 과학의 철학적 재구성, 인식론의 수사학적 재인식을 든다.[12] 이들은 로티 같은 학자의 반(反)정초주의는 철학이 '자연의 거울'로서 타학문 분야들의 기반이라는 전제를 부정하는 것이고, 철학=정초적 지식이라는 등식 타파의 중요한 의의를 가진다고 평가한다. 이들은 또한 이 정초주의가 20세기 후반에 들어와서 특히 문제시된 것은, 넓게는 보편적 진리 발견자로서의 이성에 대한 신뢰를 골간으로 하는 근대성이나 합리성에 도전하는 상대주의와 다원화주의의 만연 내지는 득세로 설명될 수 있을 것이고, 좁게는 한때 영미 철학계를 주도하면서 정초주의를 세련화하였던 논리적 경험주의의 침몰로서 설명될 수 있을 것이라 진단한다.[13] '수

다. 이 점에서 이들의 주요 표적은 실질적 탐구의 영역들로부터 유리된, 이들보다 우월한 인식론을 추구한, 20세기 '이상적 언어' 전통에서 작업한 철학자들이 발전시킨 탐구의 논리학이었다. 이 전통은 과학적인 것과 그렇지 않은 것을 명료하게 나누려 했다. 형식논리학을 통해 이 전통은 모든 과학 분야들에서 단 하나의 방법론을 추구했다. 이 방법론은 모든 지식에 대해, 과학과 비과학을 구분짓는 단 하나의 표준(복잡하다 해도)을 상술하고자 한다. 그 결과로서의 탐구의 논리학은 물리학의 하나의 이상화로서 정당화되었다(이는 아주 잘못된 인식이다). 물리학이 엄격함의 화신과 과학에서의 기술적 권력으로 간주되었기 때문이다."

11) '정초주의(fundamentalism)'는 '토대주의'로 번역되기도 한다.

12) 박은진(2003:243-244)은 '근대 학문의 성립 과정에서 이론-논리학-합리성이 강조되면서, 실천-수사학-합당성을 위한 이성은 자연스럽게 비과학적이고 비합리적인 것으로 배제'되었고, '이 상황에서 수사학이 근대 학문의 성격에 위배되는 기술로 간주되는 것은 당연했다'는 지적을 한다.

13) 김동식(1991:137-138): "첫째, 정초주의는 대체로 주관과 객관의 구분을 전제한다. 〔…〕 둘째, 정초주의는 인식 주관의 투명성 내지는 보편적 인식의 성립가능성을 전제한다. 〔…〕 셋째, 정초주의는 지식 체계 내부의 위계성을 주장하여 어떤 지식은 다른 지식의 토대나 근거가 된다고 본다. 〔…〕 넷째, 정초주의는 철학이 해야 할 바를 지식의 정초화 작업으로 본다."

사학적 전환'은 탐구가 정초주의적 객관주의적 기초 위에서가 아니라, 수사학적으로 이루어져야 한다는 것으로 이해되는데,[14] 김동식(1991)은 넓은 의미로 볼 때에 정초주의란 지식 체계가 특정한 기반 위에 정초되어 있다는 생각을 모두 포함할 수 있으며, 철학사의 많은 부분들도 정초주의와 그 변형의 역사로 설명될 수 있다고 말한다.

한편, 추바로프(1989)는 '객관주의적 모델'이 올바른 과학 이론들은 경험적 데이터들로부터 '직접적 추론'이 가능하고, '사실들'과 '일대일의 대응 관계'를 가질 수 있으며, 과학외적 가치나 목적들이 기본적 은유, 이론들 등에 아무 역할도 하지 않는다는 것을 전제한다고 하는데, 엄밀한 의미의 '직접적 추론'과 '일대일의 대응 관계'는 사실 받아들이기 어렵다. 하지만, 이들이 뜻하는 것이 어떤 이론이나 주장이 반증되기 전까지의 가설적이고 잠정적 일시적 상태라면, 다시 말해 완화된 정초주의의 입장의 것이라면, 다양한 수사학적 접근들과 배타적인 것은 아니다. 예를 들어, 수학적 증명이라는 형식도 자연어에 의존한 것은 아니라 해도 일종의 논증인 것은 분명하고, 하나의 텍스트에도 그 종류에 따라 가변적이긴 하나, 인문학적 측면과 자연과학적 측면이 중층적으로 얽혀 있을 수 있다.[15] 수사학적 탐구가 정초주의나 객관주의와 반드시 양립 불가능한 것은 아니다.[16]

버나드 도널즈/글라이저(1998)가 지적하듯이, 반정초주의 패러다임은 언어를 '투명한 매개체'나 '현실의 반영체'로 보지 않는다.[17] 이 패러다임

---

14) 게온카(1990:358)는 '묵시적 수사학적 전환'과 '명시적 수사학적 전환'을 구분하는데, 전자는 철학의 내적 위기에서 상당 부분 비롯된 것이고, 후자는 그 적용에서 국소적이라고 평가한다.

15) 하종호(2003:253-254) 참고.

16) 사이먼스(1989:8):"기고자들 중에서 케이트와 체르비츠가 유일하게 객관주의의 신조들과 상당 부분 양립 가능한 수사학 관점을 표명하고 있는데, 바로 그 점 때문에 더욱 돋보인다."

17) 버나드-도널즈/글라이저(1998:2):"푸코와 라캉 역시, 서로 다른 방식들로, 현실이 언어에 반영되는 것이 아니라, 언어에 미루어져 있으며 잘못 인지되어 있음을 알았다."

은 지식이 언어에 의해 형성된 것으로, 그리고 언어는 맥락, 상황, 공동체 속에서 사회적으로 구성된 것으로 보고 있기에 그러한 관점의 방법론을 필요로 하는데, 수사학이 이러한 기대에 부응하기 때문에 대부분의 미국의 반정초주의 학자들은 수사학에서 그러한 역할을 찾게 되었다고 이들은 판단한다.[18] 따라서 기존의 정초주의, 객관주의 크레도에 반하여 '언어의 불투명성'에 주목하는 탐구의 수사학이 인문학 분야들의 언어와 논리, 그리고 궁극적으로 그 수사라는 담론적 실천에 크게 관심을 가진다는 것은 매우 자연스러운 일이다.

사이먼스(1989)는 특히 인문학 담론들에서 탐구의 수사학의 활로가 개척된 것은 정초주의적 전제들에 대한 최근의 공격들 덕분이었는데, 객관주의에 대한 탐구의 수사학의 비판이 통렬하고 광범위할수록 그 '잠재적 재구성력'의 주장이 그만큼 회의적으로 받아들여지게 된 것은 탐구의 수사학 운동의 큰 아이러니라고 지적한다. 넬슨/메길(1986)도 탐구의 수사학에 대해 이 수사학이 활기차지만, 수사학 이론의 주류 전통과는 거리가 있고, 논증의 인식론에 대한 친화성이 약하며, 커뮤니케이션 학자들과의 상호작용도 빈약하다는 약점들을 토로한 바 있다.

3. 탐구의 수사학의 의미

우선 지적되어야 할 것은 탐구의 수사학에서 말하는 '탐구'가, 심포지엄에서 발표된 실제적 탐구들이 보여 주듯이, 획일적인 것이 아니라는 점이다. 말하자면, 연구자가 가진 '수사학'의 개념에 따라 탐구의 수사학에 대한 이해 역시 달라진다는 것이다.[19] 이 탐구들은 '학문적 지식의 산출과 유포

---

18) 버나즈-도널즈/글라이저(1998:3).

19) 사이먼스(1989:5): "핵심은 하나의 탐구의 수사학만 있는 것이 아니라 여럿이 있다는 것이다. 〔…〕 어떤 사람이 수사학을 어떻게 인식하는가 하는 것은 지적 운동으로서의 탐구의 수사학에 대한 그 사람의 태도에 영향을 미칠 수밖에 없다."

에서의 수사학의 위상'[20]에 관심을 갖는다는 점에서는 공통적이나, '탐구' 개념이 지칭하는 것은 매우 다양한데, 예를 들어, 라인(1985)은 학문적 탐구와 관련된 수사학의 기능을 특징짓는 문제에 대해 심포지엄에 제출되었던 글들을 다음의 5가지 '기능'을 통하여 총괄적으로 기술하고 있다.

그 첫째는 '논증'으로서의 수사학이다. 모든 학문적 담론은 논증의 형식을 취하고 있기 때문에, 이 논증의 형식과 구조, 그 방법과 절차에 대한 연구는 탐구의 수사학의 핵심이라고 한다. 그는 스스로 어떻게 논증을 하고 있는지 잘 모르기 때문에 빚어지는 불필요한 마찰이 결코 예외적 상황이 아님을 매클로스키의 경제학자들의 예를 들어 설명하고 있다.[21] 두 번째는 '사회화 담론'으로서의 수사학,[22] 세 번째는 '형상화'로서의 수사학이고,[23] 네 번째는 '비판적 실천'으로서의 수사학이며,[24] 마지막은 '권한획득'으로서의 수사학이다. 이들 기능 중 어느 것에 집중하더라도 탐구의 수사학을 연구하는 적절한 방법이 된다고 하면서, 그는 탐구의 수사학의 중심 인물 중 한 사람인 넬슨이 탐구의 수사학의 목표를 하나의 새로운 분야

---

20) 라인(1985:66).

21) 라인(1985:66): "예를 들어, 도널드 매클로스키는 경제학자들 사이의 토론에서 자기네들이 어떻게 논증을 하는지 알지 못함으로 인해 불필요하게 가시 돋친 소리들이 오가게 되는 데에 관심을 가졌다."

22) 라인(1985)은 철학사에서도 '케이오 논증(knock down argument)'은 드물다고 한다. 서로 경쟁적인 견해들이 대화하건 하지 않건 병존해 왔다는 것이다. 로티를 비롯한 여러 학자들이 학문적 담론은 '현저하게 사회성의 기반, 객관성의 원천이기보다는 비트겐슈타인의 의미에서의 하나의 삶의 형태'라고 말하고 싶어 한다고 라인은 지적한다.

23) 많은 학자들이 이야기, 서사적 혹은 상상적 구조를 주축으로 삼고 있다고 한다. 라인(1985)은 서사적 혹은 배치적 기반을 가진 지식의 수용이 우리가 그러한 지식을 어떻게 평가해야 하는가, 혹은 우리가 어떻게 참과 거짓을 구분해야 하는가에 대한 논증을 자연스레 이끌어 내게 된다고 판단한다. 논증과 배치 사이의 관계가 하나의 중요한 문제가 되는 것이다.

24) 비판은 수사학이 수행할 수 있는 기능 중 하나인데, 수정(correction)은 고정된 표준들을 전제할 필요가 없는 연구 패러다임 사이에서의 일종의 해석학적 대화이다. 여기서 문제가 되는 것 중 하나는 '텍스트' 개념에 대한 접근이다.

의 구축보다는 여러 다른 분야들에 영향을 끼치는 탐구로 보고 있다는 요지의 지적을 한다.[25)]

사이먼스(1985)는 문제의 심포지엄에 대해 전반적으로는 크게 공감하면서도 5가지 주제에 대한 나름대로의 의견을 내고 있다. 첫째는 '로티의 반대 입장'으로, 그 심포지엄에서의 로티의 역할을 높이 사면서도, 그는 로티와 그 외 학자들이 실용주의와 공동체의 이름으로 방어하는 것이 오류 수정이 불가능한 고삐 풀린 상대주의가 되지 않을까 우려한다. 둘째는 '정도의 수사학'으로, 잠재적으로 모든 학문적 담론에 수사학적 측면이 있기는 하지만, 어떤 담론은 다른 담론들보다 '좀더 수사(학)적'이라고 인정해야 하지 않겠는가 하는 문제를 제기한다. 셋째는 '서사의 테스트'이다. 어떤 면에서 모든 학자들이 '이야기꾼'이라 할 수 있지만, '서사적 논증'이라는 것이 있는 것인지, 어떤 서사들에 대해 선험적 '논리'를 대는 것은 아닌지 그는 묻는다. 넷째는 '맞는 목소리 찾기'인데, 관습과 상황의 제한 속에서 어떻게 진정하게 말할 수 있는가 하는 문제이다. 다섯째는 '벗으로서의 학자'이다. 이 대목에서 그는 하버마스의 담화 규범의 유용성을 강조하면서 논쟁이 어떠한 것이건 남의 말에 귀 기울일 것을 충고한다.[26)]

자신만이 진리의 담지자라는 오만한 생각을 갖고 있지 않다면, 그래서 '근원적 불확실성'을 학자들이 처한 기본적 상황으로 받아들인다면, 화이트(2003)가 조언하듯이, 수사학적 탐구자들은 우리가 처해 있는 '근원적 불확실성', 말의 의미에 관한 불확실성, 말이 다른 사람들에게 미치는 영향

---

25) 라인(1985:72): "정치학자 존 넬슨은 탐구의 수사학이 하나의 새로운 분야가 될 것이 아니라, 다른 많은 분야들에 대한 하나의 영향이 되어야 한다고 주장했다."

26) 사이먼스(1985:62): "필자는 학문적 교류에서 오해의 문제들에 특별히 민감했으며, 그의 저술들에서 다른 사람의 논거들을 반박하고자 하기 전에 자신이 그것들을 어떻게 이해했는지 분명히 밝히고자 애썼던 사람으로 쿤을 인용한 바 있다. 쿤의 말이다. '그것은 너무도 사실이어서, 나한테는 철학자들과 이야기하는 것이 정말로 힘들다. 그들은 말을 자르고 들어오려는 데 너무 바쁜 나머지 남의 이야기를 거의 듣지도 않는 경우가 잦았다'."

에 관한 불확실성, 우리 자신의 동기부여에 관한 불확실성에 대처하는 것이 무엇보다 필요하다. 이 대처 방식에 대해 사이먼스(1985)는 좀더 생산적이고 창의적인 결과의 도출을 위해서는, 학문적 논쟁에 승자와 패자를 가리려는 법정 모델보다는 '우호 서클'이 훨씬 더 나은 모델이라고 주장한다.[27] 기존의 수사학적 탐구들이 유럽에서는 '법' 중심이었는데, 미국에서는 '정치' 중심이라는 것[28]은 흥미로운 문화적 차이이다. 탐구의 수사학에서는 특히 정치와 정치학이 주요 모델이 되어 있다.[29]

넬슨 외(2003b)는 전통적 방법론이 학자들에게 플라톤, 데카르트, 헴펠, 포퍼에게서만 배우도록 가르쳐 온 데에 반해, 탐구의 수사학은 학자들에게 동료들로부터 배우도록 가르침으로써 다양한 탐구 방식에서 교훈을 얻게 하며, 그 목표는 탐구의 수사학을 학문 연구의 통상적 작업 속에 통합시키는 것이라 말한다. 특히, 탐구의 수사학자들은 해당 분야의 전문가들을 대화로 설득시킬 수 있어야 한다는 일견 당연해 보이는 지적을 힘주어 하는데, 학자들 사이의 토론이나 논쟁도 건설적이고 생산적인 대화가 되지 못하는 것을 목격하기 어렵지 않은 우리의 상황에서 십분 음미해 보아야 할 대목이다. 그러한 음미를 위해서는 탐구의 수사학이 우선적으로 학문

---

27) 케이트/처위츠(1989:204-206)는 명제들의 진리에 대한 탐구 과정에서의 수사의 기능으로 차별, 추론, 보존, 가추(abduction), 관리, 사회적 개선이라는 6가지를 들고 있다. 차별 기능은 현실의 명명과 기술을 위한 대체 스킴(scheme)을 언어 사용자들이 발달시키도록 하는 능력이고, 추론 기능은 논쟁을 해결하기 위한 다양한 추론 유형과 연관된 기능이며, 보존 기능은 탐구자들의 기억, 논쟁 기술과 관련된 것이다. 퍼스에서 비롯된 가추 기능은 창의적 능력과 관련되고, 관리 기능은 탐구가 사회적 혹은 집단적 성격의 것이기 때문에 불가피한 것이며, 마지막으로 사회적 개선 기능은 탐구의 한계를 허물기 위해 필요한 것이다.

28) 넬슨/메길(1986:29): "탐구의 수사학에 대한 유럽의 출처들에서는 법이 중심인데, 미국의 출처들은 좀더 정치 지향적이다."

29) 사이먼스(1989:19): "탐구의 수사학을 연구하는 보람 중 하나는 많은 문제들이 통분야적임을 알게 된다는 것이다. 〔…〕 넬슨은 정치적 토대들과 연관된 은유들은 철학적 정초주의자들이 제공한 존재론적 인식론적 토대보다 인문학에 수사학적 토대로서 좀더 적합함을 주장한다."

적 의사소통에 대한 심층적 탐구라는 데에 유의해야 할 것인데, 이 심층적 탐구에는, 의학에서 병의 연구를 통해 건강에 대한 많은 정보를 얻듯이, 소통 장애나 불통 혹은 오해 등에 대한 천착이 우선적으로 필요하리라 생각된다. 말하자면, 학문적인 '오해의 수사학'이나 '임상수사학'이 필요하다는 것이다.

넬슨 외(2003b)는 그들대로 수사학은 무엇이 어떻게 전달되었는지, 그것이 전달되면서 무슨 일이 일어났는지, 그것을 어떻게 좀더 효과적으로 할 수 있는지, 더 나아가 일반적으로 의사소통이란 무엇인지를 동시에 밝혀 줄 수 있는 장치가 되어야 한다고 한다고 지적한다. 그래서 탐구의 수사학은 그와 같은 의미들을 확대 적용하여 탐구와 의사소통 사이의 상호관련성을 밝혀 주고, 수사학의 복잡한 실타래들을 서로 연결시켜 궁극적으로는 인간의 행동을 좀더 체계적으로 설명해 내려는 것을 목표로 한다는 것이다.

그렇다면 탐구의 수사학은 학문 연구에서 말하기와 글쓰기에 대해 다시 생각해 보는 계기가 되지 않을 수 없다. 우리 전통 학문에서도 큰 문제였던 '글쓰기'의 문제가 최근 우리 학계에서 새롭게 대두되고 있는데,[30] 새로운 문제의식과 문제 제기에 따라 새로운 글쓰기가 요구되는 것은 놀라운 일이 아니다. 학문적 의사소통의 탐구의 문제는 인식론으로서의 수사학과도 바로 연결되는 문제이다. 넬슨 외(2003b)는 '각 학문 영역에 내재된 인식론으로서의 탐구의 수사학은 우리가 실제로 행하고 있는 것이 무엇이며, 또 거기에는 무슨 잘못이 있는지를 우리에게 가르쳐 준다'고 말한다. 한마디로, 탐구의 수사학은 왜 이성이 수사적인지를 규명해 보이는 것이다.

---

30) 김영민(1997), 정민(1997), 김태준(2000), 신태수(2000) 참고.

4. 언어, 논증, 인문학

넬슨 외(2003b)가 20여 년 전에 탐구의 수사학의 과제와 문제들로 생각했던 것들을 살펴보면 다음과 같다.

> 아직도 연구되어야 할 과제는 많이 남아 있으며, 그에 따라 제기될 수 있는 문제들도 많이 남아 있다. 한 학문 분야의 수사학은 그 학문 분야의 유용성에 어떤 영향을 미치는가? 왜 다양한 학문 연구 분야는 서로 차이가 나는가? 왜 서술이 중요한가? 학문적 설득에서 은유는 어떤 역할을 하는가? 수사학적 규약들은 특정한 학문 분야에 어떻게 영향을 미쳤는가? 특정한 학문 분야의 수사학은 대중들이 그 학문 분야를 수용하는데 어떤 영향을 미치는가? 수사학 이론들은 학문 연구 태도에 어떠한 영향을 미치는가? 수사학은 인문과학들, 사회과학들, 자연과학들 그리고 전문직업들 사이의 관계에 관해 무엇을 암시하는가? 어떻게 최근의 수사학 이론들이 합리성에 관한 우리의 관념들을 바꿔 놓을 수 있었는가? 수사학, 인식론, 윤리학, 논리학, 신화학, 시학, 정치학, 심리학, 사회학 그리고 기타 탐구 영역들 사이의 연결고리는 무엇인가? 수사학에 대한 좀 더 발전된 인식이 각 학문 영역의 교육을 어떻게 개혁시킬 수 있는가?[31)]

요약하자면, 탐구의 수사학은 탐구, 즉 논증과 연구의 방법론에 깃들어 있거나 이들이 함축하고 있는 수사적인 특성을 밝히는 것을 지향한다고 말할 수 있다. 이렇게 학문 연구의 방법에 깃들어 있는 수사적 특성을 밝히는 것이 목적이기에, 탐구의 수사학은 모든 학문을 아우르는 어떤 획일적인 방법론을 부정한다. 이런 점에서 탐구의 수사학은 획일적인 거대 담론의 횡포를 부정하고 변방의 사물과 현상이 갖는 고유한 특성을 오히려 강

---

31) 넬슨 외(2003a)는 수록 논문들이 적어도 시학, 수사 비유론, 말터론(topics), 변증법, 해석학, 윤리학 및 정치학의 일곱 영역의 '탐구의 수사학'이라고 지칭하는 것이 합당한 일련의 별개의 인식론 요소들로 통합된다고 주장한다.

조하는 미시 담론들의 논리와 일정한 공통성을 유지하며, 그런 이유로 포스트모더니즘의 일반적인 인식론을 공유한다고 말할 수 있는 것이다.[32)]

사이먼스(1990b)가 '묵시적 탐구의 수사학' 테두리 내에 넣고 있는 쿤의 포스트실증주의, 사회적 구성주의, 과학 텍스트 분석에 대한 인류학 방법론적 접근, 상징적 인류학, 비판적 법률 연구 운동, 비판적 다원주의, 해체주의, 상당수의 페미니스트·신마르크시스트·신프로이트적 비판 등의 연구는 말할 것도 없고, 넬슨 외(2003a), 사이먼스(1990c)에 실린 대부분의 글들처럼 명시적인 탐구의 수사학 연구들로 표방되는 글들만 보더라도 그 '탐구'의 성격이 매우 다양해서 혼란스럽기까지 한 것이 사실이나, 이를 다양성과 다원성을 인정하고 추구하는 수사학적 탐구들에서 불가피한, 긍정적인 측면으로 볼 수도 있을 것이다.

한편, 페렐만(1977)의 '신수사학',[33)] 메이에르(1993)의 '제문론적 수사학',[34)] 크로스화이트(2001)의 '이성의 수사학'이나 그로스(1996)나 해리스(1997)의 '과학 수사학', 헤르나디(1989)의 '해석 수사학' 등 다른 이름의 수사학들도 '학문 연구의 방법에 깃들어 있는 수사적 특성을 밝히는 것이 목적'을 상당 부분 공통적으로 갖는다면, 이들도 모두 탐구의 수사학이라 불러야 하는가 하는 문제가 제기될 수도 있다. 탐구의 수사학자들의 생각은 어떤지 모르겠으나, 우리로서는 일단 고유명사적인 탐구의 수사학과 보통명사적인, 넓은 의미의 여타 탐구의 수사학은 구분할 필요가 있다고 생각된다. 후자는 전자의 범위가 확대된 것을 뜻할 수도 있고, 막연히 현대의 다양한 수사학적 탐구들을 뜻할 수도 있기 때문이다.[35)]

---

32) 박우수(2003:i-ii).
33) 마넬리(1993), 슈메츠(2000) 참고.
34) 메이에르(1994), 아벨(2000) 참고.
35) 수사학은 수사학이라 이름 붙여진 것뿐 아니라, 예를 들어, '비판적 사고', '비형식논리학', '의사결정', '실천적 추론' 등 일견 수사학과 무관해 보이는 방법이나 분야들과도 밀접한 관계가 있는 것으로 보이는 만큼, 수사학적 탐구는 이들도 고려 대상에 포함시켜야 할 것이다.

넬슨 외(2003b)는 탐구의 수사학이 다음과 같은 엇갈린 두 단언에 기초해 있다고 말한다. 하나는 탐구의 수사학이 논증이 흔히 이해되고 있는 것보다, 다양한 학문 영역의 분할이 암시하는 것보다 훨씬 더 통일성이 있다고 보고 있다는 것이고, 다른 하나는, 이와 반대로, 탐구의 수사학이 논증이 그것이 일반적으로 받아들여지고 있는 것보다 더 다양하며, 과학이나 예술의 공식적 연구들이 허용하고 있는 것보다 훨씬 더 다양함을 강조하기도 한다는 것이다. 모든 학문은 자신에게 고유한 수사적 장치와 수사적 유형에 따라 정의될 수 있는데, 학자들의 수사학을 강조한다는 것은 학자들의 주장을 그대로 수용하는 대신에 그들의 주장의 근거를 세밀히 따져 본다는 것을 의미하며, 그래서 탐구의 수사학은 방법론의 문제를 구체적인 탐구 활동, 특히 구체적인 탐구 활동 안에서의 언어 문제와 결부시킨다.

장경렬(2003)도 인문학을 인문학일 수 있도록 하는 것이 다름 아닌 언어이며, 언어를 통해 이루어지는 학문이 인문학이라고 말한다. 고대로부터 인문학자의 일차적인 관심사는 바로 언어였으며, 언어로 이루어진 세계가 다름 아닌 인문학의 세계였다는 것이다. 그는 전통적으로 수사적 언어가 철학적 언어 또는 진리의 언어와 대립되는 개념으로 이해되어 왔는데, 어떤 자연어도 '투명한 언어'는 아니라 말한다. 의미와 기호 사이의 간극이 전혀 존재하지 않는 투명한 언어가 존재한다면, 진리든 지식이든 이에 대한 '객관적' 표현과 전달이 가능하겠지만, 이는 어디까지나 희망사항일 뿐이라는 것이다. 요컨대, 우리는 특권을 지닌 언어, 기호와 의미 사이의 간극이 전혀 존재하지 않는 고상한 언어는 누구에게도 불가능하다는 사실을 자각해야 한다는 것이다.[36)]

코르집스키의 '일반의미론' 제1원칙은 '지도는 현지가 아니다'이다. 소쉬르가 말하는 '자의성'은 시니피앙과 시니피에 관계의 자의성뿐 아니라 기호와 지시물 사이의 자의성도 의미하는데, 이 자의성은 흔히 말하는 기

36) 장경결(1994:20-30) 참고.

호와 의미 사이의 간극, 언어와 세상 사이의 간극으로도 해석될 수 있다. 말하자면, 기호와 세상의 자의적 관계, 즉 '지도'와 '현지'의 불일치로 인해 '수사적 간극'이 나타난다는 것인데, 그 격차를 가급적 줄이기 위해서는 일반의미론적인 모색도 고려할 필요가 있다.[37] 인문학의 수사학적 탐구를 위해서는 이러한 자연어의 근본적 성격에 대한 명료한 인식이 무엇보다 중요하다. 장경렬(2003)은 말한다. "현대철학자와 언어학자들이 누누이 설파해 왔던 것처럼, 언어는 결코 중립적이고 투명한 실체가 아니며, 의미란 현실 세계에 존재하는 것이 아니라 언어가 불러일으킨 환상일 수 있다. 자크 데리다의 표현을 빌려 말하자면, 언어는 '언제나' 그리고 '이미' 불순한 것이다."

인문학이 경험적 관찰을 통해 입증하거나 일반화하기 어려운 문제들, 예컨대, 윤리적 가치의 문제라든가 미학적, 문화적 가치의 문제을 다루는 분야들[38]을 다수 포함하고 있다는 것은 잘 알려진 사실이다. 탐구의 수사학은 형식론적 증거들에 의해 해결될 수 없는 문제들에 특히 관심을 갖는데,[39] 경쟁적 가치들이나 지적 주장들 중에서 판단을 내릴 수 있도록 가르쳐 주는 것,[40] 학문 분야 간의 소통의 도모,[41] 등이 중심 과제로 부각된다.[42] 이러한 탐구의 수사학을 언어에 대한 일반의미론적 전제들을 유념하여 살피면 학문적 담론에서 설득이 어떻게 이루어지고 있는지, 그 유형과 양상

---

37) '비아리스토텔레스적 전제들'인 코르집스키의 '3대원칙'은 비동일성, 비총칭성, 재귀성의 원리들로서, 언어적으로는 '언어는 언어가 표상하는 사물이 아니다', '언어는 언어가 표상하는 모든 것을 포괄할 수 없다', '우리는 언어로 언어에 대해 말할 수 있다' 정도로 해석된다.

38) 장경결(1994:23) 참고.

39) 사이먼스(1990a:vii):"존 넬슨이 탐구의 수사학이라 명명한 것은 이 책에서 진화생물학에서 대화 분석에 이르기까지, 마키아벨리에서 MOVE 리포트에 이르기까지 걸쳐 있는 분야들 안에서와 그 분야들 사이에서 이슈들을 제기하는 학문적 방식을 제공한다. 이 이슈들의 공통 분모는 이들이 형식적 증명들에 의한 해결이 마땅치가 않다는 것이다. 하지만 이는 이들이 현명하고 명료하게 제기될 수 없음을 뜻하는 것은 아니다."

이 어떠한지 좀더 잘 이해할 수 있게 될 것이다. 브르통(1996)은 설득이 조작, 선전, 유혹, 논증, 증명 등 다양한 형태로 나타날 수 있다고 보는데, 학문적 설득을 일상적 설득과 비교하여 관찰하는 것도 흥미 있는 작업이 될 것이다.

크로스화이트(2001)는 논리학의 관점에서의 타당성 개념은 논리적인 형식으로 설명될 수 있으나,[43] '이성의 수사학'에서의 논증적 설득력의 일반적인 척도는 그 논증이 동의를 얻고자 목표로 삼는 청중이라 말한다. 그는 또한 단순한 '효과적 논증'과 '타당한 논증'을 구분하면서, 전자는 특정 청중에게만 성공을 거두는 논증이고, 후자는 보편 청중의 동의를 얻는 논증이라 말한다. 그에 의하면, '오류 논증'은 '보편 청중'을 설득하는 것처럼 보이면서도 실은 특정 청중만을 설득하는 논증이다. 수사학적 관점에서 보편성은 항상 정도의 문제이며, 또한 항상 특정한 논증적 상황과 관련되기 때문에 유의해야 한다는 것이 그의 조언이다.

크로스화이트는 어떤 것이 논증의 대상이 된다는 것은 의심의 여지가 있다는 것이고,[44] 논증 행위의 존재 이유는 '갈등 해결'이라고 말한다. 모순은 갈등의 극단적 경우인데, 그는 이 모순을 '발견의 강력한 조력자'로

---

40) 사이먼스(1990a:ix): "수사학 이론이 경쟁적인 가치들이나 처방들 혹은 지적 주장들 사이에서 판단 내리는 방법에 대해 어떻게 우리를 가르쳐 줄 수 있는가? 이것이 필자 생각에는 새로운 탐구의 수사학 운동의 핵심 문제이고, 아마도 이 책의 중심 문제이기도 할 것이다."

41) 넬슨/메길(1986:35): "학문 분야들 사이의 커뮤니케이션이 탐구의 수사학의 중심 문제이다. 〔…〕 하지만 탐구의 수사학은 학문 분야들을 넘어 다른 청중, 다른 시도들과의 커뮤니케이션도 포괄해야 할 것이다."

42) 넬슨/메길(1986:32-33): "탐구의 수사학이 학문의 다양한 부분들의 학자들 사이에 지속적 커뮤니케이션 패턴이라는 의미에서 학제적 영역이 되어 가고 있으나, 탐구의 수사학의 좀더 큰 목표는 모든 영역에서 학문 연구의 통상적 부분이 되는 것이다."

43) 명제들 사이의 어떤 형식적 관계들이 전제를 결론으로 이끌고 감으로써 타당성이 성립된다.

44) 크로스화이트(2001:253): "우리는 의심의 여지가 없는 단언에 대하여 논증하지 않는다. 〔…〕 무엇인가에 대해 논증한다는 것은 이미 그것의 질문 가능성에 관하여 판단을 내렸다는 것을 의미한다."

보며, 우리가 모순에 이르는 추론을 할 때 우리는 문제가 되는 진정한 요점, 즉 진정한 문제를 가진 것일 뿐만 아니라 발견의 동력, 즉 살아 있는 갈등을 가진 셈이라 천명한다. 그는 또한, 앞서도 언급했지만, 어떤 의미에서 근본적인 발견은 기존의 확립된 의견에 동의하지 않는 '낯선 청중'을 상상하는 것을 요구한다고 말한다.[45] 논증 행위를 '좋은 탐구 방식'으로 보는 저자는 논증 행위를 수정하는 것이, 즉 그것을 어떤 면에서 덜 논증적으로 만드는 것이 또한 탐구 및 새로운 것의 발견을 가능하게 한다는 귀띔도 한다.[46]

일반적인 논증에 대해 주목해야 할 첫 번째 것으로 저자가 지적하는 것은 그것이 추상적인 명제가 아니라 담화 행위의 문제라는 것이다. 명제는 논증이 되기 위해 단언되어야, 즉 하나의 주장이 되어야 한다는 것이다. 그리고 논증은 그 자체가 의사소통적 과정이며 담화 행위에 의해 구성되기 때문에, 사회적 합의라는 복잡한 배경의 관점을 벗어나서는 이해될 수 없다고 그는 강조한다. 학문적 논증에서도 음미해 보아야 할 대목은 논증 행위는 많은 종류의 깊은 동의에 기초할 때에만 가능하다는 점이다. 우리가 만일 어떤 논증에 있어서 참여자와 이러한 이해를 공유하지 않거나 그들이 작용하는 것을 인식하지 못한다면, 우리는 논증으로서 논증을 경험할

---

45) 크로스화이트(2001:332-333): "발견과 발명이 종종 그 자신이 낯선 청중이 된 개인들이나 그 자신을 낯선 청중으로 상상할 수 있는 개인들에 의하여 촉진되는 것 또한 사실이다."

46) 크로스화이트(2001:334-338): "탐구에 논증 행위를 이용하는 한 가지 방식은 갈등의 초점을 수정하는 것이다"; "논증행위의 역학을 탐구를 위해 변형시키는 또 다른 방법은 언어 행위와 대담자의 성격에 변화를 주는 것이다. [⋯] 대담자는 또한 동료 주장자가 될 수 있다. 즉 주장에 도전하는 대신에 대담자는 그 주장의 범위를 확장하거나 그것을 새로운 방식으로 응용하거나, 혹은 그 귀결을 탐색하거나, 혹은 그것을 해명할 수 있다. 대담자는 주장자에게 힘을 주는 역할을 하여 주장의 형성과 전개를 돕고, 비슷한 주장을 찾아내거나 이 주장을 어떤 주장들의 체계와 어떤 식으로든 연결시킬 수 있다. 이러한 추론은 여전히 일종의 질문과 대답이긴 하지만, 그 목표는 어떤 주장의 정당화가 아니라 다양한 주장을 탐색하고 전개하는 것이다."

수 없다는 것이다. 더구나, '학문적 논증 불능'[47]의 문제들도 있을 수 있다는 점을 우리는 겸허히 받아들여야 할 것이다.[48]

넬슨 외(2003a)는 우리가 아직도 하나의 확실하고 유일한 그리고 자연스럽고 합리적인 질서에 대한 환상을 가지고 있다는 지적을 하는데, 우리의 인문학자들도 혹 이러한 '환상'에 여전히 붙잡혀 있는 것은 아닌지 되돌아볼 필요가 있다. 이를 위해, 다른 여러 방법 중에서, 인문학의 '수사학적 전환'의 한 모습이라 할 수 있는[49] 탐구의 수사학을 시도할 수도 있고, 기타 다양한 수사학적 탐구들을 경험해 볼 수도 있을 것이다. 수사가 담론 내재적 성격의 것이라 해도, 대부분의 탐구의 수사학자들이 권유하듯, '학문이 수사(학)에서 벗어날 길은 없다'는 '수사학 만능적인 태도'를 취하기보다는,[50] 우선적으로 다양한 수사학 방법들을 구체적 분야, 구체적 상황에서 실제적 문제들의 해결에 적극 활용하는 것이 좀더 바람직할 것이다.[51]

---

47) 크로스화이트(2003:27-28):"어떤 종류의 자명함이나 확실성도 있을 수 없는 바로 이러한 논증 불능의 경험이야말로 확실성에 대한 기대나 형식적인 논증 가능성의 밖에서 이성을 이해해야 할 필요성을 낳는다. 이것은 마치 해체가 이성에 관한 실용주의적 수사학을 가능하게 하고 또한 필수적이게 만든, 근거의 부재를 제공한 것과 같다. 이성의 수사학은 이러한 상황에서 도대체 어떻게 우리가 선택에 대한 책임을 떠맡는 것이 가능한지를 탐색하는 이론이다."

48) 조성택(2003:164-165):"무아와 윤회의 양립 가능성 혹은 모순 관계는 (철학적으로) '논증'될 수 있는 성질의 것이 아니다. 우선 '불교 내의 관점'에서 무아와 윤회는 모순되지 않는다. 〔…〕 그러나 윤회와 무아가 모순 없이 양립된다고 하는 것은 어디까지나 '불교 안'의 관점일 뿐 불교의 안과 밖이 다 같이 수긍할 수 있는 관점은 아니다. '불교 밖'의 관점에서 볼 때 무아와 윤회의 양립 가능성은 아예 성립조차 할 수 없다. 우선, 윤회의 문제와 관련하여, 불교 밖의 입장에서 볼 때 윤회의 사실 문제는 논증되지 않는다. 다음으로 무아에 있어서는, 본론에서 언급하겠지만, 무아에 대한 궁극적 논증은 '깨달음'의 경험에 관한 것이기 때문에 이 또한 논증의 대상이 될 수 없다. 따라서 무아와 윤회의 관계는 철학적으로 논증될 성질의 것이 아니다."

49) 게온카(1990:352) 참고.

50) 사이먼스(1989:16):"여기서 마고리스가 견지하는 것은—다른 기고자들도 확언하는 것이지만—수사학으로부터의 탈출구는 없다는 것이다."

51) 게온카(1990:360) 같은 학자는 수사학이 다양한 학문적 담론들의 불가피한 구성요소라는 것은 부정하지 않으면서도, 수사학이 과연 매개적 역할을 벗어난 '분야적 적법성'을 갖는가 하는 문제에 대해서는 유보적 태도를 취한다.

5. 맺음말

화이트(2003)는 '고도로 확장된 의미에서의 수사학은 이를 통해 다른 학문들이 규정되고 조직되고 판단될 수 있으며, 우리가 그토록 오래도록 갈구해 왔던 중심 학문—'과학'은 그렇게 될 수 없음이 판명됨—이 될 수도 있다'는 기대를 표명한 바 있는데, 그 기대의 실현 여부는 현재로서 상당히 불투명하나,[52] 수사학의 실천과 교육이 본질적으로 '자기반성적'이라는 그의 지적에는 충분히 공감한다.수사학적 탐구가 인문학, 나아가 사회과학을 위한 하나의 새로운 탐구 방법으로 대두되면서, 우리가 유의해야 할 것은 이 방법론이 예전의 일원론적 형식논리학적 방법론처럼 획일적인 것이 되지 않도록 부단히 자기반성을 해야 한다는 것이다. '방법론은 죽었다—수사학 만세(Method is dead—Long live Rhetoric)!'식의 새 얼굴의 방법론을 내세우지 않도록 유의해야 한다는 것이다.[53] 인문학자들 역시 자신들의 역할이 '진리 탐구'라기보다, 좀더 겸손하게, '문제 제기'이고 '갈등 해결'이라 생각해야 하지 않을까?

김헌(2004)은 '修辭'를 《주역》에서의 의미를 좇아 이해한다면, '수사(修辭)'란 단순하게 말을 수식하고 장식하는 차원을 넘어 진리를 터득하기 위해 마음의 본질을 알 수 있도록 전 인격적인 차원에서 '말을 닦는' 일이 된다고 풀이한 바 있다.[54] 이러한 의미의 수사학은, 언어 구사 기술은 진지한

---

52) 케이트/처위츠(1989:207)는 사이먼스가 수사학이 '모든 탐구의 중심 혹은 정초'가 될 수 있을 것이라는 제안을 했다고 하는데, 이는, 보다 정확히는 화이트(2003)가 제시한 가능성이고, 사이먼스는, 보다 조심스럽게, 탐구의 수사학이 다른 분야들의 동료들에게 제공할 것이 상당히 많을 것이라는 기대를 나타내는 데 그치고 있다. 그의 바램은 탐구의 수사학이 '학문 수사학'의 발전에 크게 기여하는 것이라고 말하는 것이 보다 정확할 것이다.

53) 라인(1985:65) 참고.

54) 김헌(2004:165-166):"더 깊게 보면 말을 이루는 생각을 정성껏 올바로 세우는 것이요, 생각을 다듬어내는 성품을 바르게 하는 것이다. 마침내 수사는 생각과 성품에 어울리는 고상하고 아름다운, 우아하고 힘있는 언어 행위를 지향하는 것이 된다."

설득의 중요성을 아는 사람에게는 의미 있는 삶을 사는 일과 직결되는 기술이라는 이태수(2003)의 지적이나, 이기상(2003)이 말하는 '동양적 학문의 독특함'과도 상통한다.[55] 우리 인문학은, 그것이 넬슨 등(2003)이 말하는 탐구의 수사학이 되건 혹은 다른 어떤 수사학적 탐구가 되건, 가능한 범위 내에서 본격적인 수사학적 탐구를 '체험'하는 것이 필요해 보인다.[56] 물론 수사학 자체는 끊임없이 쇄신되고 재발견되어야 한다.[57] 그렇지 않다면 수사학은 그것이 어떠한 수사학이건 다시금 '줄어든 수사학', '졸아든 수사학'이 될 수밖에 없다. 수사학의 탐구는 이론과 실천을 포괄하는 일반적이며 포괄적 의미의 수사학을 지향해야 할 인문학자, 사회과학자들에게는 일종의 시시포스의 바위일 수밖에 없다.[58] ■**전성기** 불어불문학과

---

55) 이기상(2003:252): "'배워 묻기〔묻고 배우기〕'는 동양의 학문이 가지고 있는 독특함이다. 우리는 끊임없이 묻고 배운다. 우리에게 '배운다'는 의미 안에는, 배워서 아는 것을 삶 속에 실천한다는 뜻이 담겨 있다. 동양 전통에서는 이론과 실천을 따로 떼어놓고 생각하지 않았다. 실천으로서의 몸의 수양, 즉 몸살이에서 자신의 몸을 닦아 맘살이, 얼살이까지 이어나가는 길을 닦는 것이 자기 수양의 길이다. 자시자신을 비우고 나누는 것 역시 끊임없는 자기 수양이다. 즉 닦음이다."

56) 김헌(2004:167): "더 나아가 우리가 인문학을 말할 때, 그 인문학이 궁극적으로 지향하는 것 가운데 하나가 군자 또는 bonus vir와 같은 훌륭한 인간의 양성이며 인문학이 가장 구체적으로 생산하는 것이 인간의 언행, 언표에서 확인된다면, 인문학은 이와 같은 '수사'의 이념을 지향하는 학문에 다름 아니다."

57) 사이먼스(2003:8): "다른 학문 전통에서와 마찬가지로, 분야로서의 수사학에는 부단한 쇄신과 재창조가 필요하다. 이에는 다시 새로운 종류의 텍스트, 변화하는 맥락들에 대한 수사학적 감수성과 더불어, 옛 용어들과 이들의 예전의 이해들을 새로운, 보다 유용한 이해들을 위해 포기할 용의가 필요할 것이다."

58) 페르노(2004:32): "이렇게 수사학은 어제보다 오늘, 더 잘 알려져 있고, 또 인정되고 있습니다. 하지만 어떤 자기만족도 경계해야 합니다. 불신이 존속하고 있으며, 의심할 바 없이 계속 존속할 것이기 때문입니다. 수사학의 복권(復權)은 형편상 어쩔 수 없이, 끊임없이 다시 시작해야 합니다. 말의 조작능력이 피할 수 없이 깨어나게 하는 걱정들에 대해서 대응하길 원하는 사람들에게 그것은 일종의 시지프스의 바위와 같은 것입니다."

참고문헌

김동식(1991): 〈로티의 반정초주의〉, 《철학과현실》, 제11권, 135-156.

_____(1992): 〈로티의 언어관과 그 문제점〉, 《철학과현실》, 제14권, 267-291.

김영민(1997): 《탈식민성과 우리 인문학의 글쓰기》, 민음사.

김태준(2000): 〈동아시아적 글쓰기의 전통론 시고—《열하일기》의 글쓰기론을 중심으로〉, 《관악어문논집》, 36집, 221-246.

김헌(2004): 〈Rhêtorikê는 수사학(修辭學)인가?〉, 《철학과 현실》, 제61권, 153-168.

넬슨, J.S., 메길, A., 맥클로스키, D.(2003a): 《인문과학의 수사학—학문과 공공부문에 있어서의 언어와 논증》, 박우수·양태종 외 옮김, 고려대학교출판부(원본 1987).

넬슨, J.S. 외(2003b): 〈탐구의 수사학〉, 《인문과학의 수사학—학문과 공공부문에 있어서의 언어와 논증》, 박우수·양태종 외 옮김, 고려대학교출판부, 1-24.

박은진(2003): 〈수사학의 부활, 철학적 사유를 위하여!〉, 《철학과현실》, 제57권, 240-247.

페르노, L.(2004): 〈수사학 시대〉, 《수사학》, 제1호, 23-35.

신태수(2000): 〈인문학문의 글쓰기 경향과 그 반성〉, 《한민족어문학》, 제36집, 231-251.

이기상(2003): 《다석과 함께 여는 우리말 철학》, 지식산업사.

이태수(2003): 〈인문학의 두 계기—진리탐구와 수사적 설득〉, 장회익 외, 《삶, 반성, 인문학—인문학의 인식론적 구조》, 태학사, 91-120.

장경결(1994): 〈인문학의 위기와 비판 정신—새로운 비판 정신의 확립을 위하여〉, 《현대 비평과 이론》, 8호, 18-31.

_____(2003): 〈언어의 수사성과 이념성—언어의 관점에서 본 인문학의 문제〉, 장회익 외, 《삶, 반성, 인문학—인문학의 인식론적 구조》, 태학사, 121-153.

장회익 외(2003): 《삶, 반성, 인문학—인문학의 인식론적 구조》, 태학사.

전성기(2000): 〈번역의 제문론적 수사학적 고찰〉, 《불어불문학연구》, 제44집, 719-740.

_____(2001): 〈일반의미론과 번역〉, 《불어불문학연구》, 제48집, 685-706.

_____(2003): 〈언어학 담론의 수사학〉, 《불어불문학연구》, 제54집, 793-811.

_____(2004a): 〈수사학의 발견과 발견의 수사학〉, 《어문논집》, 제49집, 7-28.

_____(2004b): 〈번역학과 수사학〉, 전성기 외, 《텍스트 분석 방법으로서의 수사학》, 유로무역, 51-67.

정민(1997): 〈박지원의 소단적치인, 글쓰기와 병법〉, 《문헌과 해석》, 통권1호, 150-161.

조성택(2003): 〈불교의 이론과 실천 수행—초기 불교의 무아설을 중심으로〉, 《오늘의 동양사상》, 제8호, 163-189.

크로스화이트, J.(2001): 《이성의 수사학—글쓰기와 논증의 매력》, 오형엽 옮김, 고려대학교출판부(원본 1996).

플랑탱, C.(2003): 《논증 연구—논증 발언 연구의 언어학적 입문》, 장인봉 옮김, 고려대학교출판부.

하종호(2003): 〈텍스트 읽고 쓰기—인문학 위기 타개를 위한 고육지책?〉, 《철학과 현실》, 제57권, 248-254.

헤르나디, P.(2003): 〈문학 해석과 인문학의 수사학〉, 넬슨, J.S. 외, 《인문과학의 수사학—학문과 공공부문에 있어서의 언어와 논증》, 박우수·양태종 외 옮김, 고려대학교출판부, 360-374.

화이트, J.B.(2003): 〈수사학과 법—문화적이고 공동체적인 삶의 기술들〉, 넬슨, J.S. 외, 《인문과학의 수사학—학문과 공공부문에 있어서의 언어와 논증》, 박우수·양태종 외 옮김, 고려대학교출판부, 405-431.

Abel, O.(2000): *L'étique interrogative: Herméneutique et problématologie de notre condition langagière*, PUF.

Bernard-Donals/Glijzer, R.R.(1998): "Introduction", *Rhetoric in an Antifoundational World: Language, Culture, and Pedagogy*, Edited by Bernard-Donals and Glijzer, R.R., Yale University Press, 1-30.

Breton, P.(1996): *L'argumentation dans la communication*, Editions La Découverte.

Czubaroff, J.(1989): "The Deliberative Character of Strategic Scientific Debates", *Rhetoric in the Human Sciences*, Edited by Simons, H.W., Sage Publications, 28-47.

Gaonkar, D.P.(1990): "Rhetoric and Its Double: Reflections on the Rhetorical Trun in the Human Sciences", *The Rhetorical Turn: Invention and Persuasion in the Conduct of Inquiry*, Edited by Herbert W. Simons, The University of Chicago Press, 341-366.

Gross, A.G.(1996): *The Rhtoric of Science*, Harvard University Press.

Harris, R.A. Ed.(1997): *Landmark Essays on Rhetoric of Science: Case Studies, Lawrence Erlbaum Associates*, Inc., Publishers.

Hernadi, P. Ed.(1989): *The Rhetoric of Interpretation and the Interpretation of Rhetoric*, Duke University Press.

Keith, W.M. and Cherwitz, R.A.(1989): "Objectivity, Disagreement, and the Rhetoric of

Inquiry", *Rhetoric in the Human Sciences*, Sage Publications, Edited by Simons, H.W., 195-210.

Kuhn, T.(1972): *Structure of Scientific Revolutions*, University of Chicago Press.

Lyne, John(1985): "Rhetoric of Inquiry", *Quarterly Journal of Speech*, vol, 71, 65-73.

Maneli, M.(1993): *Perelman's New Rhetoric as Philosophical Methodology and Methodology for the Next Century*, Kluwer Academic Publication.

Meyer, M.(1993): *Question de rhétorique-langage·raison·séduction*, Librairie Générale.

______(1994): *Rhetorics, Language and Reason*, Pennsylvenia State University Press.

Nelson, J.S./ Megill, A.(1986): "Rhetoric of Inquiry: Projects and Prospects", *Quarterly Journal of Speech*, vol, 72, 20-37.

Perelman, C.(1977): *L'empire rhétorique: rhétorique et argumentation*, Librairie Philosophique J. Vrin.

Perelman, C./Olbrechts-Tyteca(1958): *Traité de l''rgumentation: La nouvelle rhétorique*, Editions de l'Université de Bruxelles.

Schmetz, R.(2000): *L'argumentation selon Perelman: Pour une raison au coeur de la rhétorique*, Presses Universitaires de Namur.

Simons H.W.(1985): "Chronicle and Critique of a Conference", *Quarterly Journal of Speech*, vol, 71, 52-64.

______Ed.(1989): *Rhetoric in the Human Sciences*, Sage Publications.

______(1990a): "Preface", *The Rhetorical Turn: Invention and Persuasion in the Conduct of Inquiry*, Edited by Herbert W. Simons, The University of Chicago Press, vii-xii.

______(1990b): "The Rhetoric of Inquiry as an Intellectual Movement", *The Rhetorical Turn: Invention and Persuasion in the Conduct of Inquiry*, Edited by Herbert W. Simons, The University of Chicago Press, 1-31.

______Ed.(1990c): *The Rhetorical Turn: Invention and Persuasion in the Conduct of Inquiry*, Edited by Herbert W. Simons, The University of Chicago Press.

______(2003): "The Globalization of Rhetoric and the Argument from Disciplinary Consequence", *Poroi*, 2, 2, 1-16.

제3부

아름다움, 그 의미를 논하다

색채를 통해 바라본 한국미의 정체성*

한국 색채의 역사는 멀리 삼국 시대까지 거슬러 올라간다. 고구려 벽화에 나타난 색채를 살펴보자. 아직 시료채취를 통한 정확한 데이터는 없고 다만 추정만 가능할 따름이다.

우리나라에서 가장 오래된 고구려 벽화인 동수묘 주인공인 동수는 요동(遼東) 지방에서 고구려로 망명한 무장이며 안악 유순리에 묻혔다. 현실(玄室) 안에 있는 진(晉)나라 때의 묵서(墨書)에 이 고분이 357년(고국원왕 27)에 만들어진 것이라는 기록이 있다. 고구려 벽화의 시작을 알리는 그림이다. 묵서뿐 아니라 씨름도와 무사들의 그림, 일상생활 모습 등 다양한 이야기가 전개되고 있고 남쪽 옆방 벽에는 무덤의 주인인 동수와 그의 부인이 시녀들을 거느리고 각각 가마 위에 앉아 있는 호화로운 그림이 그려져 있다.

강서대묘는 〈사신도〉로 유명하다. 고대인의 우주관이 이 〈사신도〉를 통해 잘 드러나고 있다. 주작·현무·청룡·백호 등 상상의 동물을 빌려 4개의 방위와 계절을 묘사하고 있다. 세월의 층을 견뎌 오면서 여기의 색채들은

---

*이 논문의 일부 내용은 필자가 발표한 〈한국미술 속의 지혜과학〉 중 발췌하였다.

상당 부분 산화로 인한 황변 현상을 일으켰거나 퇴색이 되었을 것으로 추정되지만 여전히 아름다운 분위기를 띠고 있다. 주로 산화철 계통의 적색 계열이나 주사 등의 안료와 석청, 석록 등을 사용한 듯하다. 그러나 북한과 중국에 있는 벽화의 경우, 사용된 안료는 거의 추정에 불과하고 고구려 고

동수묘의 벽화

강서대묘 〈사신도〉

분 벽화의 후기의 모습을 잘 보여 주는 일본 나라현의 고송 지방의 다카마쓰즈카 벽화의 경우엔 정확한 데이터가 조사되었으므로 이를 통해 고구려 벽화 속의 색채의 정체를 알 수 있을 것이다. 고송총 벽화에 나타난 색감은 황, 적, 청, 녹 그리고 흑색이다. 그리고 백색은 바탕인 석회의 색이다. 공자

호류지 전경

호류지 내의 금당

다카마쓰즈카(고송총) 고분 벽화

담징의 열반도

담징의 비천도

의 회사후소(繪事後素)란 것의 의미가 여기서 출발하였을 것이다. 여기에 사용된 위의 색채 중에 황색과 적색은 염료를 사용하였다. 두 색 다 식물에서 채취한 염료를 사용하였고 특히 적색은 소목을 사용한 것으로 조사되었다. 적색 옷의 여인의 허리끈과 치마는 쪽을 사용하였다.

또한 일본에 남아 있는 고구려 회화로서 담징의 벽화를 빼놓을 수 없다. 일본 나라현 호류지(法隆寺)의 금당(金堂)의 벽면에 그려진 불화는 매우 정교하면서도 유려한 아름다움을 지니고 있어 지금의 우리가 보아도 그 아름다움에 감탄과 희열을 금할 수 없다. 강인함과 웅비한 기상의 민족적 이미지와 함께 이들의 섬세하고 치밀한 정서를 발견할 수 있어 매우 흥미롭다.

여기서 우리는 이미 고대에 우리의 조상들이 무기 안료와 유기 안료를 동시에 사용하였음을 알 수 있다. 무기 안료는 주로 광물성의 발색 물질이고 유기 안료는 동식물에서 추출한 염료를 의미한다.

고려대에 들어서면 불화에서 우리 채색 그림의 절정을 볼 수 있다. 고려 불화는 생사를 손으로 짠 비단 위에 그리는데 이 비단은 올이 매우 성기고 뒤쪽이 비치는 성질을 지니고 있다. 이 특징을 이용해서 고려 불화는 배채(北彩)라는 매우 독특한 채색 기법을 사용하고 있다. 그림의 전면에서 보이는 모든 색감이 거의 다 뒤쪽에 칠해지고 이것이 비단을 통해 전면에 드러난다. 앞면에서는 염료를 사용해서 뒷면의 색조를 조절하거나 인물의 윤곽이나 장신구 등의 선묘의 묘사를 주로 하게 된다.

불화에 사용된 색 역시 황, 적, 청, 녹, 흑, 백이다. 자연에서 얻어지는 색은 사실 이 범주 안에 있다. 특히 적색과 녹색은 불화의 주조색이라 할 수 있다. 적색은 주사라는 광물질을 갈아서 만든 색인데 이 주사의 붉은색은 불(火)을 상징하고 마를 쫓아내는 힘을 지닌 색이다. 부처는 곧 빛이고 불이므로 이것을 상징하는 적색을 사용한 것이다. 그리고 녹색은 이 적색의 보색으로써 적색을 더욱 돋보이게 하므로 사용되었을 것이다. 거의 대부분의 불화가 이 두 색을 주조색으로 하는 데에는 이러한 이유가 담겨 있다. 동짓날 팥죽을 먹거나 인주나 부적에 붉은 주사를 쓰는 이유 역시 이러한

〈수월관음도〉(일본 경신사 소장)

배채법

배경이 숨어 있다.

조선대로 들어서면 영정화와 초상화, 민화가 있다. 조선조에는 유교사상의 고양으로 채색 그림보다 수묵화가 득세하였다. 채색이나 수묵이나 모두 동양인의 색채관에 근거한 것이다. 보색 대비를 활용하고 색상을 교차 중복하여 미묘한 색감을 전개시켜 나가는 색채 철학은 바로 상극(相剋)을 상생(相生)으로 전환시키는 한국인의 삶의 철학으로부터 나오는 것이다. 〈일월도〉, 영정화, 민화 등에 이러한 색채철학이 드러난다.

초상화의 경우는 신분과 계급을 알 수 있어 상징색으로 사용된 좋은 예이다.

이러한 회화들과는 조금 다른 분야이긴 하나 한국의 색채를 말하면서 간과할 수 없는 중요한 자료가 규방의 여성들에 의해

조선 관리의 초상(上)과 영조의 초상

조선의 민화

〈일월도〉

조선의 조각보

만들어진 보자기이며 특히 조각보는 전 세계에서도 매우 독자적이고 독특한 예술세계를 구현한 귀중한 자료로 인정받고 있다. 조각보는 한복 등을 만들고 남은 자투리 천을 활용하여 만든 것인데, 따라서 한정되고 구획되어진 조각을 이용하여 매우 흥미로운 구성을 하였다. 여성 미학의 대표적인 작품 보자기는 회화 못지않은 수준 높은 색채 감각을 보여 주는데 예전에는 모두 자연의 색을 사용하여 염색한 것이므로 일단 색의 아름다움은 말할 것도 없고 구도까지 완벽한 미감을 지니고 있다.

우리의 조상들은 서양인들의 색감과는 다른 색 철학을 지니고 있었다. 서양의 색이 태양빛에 의해 나타나는 표면색이라면 동양의 색은 태양이 없어도 존재하는 본질의 색이다. 서양의 색이 현상의 색이라면 동양의 색은 현상 너머의 색이다. 가시적으로 존재하는 것이 서양인의 색이라면 동양의 색은 상징색이며 의미의 색인 것이다.

서양의 색은 바로 태양빛에 의한 일곱 가지 무지개의 가시적 색을 말하

정종미, 〈조각보를 위한 진혼곡(Requiem)〉

〈조각보를 위한 진혼곡〉 부분

정종미, 〈보자기 부인〉

는 것이다. 이러한 색채 철학은 인상파에 와서 극대화되었다. 그들에게 있어서 형태란 것은 빛을 전제로 한 음영의 표현이다. 빛을 그리면 그림자나 그늘도 드러나게 되고 따라서 서양인의 의식 속의 입체감은 이런 빛에 의한 차이로 나타난다.

이러한 서양의 색 철학과 달리 동양의 색 철학은 빛에 의한 색이 아닌 우주 본연의 색, 즉 궁극의 색을 말한다. '하늘 천 따 지 검을 현 누를 황…'. 천자문에 맨 처음 나오는 글귀이다. '천지현황(天地玄黃)' 즉 하늘은 검고 땅은 누렇다는 뜻으로, 우리가 일상에서 보는 하늘은 푸른색인데 검다고 하였다. 낮에 보이는 하늘은 푸르지만 밤에 보이는 하늘은 검은 색이다. 낮의 푸른색은 태양빛에 의해 드러나는 색이지만 밤의 검은색은 빛이 없이 보이는 색이라 이것이 오히려 진실에 가까운 것이고 하늘의 본래의 색이라고 보는 것이다.

곧 현색(玄色)은 비가시적인 색이며 현상 너머의 색이다. 이렇게 실제로는 존재하지 않지만 인간의 관념 속에 존재하는 상징색을 표현하기 위해서 동양인은 먹(墨)을 만들어 내었다. 서양에는 먹이라는 개념이 없다. 굳이 표현하자면 잉크(ink)라는 개념만 있을 뿐이다. 이것은 바로 서양과 동양의 우주관의 차이에서 비롯된다.

북송대의 유명한 화가 문동(文桐)은 대나무를 즐겨 그렸다. 어느 날 보통 때와 달리 붉은 대나무를 그렸는데 이를 본 제자가 이상히 여겨서 물어보았다. '선생님, 붉은 대나무가 어디 있습니까?'라고 그러자 문동이 '그럼 까만 대나무는 봤냐?'라고 답했다 한다. 사제지간의 평범한 대화에 불과할지도 모르지만 이 대화 속에는 위와 같은 동양인의 색에 대한 심오한 철학이 깔려 있다. 평소에 검은 먹으로 그리는 대나무에 대해선 의문을 갖지 않으면서 빨간 대나무는 왜 이상하냐고 되묻는 것이다. 먹으로 그렸을 때 비로소 대나무의 참모습을 그린 것이라고 여기는 것이다.

소위 수묵화라는 동양의 독특한 회화 장르는 동양인의 이와 같은 우주 철학을 바탕으로 하고 있다. 수묵화에 있어서는 무는 그림을 그릴 바탕이고 유는 그려질 그림이다. 그리고 음양은 농담으로 표현된다.

무(無) → 유(有) →음양(陰陽)→오행(五行)
백지(바탕)→ 대상(물체) →농담(濃淡)→오채(五彩)

우주는 태초에 무(無)의 세계였고 여기서 유(有)가 잉태된다. 이 유에서 음양(陰陽)이 나오고 여기서 다시 우주를 이루는 다섯 가지의 요소 곧 오행(五行)이 배태된다. 이 농담에서 오채, 즉 다섯 가지 색이 나온다.

오채(五彩)는 오행으로부터 나오고 오행을 풀면 금(金), 토(土), 화(火), 목(木), 수(水)가 되고 금은 색으로는 흰색이며 방위로는 서쪽이고 계절로는 가을이며 오장의 폐에 해당된다. 토는 황색이고 방위로는 중앙이며 오장의 위에 해당된다. 화는 적색, 남쪽이며 여름이고 심장이다. 목은 청색이고 동쪽이며 봄이고 간이다. 수는 검은색이고 북쪽이며 겨울이며 신장이다. 곧 오행(五行)은 오색(五色)과 오방(五方)과 오계(五季), 그리고 오장(五臟)을 상징한다.

伍行圖

五常	五臟	五時	五方	五色	五行
仁	肝	春	東	青	木
禮	心	夏	南	赤	火
信	脾	土用	中央	黃	土
義	肺	秋	西	白	金
智	腎	冬	北	黑	水

대자연 혹은 우주가 오원소(五元素)인 수(水), 화(火), 목(木), 금(金), 토(土)를 모두 고루 갖추게 되면 우주는 완전해진다. 자연과 비교해 소우주라 일컫는 인간 역시 타고난 연월일시에 이 오복을 고루 갖추면 복된 삶을 누린다고 한다. 명절에 입는 색동옷이나 상여의 지화(紙花) 등은 바로 오복을 갖추어 복된 삶을 살기를 바라는 염원의 뜻이 배여 있다.

이러한 상징색인 오방색은 자연 속에서 광물질의 형태로 발견이 된다. 요즘은 합성 안료가 제작되어 매우 다양한 색들이 많이 나오고 이를 즐기기도 하지만 합성 안료가 만들어지기 전에는 색을 지니는 발색 물질은 자연 속에서 광물질이나 동식물의 유기체로 존재한다. 광물질 안료는 주사(적색), 황색(석황), 청색(석청), 녹색(석녹), 백색(석회), 흑색(먹)이 있다.

식물에서 채취한 발색 물질인 염료로는 황색(치자, 황벽), 적색(잇꽃, 소목), 청색(쪽풀), 흑색(먹)이 있다. 광물질의 안료와 식물성의 염료는 달리 표현하면 무기 안료와 유기 안료로 분류가 된다. 전혀 다른 속성을 지닌 이 두 가지 물질이 만나서 중간색을 만들기도 하고 색조를 조절하기도 한다. 더하여 선명하나 불투명성을 지닌 무기 안료에 투명성을 지닌 유기 안료를 사용하여 색의 선명성과 투명감을 동시에 얻기도 한다. 이러한 색채기법으로부터 한국의 색 정서가 마련되었다. 한민족은 맑으면서 깊이감 있는 색채를 즐겨 사용하였다. 곧 상극의 재료를 조화롭게 사용하여 상생의

석청가루

석녹

석황가루

주사석

석황

남동광(석청)

고려 단오먹

황색을 내는 치자

황색의 황벽나무

홍화

쪽염색

쪽풀 채취

단청

색으로 전개시켜 색의 극치를 표현해 낸 것이다.

사찰의 단청은 부처가 도달한 열반(涅槃)의 세계를 그린 것이거나 부처가 머무는 성전(聖殿)을 표현한 것이므로 오원소를 상징하는 오방색으로 치장하였다. 또한 궁궐의 단청 역시 왕이 머무는 성역(聖域)이므로 오방색으로 치장하였다.

일반적으로 서민들 사이에서는 이러한 색이 함부로 사용되지 않았는데 바로 이런 배경으로 인한 것이고 다만 특정한 날이나 행사에만 허용이 되었을 것이다. 명절에 입는 색동옷은 바로 오색을 사용하여 오복을 누리라는 기원의 뜻이 담겨 있다.

불화는 부처를 경외하기 위해 그려진 그림이므로 오방색을 사용하였으나 나한이나 부처, 관음 등의 보살이 아닌 수행자를 그릴 때는 수묵으로 그린 경우가 대부분이다. 열반과 달리 현세를 대개 무채색인 먹으로 그리는 이유도 이러한 배경에서 비롯되었을 것이다.

색동옷

고려청자

공예 부분에서 세계적인 관심을 끌고 인정을 받은 바 있는 한국의 도자기 역시 이러한 한국인의 색 철학이 잘 드러나 있다. 백자나 청자의 경우도 유약을 사용하지만 표면에 나타나는 도자기의 최종적인 색감은 바탕인 흙의 색과 유약이 함께 만들어 낸 색이다. 따라서 겹치고 중첩되어서 나오는 색의 공간감과 깊이감 투명감 등이 도자기에서도 나타나고 있다.

한국인은 자연을 사랑하는 민족이다. 건축이나 다른 예술 장르를 보더라도 이런 자연 친화적인 요소를 쉽게 발견하게 된다. 한국의 풍토 역시 아름다워서 한국인은 늘 푸르고 높은 하늘과 금수강산이라고 할 만큼 맑고 정결한 산수를 보며 살아온 민족이다. 그래서 한국인이 즐기는 색 역시 이 자연 속의 색과 별반 다르지 않다. 우리의 DNA 안에는 오랫동안 즐겨 온 이 자연색에 대한 기억이 저장되어 있다. 염색이나 그림 속의 자연색을 보며 편안함을 느끼는 이유는 바로 이러한 것에 기인하는 것일 것이다. ■ **정종미 디자인조형학부**

건축, 그 살내음의 미학

건축은 흔히들 공학과 예술의 만남이라 이야기한다. 이에 관한 논의는 지금까지 무수히 진행되어 왔는데, 그 까닭은 건축에서 우리가 아름다움을 말하기 때문이다. 즉, 건축에서 '아름다움'이라는 관념이 갖은 중요성은 결코 작지 않다. 건축과 아름다움을 결부할 때 떠오르는 수많은 이미지들을 보라. 고대 그리스의 파르테논 신전이 보여 주는 고전적 추상미, 중세 고딕 성당의 첨탑이 갖는 경쾌한 양천감, 날렵한 현대 건축물의 기계미학, 혹은 우리 전통 건축에 나타나는 지붕 선의 어우러짐…. 그렇다면 이러한 건축의 아름다움은 어떻게 이해할 수 있을까? 그리고 우리가 지향해야 할 아름다움은 무엇일까?

건축의 고전적 미의식

건축에서 아름다움이 갖는 중요성은 기원전 1세기의 기록에서도 발견할 수 있다. 로마 시대의 건축가이자 이론가인 비트루비우스(Marcus Vitruvius Pollio)는 현존하는 가장 오래된 건축 이론서인 《건축십서(*De Architectura*)》

를 남겼다. 여기에서 그는 아름다움(venustas)을 구조적 안정성(firmitas) 및 기능의 유용성(utilitas)과 함께 건축의 세 가지 원칙 중 하나로 본 것이다. 비트루비우스가 기술하는 건축의 아름다움은 그 외관이 주는 즐거움이나 각 부분의 비례, 대칭 등과 연관된다. 다시 말해 건물의 모습이 마땅한 비율과 대칭성을 따를 때에라야 미적 감흥을 불러일으킬 수 있다는 것이다. 그리고 이러한 원리는 자연이 인간의 신체 각 부분에 부여한 '완벽한 숫자'의 질서에 근거한다.[1] 고로 우리 몸의 비례, 대칭, 균형이 미의 준거가 되었다고 하겠다. 이 같은 비트루비우스적 건축미는 15세기 레온 바티스타 알베르티(Leon Battista Alberti, 1404-1472)를 비롯한 여러 르네상스 건축가들에 의해 재발견되어 좀더 학문적이고 탄탄한 이론적 토대를 갖게 되었다. 우리 몸의 비례 체계와 같은 신성한 수학적 질서를 갖는 건물의 평면과 입면은, 마치 음악의 화음이 그러하듯, 우주적 질서와 맞닿아 있는 것으로 받아들여졌던 것이다. 여러 르네상스 예술가들이 남긴 인간 신체와 기하학적 도형 사이의 관계 도식에 그러한 개념이 잘 나타난다. 레오나르도 다 빈치(Leonardo da Vinci, 1452-1519)에 의한 〈비트루비안 맨(Vitruvian man)〉이 가장 대표적이라 하겠으며(그림 1), 프란체스코 디 조르조(Francesco di Giorgio, 1439-1502)는 인간 형상을 십자형의 교회당 평면과 겹쳐 보여 준다(그림 2). 이러한 기하학적 원리는 실제의 건물에 빈번히 적용되었다. 피렌체에서 르네상스를 개막한 장본인으로 일컬어지는 필리포 브루넬레스키(Filippo Brunelleschi, 1377-1446)의 산토 스피리토 성당(Santo Spirito, 1436-) 디자인이 좋은 예이다(그림 3). 이 건물 평면의 교차부가 생성하는 정사각형이 건물 전체의 기본 모듈이 되어 전체를 규율하기 때문이다. 그 모듈은 건물 평면의 중심(신랑, nave)을 관통하며, 바깥쪽(측랑, aisle)으로는 그것의 1/4 분할모듈이 적용된다. 이러한 질서는 단면

1) Marcus Vitruvius Pollio, *The Ten Books on Architecture*, translated by Morris Hicky Morgan (New York:Dover Publications, 1960), pp. 13-17, 72-75.

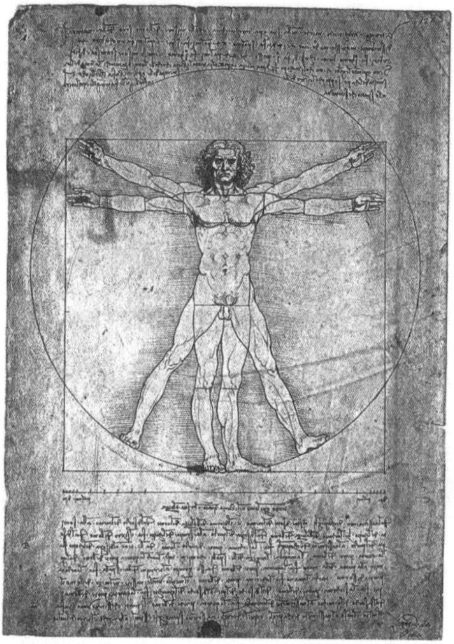

그림1. 레오나르도 다 빈치, 〈비트루비안 맨〉(1500년경). 다 빈치는 비트루비우스의 이론을 이용해 인간의 신체에서 비례, 대칭의 기하학적 체계를 표현했다. 이러한 수학적 질서는 전 우주의 근본 원리와 통하는 것으로 인지되었다(Rudolf Wittkower, *Architectural Principles in the Age of Humanism*, London: Alec Tiranti, 1962).

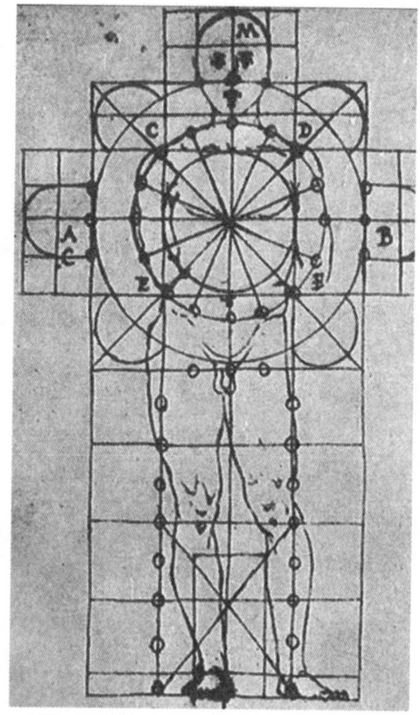

그림2. 프란체스코 디 조르조, 인간의 형상과 융합된 교회당 평면(15세기). 르네상스 시대 기독교 신앙과 플라톤주의가 결합된 이상적 교회당의 전형 가운데 하나이다(Rudolf Wittkower, *Architectural Principles in the Age of Humanism*, London: Alec Tiranti, 1962).

상으로도 확장되어 반복된다고 하겠다.

이처럼 고전을 부활시킨 르네상스의 아름다움에 대한 관념은 이후의 건축미학에도 지속적인 영향력을 행사하게 된다. 전통과 단절한 듯 보였던 근대건축에도 이와 같은 고전적 미의식은 저변을 흐르고 있었다. 20세기 근대건축의 최고봉으로 칭송받는 르 코르뷔지에(Le Corbusier, 1887-1965)를 보자. 그의 대표 저서인 《건축을 향하여(*Vers une architecture*)》(1923)는 규준선(regulating lines)이 주는 질서의 중요성을 크게 강조하며 이를 통해 임의성을 피할 수 있다고 이야기한다. 더 나아가 그는 황금비에 근거한 비례 체계인 '모듈러(Modulor)'를 창안하였고(그림 4), 동명의 저서인 《모듈러》(1948)와 《모듈러 2》(1955)를 통해 공표하였다. 이것은 '건축

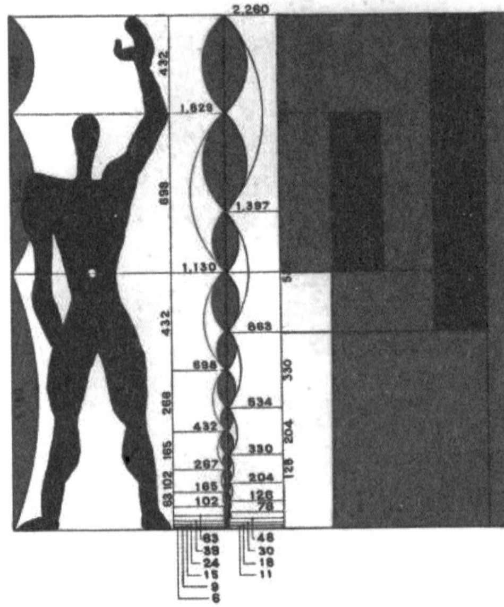

그림4. 르 코르뷔지에, 〈모듈러〉(1948). 인체는 여전히 디자인을 위한 강력한 준거를 제시한다. 모듈러 시스템은 마르세유의 유니테 다비타시옹에 적용되었지만 코르뷔지에의 주장처럼 언제나 작동되는 것은 아니었다(William J. R. Curtis, *Le Corbusier: Ideas and Forms*, London: Phaidon, 1986).

그림3. 필리포 브루넬레스키, '산토 스피리토 성당 도면'(피렌체, 15세기). 평면 교차부의 정사각형이 건물 전체의 기본 모듈로 작용한다. 르네상스의 아이디어를 잘 나타낸 교회당 설계로 볼 수 있다(David Watkin, *A History of Western Architecture*, London: Laurence King, 2000).

과 기계에 보편적으로 적용할 만한 인간 치수에 맞는 조화로운 척도'로서 특히 마르세유에 건축된 집합주택 유니테 다비타시옹(Unité d'Habitation, 1946-1952)의 디자인을 위한 기초가 되었다.

그러나 이러한 고전적 건축미는 작금에 와서는 절대적 가치를 상실하였다고 말할 수 있다. 모듈러의 황금비를 사용했다고 모든 건축에 아름다움이 보장될까? 역설적이지만 코르뷔지에마저도 자신의 모듈러의 보편적 사용을 사실상 부정했다. 스스로 보기에 비례가 적절하다 여겨지면 모듈러를 쉽게 포기하기도 했고, 솜씨 없는 직원들이 모듈러를 근거로 자신들의 디자인이 정당함을 주장할 때는 모듈러 자체의 사용을 금하기도 했던 것이다.[2)] '아름다움'이라는 개념은 상당히 주관적이다. 현대미학의 측면에서 볼 때 미학적 담론이 '아름다움'이라는 단어를 포함하지 않기도 하고, 이런 단어를 포함한 담론이 미학적이지 않을 때도 빈번하다. 비트루비우스로 다시 돌아온다면, 그의 세 가지 원칙이 이미 보여 주듯 건축은 단지 아름다움의 개념과만 관련하는 것이 아니다. 즉, 우리는 건축에 기능이나 구조와 같은 다른 중요한 물리적 제약이 존재한다는 사실을 잊지 말아야 한다. 이것이야말로 순수미술과 건축의 결정적 차이점으로서 헤겔의 미학 체계가 이 점을 잘 보여 준다. 그에 따르면 예술의 분야는 위계적 질서를 갖는데(물론 그의 사상 내에서 예술 자체는 역사 진보의 초기 단계에 속하지만), 가장 하위에 놓이는 것이 바로 건축이다. 그리고 이로부터 점점 물리적 제약을 벗어 버리는 조각, 회화, 음악으로 위계가 상승하며, 최종적으로 언어에만 구속된 시의 단계에 이르게 된다.[3)]

건축의 특질과 아름다움

근대건축운동의 흐름 가운데 1900년 전후의 아르누보 건축은 예술지상주의(l'art pour l'art)를 지향하며 자체만으로 충분히 '아름다운' 디자인을 선보였다. 아르누보 건축가들은 당시 지배적이던 프랑스 보자르 고전주의(Beaux-Arts classicism)의 권위주의와 기념비성에 대항하여 양식적 해방을 추구했다는 측면에서 의의가 크다. 이들은 '새로운 예술(art nouveau)'을 위해 좀더 가볍고 경쾌한 아름다움을 창조했는데, 여기에는 철과 유리가 건축 재료로 적극 도입되었고 나뭇가지와 꽃, 넝쿨손 등의 자연 소재가 주요 디자인 모티브로 활용되었다. 벨기에 건축가 빅토르 오르타(Victor Horta, 1861-1947)가 설계한 브뤼셀의 타셀 주택(1892-1893)은 아르누보 건축의

---

2) William J. R. Curtis, *Le Corbusier:Ideas and Forms* (London:Phaidon, 1986), p.164.
3) Georg W. F. Hegel, *Introductory Lectures on Aesthetics* (London:Penguin, 1993), pp.90-97.

그림 5. 빅토르 오르타, 타셀 주택(브뤼셀, 1892-1993). 아르누보 건축의 선구적 작품으로서 가느다란 철제 기둥과 곡선형 식물 문양의 난간, 바닥 모자이크, 벽면 장식이 특징적이다. 그러나 '예술을 위한 예술'로서의 건축은 곧 영향력을 잃게 된다(필자 촬영).

선구적 작품으로 평가된다. 이 주택의 계단실에서 볼 수 있는 가느다란 철제 기둥과 곡선형 식물 문양의 난간, 바닥 모자이크, 벽면 장식은 이 경향의 전형적인 건축 어휘라 하겠다(그림 5). 그러나 아르누보 건축은 과학기술의 진보와 대중사회의 확산이라는 현실을 도외시하고 부르주아적 탐미성에 경도되어 있었다. 따라서 건축의 윤리성과 사회성에 발맞추지 못했다는 비판을 받는다. 엑토르 기마르(Hector Guimard, 1867-1942)가 디자인한 파리 메트로 출입구(1900)에서 아르누보의 대중적 적용이 시도되었음에도 불구하고 이 흐름이 곧 시들해지고 만 것은 바로 이 때문이었다.

결국 건축의 아름다움은 건축이 갖는 고유의 특질과 얽힐 수밖에 없다. 그것은 앞서 언급한 기능이나 구조와 같은 물리적인 요소일 수도 있고, 공공재로서의 사회적 책임이나 시대상의 반영과 같이 비가시적인 측면일 수도 있다. 복잡 다양한 건축 프로그램의 기능적 요구를 충족시키면 그 건물은 기능미를 발산한다고 볼 수 있다. 건축 구조의 난제를 가장 합리적이고 효율적으로 풀어냈을 때 거기에서 우리는 건축의 구조미를 발견하게 된다. 또한 건축물은 현시대의 첨단 과학기술 요소를 드러냄으로써 하이테크 미학을 선보이기도 하고, 현대사회의 탈 구조주의적인 지적 상황을 반영하며 해체미학을 제시해 주기도 한다. 하지만 현재 우리의 건축은 '아름다움'에 관한 논의 이전, 삶을 생생히 담는 그릇으로서의 건축의 본질을 상당 부분 망각하고 있다. 근대건축의 기능주의 미학은 그 심층적 기제 없이 표피만 양산함으로써 우리를 숨 막히게 하는 무미건조한 도시환경을 조성하고 말았다. 건축에서 구조의 최적해만을 추구하는 것이나 하이테크의 기계미학은 건축을 차가운 테크놀로지의 범주에만 가둬 둘 오류를 범할 수도 있다. 건축에 현란한 해체철학을 적용하는 것은 기존 권위에서 탈피하는 자유를 주기보다 오히려 건축을 삶으로부터 더욱 유리하게 만드는 경향이 있다. 그렇다면 지금 우리에게 필요한 건축의 아름다움, 혹은 미학은 무엇일까? 건축가뿐만 아니라 사용자도 함께 공유할 수 있는 미학 말이다.

건축, 그 살내음의 아름다움을 향하여

필자는 현재 우리가 추구해야 할 건축의 아름다움을 '살내음의 미학'으로 정의하고 싶다. 우리는 종종 (여인의) 살내음을 은유적이고 낭만적으로 묘사한 시구를 발견한다. "치자꽃 향기는 여인의 살내음"(이청준), "봄은 열어젖힌 가슴 살내음 향기처럼 오고야 말겠지"(박성희), "바람결에 실려오는 / 복사꽃 피는 / 살 내음 이어"(김세희) 등이 그 예이다. 여기서 '살내음', 즉 '살 냄새'라는 말은 기본적으로 후각적이지만 촉각과 시각을 동반한 공감각적 심상을 갖는다 하겠다. 진한 꽃향기로 다가오는 여인의 살 냄새라는 이미지는 햇살에 노출된 순백의 보드라운 살결을 쉬이 연상시킨다. 아기의 살내음 역시 그러하며, 근육질 남성의 억센 구릿빛 살갗도 또 다른 복수감각의 교차를 허한다. 이 같은 '살내음'이라는 아이디어를 건축의 창작과 감상으로도 차용할 수 있지 않을까? 비록 이 말은 상당한 관능미를 발산하지만 현대철학의 몸에 대한 관심, 특히 모리스 메를로 퐁티(Maurice Merleau-Ponty, 1908-1961)의 탐구와 연관될 수 있다. 메를로 퐁티는 육체를 세계와 정신을 단절시키는 방해물이 아닌 매개체로 본다. 나와 세계의 살이 얽히고 교차될 때에만이 사물에 대한 올바른 이해를 얻을 수 있다는 것이다. 1960년대 출판된 〈얽힘-교차〉라는 에세이에서 그는 다음과 같이 적는다. "관찰자의 물질성을 구성하듯 사물의 가시성을 구성하는 것이 바로 관찰자와 사물 사이의 살의 두께(the thickness of flesh)이다. 이것은 그들 사이의 장애물이 아니라 소통의 도구이다. […] 몸의 두께는 세계의 그것과 대항하는 것이 결코 아니라 그와는 반대로 내가 사물들의 핵심을 향해 나아가게 하는 유일한 수단이다. 이로써 나는 나 자신을 세계로 만들고 그것들을 살로 만든다."[4] 여기서 암시됐듯 몸은 지각의 대상이기도 하지만 지각의 주체이기도 한데, 이것은 '살의 경험'을 통해 가능하다. '살'이란 몸의 내부를 감싸는 표피이자 내부와 외부가 만나는 경계로서 종래의 주체와 객체의, 혹은 정신과 세계의 피상적 분리를 극복할 수 있는 매개로 작용할 수 있는 것이다.[5] 이를 확장하여 건축에 적용한다면, 집이라는 하나의 세계는 우리의 살을 통해 정신과 연결된다. 또한 집은 우리 살의 연장으로서 우리 몸과 함께 더 큰 세상을 맞이한다.

---

4) Maurice Merleau-Ponty, "The Intertwinning-The Chiasm", *The Visible and the Invisible* (Evanstone:Northwestern University Press, 1968), pp.130-155.

5) Dermot Moran, "Maurice Merleau-Ponty:The Phenomenology of Perception", *Introduction to Phenomenology* (London:Routledge, 2000), p.429.

건물이 담는 살

건물에서의 '살'은 크게 두 가지로 볼 수 있을 것이다. 하나는 '건물이 담는 살'이고, 또 다른 하나는 '건물 자체의 살'이다. 첫째, 건물이 담는 살이란 거주자의 살(肌/膚, flesh)을 뜻하며, 이는 다시 말해 거주자의 삶(生, life)을 지시한다. 흥미롭게도 여러 문헌은 '살'과 '삶'이 동일한 어원에서 나왔다는 견해를 제시한다. 예를 들어 《우리말 어원사전》(김민수, 1997)은 '살다'라는 어원이 불분명하다고 적으면서도, 이희승(1950)을 참조하여 '살(膚)+다'로부터의 파생 가능성을 배제하지 않았다. 최창렬(1986)도 '살다(生)'의 어근 '살'과 '육신'의 '살'을 결부시킨다.[6] 이러한 견해를 받아들인다면, 그리고 실제 우리의 살이 세계와 얽히며 만들어 내는 것이 삶임을 생각하면, 이 경우의 한국어 어원은 우연히도 메를로 퐁티의 아이디어와 맥을 같이한다고 볼 수 있다. 그렇다면 건물이 거주자의 살을 담는다는 것은 무엇을 뜻할까? 그것은 수많은 관념과 추상의 겹을 걷어 내고, 벌거벗은 인간의 몸을 건물이 고스란히 받아 주어야 함을 의미한다. 우리는 모두 잠을 자고, 꿈을 꾸고, 밥을 먹고, 배설을 하고, 사랑을 한다. 이 모든 원초적 행위는 건물이 담아야 하는 원초적 삶이다. 이를 위해 거주자는 그 건물과 깊이 교감해야 하며, 그 건물의 형성에도 어느 정도 개입되어야 한다. 그러나 작금의 물질문명 가운데 인간은 자신을 둘러싼 건축과의 교감을 크게 상실했다. 특히 (전체 건축 물량의 극히 일부를 차지하는, 건축주가 요청하여 설계된 개인주택을 제외한다면) 대개의 경우 현대 도시에서는 엘리트 건축가가 익명의 사용자를 위해 건물을 설계하고, 다른 이들에 의해 이것이 시공되며, 또 다른 이들에 의해 유지 관리된다. '빛나는 도시'의 '빛나는 건물'일수록 거주자는 자기 손으로 전등 하나 갈아 끼우기 힘들게 되어 버

---

6) 최창렬, 《우리말 語源研究》(서울:一志社, 1986), pp. 192-195. 이외에도 천소영, 백문식, 김양동 등의 연구서를 보시오.

그림 6. 이탈리아 산지의 토착 건축과 도시. 그간 저급한 것으로 외면되었던 '건축가 없는 건축'은 실상 기능적이고, 친환경적이며, 공동체의 자발성을 확보하고 있을 뿐만 아니라 아름답기까지 하다(Bernard Rudofsky, *Architecture Without Architects*, New York: Museum of Modern Art, 1964).

렸다. 거주자가 건물로부터 점점 더 소외되어 가는 것이다. 버나드 루도프스키(Bernard Rudofsky)가 《건축가 없는 건축(*Architecture Without Architects*)》(1964)에서 보여 준 토착건축이 이 지점에서 가치를 획득한다. 루도프스키는 근대 건축가들의 건축·도시 프로젝트가 식상해질 대로 식상해지고, 그들의 현란했던 구호들의 허구성이 드러난 시점에 세계 각지에서 관습적으로 진행되어 온 익명의 건축 사례들을 전시하고 출간하였다. 그간 원시적이고 저급한 것으로 외면되어 왔던 토속의 건축물들과 도시들은 사실상 기능적이고, 환경 친화적이며, 공동체의 자발성을 확보하고 있었을 뿐만 아니라 아름답기까지 한 것이었다(그림 6). 고로 아카데미즘에 물든 건축계는 자생적 건축의 참신함에 충격을 받지 않을 수 없었다. 그렇다고 우리가 현실을 무시하고 노스탤지어만을 품은 채 고스란히 과거로 회귀할 수만은 없는 것이다. 하지만 토착건축에 내재한 건축자와 사용자 사이의 좁은 간격, 혹은 그 간격의 부재로부터 교훈을 얻어야 한다. 마르크스가 지적하듯 자본주의가 발전하며 상품은 사용가치를 위해서가 아니라 교환가치를 위해 생산되어 생산자로부터 소외되는데, 건축물은 자본의 상품으로 전락한 대표적 예라고 할 수 있다.

루시앙 크롤(Lucien Kroll, 1927-)은 지극히 일상적인 삶을 담아내기 위해 건축설계 과정에 잠재적 거주자를 참여시키는 대표적 건축가이다. 크롤의 작업 이면에는 그와 같은 소외를 극복하려는 의도가 내재한다. 예를

그림 7. 루시앙 크롤, 루뱅가톨릭대학교 의과대학 기숙사(우측, 1969-1972). 디자인에 학생들을 참여시켜 제각각의 요구를 반영했다. 좌측의 근대 기능주의적 병원 건물과는 대조적으로 일견 무질서하게 보이지만, 거주자의 소소한 일상까지도 적극 담아내고 있다(Peter Blundall Jones 촬영).

들어 그는 루뱅가톨릭대학교 의과대학 기숙사(1969-72) 설계를 위해 잠재적 거주자인 학생들과 대화하며 무척이나 소소한 그들의 삶까지도 건물에 담으려 노력했다. 그가 적은 일상을 보자. "일어나 씻는다. 춥다. 이웃의 라디오가 나를 성가시게 한다. 빵을 사러 가고, 우리는 커피를 끓인다. 최신 뉴스를 접하고, 나는 어제 공원에 심었던 나무를 살펴본다. 우리는 집세를 내고, 나는 이웃집 아기를 아래층 탁아소에 맡긴다. 독서를 하고, 우리는 대학에 일하러 간다. 나는 저녁 손님들을 위해 쌀과 야채를 사서 돌아온다."[7)]

이처럼 거주자의 삶을 관찰하고 계획안에 반영하려 한 점은 행정 편의주의에 물들었던 건축계의 관행이나 근대 기능주의적 입장에 대한 도전이기도 했다. 그리고 결과로 도출된 건물 역시 파격적이라 할 만하다(그림 7). 그는 학생들의 의견을 받아들여 각 단위 주호를 모두 다르게 디자인했을 뿐만 아니라 공사장 인부들의 임기응변적 시공도 유도하였다. 미완성된 듯 완성된 건물은 무질서하고 불규칙하여 무척 혼란스럽게 보이기도 한다. 그러나 그만큼 다양성을 확보할 수 있었고, 건축가와 행정관료의 결정이 지배하는 단조로움에서 벗어나 개개인의 삶을 더욱 풍성하게 만드는

---

7) Lucien Kroll, "The Soft Zone", *Architecture Association Quarterly*, vol, 7, No. 4 (1975), p.52.

장소가 창조되었다. 요컨대 건축물과 거주자의 거리를 좁히면 좁힐수록 그 건물은 거주자의 삶을 더 깊숙이 담을 수 있고, 건물 구석구석이 거주자의 기억을 더 잘 보듬어 주는 매체가 될 것이다.

그러나 고도로 산업화되고 관료화된 현대 사회에서 건물과 거주자의 거리를 좁히는 것은 그리 호락호락한 일이 아니다. 이에 대한 전략적 대안의 하나로 우리는 케네스 프램턴(Kenneth Frampton)이 제시한 저항의 방편으로서의 '비판적 지역주의'를 들 수 있을 것이다.[8] 이 개념은 전 지구적으로 동질화되어 가는 소비사회의 형상을 거부할 뿐만 아니라 진부한 지역주의로의 회귀에도 거리를 두는 대신, 세계 문명의 영향력과 지역 문화의 특수성을 중재하려는 전략이다. 프랑스 철학자 폴 리쾨르(Paul Ricoeur)가 제기한 바 있는("Universal Civilization and National Cultures", 1961) 보편성과 특수성의 역설적 공존에 대한 건축에서의 응답이라 할 수 있다. 비판적 지역주의가 내포하는 프램턴의 입장은 획일적인 거대한 프로젝트보다는 주변의 탈중심적 작업으로 이해되어야 하는데, 무엇보다도 장소성, 텍토닉, 가촉성 등에 진지한 관심을 보인다. 이 같은 특성들은 '건물 자체의 살'과 직접적으로 연관될 수 있다. 프램턴의 비판적 지역주의는 여러 비판에도 불구하고 현 시점까지도 상당한 유효성을 지닌 건축적 아이디어라 하겠다.

건물의 살

'건물에서의 살' 가운데 두 번째 범주는 '건물 자체의 살'이다. 건물 자체의 살내음은 그것이 구축된 짜임새와 재료에서 물씬 풍긴다고 볼 수 있다. 이는 프램턴의 비판적 지역주의가 강조한 텍토닉(tectonic)으로 설명될 수

8) Kenneth Frampton, "Towards A Critical Regionalism:Six Points for an Architecture of Resistance", in Foster, H. ed., *The Anti-Aesthetics:Essays on Post-Modern Culture* (Port Townsend WA:Bay Press, 1983), pp.17-34.

있다. 그에 따르면 텍토닉은 단순한 기술의 표현이 아니라 구축이 하나의 예술 형태로 승화된 것이다. 그리고 19세기 독일 미학자 카를 뵈티허(Karl Bötticher)가 제시했듯 그리스 기둥의 엔타시스야말로 텍토닉의 시금석이다. 말하자면 텍토닉은 '구축의 시학(poetics of construction)'이라 할 만하다. 그는 그동안 건축에서 중요시해 오던 공간이나 여타 추상적인 개념보다 '짓기' 자체가 우선이었음을 주장한다.[9)]

지어진 그 무엇을 '존재'라 하고, 구축물 사이의 공간을 '본질'이라 간주한다면 그의 주장은 '존재가 본질을 앞선다(Existence precedes essence)'는 실존주의자들의 슬로건을 연상시킨다. 공간이 먼저인가, 구축물이 먼저인가? 이 질문은 오랜 변증의 역사를 가지고 있다고 할 수 있다. 전근대 시기가 구축된 무엇에 관심을 가졌다면 근대주의자들의 경우 구축된 벽면은 비물질화되기를 바랐고, 대신 사이의 공간을 중요시했다. 특히 미국 근대건축의 거장 프랭크 로이드 라이트(Frank Lloyd Wright, 1867-1959)의 언설은 무척 흥미롭다. 그가 중국의 노자 사상을 접하며 건축의 본질을 벽체가 아닌 공간으로 회귀시켰기 때문이다. "예수보다 500년 앞선 노자는, 내가 아는 한, 건물의 실체가 네 벽체와 지붕에 있는 것이 아니라 그 사이의 공간에 있음을 천명한 첫 번째 사람이다."[10)]

노자가 《도덕경》 11장에서 방의 유용성이 비움에서 기인함을 논한 것은 잘 알려진 바이다. 결국 프램턴의 텍토닉에 관한 아이디어는 구축물보다 공간을 중시했던 근대주의자들의 입장을 정면으로 반박한 셈이다. 마찬가지로, 건물의 구축된 짜임새나 재료에 대한 강조는 스웨덴의 역사가 비욘 린(Björn Linn)에게서도 발견된다. 그의 경우 1900년 전후의 북유럽 민족낭만주의 건축을 탐구하며 이 흐름을 '재료사실주의(Material

---

9) Kenneth Framton, *Studies in Tectonic Culture:The Poetics of Construction in Nineteenth and Twentieth Century Architecture* (Cambridge MA:MIT Press, 1995), p.2.

10) Frank Lloyd Wright, *An Organic Architecture:The Architecture of Democracy* (London:Lund Humphries, 1939), p.3.

그림 8. 오귀스트 페레, 노트르담 성당(르 랭시, 1922-1924). 고딕 교회당의 구조미학을 노출콘크리트로 번안한 작품이다(필자 촬영).

Realism)'로 재정의하였다. 그의 관점에서는 건축적 표현에 있어서 '민족'이나 '낭만'과 같은 불확실한 개념보다 재질의 노출이나 만듦새(workmanship)가 더 중요했기 때문이다.[11]

프램턴과 린의 입장을 받아들인다면, 건물의 구축된 짜임새와 재료, 즉 건물의 살은 그 어떤 관념의 유희보다 더 큰 의미를 갖는다. 건물의 모든 면과 구석을 회반죽으로 미끈하고 균일하게 화장하기보다 그 속살의 아름다움을 드러내 봄직하지 않나? 벽돌과 모르타르의 거친 조합에서 야생의 풋풋함을 맛볼 수 있다. 보와 기둥의 짜임새나 각 부재 간의 섬세한 접합은 힘의 흐름을 보여 줄 뿐만 아니라 그 구축적 미감과 물성을 그대로 보여 준다. 이에 대한 사례는 다양한 건물에서 찾아볼 수 있다. 근대건축사에서 철근콘크리트 구조의 선구자로 불리는 프랑스의 오귀스트 페레(Auguste Perret, 1874-1954)는 그 재료를 이용하여 구축적 아름다움을 선보였다. 그가 설계한 르 랭시의 노트르담 성당(Notre-Dame du Raincy, 1922-1924)은 고딕 교회당의 구조를 노출콘크리트로 번안한 대표적인 예이다(그림 8). 강철과 유리로 플라토닉한 아름다움을 창조해 낸 미스 반 데어

11) 김현섭, 〈민족 정체성의 건축적 구현—1900년 전후 핀란드 민족낭만주의 건축에 관한 고찰〉, 《건축역사연구》 제14권 4호(2005년 12월), pp.59-72.

그림 9. 미스 반 데어 로에, 신국립박물관(Neue Nationalgallerie, 베를린, 1962-1968). 강철과 유리를 이용한 구축성을 볼 수 있다. 미스는 플라토닉한 순수미를 얻기 위해 디테일에 역점을 둔다(필자 촬영).

그림 10. 알바 알토, 자택 겸 스튜디오(헬싱키 근교, 1934-1936). 벽돌을 거칠게 쌓고 백색의 회반죽 마감을 불규칙하게 함으로써 속살을 비치게 만들었다. 북구의 낮은 태양빛이 비칠 때 거친 살갗의 그림자는 더욱 강조된다(필자 촬영).

그림 11. 시구르트 레베렌츠, 성 마가 교회당 벽면(스톡홀름 근교, 1962-1966). 벽돌과 모르타르 배합의 투박함이 극단에 이른다. 비평가 레이너 배넘은 이를 '벽돌 브루탈리스트' 작품으로 분류한다(필자 촬영).

로에(Mies van der Rohe, 1886-1969)는 완벽한 단순미를 위해 디테일의 섬세한 구축에 심혈을 기울인 대표적 건축가이다(그림 9). 그에 따르면 '신은 디테일에 계신다(God lives in the details).' 핀란드 건축가 알바 알토(Alvar Aalto, 1898-1976)는 재료사실주의의 영향으로 벽돌의 줄눈과 층이 그대로 드러난 마감을 즐겨 사용했다. 헬싱키 근교에 건축한 자택 겸 스튜디오(1934-1936) 벽면을 보라. 일부러 벽돌을 거칠게 쌓았고 백색 회반죽 마감 역시 불규칙하게 함으로써 그 속살을 비치게 만들었다. 북구의 낮은 태양빛이 비칠 때 거친 살갗의 그림자는 더욱 강조된다(그림 10). 그리고 스웨덴의 시구르트 레베렌츠(Sigurd Lewerentz, 1885-1975)가 설계한 성 마가 교회당(1956-1964)과 성 베드로 교회당(1962-1966)에서 벽돌과 모르타르 배합의 투박함은 극단에 이른다(그림 11). 이로써 레베렌츠는 '벽돌 브루탈리스트'로 분류되기도 한다.[12] 건물 살 냄새의 야수적 발산이다. 일반적

그림 12. 미스 반 데어 로에, 신국립박물관 디테일. 미스의 신은 어디 계시는가? 그의 강철-유리 오브제는 준공 시를 정점으로 완결성이 도태될 수밖에 없다(필자 촬영).

으로 건물의 살내음은 여러 단계의 복잡한 생산 라인과 인공 프로세스를 거쳐 나온 미끈한 재료에서보다 투박하고 관습적인 재료에서 더 잘 느껴지는 듯하다. 문제는 재래의 것과 현대적인 것 사이의 조합을 얼마나 혁신적으로 이루느냐에 있을 것이다.

한편, 건물의 살내음은 시간의 켜와 함께 더해 간다. 건물의 가치는 완공 직후가 아닌 한 세대가 지나야 알 수 있다는 알바 알토의 발언은 이 지점에서 공명한다. 완벽히 마감되어 손대기 주저되는 건물보다는 다소 미완성되어 보이더라도 시간의 여지를 남겨 둔 건물에서 그 살 냄새를 진하게 맡을 수 있다. 철저한 구축적 디테일과 자기 완결성을 선보인 미스 반 데어 로에의 강철-유리 오브제는 준공 시를 정점으로 하여 오히려 그 완결

12) Reyner Banham, *The New Brutalism:Ethic or Aesthetic?* (London:Architectural Press, 1966).

성이 점점 도태될 수밖에 없다. 녹이 슨 강철 부재와 그 사이의 거미줄을 보라(그림 12). 미스의 신은 어디에 계시는가? 현실에의 직면을 거부하고 원경에서만 조망되는 이데아라면, 말 그대로 부재하는 세계인 유토피아다. 반면 시간이 갈수록 그만큼의 시간의 흔적이 완숙미를 더해 주는 건축을 우리는 어렵지 않게 발견하게 된다. 목재의 나뭇결이 닳고 닳아 윤기 나는 면, 녹이 슬어 운치를 더하는 동판과 양철판, 거친 풍화작용에 주변 환경과 동화되어 가는 벽돌담이나 콘크리트 벽, 그리고 그 위를 기어오르는 담쟁이 넝쿨을 보자. 도시적 세련미를 넘어서는 숭고한 아름다움을 보여주며 그 건축물의 살내음을 발현하지 않는가.

건물이 담는 살과 건물 살의 교감

지금까지 서술한 거주자의 살/삶과 건물 자체의 살은 일정 부분 독립적이지만 또 한편으로는 상당 부분 서로 교감한다. 이는 특히 우리의 살이 건물의 살과 오감을 통해 깊숙한 상호작용을 함으로써 그러하다. 많은 비평가들이 지적했듯, 지금까지 건축물의 창조 및 감상에 있어서 시각이 독보적 우위를 점해 왔다. 앞서 언급한 건축의 고전적 미의식도 시각에 바탕을 두고 있으며, 르네상스의 투시도법은 모든 사물을 한 점으로 수렴하여 보려는 이성 작용의 결과이다. 그러나 우리가 건물과 교감하는 것은 시각을 통해서뿐만 아니라 촉각, 후각, 청각, 미각 등 다른 모든 감각기관을 통해서이다. 넓은 의미에서 이 모든 것은 사물과 감각기관의 접촉을 통해 일어나는 촉각의 다른 모습이라 할 수 있다. 핀란드 건축가인 유하니 팔라즈마(Juhani Pallasmaa)가 《살갗의 눈—건축과 감각(*The Eyes of the Skin:Architecture and the Senses*)》(2005)이라는 책에서 지적하듯, 시각 역시 사물의 상이 우리 눈의 망막에 부딪치며 발생하는 것 아닌가! 이런 측면에서 이 책의 커버 이미지로 사용된 카라바조(Caravaggio)의 그림 〈성 도마의 불신(The Incredulity of Saint Thomas)〉(1601-1602, 그림 13)은 매우 적절해 보인다. 부활한 예수가 제자들 앞에 나타난 장면을 묘사하는 이 그림은, 보고도 믿지 못했던 도마가 스승의 옆구리 창 자국에 손가락을 넣어 보고서야 부활을 믿게 되었다는 스토리를 갖는다. 여기에서 팔라즈마가 착안한 점은 시각보다 강력한 촉각의 확실성이었던 것이다. 마찬가지로 우리와 건물과의 교감에서 살과 살의 만남은 시각의 조망 못지않게 중요하며, 촉각은 다른 모든 감각으로 확장된다. 요컨대 오감의 성찬으로 우리의 살은 건물을 보고, 만지고, 듣고, 냄새 맡고, 또 맛본다. 그리고 건물의 살은 다양한 모양과 질감과 소리와 향과 맛으로 우리를 맞이한다. 이처럼 우리와 건물이 서로 살을 비비며 소통할 때에라야만이 진정한 건축미학을 꽃피울 수 있다. 이는 단지 건축가의 창조만을 위해서가 아닌 거주자와의 향유를 위해서이기도 하다.

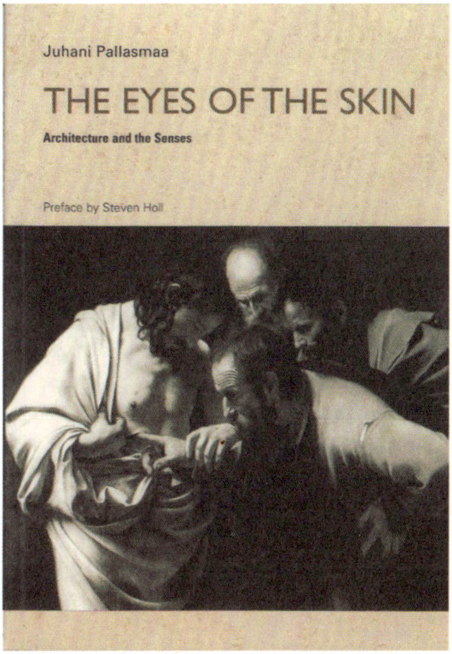

그림 13. 카라바조의 회화인 〈성 도마의 불신〉(1601-1602)을 커버 이미지로 삼은 팔라즈마의 저서 *The Eyes of the Skin*(2005). 이 그림을 통해 팔라즈마는 시각보다 강력한 촉각의 힘을 주장한다.

벌거벗은 맨살로 현대 도시를 감싸 안으려는 김미루의 사진 작업(그림 14)도 이러한 살내음의 미학의 일면을 반영한다고 하겠다. 그녀에게 있어 폐허로 완전히 발가벗겨진 이 도시와 소통하는 길은 자신 역시 모든 가식을 벗어 버리고 날것 그대로의 몸으로 서는 것이었기 때문이다. 건축과 우리 사이에 놓인 수많은 엘리트주의와 관료제와 생산 라인과 자본의 침투

그림 14. 김미루, 〈서울 금호 철거지역〉(2009). 폐허로 발가벗겨진 도시와 소통하기 위해 우리 역시 날것 그대로의 몸으로 서야 할 터이다(김미루, 《Miru Kim-Naked City Spleen》, 서울: 갤러리현대, 2009).

를 벗어 버리자. 그리고 원초적인 살 대 살로 만나 소통하자. 이것이 살 냄새 나는 건축의 아름다움이 아닐까? ■**김현섭** 건축학과

자본주의 신체미학과 자아정체성

'미적 실존'에서 '감성적 실존'으로

1. 왜 '신체미학'인가

신체는 다양한 차원에서 고려될 수 있다. 급정거하는 자동차 안에서 앞으로 쏠리는 다른 물체들과 마찬가지로, 신체는 먼저 물리학적 차원에서 고찰될 수 있다. 배가 고프면 먹잇감을 찾는 다른 동물들과 마찬가지로, 신체는 생물학적 차원에서 고찰될 수도 있다. 그러나 물리학적 차원과 생물학적 차원의 신체는 아직 인간만이 지닌 고유한 특성을 드러내 주지 못한다. 인간의 신체는 물리학이나 생물학에서 다루는 '사물'의 차원을 넘어 주체가 지닌 '정신성'을 드러내 주는 지표가 된다. 예를 들어 로댕의 〈생각하는 사람〉이나 미켈란젤로의 〈묶여 있는 노예〉에서는 뒤틀리고 왜곡된 신체를 통하여 부자유한 실존의 상황에서 고통받는 주체의 '정신성'을 재현해내고 있다. 이런 점에서 신체는 그저 살과 뼈로 이루어진 '살덩어리(Körper)'가 아니라, 내면의 정신성이 육화되어 밖으로 내비치는 '몸(Leib)'으로 파악될 필요가 있다.[1] '주체'로서 몸은 '기하학적 이성'에 의하여 선

---

1) '살(Körper)'와 '몸(Leib)'의 구분에 대해서는 이승환, 〈눈빛·낯빛·몸짓〉, 《감성의

분의 비례나 균형과 같은 연장(延長)적 특징을 계산하고 끝내 버릴 수 있는 '물질적인 것(das Dingliche)'이 아니다. '주체'로서 몸은 살아 움직이면서 내면의 감정과 느낌을 토해내는 전(全)인격적 '몸성(Leiblichkeit)'으로 이해되어야 한다.

인간의 실존은 '창 없는 단자'로서의 고립된 삶이 아니라, 타자와의 끊임없는 상호작용을 통하여 '인정(Anerkennung)'을 추구해 나가는 역동적 과정이다. 이 과정에서 인간의 신체는 소통을 위한 매개가 된다. '의식'은 몸을 통하지 않고서는 상대방에게 전달되거나 읽힐 수 없다. 표정과 같은 안면 근육의 움직임은 단순한 생리·물리적 운동이 아니라 내면의 정신성이 밖으로 드러난 '표현(Ausdruck)'이며, 말이나 글과 같이 '이성'을 전달하는 '행위(Handlung)'조차도 일차적으로 '몸'을 경유하지 않고서는 불가능하다.[2] 근대 이래 이성적 의사소통은 '몸성'과는 아무런 상관관계가 없는 것으로 여겨지고, 심지어는 '몸성'을 탈피하면 탈피할수록 인간은 더욱 이성적으로 될 수 있다고 여겨져 왔다. 하지만 최근의 인지심리학적 연구들은 이성적 인지활동에도 감정적 동요가 수반되며, 나아가서는 이성적 인지 이전에 감성적 파지(把持)가 선행한다는 경험적 보고서를 내놓고 있다.[3] 이러한 연구는 그간 근대철학이 주장해 온 '탈신체적 이성'보다 훨씬 더 우리의 숙고된 판단에 부합한다.

인간이 처한 상호 주관적 실존의 상황, 그리고 상호 주관적 의사소통을 가능하게 하는 매체로서의 몸은 필수적으로 '신체의 미학화'를 요청한다. 더럽고 불결한 몸은 이성적 의사소통이 시작되기 이전에 이미 상대방에게 역겨움을 품게 한다. 공동의 문법에서 벗어난 일탈적 몸짓과 문화적 코드

철학》(민음사, 1996) 참조.

2) '표현(Ausdruck)'과 '행위(Handlung)'의 구분에 대해서는 위의 글 참조.

3) 스탠리 캐블(Stanley Cavell)은 '감응(Affiziertheit)'의 모델을 통하여, 이성적 인지에 앞서 감성적 파지가 선행함을 논증한다. 악셀 호네트, 강병호 옮김, 《물화》(나남, 2006), 56-62쪽 참조.

에서 벗어난 제스처는 이성적 의사소통이 시작되기 이전에 이미 상대방에게 모종의 편견과 방어감을 심어 준다. 그리고 공유하는 미감에서 벗어난 추한 용모는 상대방에게 거부감을 유발하기도 한다(추의 미학에 대해서는 뒤에서 다시 상술할 것임). 이런 점에서 상호 주관적 조건 속에서 살아갈 수밖에 없는 인간은 자신의 신체를 최소한 이성적 의사소통에 장애가 되지 않을 만큼 미적으로 가꾸고 도야(Bildung)할 필요가 있다. 여기에서 '신체미학(Leib-Ästhetik)'이라는 개념이 성립한다.

2. 자본주의 시대의 '신체미학'—'미'의 균질성과 개성의 상실

도구적 합리성이 지배하는 소비자본주의 시대의 인간은 '동일성'의 노예로 전락해 간다. 모든 것이 효율성이라는 획일적 잣대로 가치를 인정받는 '물화(Verdinglichung)'된 사회에서 이 기준에 부합하지 않는 모든 사고와 노동은 비효율적인 것으로 단죄된다. 마르쿠제(H. Marcuse)는 이미 1960년대에 이러한 특징을 갖는 현대 산업사회를 '일차원적 사회'라고 부르고 이에 상응하는 사유의 형태를 '일차원적 사고'라고 부른 바 있다. '일차원적 사고'의 특징은 가시적인 것만을 믿는 태도, 효율성만을 유일한 가치의 척도로 여기는 태도, 그리고 이러한 현실의 부정성을 보지 못하고 오히려 이러한 현실을 자신에게 내면화하는 무성찰적 태도 등으로 요약된다.[4] 마르쿠제가 진단하는 일차원적 사고는 현대의 문화현상 중 특히 신체미학과 관련된 현상에서 두드러지게 목도된다.

오늘날 성행하는 성형수술과 신체관리 프로젝트는 '일차원적 사고'를 그대로 주체 자신에게 체현하는 일이다. 텔레비전과 영상매체에 등장하는 연예인들의 얼굴과 몸매는 시청자들에게 '미'의 정형으로 각인되고, 시

---

4) 허버트 마르쿠제, 박병진 옮김, 《일차원적 인간》(한마음사, 1988).

청자들은 이를 모방하고자 수술실과 슬리밍 센터로 달려가 '죄 없는 몸'을 찢고-잘라 내고-꿰맨다.[5] 외모지상주의는 마르쿠제가 말하는 일차원적 사고와 정확하게 일치한다. 가시적인 것만을 믿으려는 태도, 효용성만을 지고의 가치로 여기려는 태도, 그리고 고통스러운 현실에 대한 무성찰성 등이 그 것이다.

성형수술은 오늘에 들어 갑자기 탄생한 기술은 아니다. 원시 부족사회에서 여성의 몸에 가해지는 할례, 입술 늘리기, 목 늘리기 등도 성형의 일종이며, 용맹스러움의 징표로 남성의 몸에 새겨지는 문신이나 인공적 상흔도 성형이기는 마찬가지이다. 뿐만 아니라, 맨 얼굴에 파운데이션을 바른 뒤 그 위에 볼연지와 립스틱을 바르고 속눈썹을 붙이는 화장술도 넓은 의미에서 '성형' 즉 '형태 만들기'라고 할 수 있다. 이런 점에서 성형은 이미 옛날부터 존재해 온 '이미지 변형'의 기술이라고 할 수 있다. 단지 소비자본주의 시대에는 발달된 의료 기술 덕분에 원하는 대로 이미지를 변형하는 일이 가능해졌으며, 이와 더불어 아름답게 변형된 몸은 교환가치가 높은 '상품'으로 취급된다는 점이 고대와 다르다면 다른 점이다. 소비자본주의 시대 신체의 '상품화' 경향에 대해서는 보드리야르가 이미 《소비의 사회》에서 이미 상세하게 분석하였으므로 여기서 다시 되풀이할 필요는 없을 것이다.[6]

영상 매체의 발달과 정보의 편재화는 '미'의 획일화를 초래한다. 텔레비전에 등장하는 연예인의 얼굴과 몸매는 '미'의 표준으로 각인되고, 시청자들(여성이건 남성이건)은 그 기준을 자기에게 적용시키려고 애쓴다. 갈수록 거세지는 모방의 물결은 '미의 균질화'를 초래한다. 근대 이전에 자

---

5) 이러한 문화현상에 관한 사회학적 통찰로는 크리스 쉴링, 임인숙 옮김, 《몸의 사회학》(나남출판, 2003); 브라이언 터너, 임인숙 옮김, 《몸과 사회》(도서출판 몸과사회, 2002).

6) 장 보드리야르, 이상률 옮김, 제3부 2장 〈소비의 가장 아름다운 대상—육체〉, 《소비의 사회》(문예출판사).

연적 지형의 경계로 말미암아 정보의 전달이 용이하지 않았던 시절에는 기껏해야 초생달 같은 눈썹, 앵두 같은 입술, 복숭아 같은 뺨, 버들가지 같은 허리 등의 개념이 이상적인 신체미의 기준으로 인식되었다. 하지만 매체의 발달로 인해 정보의 편재화가 이루어진 오늘에는 실존하는 몇몇 연예인들의 얼굴이나 신체가 '미'의 보편적 전범으로 간주된다. 매체의 발달은 신체미의 균질화뿐 아니라, 생활 세계 전반에 깔려 있는 사물들(예를 들어 도시건축, 주거, 의복, 생활용품 등)에 대한 미적 균질화를 초래한다.

균질화된 '미'는 이미 '미'라고 할 수 없다. 세상 사람들이 모두 비슷한 얼굴과 엇비슷한 몸매로 변해 간다는 것은 끔찍한 일이다. 자기의 고유성을 버리고 타자와 같아지는 일은 사물화의 길이다. 똑같은 사물에는 고유명사를 붙이지 않고 보통명사로 부른다, 사이보그 1호, 사이보그 2호, 사이보그3호…처럼. 매체의 대중화가 가져오는 위험 가운데 한 가지는 고유한 문화가 사라지고 지역의 특색이 없어지며, 심지어 사람의 모습(얼굴, 신체, 의복 등)마저 비슷해져 간다는 데 있다. 문화와 문화 간에, 지역과 지역 간에, 그리고 사람과 사람 간에 너무나 많은 균질성과 획일성이 확산되어 가고 있는 것이 현대의 상황이다.

체코의 프라하를 찾는 사람들이 그 아름다움에 경탄하며 '시적(詩的) 도시'[7]라고 칭송하는 이유는 프라하만이 지니고 있는 개성과 스타일 그리고 고유성과 정체성 때문이다. 세계의 대도시라면 어디서나 볼 수 있는 콘크리트 빌딩가는 개성과 역사를 결여한, 아무런 향수와 동경도 불러일으키지 않는 그저 엇비슷한 복제품들이다. 역사와 향수, 추억과 동경, 꿈과 희망을 불러일으킬 수 있는 도시야말로 개성 있는 도시이며 정체성을 간직한 도시이다. 사람의 경우에도 마찬가지이다. 자기만의 개성 있는 얼굴을 갖는 일은 그래서 중요하다.

---

7) 하이데거의 '포이에시스(poiesis)' 개념을 통하여 프라하를 '건축현상학'의 관점에서 조명한 탁월한 글로는 이종관, 〈공간, 시적 건축, 프라하의 비밀〉, 《철학과 현상학 연구》(2002).

'개성'은 그 자체로 존립하고 타자와 공유하지 않는 고유한 것을 말한다. 개성은 세계 안에서 나의 위상을 규정하고 나로 하여금 본래적 나가 되게 만드는 것이다. 개성은 나의 본질을 형성하며, 그런 점에서 개성은 유일한 것이며 타자와 교환되거나 동일성으로 환원될 수 없다.[8] 개성의 자유로운 발전은 인간의 실존과 문명에 있어서 없어서는 안 될 요소이자 조건이다.[9] 개성이 상실되고 균질적인 미감이 지배하는 소비자본주의 시대의 문화적 상황과 관련하여 필자가 제기하고자 하는 문제는 '자본주의의 물신성에서 벗어난 신체미학은 어떻게 가능한가?' 그리고 '매체가 산포하는 획일성에서 벗어난 미적 자율성은 가능한가?' 등의 물음이다.

'미적 자율성'에 관한 물음은 조금 더 깊게 파고들면 아름다워지고 싶어하는 욕망 그 자체에 대한 물음으로 소급된다. 아름다움에 대한 욕망은 과연 아름다워지고 싶어하는 주체 자신의 것인가? 아니면 매체의 영향이나 타자의 시선에 의해 무의식적으로 주입받고 내면화된 '자기 안의 타자성'일까? 일단 아름다워지고 싶어하는 욕망 그 자체는 대중 매체의 영향과는 무관한 나르시시즘적 자기애로 해석할 수도 있을 것이다. 그러나 아름다움의 욕망을 실현하기 위한 '미적 기준'이 과연 타자의 시선과 무관하게 자기 안에 본구(本具)되어 있는지에 대해서는 좀더 많은 논의를 필요로 한다.

과연 비례·균형·조화와 같은 미의 기준은 밖으로부터의 학습이나 매체의 영향과 무관하게 '감성의 선천적 형식'으로 날 때부터 주어진 것일까? 한 믿을 만한 보고서에 의하면, 전통 한국 여성들의 얼굴은 가로 : 세로의 비율이 평균 1 : 1.3이다. 흔히 우리는 한국인의 얼굴이 넓적하다고 생각하고 이를 촌스럽다고 여기지만, 1 : 1.3이라는 비율은 달걀의 가로 : 세로 비

---

8) Schleiermacher, F. D. E., 최신한 옮김, 《종교론—종교를 멸시하는 교양인을 위한 강연(*Über die Religion. Reden an die Gebildeten unter ihren Verächtern*)》(기독교서회, 2002), 218쪽.

9) John Stuart Mill, *On Liberty*, ed. with an introduction by Elizabeth Rapaport(Hackett Publishing Company, 1978)의 제3장 〈잘 삶의 한 요소로서 개성에 관하여(Of Individuality as One of the Elements of Well-Being)〉 참조.

율로서 전형적인 미인형의 비례에 속한다. 이에 비하여 현대 한국인의 이상적 미인관을 반영하는 미스코리아의 평균 얼굴비는 1:1.5로서 달걀보다 훨씬 갸름하다. 이는 우연하게도 밀로의 비너스 상과 일치하는 비례이고, 서양 여성 얼굴의 평균비이기도 하다.[10] 이는 현대 한국인들의 신체미에 대한 기준이 서구 중심적으로 변화하고 있음을 의미한다. 이로 볼 때, 아무리 나르시시즘적 자기애를 위한 외모 가꾸기라 할지라도, 주체의 내면에는 이미 밖으로부터 투사된 미의 기준이 영향을 미치고 있다고 보아야 할 것이다.

욕망은 항상 자신을 바라보는 타자의 '시선'[11]을 자신에게 투사함으로써 발생한다. 아름다운 신체에 대한 기준을 만들어 내고 이를 은연중 시청자들에게 세뇌하는 대중매체, '몸성(Leiblichkeit)'보다 관상학적 도상(physiognomisches Ikon)에만 몰입하는 탐미주의적 미감, 그리고 이에 무의식적으로 동조하는 소비 대중은 외모 지상주의를 확산시키는 공모자들이다.

아름다운 신체는 바라보는 사람에게 심미적 만족감을 제공한다. 그러나 '살덩어리'로서 신체를 바라보는 일과 '몸'으로서 신체를 바라보는 일은 구별될 필요가 있다. 성형수술을 통한 신체의 교정은 선분의 비례와 균형을 교정한다는 점에서 일단 '심미화(Ästhetisierung)'라고 할 수 있다. 그러나 이러한 심미화가 곧 한 주체가 지닌 '몸성'을 고양시키는 일과는 무관한 것이 분명하다. 성형수술에 의한 비례의 교정은 관상학적 도상을 수정하는 것이지 몸을 통하여 드러나는 내면의 '표현(Ausdruck)'과는 무관한 일이기 때문이다. 쌍꺼풀 수술을 한다고 해서 '영혼의 창'인 눈이 내면의 느낌을 상대방에게 더욱 잘 전달하게 될 리는 만무하며, 보조개 우물을 판다고 해서 무뚝뚝한 심성의 소유자가 곧 명랑하고 사교적이 될 리는 만무하다. 이

10) 조용진, 《우리 몸과 미술》(사계절, 2001), 101쪽 참조.
11) 여기서 '시선(le regard)'은 라캉의 용어임.

러한 관상학적 교정은 단지 살덩어리(Körper)에 대한 교정이지, 웃고 울며 느끼고 감응하는 몸(Leib)에 대한 교정은 아니다. 보드리야르는 정신이 증발된 '관상학적 도상'의 아름다움에만 몰입하는 소비자본주의 시대 신체미학의 단편적인 예를 패션 모델의 눈동자에서 찾는다. "넋을 빼가기도 하며 넋을 잃기도 하는 멍한 눈동자, 욕망을 과도하게 느끼게 하면서도 욕망을 전혀 가지고 있지 않은, 어디를 보는지 알 수 없는 눈빛, 의미도 없이 빛나면서 검열을 환영하는 듯한 눈…. 쾌감 때문에 거무스레해지는 것이 아니라 유행하는 아이섀도에 의해 거무스름해진 눈 속에서 육체의 의미 그 자체, 육체의 진실이 최면술에 걸려 사라진다. 이 현상이 진행됨에 따라, 육체 특히 여성의 육체는 일련의 사물들과 동류적인 사물이 되고 만다."[12)]

3. '타자의 시선'을 의식치 않는 '미'는 가능한가

동일성은 억압을 초래한다. 동일성에서 벗어난 개별자들은 동일성을 지향하는 '체계'에서 배제되고 소외받기 마련이다. 헤겔《미학》에서 보편정신의 상징으로 등장하는 '예수의 얼굴'은 다양한 감성을 지닌 개별자들에게 정신적 통제와 문화적 규율을 행사하는 '동일화의 기제'로 작용해 왔다.[13)] 소비자본주의 시대에 '예수의 얼굴'은 몇몇 연예인의 얼굴로 대체되어 또 다른 동일화를 촉진하는 무의식적 기제로 작용한다. '연예인 닮기'는 개성화를 촉진한다기보다 '붕어빵 미인'을 양산한다는 점에서 개성보다는 오히려 균질화를 초래한다. 왜 사람들은 균질적인 아름다움을 얻기 위하여 고통과 비용을 무릅쓰고 성형외과로 달려가려 하는가? 왜 사람들은 개별

---

12) 장 보드리야르, 앞의 책, 199-200쪽 참조.

13) 헤겔《미학》에 나오는 '예수의 얼굴'이 지닌 동일화의 기제에 관해서는 이지훈, 〈미학의 관점에서 본 헤겔 철학의 비판과 반비판—얼굴의 의미에 관하여〉,《헤겔연구》제16호.

자로서 지닌 고유한 개성과 용모를 버리고 표준 미인과 동일해지고 싶어 하는가?

일단 손쉬운 대답은 가시적인 것의 효용성 때문일 것이다. 소비자본주의 사회에서 신체는 이미 '인격'이 아니라 '상품'으로 취급받는다. 취업 시장과 결혼 시장에서 관상학적 미감을 자아내는 신체는 그렇지 못한 신체에 비해 더 높은 교환가치를 지닌 상품이 되기 때문이다. 그런 기준에서 벗어난 몸을 가진 사람은 자신의 몸을 불만족스럽게 생각하고 콤플렉스에 빠지게 됨으로써 지속적으로 성형을 꿈꾸게 된다. 그러면 이미 취업이나 결혼 문제에 신경 쓸 필요가 없는 사람들의 표준 미인에 대한 집착은 어떤 방식으로 설명이 가능한가? 일단은 외모 지상주의의 대중적 열풍에 대한 무성찰적 동조화로 이해해 볼 수 있을 것이다.

자신이 무성찰적 동조자로 분류되기를 원치 않는 사람들은 종종 자신의 외모에 대한 집착을 '자기애'라고 변명하곤 한다. 그러나 아무리 나르시시즘적 자기애라 할지라도 거울(또는 타자의 시선)을 의식치 않는 순수한 자기애란 가능한 것일까? 아기는 거울을 통하여 자신의 존재를 확인하지만, 이러한 확인은 먼저 엄마의 '승인'을 거쳐야 한다. '저 거울에 비치는 게 바로 너야!'라는 엄마의 승인을 통하여 아기는 차츰 (상상적으로) 자신의 정체성을 구성하게 된다. 아직 엄마의 승인을 거치지 않은 거울이미지는 아름답지도 추하지도 않은, 또는 아직 기의가 부과되지 않은 순수기표로서의 어떤 '것(thing)'에 불과하다. 거울에 비친 어떤 '것'은 엄마의 승인을 통하여 기의로서의 자격을 획득한다. 즉 자기의식이 탄생하게 되는 것이다. 자기의 아름다움은 발견되는 것이 아니라 자기 밖(어머니)의 '승인'에 의하여 부여되는 것이다. 아기가 유아기를 벗어나 '상징계'로 진입하면서 자기 바깥에 존재하는 법과 규범 그리고 문화적 코드나 사회적 관습과 같은 '타자의 시선'은 자아를 구성하는 중요한 요소가 된다.

아름다워지고 싶은 욕망이 아무리 자기애에 근거한 것이라 할지라도, 아름다움을 확인하기 위해서는 거울을 필요로 한다. 거울은 유리로 된 반사경일수도 있지만, 상징계 안에서의 '타자의 시선'이야말로 나를 비추는 진짜 거울이다. 은밀하게 자신을 훔쳐보는 타자의 시선을 모르는 척 감지하면서, 자기도 자신을 응시하는 타자의 시선을 은밀하게 되훔쳐본다. 이처럼 보이는 자로서의 나는 나를 바라보는 타자의 시선을 통하여 나르시시즘의 쾌감에 도취한다. '자기'에의 도취 과정은 마치 공중으로 던지면 제자리로 되돌아오는 부메랑 놀이와도 비슷하다.[14] 하물며 나르시시즘적 자기애가 아닌, 타자의 시선을 의식하며 자발적으로 타자의 시선에 맞추어 외모를 가꾸려는 '순응적 인간(homme docile)'[15]일 경우, 매체에서 산포하는 외모지상주의의 열풍으로부터 자신을 지켜 내기란 더더욱 쉬운 일이 아닐 것이다. 과연 관상학적 미감이 지배하는 사회에서 타자의 시선을 거부하고 '미적 자율성'을 확보하는 일은 가능한가? 과연 물화된 사회에서 스스로 사물로 전락하지 않고 살아갈 수 있는 길은 가능할 것일까?

호네트(A. Honneth)는 자기정체성의 형성과 관련하여 미드(H. Mead)의 사회심리학에 주목한다. 그에 의하면, 주격 '나(Ich)'는 타자가 나에 대해 가지고 있는 어떤 '상(ein Bild)'이나 기대를 인지하면서 목적격 '나(Mich)'에 대한 심상을 얻게 된다. 즉 자기정체성은 나에 대한 타자의 관점이 나에게 내면화됨으로써 가능해진다. 호네트의 정체성 형성과 관련된 통찰은 라캉의 것과 그리 멀지 않다. 라캉에 의하면 인간은 세계의 무대 속에서 바라다보이는 존재이다.[16] 즉 '나'라는 주체를 형성하는 동인은 '나' 자신이 아니라 '타자의 시선'이라는 뜻이다. 주체는 태어나는 순간부터 죽는 순간까지 타자의 시선에 의해 지배된다. 주체의 자율성을 부인하는 듯한 호네

---

14) 이승환, 〈후기근대적 신체 주체의 부박함에 대하여〉, 영남대 인문과학 연구소, 《인문연구》 47호(2004), 8쪽.

15) 이는 푸코의 개념이다. 미셸 푸코, 박홍규 옮김, 《감시와 처벌》(강원대출판부, 1993).

16) 양석원, 〈응시의 저편—자끄 라캉 이론에서의 주체와 욕망〉, 영미문학회, 《안과 밖》(2003), 55쪽; 김현진, 〈시선을 중심으로 본 주체와 욕망의 메커니즘—자크 라캉의 시각 이론을 중심으로〉, 한국 뷔히너 학회, 《뷔히너와 현대문학》(2006), 370쪽 참조.

트와 라캉의 진술은 우리의 주제인 '미적 자율성'과 관련하여 절망적인 묵시론적 예언처럼 들린다. 과연 언제까지나 타자의 시선에 사로잡힌 피감시자의 삶을 살아야 하는 것이 나의 운명인가? 타자의 시선에서 벗어나 자율적으로 미적 실존을 영위하는 일은 불가능한 일인가?

4. '시선'의 억압에서 벗어나기 위한 시도들

현대에 들어 '타자의 시선' 또는 '체계'의 억압에서 벗어나 미적 자율성을 추구하려는 움직임은 페미니스트 진영에서 여러 형태로 포착된다(이 글의 목적이 전적으로 여성주의 미학에 대한 탐구는 아니지만, 미적 자율성의 가능성을 탐색하기 위한 모범적인 사례로서 여성주의 신체미학의 몇 가지 유형을 살펴보기로 한다). 첫 번째 논의의 대상으로 삼을 만한 시도는 '미적 금욕주의'이다. 타자(특히 가부장적 미학)의 시선에서 벗어나려고 시도하는 일부 여성들은 신체미의 탈성별화를 감행한다. 브래지어를 벗어던지고, 짧게 자른 머리에 화장기를 지우고 무채색의 남성복 같은 슈트를 입은 채 담배를 물고 거리를 활보하는 행위는 가부장적 시선에서 벗어나고 싶어하는 저항의 일환이라고 보인다. 이러한 행위는 아름다워지고 싶어하는 욕망을 자발적으로 포기한다는 점에서 '미적 금욕주의'라고 부를 만하다. 이러한 시도는 자신을 '성적 대상'으로만 바라보는 가부장적 시선으로부터 자유로워지고자 하는 욕망의 표현이지만, 동시에 아이러니컬하게도 아름다워지고 싶어하는 다른 여성들의 '심미적 욕망'과 '미적 권리'를 억압할 수 있다.[17] 뿐만 아니라 이러한 실천은, 비록 실천에 참가하는 당사자는 가부장적 시선으로부터 자유로워질 수 있겠지만, 이러한 실천에 동참하지 '않는' 또는 동참할 여건이 '못 되는' 나머지 여성들을 여전히 가부장적 시

17) 김주현, 〈여성의 몸과 외모 가꾸기〉, 《미학》 제47집(2006), 42쪽 참조.

선의 포로로 남겨 둔다는 점에서 근본적인 한계를 내포한다. 이런 점에서 미적 금욕주의는 '시선의 정치학'을 근본적으로 전복시키는 전략이 되기는 어렵다.

'시선의 정치학'을 전복시키기 어렵다고 간파한 사람들은 대안으로 '나르시시즘의 미학'을 역이용하고자 한다. 즉 응시하는 '주체'만이 권력을 가지는 것이 아니라 역으로 응시되는 '대상'도 권력을 가질 수 있다고 여기는 것이다.[18] 메두사가 자신을 바라보는 사람들을 돌로 만들어 버렸듯이, 관능미로 무장한 신체는 자신을 바라보는 가부장적 시선들을 매료시켜 노예로 만들어버릴 수 있다고 보는 것이다. 나르시시즘을 여성주의적 전략으로 제시하는 사람들은 여성미의 강력한 매력이 '보는 자'와 '보이는 자' 사이의 위계적 관계를 전복시킬 수 있다고 여긴다. 그렇다면 여성이 자기애에 도취해서 신체를 아름답게 가꾸는 일은 여성적 신체미의 표준을 제시하고 이를 강요해 온 가부장적 미학과 어떻게 다른 것일까? 수전 보르도는 타자의 시선에 의해 길들여진 신체미와 자기애를 위해 가꾸어진 신체미의 정치적 의미는 다르다고 본다. 여성에게 주어진 매력적 자산인 신체미는 오히려 남성을 정복하고 지배할 수 있는 권력이 될 수 있다고 여기는 것이다. 하지만 이러한 주장은 아름다운 외모를 지닌 여성과 그렇지 못한 여성 사이에 위계질서를 심화시키고, 아름다운 외모를 지니지 못한 여성을 다시금 소외와 배제로 몰아넣는 '성별 내의 차별'을 초래할 수 있다.[19] 뿐만 아니라 늙어 가면서 형편없이 비대해지거나 아니면 바람빠진 풍선처럼 쭈글쭈글해져 가는 중년 이상의 여성들은 '이 세상은 젊고 탱탱하고 예쁜 것들만의 잔치란 말인가!'라고 불만을 토로할지도 모른다.

보여지는 '대상'으로서의 신체는 여성이거나 남성이거나 회피할 수 없

---

18) Ann Cvtkovich, "The Power of Seeing and Being Seen:Truth or Dance, Paris is Burning," *Film Thoeoty Goes to the Movies*(New York:Routledge, 1993); 김주현, 앞의 글, 44쪽 참조.
19) 김주현, 앞의 글, 52쪽 참조.

는 실존의 운명이다. 어차피 타자의 시선에 노출될 수밖에 없는 것이 실존의 명령이라면, 이제 제3의 대안은 '아름다움의 신화'의 그늘에 감추어진 실존의 추한 모습을 보여 주는 작업으로 옮겨간다. 화장기로 단장하고 화려한 장신구로 치장한 '아름다운 몸'만이 주체의 전부는 아니며, 억압받고 훈육되어 온 신체의 추한 면이 주체를 구성하는 또 다른 부분임을 적나라하게 드러내 보여 줄 필요가 있다. 이런 이유에서 코스마이어(C. Korsmeyer)와 크리스테바(J. Kristeva)는 '여성적 숭고미'와 '그로테스크'를 가부장적 미학의 대안으로 제안한다. 그로테스크 미학은 절단되거나 훼손된 신체, 부패하거나 분비물로 더럽혀진 신체 등의 기괴한 형상을 통하여 통상적으로 여성에게 기대해 온 '미적 이상(das ästhetische Ideal)'의 신화를 폭로한다. 여성의 몸은 그저 향기 나는 아름답고 부드러운 살덩어리(Körper)가 아니라 임신, 낙태, 출산, 배설, 분비, 노화, 훈육 등을 통해 고통스러움과 비천함이 각인된 실존으로서의 몸(Leib)임을 보여 주자는 것이다. 그로테스크 미학은 기존 미학에서 추구해 온 비례·균형·조화와 같은 미적 동일성을 거부하고, 부조화·불균형·무질서의 미를 지향한다는 점에서 '이질성의 미학(para-aesthetics)'[20]이라고 부를 수 있다.

그러나 이러한 기획에는 여전히 두 가지 문제가 남는다. 첫째는 이러한 그로테스크 미학이 실제 현실에서 억압받는 여성들의 삶을 얼마나 변혁시켜 줄 수 있는지에 대한 물음이다. 사진·필름·회화 등의 예술은 갤러리에서 관심 있는 사람들을 위한 퍼포먼스를 제공할 수 있지만, 과연 이러한 일회성 퍼포먼스가 '체계'를 송두리째 뒤흔들 수 있는 동력으로 연결될 수 있는 것일까? 그리고 두 번째 의문은 과연 그로테스크와 같은 '반미학적 미학(eine Anti-Ästhetik)'은 보는 자에게 미감 대신 혐오감을 불러일으킴

20) '이질성의 미학(para aesthetics)'은 리타 펠스키의 용어다. Rita Felski, "Why feminism doesn't need an aesthetic and why it cannot ignore aesthetics", in James O. Young, ed., *Aesthetics:Critical Concepts in Philosophy*(New York:Routledge, 2005), Vol. III, 230쪽 참조.

으로써 그동안 별다른 편견이 없이 살아오던 사람들에게 오히려 거부감을 갖게 하지 않을까 하는 우려가 제기될 수 있을 것이다.

5. 동일성에 대한 저항으로서 '추의 미학'

공포감와 섬뜩함을 유발하는 추(Häßlichkeit)를 테마로 삼는 그로테스크 미학은 동일성에 저항하는 '실천'으로서 의미를 지닌다. 전통적으로 미/추는 배타적인 대립항으로 인식되어 왔다. '미'는 질서와 조화 그리고 균형과 절제를 의미하는 반면, '추'는 몰형식성과 부정확성 그리고 변형이나 기형으로 규정되어 왔다. '미'가 하나의 절대이념으로서 완전성의 표상이라면 '추'는 불완전성 또는 존재의 결핍을 의미하는 것이다. 이런 점에서 로젠크란츠(Karl Rosenkranz)는 '추'를 '미'의 부정으로 간주한다. '미'는 감성의 형식에 조화롭게 드러나는 정신의 자유이지만, '추'는 감성의 형식에 부조화로 드러나는 부자유와 정신의 파열이라고 여기는 것이다.[21]

'추'에 대한 전통 미학의 관점과 달리 아도르노는 '추'가 지니는 해방적 기능에 주목한다. 동일성의 사유가 지배하는 '체계' 속에서 비동일적인 것은 동일성의 범주 안으로 귀속되도록 강요받고, 개별자들은 보편자 속으로 추상화됨으로써 미메시스는 대립적 타자로 추방된다. 특히 자본주의 체제는 모든 사물을 획일적 교환가치로 환원함으로써 동일성을 확산하는 데 기여한다. 동일성의 사유가 같지 않은 것들을 사상시키듯, 교환원리는 개별적이고 질적인 차이를 평균치로 환원시킨다. 이러한 동일화의 메커니즘 속에서 인간은 합리적 계산과 교환을 통해 '사물'로 전락하게 된다.[22] 현대예술에서 자주 등장하는 '추'의 모티프는 이렇게 보편적

---

21) 박상선, 〈아도르노 미학에 있어서 추(das Häßliche)의 문제〉, 경희대 현대미술연구소, 《현대미술연구소 논문집》(2004), 56쪽 참조.
22) 이창남, 〈미·추의 변증과 문화비판—아도르노 '미학 이론'의 추, 미, 기술의 카테

평균화와 억압적 동일화가 진행되는 '체계'의 이면에 간직된 부조리와 소외감에서 배태된다. 저항적 실천으로서 예술은 바로 그러한 왜곡된 현실이 가져오는 추함, 혐오감, 구토감 등에 대한 미메시스를 통하여 동일화에서 빚어지는 부조리를 고발한다. 앵포르멜한 것(das Informelle) 또는 부조화(die Dissonanz)로서 '추'는 동일성의 형식으로 포섭될 수 없는 '차이'를 환기시킨다. 따라서 아도르노에 있어 '추'는 '미'의 범주 못지않게 역동적인 가치로서, 부조리한 실존의 상황을 표현하는 '고통의 표현(Ausdruck des Leidens)'이다. 실존의 부면(負面)에 감추어진 고통을 드러내고 미학적으로 주제화하는 일은 동일성의 원리에 의해 억압받고 배제되어 온 '차이'를 인정하는 계기가 될 수 있다고 여기는 것이다.[23] 이처럼 아도르노에 있어서 '추'는 단순한 미학적 범주를 넘어 지배관계와 억압관계를 부정하고 고발하는 실천철학적 범주이다. 획일적인 '미의 형식'에서 벗어나 차이와 개별성을 회복하는 일이야말로 예술의 기능이라고 여긴다는 점에서, 페미니즘의 '그로테스크 미학'은 아도르노의 '추의 미학'과 유형적으로 비슷한 문제의식을 공유한다.

'추의 미학'은 꼭 후기 근대 서양에서 새롭게 등장한 것은 아니다. 기원전 3-4세기를 살았던 장자(莊子) 역시 꼽추와 추남 그리고 절름발이와 장애인 등을 소재로 삼아 '체계'의 동일성에 저항하여 개별자의 자유를 꿈꾸는 '추의 미학'을 선보였다.[24] 한국 현대문학에서 '추의 미학'을 실천의 계기로 삼는 작가로는 천운영을 들 수 있다. 그녀는 '체계'에서 소외된 채 억압적 삶을 살아가는 여성을 그리기 위하여 비천하고 그로테스크한 몸을 마이크로 기법으로 재현해낸다. "툭 튀어나온 광대뼈와 꼽추를 연상케 할 정도로 둥그렇게 붙은 목과 등의 살덩이, 눈살을 찌푸리게 하는 목소리, 뭉

고리를 중심으로〉,《헤세연구》, 제12집, 542쪽 참조.

23) 박상선, 앞의 글, 57쪽 참조.

24) 장자의 '추의 미학'에 대해서는 이승환,《감성의 철학》(민음사, 1996년) 제6장〈도가의 유가적 낯빛 비판〉을 보시오.

뚝한 발가락….”[25] 천운영의 소설에 등장하는 여성은 《장자》의 주인공들처럼, 늙거나 젊거나 하나같이 신체적 장애를 가지거나 추한 몸으로 묘사된다. 그녀의 소설은 단지 가부장적 시선에 의해 기대되어 온 '아름다움의 신화'를 깨는 데 그치지 않고, 오히려 남성보다 더 거칠고 마초(macho)적인 여주인공들을 통해 남성을 깔아뭉개면서 가부장제의 전복을 시도한다. 여주인공들은 수동적이기를 거부한 채 짐승처럼 사나우며, 가냘프고 아름다운 대신에 거칠고 그로테스크하다. 성차의 경계를 아슬아슬하게 넘나들면서 통상적으로 기대된 여성상에서 탈주함과 동시에 가부장적 남성성의 전복을 꿈꾸는 그녀의 소설은 '추의 미학'을 여성주의적으로 훌륭하게 전용(轉用)한 경우라 할 수 있다.[26]

이제 앞서 제기했던 질문으로 되돌아가 보자. 그로테스크 미학은 과연 어떤 방식으로 사회적 실천과 연계될 수 있을까? 공포감과 혐오감을 유발하는 예술작품은 오히려 보는 자에게 거부감이나 불러일으키게 되지 않을까? 그로테스크 미학이 '그네들만의 잔치'로 그치지 않기 위해서는 다양한 형태의 사회적 실천으로 연계되지 않으면 안 된다. 이미 우리나라에서도 실행되고 있는 '분만실에 동참하기'는 실상 그로테스크 미학이 현실 속에서 실행되고 있는 단적인 예로 해석될 수 있을 것이다. 피를 흘리며 찢어진 자궁 사이로 외계인같이 쭈글쭈글한 새 생명이 허연 분비물을 뒤집어쓴 채 고무장갑을 낀 무감각한 손에 의해 끄집어져 나오는 광경은 그로테스크와 더불어 여성적 숭고미를 체험하게 해 주는 계기가 된다. 이 밖에도 양로원에 가서 치매 노인의 배설물을 처리해 주고 목욕시켜 주기와 같은 프로그램도 '살덩어리' 숭배의 신화를 깨고, 쾌락과 고통 그리고 미와 추가 공존하는 '몸성'의 전모에 대해 진지한 성찰의 기회를 제공하는 계기가 된다. 미학과 현실을 연결시킬 수 있는 다양한 프로그램이 개발되어 교육

25) 천운영, 《바늘》(창작과 비평사, 2001).
26) 천운영의 소설에 대한 여성주의적 평론으로는 김양선, 〈빈곤의 여성화와 비천한 몸—천운영과 배수아의 작품을 중심으로〉, 《여성과 사회》(2004).

과 봉사의 형태로 실행된다면 '체계'의 부조리를 변화시킬 수 있는 잠재적 저항군의 수는 점차 늘어나게 될 것이다.

6. '심미화'에 수반된 실재에 대한 '무감각화(Anästhetisierung)'

동일성에 저항하는 '추의 미학'은 보는 사람 또는 듣는 사람으로 하여금 고통과 구토를 자아내게 한다. 사진·필름·회화와 같은 시각예술(예를 들어, 캐롤리 슈니먼의 〈체내 두루마리〉)도 그렇지만, 음악과 같은 소리예술(예를 들어, 아널드 쇤베르크의 〈바르샤바의 생존자〉)의 경우에도 마찬가지이다. 이러한 작품을 감상하는 사람들은 소름끼치는 역겨움과 섬뜩한 공포감에 사로잡히게 된다. 감상자가 느끼게 되는 이러한 불쾌감은 역으로 우리의 (일상적인) 미감이 얼마나 아비투스(habitus)[27)]에 사로잡혀 있는지 반증해 주는 증거가 된다. 존재의 밝은 면과 어두운 면 가운데 쾌감을 자아내는 밝은 면에만 주의를 집중하도록 감각이 길들여지는 것이 바로 '미감의 인습화'이다. 통상적이고 동일화된 미적 형식에 길들여진 '인습화된 미감'은 여기서 벗어난 '존재의 어두운 면'에 대해서는 낯설게 반응하거나 대상이 야기하는 고통스러움 때문에 외면하려고 하기 마련이다. 미감의 인습화는 존재계의 한쪽에만 시선을 집중하고, 그 나머지에 대해서는 '무감각해지는(Anästhetisierung)' 결과를 초래한다. 특히 영상 매체의 보급과 소비자본주의의 확산으로 인해 생활 세계 전반에 획일적인 심미화가 진행되는 과정에서 '무감각화'는 심각하게 우려할 만한 현상으로 대두된다. 벨슈(Wolfgang Welsch)는 이러한 문화 현상을 진단하고 교정하기 위한 학문으로 '무감각학(Anästhetik)'[28)]을 제안한다.

---

27) 이는 부르디외(P. Bourdieu)의 용어이다. 피에르 부르디외, 《자본주의의 아비투스》(동문선, 2002).
28) 김윤상, 〈지각학으로서의 미학—최근의 미학논의들에 대한 비판적 검토 및 보

벨슈에 의하면 '무감각(Anästhesie)'은 느낄 수 있는 감지 능력이 지양되어 있는 상황으로서, 육체적 무감각으로부터 시작해서 정신적 맹목에 이르기까지 감수성이 상실되거나 작동 불가능해진 상황을 가리킨다. 그는 '미학'의 어원인 아이스테시스(Aisthesis)가 지닌 원래적 의미에 주목한다. 원래 아이스테시스는 지각(Wahrnehmung), 인식(Erkenntnis), 육감(Empfindung), 감정(Gefühl) 등의 다양한 함의를 갖는다. 그러나 전통 미학에서는 이 가운데 지각이나 인식과 같은 인지적 측면에만 관심을 집중하고, 감지나 감정의 문제는 도외시해 왔다. 이러한 반성에 근거하여, 벨슈는 감지와 감정의 문제를 미학의 영역으로 재편입시킴으로써 아이스테시스가 원래 지녔던 중층적 함의를 복원하고자 한다. 그의 이러한 시도는 단지 미학의 명칭에 대한 어원학적 관심에서 나온 것이 아니라, 후기자본주의 사회에서 매체의 확산과 더불어 초래되는 무감각화 현상에 대한 성찰에서 비롯된 것이다. 그에 의하면, 매체화된 이미지가 현실보다 더 실재처럼 여겨지는 상황에서 예술은 이미지인 동시에 '창 없는 단자'로 변형되어 간다. 예술이 외부로 연결되지 못하고 고립된 단자로 변형되어 가는 이유는 사회적 현실로부터 고립된 채 사물화된 삶을 살아가는 개인들에 의해 예술이 생산되기 때문이다. 비본래적이고 부차적인 것으로 전락해 버린 '본래적인 것'에 대한 접촉 부재 또는 무감각한 상태는 현대 예술이 직면한 위기이자 새로운 미학이 가능할 수 있는 계기이기도 하다.[29] 이미지가 실재처럼 여겨지고, 현실적인 것은 허구로 느껴지며, 오히려 본래적이고 실재하는 것에 대해 무감각해지는 후기 근대적 '무감각의 문화'를 철학적으로 주제화하는 것이 벨슈의 '무감각학'이 노리는 지점이다. 벨슈의 문제의식과는 약간 다를 수는 있겠지만, 그가 지적하는 '심미화'와 더불어 진행되는 '실재에 대한 무감각화'의 가까운 예로는 마광수의 '예쁜 여

층〉, 《독일문학》 제100집, 112쪽 참조.

29) 위의 논문, 112-114쪽 참조.

성 예찬'을 들 수 있다. 그는 MBC 백분토론 〈몸의 시대—살빼기와 성형 열풍〉(2005.8.11)이라는 프로그램에 출연해서 '예쁜 애들이 공부도 잘한다'는 발언을 하여 물의를 빚기도 했지만, 그 후에도 〈무엇이 여성을 섹시하게 만드는가?〉라는 글에서 이렇게 말한다.

> 불편한 것, 불편해 보이는 것, 아니 일부러 불편하게 한 것은 모두 섹시하다. 엄청나게 길게 길러 휘어진 손톱, 무지무지하게 높은 하이힐, 너무 좁고 꽉 껴 걸어다니기도 불편할 정도의 초미니 타이트스커트, 팔을 움직이기 힘들 정도로 무거운 팔찌, 모가지가 기형적으로 가늘고 긴 여인, 그 여인의 목에 꽉 조이게 매어 있어 목을 마음대로 돌릴 수 없을 만큼 무겁고 폭이 넓은 개목걸이, 두 발목 사이를 체인으로 이어 놓아 불편하긴 하지만 우아한 걸음걸이를 도와주는 족쇄 모양의 발찌.[30)]

여성의 몸을 바라보는 마광수의 시선은 심미적인 차원을 넘어서 탐미적이며, 탐미적인 차원을 넘어 가학적이기까지 하다. 그에 의하면 여성은 섹시해보이기 위해서 불편함을 감내해야 한다. "목에 꽉 조이게 매어 있어 목을 마음대로 돌릴 수 없을 만큼 무겁고 폭이 넓은 개목걸이"는 물론이고, 심지어는 "두 발목 사이를 체인으로 이어 놓아 불편하긴 하지만 우아한 걸음걸이를 도와주는 족쇄 모양의 발찌"를 차는 것이 좋다. 만약 그가 송대의 중국에 살았더라면 당연히 '전족'(foot-binding)' 예찬론자가 되었을 것이다. 섹시함을 위해서는 개목걸이와 족쇄 모양의 발찌를 차는 고통까지도 감내할 수 있어야 한다는 그의 주장은 '심미화'와 동시에 진행되는 '무감각화'를 보여 주는 전형적인 경우라고 할 수 있을 것이다. 여성의 신체를 바라보는 미적 지각은 탁월할지 몰라도, 응시의 대상이 감내해야 할 고통에 대해서 그는 너무도 '무감각'하다.

---

30) 마광수, 〈무엇이 여성을 섹시하게 하는가?〉, 《연두》(연세춘추가 만드는 웹진, Yonsei Digital Opinion), 2007년 9월 17일자.

관상학적 도상으로서 살(Körper)은 지각할 수 있어도 몸성(Leiblichkeit)에 대해서는 무감각하며, 존재의 표피(이미지)는 볼 수 있어도 존재 그 자체(본질)는 보지 못하는 마광수의 미감은 벨슈의 표현을 빌리면 '지독히도 무감각한(sehr anästhetisch)' 것이라고밖에 달리 표현할 길이 없다. 혹시 그는 사람을 마네킹으로 착각하고 있는 것은 아닐까? 이미지에 갇혀서 실재를 보지 못하고, 관상학적 도상이 가져다주는 아름다움에 취해 본래적인 것에 무감각해지는 경향은 단지 마광수 혼자만의 것은 아닐 것이다. 이러한 경향은 이 시대를 사는 많은 남성들의 것이며 적지 않은 여성 자신의 것이기도 하다.

7. '미학'에서 '감성학'으로

'심미적 무감각화(ästhetische Anästhetisierung)'를 초래하는 아이러니컬한 사태는 미적 지각만 문제시하고 감성적 지각은 도외시해 온 근대 정신주의 미학의 산물이라고 할 수 있다. 슈투트가르트 발레단의 프리마 발레리나 강수진의 발은 근대 미학이 처한 '미적 지각'과 '감성적 지각' 사이의 분열증적 균열을 보여 주는 상징적 징표라고 할 수 있다.

뭉개지고 갈라진 발톱, 옹이처럼 튀어나온 뼈, 버섯 모양으로 퍼진 엄지발가락. 피멍이 들어 기괴하게 일그러진 발을 보는 사람은 누구나 그로테스크한 전율을 느끼게 된다. 누가 이 발이 세계적인 발레리나 강수진의 발이라고 상상할 수 있겠는가? 나비 날개같은 망사옷을 휘날리며 비너스처럼 가뿐하게 하늘로 비상하는 그녀의 발가락이 문둥병 환자의 그 것과 같을 줄 누가 예측하겠는가? 하루에 19시간씩 연습을 하며 1년에 토슈즈를 1천여 결레씩 바꿔 신어야 하는 그녀의 발은 물집이 잡히는 건 기본이고, 사시사철 발톱이 빠지고 살이 짓무르면서 피가 난다고 한다. 쉽게 아물지 않는 상처 때문에 고름이 흐르기 일쑤다. 토슈즈를 벗을 때면 생살을 떼는 듯한 아픔을 느낀다. 피와 고름 그리고 살가죽이 슈즈에 함부로 엉겨 붙기 때문이다. 오죽하면 발가락 사이에 쇠고기를 끼워 고통을 줄이려 했을까? 그녀가 아침에 눈을 뜨면서 가장 먼저 느끼는 것은 통증이다.

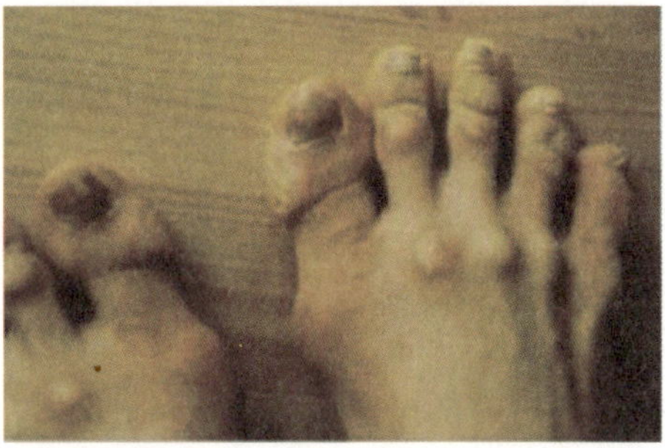

발레리나 강수진의 발(http://search.empas.com/search/img.html?q=%B0%AD%BC%F6%C1%F8%C0%C7+%B9%DF&ef=0&e=1&tq=Y&tc=0&wi=34&n=0&fv=V&n=10&cw=91).

강수진의 발레 동작(http://search.empas.com/search/img.html?q=%B0%AD%BC%F6%C1%F8&ef=0&e=1&tc=0&wi=38&n=0&fv=V&n=7&cw=835).

무대 위에서 보여 주는 아름다운 신체와 몸동작이 그녀의 한 부분이라면, 뭉그러진 발은 그녀의 또 다른 부분이다. 감상자들은 그녀의 한 부분(신체 이미지)이 가져다주는 아름다움을 포착하는 데 전념하지만, 그녀의 숨겨진 다른 부분(발)이 감내해야 할 고통에 대해서는 무감각하다. 감상자들은 이미지로서의 '살'은 지각하지만 '몸성(Leiblichkeit)'에 대해서는 무감각하며, 존재의 표피에는 관심을 기울이지만 존재의 본질에 대해서는 맹인이 된다. 미적 지각과 감성적 지각이 분리된 '심미적 무감각화'의 징표를 나는 발레를 바라보는 감상자들의 시선에서 발견한다.

미적 지각만을 주제로 삼아 온 종래의 미학은 이제 '감지'나 '감정'까지도 문제로 삼는 포괄적 학문으로 변모할 필요가 있다. 즉 에스테틱(Ästhetik)이라는 개념은 좁은 의미의 '미학'에서 탈피하여 좀더 원의에 가깝고 포괄적 범주인 '감성학'으로 확장될 필요가 있는 것이다.[31] 살(Körper)이 지니는 미적 형태에 대한 '인지'뿐 아니라 몸(Leib)의 '감각'까지도 관심의 대상으로 삼는 '감성학'은 자연스럽게 윤리적 문제의식으로 연결되기 마련이다.

미적 지각은 선이나 색깔 그리고 형태나 소리 등에 내재한 비례와 조화에서 아름다움을 지각하는 능력을 말하지만, 감성적 지각은 '전체'라는 지평에서 직접적이고 분산되어 있는 지각의 내용을 통합적으로 평가한다. 이러한 차원에서 '피아노 노빌레(piano nobile)'[32]라고 부를 만한 새로운 종류의 쾌 즉 순수하게 반성적인 차원의 쾌/불쾌가 생겨난다. 이것이 바로 '심미적 감성'의 발생지이다. '심미적 감성'은 시다/짜다 또는 뜨겁다/차갑다 등의 1차적 지각을 넘어 반성적 기준 즉 아름다움/추함, 만족스러움/역겨움 등의 평가적 감정을 산출한다. 감성적 인식은 이렇게 심미적 지각의 차원을 넘어 평가적 감정까지 함축한다.[33]

벨슈는, 바움가르텐에서 실러로 이어지는 전통 미학에서는 감성적인 것을 미학의 범주에서 추방하고 배제해 왔다고 비판한다.[34] '감성학'의 구상아래서 그는 미학과 윤리학이 결합된 형태인 '미-윤리학'(Ästhet/hik)의 새로운 가능성을 탐색한다. 벨슈는 미학과 감성학이 윤리학의 토대이자 열쇠라고 보는 누스바움(M. Nussbaum)의 견해에 대체로 동의한다. 하지만 그는 미학이나 감성학이 종래의 윤리학을 보충하거나 보완할 수 있지만,

---

31) 근대적 학문으로서 Ästhethik의 창시자인 바움가르텐(A.G.Baumgarten)은 Ästhethik을 '감성적 인식의 학문(scientia cognitiones sensitivae)'으로 규정한 바 있다. 이처럼 에스테틱은 본래 '미학'이 아니라 '감성학'으로부터 출발하였다. 이선, 〈감성학으로서 에스테틱〉, 《동서철학연구》 제47호(2008), 259쪽 참조.

32) 피아노 노빌레(piano nobile)는 유럽식 건물에서 지층(basement)의 바로 위층(우리식으로는 2층)에 자리한, 집주인이 거주하는 층을 말한다. 심미적 감성은 1차적/직접적/분산적인 지각의 내용을 반성적으로 통합하는 능력이므로 지층보다 한층 높은 곳에 거주하는 집주인에 비유될 수 있다.

33) 볼프강 벨슈, 심혜련 옮김, 《미학의 경계를 넘어》(향연, 2005), 118-119쪽 참조.

34) 위의 책, 119-129쪽 참조.

미학이나 감성학이 윤리학을 대체할 수 있다는 극단적 입장을 취하지는 않는다. 그는 미-윤리학의 정립을 위한 '심미적 의식'의 규약을 다음과 같은 몇 가지로 제시한다. 각각의 심미적 성향이 갖는 특수성에 주의를 기울일 것, 각각의 패러다임을 절대화하지 말 것, 타자성에 대한 인정과 공존에 대해 고려할 것, 의미 없다고 여겨지는 배제된 것들에게 깨어 있는 주의를 기울일 것, 아직 요구가 인지되지 않은 것과 익숙한 질서에서 벗어나 있는 것을 있는 그대로 인정할 것, 다양한 관점과 가치에 대해 공정하게 대할 것 등이 그것이다.[35] 어찌 보면 호네트의 '인정(Anerkennung)' 이론을 심미적 관점에서 그대로 옮겨 놓은 듯한 벨슈의 심미적 규약들은 나름대로 미-윤리학의 성립을 위한 기본 공리로 기능할 수 있다고 여겨진다.

벨슈가 제시하는 규약들은 '미적 실존'의 한계를 자각하면서 '미적 실존'과 '윤리적 실존'을 동시에 가능하게 하는 포괄적 원칙이 될 수 있다. 벨슈 자신이 기대하듯이, "이러한 원칙에 충실한 문화는 배제와 소외, 개별성과 타자성에 예민한 문화일 것이다. 이는 가시적인 것, 명백한 것, 번쩍이고 찬란한 것에 대한 숭배에 전념하는 것이 아니라, 억압된 것, 텅 빈 지대, 틈새들, 그리고 변화성에 민감하게 될 것이다".[36] 벨슈가 기대하는 것처럼, 타자성과 차이에 민감한 감성적 문화는 윤리적 공정성을 제고하는 데 기여할 수 있을 뿐 아니라, 동일성에서 소외된 타자에 대한 감응과 공감을 통하여 상호 인정을 이끌어 내는 계기가 될 수 있을 것이다.

35) 위의 책, 141-142쪽 참조.
36) 위의 책, 143쪽.

8. '미적 실존'에서 '감성적 실존'으로

인간은 '창 없는 모나드'가 아니라 끊임없이 타자와의 소통을 통하여 인정을 추구하고, 타자와 자기의식의 작용/반작용에 의하여 자기 상(Bild)을 구성한다. 이러한 과정에서 감성적 지각은 이성적 인식에 앞서 '인정'을 위한 예비적 지평을 마련한다. 즉 언어적·이성적 인식 이전에 '상호 감응(Affiziertheit)'[37] 통한 감성적 인정이 선행한다는 뜻이다. 감성은 언어나 사유보다 직접적이고 근원적이다. 감성은 양화된 계산법이나 기하학적 이성으로는 인식될 수 없으며, 도구적 이성이 아닌 '감응'이라는 형태의 이해 방식을 요구한다〔물론 그렇다고 해서 감성적 파지가 이성적 인식을 전적으로 대체할 수 있다고 여기는 것은 아니다. 감성을 무시하는 이성은 독단이기 쉽고, 이성을 거부하는 감성은 모호할 수 있다. 이 둘은 선순환적 보완의 관계로, 즉 동양적 표현을 빌리자면 정리원융(情理圓融)의 관계로 파악될 필요가 있다〕.

감성적 지각은 미적 지각이 지닌 한계를 넘어 윤리적 지각으로 상승될 수 있는 포괄적인 몸의 능력이다. 인간을 부분(이미지)으로 파악하려는 미적 지각의 능력은 인간을 전체(몸)로 감지하려는 미-윤리학으로 재정립될 필요가 있다. 이러한 기획은 '시선의 정치학'이 지닌 억압적 성격을 변화시키는 결정적 계기로 작용할 수 있다. 앞에서 살펴보았듯이, 타자의 시선(특히 가부장적 시선)에서 벗어나고자 하는 페미니스트 미학은 응시의 대상인 자신을 탈성별화하거나, 나르시시즘적 관능미로 무장하거나, 아니면 실존의 어두운 측면을 드러내 보이는 그로테스크 미학의 전략을 취함으로써, 여전히 자신을 바라보이는 대상으로 간주하는 관점에서 벗어나지 못한다. 기존의 페미니스트 미학은 타자의 시선 앞에 '나를 어떤 방식으로 드

---

37) '감응(Affiziertheit)'은 스텐리 캐블과 사르트르의 개념을 호네트가 원용한 것이다. 악셀 호네트, 강병호 옮김, 《물화》(나남, 2006), 56쪽.

러내야 하는가?' 하는 전략에 치중할 뿐, 타자의 시선을 바꾸는 일에는 성공하지 못한다. 타자의 시선을 다른 곳으로 돌리는 일은 실존의 조건상 원천적으로 불가능하기 때문이다. 인간은 어차피 서로 바라보고/바라보이는 상호작용을 통하여 자기상을 구성해 나가기 때문이다.

눈은 대상을 바라보지만 동시에 대상으로부터 바라다보이기도 한다. 손은 대상을 만지지만 동시에 대상으로부터 만져지기도 한다. 내부와 외부가 분리될 수 없는 '상호 신체성'이라는 실존의 조건은 미적 자율성 또는 자아의 정체성과 관련하여 다른 형태의 이해 방식을 요구한다. '정체성'은 뫼비우스의 띠처럼 내면과 외면이 꼬이면서 타자의 시선과 자기의식이 미끄러지며 맞닿는 지점에서 발생하는 긴장 관계에서 생겨난다. 띠의 바깥쪽을 지향하면 지향할수록 자아는 정체성이 결여된 타율적 존재로 전락하게 되고, 띠의 안쪽에만 머물려고 할 경우 자아는 나르시시즘에 빠진 유아론적 삶을 살게 된다. 띠의 안과 밖이 꼬이는 지점에서 발생하는, 즉 타자의 시선과 자기의식이 맞닿는 지점에서 발생하는 긴장관계를 어떻게 조율할 것인가 하는 문제는 자기정체성을 이해하는 관건이 된다.

타자의 시선이 피할 수 없는 실존의 명령이라면, 타자의 시선에 수반된 억압적 성격에서 벗어나기 위해서, '시선 앞에 나를 어떻게 드러낼 것인가?' 하는 물음도 하나의 전략이 되겠지만, 대안으로 '시선은 어떻게 도야(Bildung)될 수 있을 것인가?' 하는 물음도 고려해 볼 만하다. 즉 바라다보이는 '대상'인 자기를 변모시키는 작업 대신, 바라다보는 '시선'을 고양시키는 방안도 고려해 볼 만하다는 뜻이다. 미학을 '감성학'(또는 미-윤리학)으로 확장하는 일은 이런 전략을 위한 이론적 토대가 된다. 즉 주체가 지닌 미적 지각의 능력을 대상의 감정과 느낌까지도 감지할 수 있는 감성적 능력으로 고양시킴으로써, 관상학적 도상이나 표피적 이미지에만 머무는 '미학적 시선'은 상대방의 몸에 새겨진 느낌과 감정에 공감하는 '감성적 시선'으로 바뀌게 될 것이다. 공감 능력의 배양을 통하여, 사물 같은 것(das Dinghafte)으로서의 신체는 온전한 몸(Leib)으로 복권될 수 있으며, 몸의 복권을 통하여 동일성의 시선에서 배제되어 온 '차이'와 망각되어 온 '개별성'은 그 고유한 지위와 가치를 인정받게 될 것이다. 자기에 대한 배려와 더불어 타자에 대한 배려, 심미적이면서도 동시에 타자의 고통에 예민하게 감응할 수 있는 미-윤리적 감수성, 이러한 능력이 온전하게 갖추어진 감성적 인간(homo aestheticus)이야말로 사물화와 균질화로 무감각해져 가는 이 시대가 요청하는 새로운 인간형이라고 할 수 있을 것이다. ■**이승환** 철학과

제4부

문학, 종교, 과학을 말하다

영미 시에 나타난 자연과 삶*

워즈워스, 프로스트, 쿠니츠, 스나이더, 라이트의 자연과 Alter Ego

I. Alter Ego로서의 자연

워즈워스(William Wordsworth)의 《Lyrical Ballads》(1798)를 포함하여 프로스트(Robert Frost,1874-1963), 쿠니츠(Stanley Kunitz, 1905-2006), 스나이더(Gary Snyder, 1930-), 라이트(James Wright,1927-1980) 등은 자연을 시적 소재로 활용한 대표적인 영미 시인들이다. 이들의 시는 산업화와 현대화 그리고 자본주의로 인해 파괴되고 소외된 사람들이 겪는 육체적, 심리적, 정신적, 사회적 고통에 대한 묘사를 이와는 상징적으로 병렬, 대비, 대조, 또는 (부)조화를 이루고 있는 자연에 대한 묘사와 함께 제시함으로써 산업화 시대 이후 나타난 사회적, 경제적, 정치적, 윤리적, 정신적, 심리적 문제점들을 자연과 인간의 본질적 관계의 단절과 모순이라는 드라마를 통해 연출하고 있다.

18세기 말 낭만주의 시에 담겨 있던 자연의 모습이 당대에 대해 담고 있었던 정치성, 또는 '낭만주의 이데올로기(Romantic Ideology)'(McGann, 1983)는 오늘날에도 여전히 인간이 자연에 대하여 발전시킨 위기 관계에 대해서도 깊은 의미를 담고 있다. 고통받고 있는 군상들의 심리와 삶에 대한 세세하고 구체적인 묘사는 명시적으로 또는 암시적으로 어떤 정치적 의미를 담고 있기 마련인데, 이러한 정치성이 시에 함께 등장하는 자연에 의해 어떻게 전치되고, 왜곡되고, 가려지고, 중성화되고, 심지어 부정까지 되었는가에 대한 관심은 워즈워스와 그 후대에 자연을 소재로 한 시를 쓴 시인에게서도 여전히 볼 수 있기 때문이다. 자연이 표방하고 있는 법, 가치, 질서, 그리고 모습은 다른 시대에 다른 이데올로기적 함유를 지니고 있는 것이다.

이러한 함유의 기저에는 자연이 실제로 '전치'하고 '왜곡'하고 '부정'하는 기능을 하고 있다는 것을 전제로 하고 있지만 시에서 언어화된 자연의 이미지와 풍경이 실제로 이런 일을 하고 있는 것은 아니다. 대신에, 부랑아, 늙은 거지, 버림받은 여인, 늙고 병들어 가난한 노파, 소작농, 공장(농업) 노동자, 도시 노동자, 소외된 사람들 등 고통받고 있는 사람들에 대한 묘사와 함께 자연의 풍경이 병렬되었을 뿐인데, 이 두 이질적인 풍경이 어떤 특정한 인간상호적(intersubjective) 관계를 형성하고 있는 것처럼 인식(해석)하게 만드는 심리적 효과가 있는 것이다. 즉, 자연의 풍광이 묘사된 군상들과 다양한 관계, 즉 단순 병렬, 모순, 일치, 배타, 이타, 변증법, 상반, 비논리, 개연, 필연, 또는 괴리 관계를 통해 어떤 특정한 담론 구조를 형성하도록 독자의 심리 속에서 타자(the other)로 전이되는 것이다.

사물, 상황, 사람이 관계를 갖는다는 것은 연결고리와 상호(배타)성에 근거하여 각각의 외향과 본질에 영향을 준다는 것인데, 시에서 나타나는 자연과 삶의 조우는 앞으로 살펴볼 시에서 알 수 있듯이 각각 서로가 서로를 바라보는 각각의 앨터 이고(Alter Ego)로 작용하게 되면서 서로 영향을 주게 된다. 나르시시즘이라는 심리적 메커니즘을 통해 이러한 관계가 형성이 되는 것이다. 나르시시즘의 기원이 자기 자신의 몸이고, 더 나아가 자신의 자아에 대한 사랑으로 볼 때, 사물과 인간의 관계가 설정된다는 것은 나르시시즘이라는 심리적 메커니즘이 인간과 사물 간에 작용하고 있다는 뜻이다. 이러한 작용이 이루어지기 위해서는 사물은 인간의 몸이 되고, 더 나아가 인간과 같이 자아의 모습을 지니고 있는 것으로 무의식적으로 받아들여진다는 심리적 일치를 전제로 하고 있다. 따라서 세상의 모든 사물(인간을 포함한)은 인간의 몸이 될 수 있으며, 또한 인간과 같이 자아의 특성을 띠고 있는 것으로 볼 수 있다. 그런 점에서 본다는 우리는 자연을 바라보면서 또는 시에 나타난 자연에 대한 묘사를 읽으면서 자연을 바라보고 생각하는 것과 동시에 자연이 보여 주는 우리의 모습을 통해 우리 자신에 대해서도 반추하게 된다고 볼 수 있다. 자연을 통해 우리 자신이 잊고 있었거나 잃었던 자아을 다시금 보기 위해서는 우리만이 자연을 보는 것이 아니라 자연도 우리가 자연을 바라보는 것과 똑같이 우리를 바라보고 있음을 느낄 수 있어야 할 것이다. 그때만이 비로소 자연과 우리의 대화가 시작될 수 있을 것이다. 좋은 자연의 경치를 찾아 세상 구석을 다닌다 한들 자연이 우리 자신을 바라본다는 사실을 잊고 있다면 여행에서 구경을 할 수 있을지언정 자신의 새로운 자아를 만나기는 힘들 것이다.

영미 시에 나타난 자연에 대한 이해는 그러한 자연이 우리에게 들려주고자 하는 그러나 실재로는 우리 자신이 스스로에게 말하는 우리 자신의 삶에 대한 이야기로 이해될 수 있다는 것을 이 글을 통해서 이야기하고자 한다. 워즈워스, 프로스트, 쿠니츠, 스나이더, 라이트가 지은 자연을 다룬 시를 읽으면서 독자는 응시자, 관찰자, 나레이터, 방랑자, 산보하는 사람, 도덕주의자, 여행자, 또는 사색가로서의 역할을 요청받게 되는데 자신을 자연으로 옮겨 놓는 과정을 통해서 자신이 가지고 있는 삶의 무게와 모습에 따라 다양한 형태의 시각적/공간적 자연 이미지와 관계를 구성하게 될 것이다. 자연 이미지로 재구성된 각 시대의 역사적 현실과 그것과 관계하는 다양한 삶의 양태가 드러내는 정치성뿐 아니라 자연의 시각 그리고 자연만의 언어와 가치 그리고 질서를 통해 자신의 삶을 좀더 새롭게 바라 볼 수 있을 것으로 기대한다. 무의식 욕망과 정체성(desire & identity)의 형성에 '이미지'가 근원적 영향력을 행사하고 있는 이 이미지의 시대에 혼탁한 이미지의 세찬 소용돌이에 휘둘리지 않기 위해 우리의 삶에 대해 다른 질서와 의미 그리고 다른 방향을 제시하고 있는 자연을 통해 다른 정체성을 구성해 보는 것도 자칫 침체할 수 있고 또 실재 정체되어 있기도 한 자신의 삶에 싱그러운 일이 될 것이다. 자연이 담고 있는 정치성은 너무 무거운 주제라 이 글에서는 생략하고자 한다.

Bracher의 다음 한 구절은 자칫 헛된 이미지에 자신의 정체성과 욕망이 휘둘리거나 휩쓸릴 수 있는 위험에 처한 우리들에게 음미할 만한 경고로 들리기도 한다.

> Cultural artifacts, particularly poetry and fiction, operate quite powerfully with this identificatory connection between body ego and objects of perceptions—such identification operates unconsciously invirtually every encounter with visual images, including visual images in discourse(Bracher, 1993:37).

2. 워즈워스

다음 시에서 알 수 있듯이, 자연의 이미지가 지니고 있는 효과에 대해 깊은 인식이 워즈워스 자신을 자연을 소재로 한 시를 쓴 대표적인 영시인으로 만든 것 같다. 그의 영향이 후대의 영미 시인에게까지 크게 미치고 있으므로 여기에서 조금 상술하고자 한다.

1) 〈There Was a Boy〉라는 시에서 자연의 이미지와 자아와의 무의식적 상호작용을 설명하고 있다.

> the visible scene
> Would enter unawares into his mind
> With all its solemn imagery, its rocks
> Its woods 〔…〕
> (21-24행)

2) 이러한 상호작용에 관한 워즈워스의 인식은 좀더 정확하고 강도 높게 행상인의 어린 시절을 묘사한 〈The Wanderer〉(《The Excursion》 Book First)에 드러나 있다.

While yet a child, and long before his time,
Had he perceived the presence and the power
Of greatness; and deep feelings had impressed
So vividly great objects that they lay
Upon his mind like substance, whose presence
Perplexed the bodily sense.〔…〕
〔…〕〔A〕s he grew in years,
With these impressions would he still compare
All his remembrance, thoughts, shapes, and forms;
〔…〕 he thence attained
An active power to fasten images
Upon his brain.〔…〕
(134-146행, 밑줄은 필자에 의한 것임, 이하 동일)

3) 상호작용을 강조하고자 워즈워스는 자연의 이미지와 자아와의 객관적 상관관계(objective correlativism)를 형성하는 근원적 토대로 자연의 인간화와 인간의 자연화(the humanization of Nature & the naturalization of the Human)라는 두 종류의 나르시스적 변이를 〈The Recluse〉에서 역설하고 있다(Abrams, 1963).

On Man, on Nature, and on Human Life,
Musing in solitude, I oft perceive
Fair trains of imagery before me rise,
〔…〕
〔…〕My voice proclaims
How exquisitely the individual Mind
〔…〕to the external World

Is fitted:— and how exquisitely, too —
Theme this but little heard of among men —
The external World is fitted to the Mind.
(1-3, 62-68행)

4) 이러한 인간의 자연화 그리고 자연의 인간화는 워즈워스뿐 아니라 앞으로 다룰 시인들의 시에서도 종종 발견되는데 이러한 이 두 자연 혹은 이 두 인간의 관계는 삶에 대한 많은 진실을 담고 있다. 이 진실을 발견하는 것은 순전히 독자의 몫인 것이다.

· 〈Westminster Bridge〉:자연의 빛(아침 햇살)은 산업화된 런던 도시의 모습을 아름답게 꾸미는 의상으로 등장한다("This City now doth like a garment wear / The beauty of the morning", 4-5행).
· 〈To a Skylark〉:한 마리의 종달새가 "근심에 찬" 대지를 "멸시하는" "음유시인"과 "순례자"로 묘사된다.
· 〈The World Is Too Much with Us〉:자연은 여인의 젖가슴이 되어 달빛에게 바다는 자신을 내어놓으며("This sea that bares her bosom to the moon") 아름다움을 세상에 주고 있는 데 반해 인간은 너무 세속에 빠져 있다고 탄식한다.
· 〈I Wandered Lonely as a Cloud〉:시인은 "골짜기와 언덕 위를 하늘 높이 떠도는 구름으로" 헤매다가 한 무리의 수선화 속에 묻혀 그 자신이 수선화로 변하여 수선화와 함께 춤을 추게 된다(다음 장에서 더 논의).
· 〈It is a beauteous Evening, Calm and free〉(소네트 19):아름답고 조용한 저녁의 한 시점이 예배를 올리고 있는 수녀의 모습으로 묘사된다.
· 〈The Tables Turned〉:자연은 궁극적으로 "모든 성현들보다도 인간에 대해서나 선악의 도덕률에 대하여 더 많은 것을 가르쳐 주는" 참다운 현자, 스승 또는 즐거운 이야기를 들려주는 사람으로 묘사되고 있다.
· 〈Ode〉:더 나아가 자연은 어머니의 마음을 지닌 소박한 유모가 되어 인간을 자신의 무릎 위에 앉히고, 한 떨기 초라한 꽃조차 "너무 깊어 눈물로도 다 못할 생각(Thoughts that do often lie too deep for tears)"을 제공하

는 진인이 되기도 한다.

이와 같이 워즈워스의 시에서 자연은 인간의 모습을 취하게 되며, "인간의 마음은 모든 형태를 담을 수 있는 저택"이지만 자연에게서 자신의 (원초적) 자아를 보라고 주장하고 있다("behold in thee 〔nature〕 what I was once", 〈Tintern Abbey〉 121, 140-141행).

이렇게 해서, 워즈워스의 시에 등장하고 있는 자연의 이미지는 사람들("spirits", 〈Nutting〉, 57행) 가운데 하나, 타자, "a moving soul"(〈Peter Bell〉, 764행), "Humanity"(〈The Recluse〉, 76행), 또는 "self, / By all varieties of human love / Assisted"(《The Prelude》, Book XI, 349-351행)로 자리하게 된다. 이렇게 인간화된 자연의 이미지와 독자는 상호 관계를 형성하게 되며, 워즈워스 자신이 《Preface to Lyrical Ballads》(1802)에서 밝힌 바와 같이 독자는 인식의 대상이 되는 자연의 이미지와 작용/재작용하게 되면서 독자의 자아는 자연스럽게 자연의 속성을 투영하는 거울이 된다("the mind of 〔readers becomes〕 〔…〕 naturally the mirror of the 〔…〕 properties of nature", 《Preface to Lyrical Ballads》, 258쪽).

이러한 이유로, 워즈워스는 독자에게 있어서 자연의 이미지는 독자 자신의 덜 익은 생에 관한 상징("An emblem of his own unfruitful life", 〈A Yew-Tree〉, 29행)을 추적할 수 있는 나르시스적 근거가 된다고 말하고 있다.

그리고 때론 〈Ode to Immortality〉에서 보듯, 그리고 인용된 다음 시에서 예시하듯, 이러한 타자(자연)는 숭고한 타자로서 "인간에 관한 조용하고도 슬픈 음악(Still & Sad music of humanity)"을 발견하게 해 주는 역할을 할 뿐 아니라 궁극적으로는 다양한 삶의 모습을 담은 실체로서 그리고 인간에게 인식론적 깨달음을 주는 초월적인 그러나 너무나 인간적인 존재로서 각인되고 있다. 그러므로 "자연을 보는 법을 터득하는 것"(〈Tintern Abbey〉)은 "사물의 생명(the life of Things)"인 바로 자신의 alter ego를 읽는 법을 터득하는 것이 된다.

〔…〕 recognize
In nature and the language of the scene,
The anchor of 〔his〕 purest thoughts, the nurse,
The guide, the guardian of 〔his〕 heart, and soul
Of all 〔his〕 moral being.
(〈Tintern Abbey〉, 107-111행)

이렇게 해서 다음 워즈워스, 프로스트, 쿠니츠, 라이트의 시에서 볼 수 있듯이 자연은 인간에게 그들이 살아갈 수 있는 새로운 법을 제공할 뿐 아니라 정체되고 지친 삶을 위해 생을 활력으로 채워 줄 수 있는 생에 대한 충동이 되어 주는 것이다. 다음 소개하는 영미 시를 통해 "사물의 생명"을 읽고 궁극적으로 자신의 참된 자아를 발견할 수 있을 것이다.

〈I Wandered Lonely As a Cloud〉(1802/1807/1815): **내면의 눈을 뜨다!**

I wandered lonely as a cloud
That floats on high o'er vales and hills,
When all at once I saw a crowd,
A host, of golden daffodils;
Beside the lake, beneath the trees,
Fluttering and dancing in the breeze.

Continuous as the stars that shine
And twinkle on the Milky Way,
They stretched in never-ending line
Along the margin of a bay:
Ten thousand saw I at a glance,
Tossing their heads in sprightly dance.

The waves beside them danced, but they
Out-did the sparkling waves in glee:
A Poet could not but be gay,
In such a jocund company:

I gazed—and gazed—but little thought
What wealth the show to me had brought:

For oft, when on my couch I lie
In vacant or in pensive mood,
They flash upon that inward eye
Which is the bliss of solitude;
And then my heart with pleasure fills,
And dances with the daffodils

골짜기와 언덕 높이 떠도는 한 조각 구름처럼
난 외로이 떠다니다가
문득 한 떼의, 아니 한 무리의
금빛 수선화를 보았다.
호숫가 곁에 있는 나무들 아래
미풍에 나부끼며 춤을 추고 있는.

은하수에 반짝이며 빛나는 별들이
끝이 없이 늘어서듯,
호숫가 후미진 곳을 따라
끊임없이 줄지어 있는 수선화.
얼핏 보기에 수만 송이의 수선화였다.
머릴 흔들며 흥에 겨운 춤을 추고 있었다.

주위의 물결도 춤을 추건만
한 무리 수선화의 춤은 그 기쁨에 있어서 반짝이는 물결을 압도하였다:
그처럼 즐거운 벗들 곁에서
그 어떤 시인인들 흥겹지 않으리.
난 그 광경을 보고 또 보았다.
그 광경이 내게 준 풍요는 생각치도 못한 채.

종종, 소파에

멍하니 외롭게 누워 있자면,
고독의 축복인 내면의 눈을
번뜩이며 깨워주는 수선화.
이내 내 마음은 기쁨으로 채워지고
수선화와 함께 춤을 춘다.

인간의 자연화, 자연의 인간화가 가장 감동적으로 그려지고 있는 시가 바로 〈I Wandered Lonely As a Cloud〉인데 시의 화자는 한 조각의 구름이 되어 "바람"이 부는 대로 정처 없이 외롭게 떠다니다가 호숫가 옆에 끊임없이 펼쳐진 한 무리의 수선화가 "바람"과 조화를 이루며 즐겁게 춤을 추고 있는 것을 보고 매료된다. 어딘가에 정착하지 못하고 예측도 할 수 없는 바람에 이리저리 밀려 외롭게 방황하는 자신과 극명하게 대비되는 수선화와 물결의 풍경 때문이었을 것이다. 그때 시의 화자는 그러한 광경이 주는 즐거움에 매료되기는 했으나 그 아름다운 풍경이 어떤 내적 풍요로움을 주었는지를 깨닫지는 못했던 것 같다. 세월이 지나, 도시의 삶에 지치고 힘들어할 때 비로소 그 아름다운 자연이 자신에게 삶의 내면을 볼 수 있는 "내면의 눈"을 갖추게 할 때까지는 말이다.

그러한 내면의 눈은 자연의 아름다움을 단순히 물리적으로 바라보는 행위로 얻어지는 것이 아니라 자연이 주는 내적인 풍요로움이 자신의 삶에 대해 무엇을 이야기해 주고 있는가를 홀로 자신을 마주하며 깊은 성찰로 물어보는 "고독"을 통해서만이 가능한 것이다. 그런 내면의 눈을 가지게 될 때 비로소 자신의 내면에 있는 또 다른 자연을 볼 수 있게 되어 스스로 수선화가 되어, 다른 한 무리의 수선화와 함께 춤출 수 있게 되는 것이다. 이러한 내면의 눈이 있을 때 다음 시에서 볼 수 있듯 일상적인 삶의 소용돌이 한가운데에서도 세상이 감추고 있는 아름다움과 진실을 바라볼 수 있게 될 것이다.

물이 흐르고 꽃이 피는 곳이 어디이겠는가? 물론 산에는 꽃이 피고 물이 흐른다. 그러나 꽃이 피고 물이 흐르는 곳이 굳이 산에만 있으란 법은 없다. 설사 도시의 시멘트 상자 속 같은 아파트일지라도 살 줄 아는 사람이 사는 곳이면, 어디서나 그 삶에 향기로운 꽃이 피어나고 그 둘레에는 늘 살아 있는 맑은 물이 흐를 것이다(법정, 《맑고 향기롭게》, 26쪽).

3. 프로스트 — 생활 속의 자연, 자연 속의 생활

〈Stopping by Woods on a Snowy Evening〉(1922/1923): **삶과 자연의 균형**

Whose woods these are I think I know.
His house is in the village, though;
He will not see me stopping here
To watch his woods fill up with snow.
My little horse must think it queer
To stop without a farmhouse near
Between the woods and frozen lake
The darkest evening of the year.

He gives his harness bells a shake
To ask if there is some mistake.
The only other sound's the sweep
Of easy wind and downy flake.
The woods are lovely, dark and deep,
But I have promises to keep,
And miles to go before I sleep,
And miles to go before I sleep.

1. 이 숲의 진정한 주인은 누구인가?
2. 왜 가장 춥고 가장 어두운 눈이 내리는 날에 화자는 숲을 바라보고 있는가?
3. 말이 원하는 것과 인간이 원하는 것의 차이는 무엇인가?
4. 삶의 여정에서 잠시 지나쳐 가야 하는 이 신비롭고, 어둡고, 그러나 너무나

사랑스러운 이 숲은 무엇을 의미하는가?
5. 자연과 인간의 관계는 무엇인가?
6. 이러한 자연은 우리에게 무엇을 가르쳐 주는가?
(http://pied.tistory.com/68의 우리말 번역 참고)

이 시의 화자는 행선지를 향하는 도중에 숲을 지나게 되는데 때마침 눈이 내려 눈 내리는 숲의 아름다움에 바라보며 잠시 가는 길을 멈추고 눈 덮인 숲이 주는 신비로움, 아름다움, 그리고 알 수 없는 두려움에 매료된다. 생물학적 욕구를 대변하고 있는 말은 근처에 농가도 없는데 왜 가장 춥고 가장 어두운 밤에 그것도 얼어붙은 호숫가와 숲 사이에서 멈추어 서서 숲을 바라보고 가던 길을, 아니 가야 할 길을 가지 않느냐는 듯이 재촉을 하고 있다. 빨리 여물을 먹고 잠을 자고 싶은 말의 입장에서는 화자의 이러한 행동이 이해될 리가 없을 것이다. 이 심미적인 아름다움과 생물학적 또는 세속적인 욕구 사이의 갈등은 화자의 밖에서 일어나는 것이 아니라 사실은 화자의 내면에서 일어나고 있다.

가장 조용하고 정적이며 신비롭고 또 깊고 사랑스러운 광경과 화자의 내면에서 일어나는 갈등의 극명한 대비는 어쩌면 우리가 일상의 삶을 살면서 늘 겪게 되는 일일 것이다. 지켜야 할 세속의 약속이 있어 그러한 약속을 지키기 위해 세속적인 삶을 살아갈 수밖에 없는 우리에게 때로는 이러한 약속을 지키지 못하게 할 수 있는, 그러나 어떤 의미에서는 가장 신비스럽게, 가장 아름답고, 가장 깊고 사랑스운 "숲"은 오래 머무를 수 있는 곳이 아니기 때문이다. 그 숲의 진정한 주인은 눈이 내리는 숲의 아름다움과 신비로움 그리고 그 깊이와 사랑스러움을 알지 못하고 마을에 처박혀 있는 법적 소유자가 아니라 바로 그 숲의 가치를 이해할 수 있는 이 시의 화자일 것이다.

일상에는 숨겨져 있는 "숲"이 많이 있을 것이다. 내면의 눈을 가진 사람들만이 이 숲을 찾고 발견하면서 일상으로 채울 수 없는 삶에 관한 신비롭고 사랑스럽고 깊은 의미를 발견하고 이해하게 될 것이다. 비록 그 숲에서 오래 머무를 수는 없지만 그 숲이 세상이 감추어 놓은 비밀의 선물임을 깨닫게 된다면 일상 속에 매몰되지 않고 매일매일 새로운 삶을 살아갈 수 있을 것이다. 그렇게 매일매일의 삶을 좀더 경이롭게 살기 위해서는 내면의 눈을 외면의 "숲"으로부터 바로 내면의 "숲"으로 옮겨야 한다고 다음 시(〈Wood-Pile〉)는 이야기하고 있다.

> 흔히 겪는 일인데, 산을 찾아온 사람들 가운데는 마루에 걸터앉아 앞산을 내다보기가 바쁘게 "왜 이렇게 조용하지요", "너무 고요해 안 되겠는데요"라고 하면서 무언가 쫓기듯 안절부절 불안해하는 부류들이 있다. 물론 그들은 도시에 사는 똑똑하고 영리한 사람들. 〔…〕 그들은 도시의 혼잡과 소음에 잔뜩 중독된 나머지 원초적인 질서와 고요를 까맣게 잊어버린 것이다. 어디에도 의존함이 없이 순수하게 홀로 있는 시간을 받아들일 수 없는 것이다. 무엇인가 기대지 않고는 홀로 설 수가 없다. 〔…〕 어느 하나 허를 배경 삼지 않은 실은 존재할 수 없다(법정, 《맑고 향기롭게》, 26쪽).

> 아무것도 없는 이 텅 빈 고요 속에서 사람은 아무것도 걸치지 않은 자신을 들여다볼 수 있다. 있어도 그만이고 없어도 그만인 허섭스레기 속에 묻혀서 허우적거리는 일상의 자기 자신을 투시할 수 있다(법정, 《버리고 떠나기》, 158-159쪽).

〈Wood-Pile〉(1914): **아무도 가보지 않은 자연, 곧 인간의 내면**

〔…〕
It was a cord of maple, cut and split
And piled—and measured, four by four by eight.
And not another like it could I see.
No runner tracks in this year's snow looped near it.
And it was older sure than this year's cutting,

Or even last year's or the year's before.
The wood was gray and the bark warping off it
And the pile somewhat sunken. Clematis
Had wound strings round and round it like a bundle.
What held it though on one side was a tree
Still growing, and on one a stake and prop,
These latter about to fall. I thought that only
Someone who lived in turning to fresh tasks
Could so forget his handiwork on which
He spent himself, the labor of his ax,
And leave it there far from a useful fireplace
To warm the frozen swamp as best it could
With the slow smokeless burning of decay.

1. 왜 화자는 죽음을 무릅쓰고라도 더 깊이 숲 안으로 들어가려고 하는가?
2. 새는 왜 등장하는가?
3. 세속적 자아(새)와 초월적 자아의 관계는 무엇인가?
4. 얼어 있는 연못을 데워 계속적으로 나무에게 영양을 공급하고 있는 것은 무엇인가?
5. 이러한 자연 광경은 우리에게 무엇을 이야기해 주는가?
6. 우리에게 보이지 않지만 스스로의 내부에서 스스로를 희생하면서 삶이 성장하도록 자양분을 제공하고 있는 것은 무엇인가?

(http://pied.tistory.com/70에 번역본 있음)

이 시의 화자는 한 발자국도 더 내디딜 수 없을 정도로 눈이 세차게 내리는 숲에 서서 더 숲 속 깊이 들어갈 것인가 아니면 마을로 돌아갈 것인가를 고민을 하다 숲에서 길을 잃고 눈 속에서 죽을 수도 있지만 결국 숲 안에 무엇이 있는가를 보고 싶은 알 수 없는 욕망과 의지에 이끌려 숲 속 깊이 더 들어가 본다. 그러고는 숲 속 깊은 곳에서 언 연못을 발견하는데 그곳에서 한 그루의 나무가 한겨울인데도 불구하고 여전히 자라고 있는 것을 보게 된다. 그 나무가 의지하고 있는 것은 몇 년 전에 베어 놓고 가져가지 않는 것으로 보이는 나뭇단이었는데 물가에 접한 장작이 썩어 가면서 만드는 열기로 인해 물이 얼지 않고 한겨울에도 그 나무에 자양분을 공급하여 나무를 계속해서 성장하게 했던 것이다. 사람들은 수시로 새로운 이익과 다른 일로 인해 자신이 공들여 했던 일의 가치를 잊게 되지만, 나무는 인간이 부여한 인위적인 가치(난로에 쓰일 장작으로서의 가치)와 별개로 자신의 내부에 각인된 질서를 어떠한 환경과 어떠한 변화에서도 잃지 않고 묵묵히 보이지 않는 가운데 실행해 가고 있는 것이다. 우리의 삶이 저 나무와 같다면 우리에게 보이지 않지만 묵묵히 스스로를 희생해 가면서 그리고 스스로의 질서에 따르면서 우리의 삶이 계속해서 성장할 수 있도록 버팀목이 되어 줄 뿐 아니라 자양분을 끊임없이 제공해 주고 있는 것은 무엇인가? 자신의 내면이라는 깊은 숲 안으로 들어가 본다면 그 깊은 숲 안에서 우리는 무엇을 발견하게 될 것인가? 내게 그런 숲이 아직 있는가? 아니면 그렇게 숲 속 깊이 들어가 볼 용기는 있는가를 생각해 볼 일이다. 그런 용기가 있을 때 다음 시(〈After Apple-Picking〉)의 화자와 같이 비로소 우리는 소유의 감옥으로부터도 자유로울 수 있을 것이다.

> 일상적인 타성에 미적미적 갇힐 때, 우리에게 주어진 삶은 빛과 생기를 잃는다. 빛과 생기가 없는 삶은 그 자체가 이미 병든 삶이나 다름이 없다. 우리들의 질병은 바로 이 빛과 생기의 결여에서 온 것이다(법정, 《버리고 떠나기》, 252쪽).

> 홀로 있는 시간은 참으로 가치 있는 삶이다. 홀로 있는 시간을 갖도록 하라. 그렇지 못하면 수많은 사람들이 추구하는 맹목적인 겉치레의 흐름에 표류하고 만다. 홀로 있어야 벌거벗은 자기 자신을 있는 그대로 성찰할 수 있다. 이래서 고독은 외로움이 아니라 자기 자신을 투명하게 만드는 귀중한 시간이다(위의 책, 219쪽)

〈After Apple-Picking〉(1914):**세속적 성취와 내면의 휴식**

My long two-pointed ladder's sticking through a tree
Toward heaven still,
And there's a barrel that I didn't fill
Beside it, and there may be two or three
Apples I didn't pick upon some bough.
But I am done with apple-picking now.
Essence of winter sleep is on the night,
The scent of apples:I am drowsing off.
〔…〕

The woodchuck could say whether it's like his
Long sleep, as I describe its coming on,
Or just some human sleep.

1. 풍성한 사과 수확 장면:인간의 노동에 대해 자연이 선사해 주는 것.
2. 노동과 휴식의 의미
3. 동물의 겨울 잠과 인간의 영원한 잠

(http://pied.tistory.com/61에 번역본 있음)

이 시의 화자는 성실하고 오랜 노동을 통해 풍성한 사과 수확을 기대하면서 사과를 따고 있다. 그러나 어느 정도 사과 광주리를 채운 후에는 더 딸 수 있는 사과가 남아 있음에도 사과 따기를 멈추고 휴식을 취하고자 한다. 휴식을 취하면서 잠을 자면 꿈속에서 거대한 사과가 무더기로 사과 창고로 쏟아져 들어오는 꿈을 꿀 것이라고 생각하면서, 자신이 의식적으로 더 이상 소유의 세계에 머무르지 않겠다고 다짐했지만 여전히 무의식적 세계에서는 더 많은 수확과 더 많은 소유를 욕망하고 있을 것이라는 것을 알고 있다. 그럼에도 불구하고 화자는 풍성한 수확을 이룬 후 더 많은 소유와 수확에의 욕망을 접고 삶의 마지막 단계인 영원한 휴식에 대해 생각을 한다. 영원한 휴식은 동물의 잠과 달리 영원한 봄인 천국에서 깨어나는 영혼의 잠인 것이다. 자연을 통해 내면의 눈을 성숙시킨 사람들만이 소유의 질곡과 감옥에서 벗어나 영원한 휴식을 바라볼 수 있을 것이다.

> 아름다운 마무리는 처음의 마음으로 돌아가는 것이다. 일의 과정에서, 길의 도중에서 잃어버린 초심을 회복하는 것이다. 아름다운 마무리는 근원적인 물음 '나는 누구인가?' 하고 묻는 것이다. 삶의 순간마다 '나는 어디로 가고 있는가?' 하는 물음에서 그때그때 마무리가 이루어진다. 아름다운 마무리는 내려놓음이다. 내려놓음은 일의 결과, 세상에서의 성공과 실패를 뛰어넘어 자신의 순수 존재에 이르는 내면의 연금술이다. 아름다운 마무리는 비움이다. 채움만을 위해 달려온 생각을 버리고 마음에 다가가는 것이다. 그러므로 아름다운 마무리는 비움이고 그 비움이 가져다주는 충만으로 자신을 채운다. 아름다운 마무리는 살아온 날들에 대해 찬사를 보내는 것, 〔…〕 잃어버린 나를 찾는 것, 수많은 의존과 타성적인 관계에서 벗어나 홀로 서는 것이다(법정, 《아름다운 마무리》, 23쪽).

〈Birches〉(1916): **세상과 하늘 간의 아슬아슬한 줄타기**

I'd like to get away from earth awhile
And then come back to it and begin over.
May on fate wilfully misunderstand me
And half grant what I wish and snatch me away
Not to return. Earth's the right place for love:
I don't know where it's likely to go better.
I'd like to go by climing a birth tree,
And climb black branches up a snow-white trunk
Toward heaven, till the tree could bear on more,
But dipped its top and set me down again.
That would be good both going and coming back.
One could do worse than be a swinger of birches.
(49-60행)

자작나무 가지 끝에까지 다가가서 나뭇가지가 부러지기 전 최대한 휘었을 때 뛰어내리는 자작나무 타기 놀이를 통해 세상을 살아가는 일이 나뭇가지 끝(하늘에 가까이 닿아 있는 곳)에까지 다가가지만 나뭇가지가 부러지지 않을 정도로 땅에 가장 가까이 나뭇가지가 휠 수 있게 한 후(세속적 삶의 가장 극단적인 형태) 뛰어내리는 일이라는 것을 설명하고 있다. 나뭇가지가 부러지면 놀이에서 지게 되므로 세속과 천상의 삶 사이에 아슬아슬한 줄타기를 즐기는 것이 세속에서의 삶이라는 것을 말해 주고 있다.

4. 쿠니츠 — 자연의 인간화, 자연 인간에게 교훈을 주다

자연이 인간의 삶을 비추는 거울이 될 수 있음을 쿠니츠의 자연시는 다음과 같이 생생하게 보여 주고 있다.

〈Hornworm:Autumn Lamentation〉(1995):**자연, 인간에게 '비극적 결함'을 이야기하다**

Since that first morning when I crawled
into the world, a naked grubby thing,
and found the world unkind,
my dearest faith has been that this
is but a trial:I shall be changed.
In my imaginings I have already spent
my brooding winter underground,
unfolded silky powdered wings, and climbed
into the air, free as a puff of cloud
to sail over the steaming fields,
alighting anywhere I pleased,
thrusting into deep tubular flowers.

It is not so:there may be nectar
in those cups, but not for me.
All day, all night, I carry on my back
embedded in my flesh, two rows
of little white cocoons,
so neatly stacked
they look like eggs in a crate.
And I am eaten half away.

If I can gather strength enough
I'll try to burrow under a stone
and spin myself a purse
in which to sleep away the cold;
though when the sun kisses the earth
again, I know I won't be there.
Instead, out of my chrysalis
will break, like robbers from a tomb,
a swarm of parasitic flies,
leaving my wasted husk behind.

Sir, you with the red snippers
in your hand, hovering over me,
casting your shadow, I greet you,
whether you come as an angel of death
or of mercy. But tell me,
before you choose to slice me in two:
Who can understand the ways
of the Great Worm in the Sky?
(http://www.favoritepoem.org/thevideos/index.html)

이 시는 아름다운 나비가 되기 위해 이 세상의 어려움을 견뎌 나가는 애벌레의 슬픈 이야기이다. 그러나 창공과 꽃이 만발한 여름 벌판을 날아다니며 자유로움과 풍요로움을 만끽하고자 하는 그 애벌레의 꿈은 그의 몸

속에 자신도 모르는 사이에 심어진 기생파리의 알로 인해 비극적으로 깨어지도록 운명 지어져 있었던 것이다. 나중에 자신의 몸속에 심어진 기생파리의 알이 부화하여 결국 자신이 꿈꿔 왔던 그리고 자신의 내부에서 시간과 더불어 성취되기를 기다리고 있는 그러한 삶 대신 빈껍데기만을 남겨 놓을 것이라는 것을 깨닫게 되지만 때는 너무 늦었다. 그러나 자신의 내부에 잠재적 가능성으로 실재하고 있었던 삶을 살지 못하게 만드는 이 비극적 결함은 단지 애벌레만의 이야기가 아닐 것이다. 우리 자신도 우리가 충분히 성취할 수 있는 내적 가능성을 가지고 있음에도 불구하고 그러한 가능성을 모두 실현시킬 수 없도록 하는, 아니 그런 가능성을 폐퇴시키는 나태, 안일함, 게으름, 초조함, 소극성, 할 일 미루기, 조급함 등과 같은 비극적 결함으로 인해 자신의 삶을 모두 살지 못하는 경우가 많은 것이다. 오늘 하루, 자신의 등을 만지면서 자신의 내부에서 자신의 생을 파먹고 생의 자양분을 빨아먹으면서 결국 자신의 생을 빈 껍데기로 만들 비극적 결함이라는 알이 슬어 있지는 않은지 확인해 볼 일이다.

〈The King of the River〉(1970): 인간, 자신의 왕국에서 영원히 추방당하다

If the water were clear enough,
if the water were still,
but the water is not clear,
the water is not still,
you would see yourself,
slipped out of your skin,
nosing upstream,
slapping, thrashing,
tumbling
over the rocks
till you paint them
with your belly's blood:
Finned Ego,

yard of muscle that coils,
uncoils.
If the knowledge were given you,
but it is not given,
for the membrane is clouded
with self-deceptions
and the iridescent image swims
through a mirror that flows,
you would surprise yourself
in that other flesh
heavy with milt,
bruised, battering toward the dam
that lips the orgiastic pool.

Come. Bathe in these waters.
Increase and die.

If the power were granted you
to break out of your cells,
but the imagination fails
and the doors of the senses close
on the child within,
you would dare to be changed,
as you are changing now,
into the shape you dread
beyond the merely human.
A dry fire eats you.
Fat drips from your bones.
The flutes of your gills discolor.
You have become a ship for parasites.
The great clock of your life
is slowing down,
and the small clocks run wild.

For this you were born.
You have cried to the wind
and heard the wind's reply:
"I did not choose the way,
the way chose me."
You have tasted the fire on your tongue
till it is swollen black
with a prophetic joy:
"Burn with me!
The only music is time,
the only dance is love."

If the heart were pure enough,
but it is not pure,
you would admit
that nothing compels you
any more, nothing
at all abides,
but nostalgia and desire,
the two-way ladder
between heaven and hell.
On the threshold
of the last mystery,
at the brute absolute hour,
you have looked into the eyes
of your creature self,
which are glazed with madness,
and you say
he is not broken but endures,
limber and firm
in the state of his shining,
forever inheriting his salt kingdom,
from which he is banished
forever.

(안도현의 〈연어〉가 연상되는 시. 시인이 직접 낭송한 유튜브 동영상:http://www.youtube.com/watch?v=eDffHnNwJmU)

연어의 회귀를 지켜볼 수 있는 위치에 있다면 스스로의 삶도 연어의 생애와 다를 바 없음을 알게 되리라. 연어가 자신의 내부에 각인되어 있는 운명으로 인해 마음껏 멋지게 삶을 누릴 수 있는 넓고 푸른 바다라는 왕궁을 영원히 떠나 처절한 회귀의 과정을 거쳐 흉물스럽게 변해 버린 몸으로 낮고 좁은 어느 강바닥에서 알을 낳고 결국 자신의 생을 처절하게 마감할 것이라는 것을 알고 있는지는 알 수 없으나, 적어도 우리는 연어의 긴 회귀 여행이 어떻게 처절하게 마감될 것인가를 알고 있다. 자신이 거역할 수 없는 각인된 운명 때문에 연어가 넓은 바다를 두고 다시 자신이 떠나 왔던 곳으로 돌아와 알을 낳고 죽어 가리라는 것을 우리가 알고 있는 것과 달리, 우리는 우리 자신의 생과 여행이 어떻게 마감되고 있는지는 알지 못하고 있다. 우리 자신이 연어임에도 불구하고 연어를 바라보면서 알 수 있는 그 맹목적 삶을 우리 자신을 보면서도 알고 있지 못하고 있는 것이다. "물이 맑지 않아" 우리 자신을 볼 수 없거나 "자기기만"으로 인해 기억이 흐릿해져 있거나 "우리 자신을 가두고 있는 감옥"으로부터 벗어날 수 없기 때문일 것이다. 연어의 생에서 볼 수 있는 그 맹목성을 우리 자신의 삶에서 보지 않으려고 한다면 우리의 삶은 더 넓고 푸른 바다에서 영원히 추방된 연어처럼 좁고 낮은 세류의 세찬 흐름에 휩쓸리게 되어 본래 그 모습을 잃게 될 것이다.

> 오늘날 우리들은 자신을 좁은 틀 속에 가두고 서로 닮으려고만 한다. 어째서 따로따로 떨어져 자기 자신다운 삶을 살려고 하지 않는가. 각자 스스로 한 사람의 당당한 인간이 될 수는 없는가. 저마다 최선의 장소는 현재 자신이 처해 있는 바로 그 자리임을 잊지 말아야 한다(법정, 《아름다운 마무리》, 155쪽).

5. 스나이더 — 자연만이 병들어 있는 인간을 치유할 수 있다

〈For All〉(1974)

Ah to be alive
on a mid-September morn
fording a stream
barefoot, pants rolled up,
holding boots, pack on,
sunshine, ice in the shallows,
northern rockies.

Rustle and shimmer of icy creek waters
stones turn underfoot, small and hard as toes
cold nose dripping
singing inside
creek music, heart music,
smell of sun on gravel.

I pledge allegiance

I pledge allegiance to the soil
of Turtle Island,
and to the beings who thereon dwell
one ecosystem
in diversity
under the sun
With joyful interpenetration for all.
(http://www.youtube.com/watch?v=pbMhfsA9ccM)

인간과 자연이 합일이 되어 구별이 안 되는 상태에서 계곡물로부터 듣는 물의 흐름은 단순한 물소리가 아니라 즐거운 음악이며 그것은 개울의 음악이자 인간의 마음속에 울리는 음악이다. 모든 사물은 다양성 속에서 하나의 생태계로 연결되어 있다. 모든 것은 모든 것을 위해 존재하고 서로 즐겁게 연결되어 있다.

〈Pine Tree Tops〉(1992)

In the blue night
frost haze, the sky glows
with the moon
pine tree tops
bend snow-blue, fade
into sky, frost, starlight.
The creak of boots.
Rabbit tracks, deer tracks,
what do we know.

푸른 밤, 서리가 내렸고 밤하늘은 달빛으로 밝게 빛나고 있다. 그 하늘 아래 소나무 꼭대기 끝이 하얀 눈빛과 푸른 하늘빛에 섞여 그것이 하늘 끝인지 분간할 수 없다. 모든 것이 평화롭고 숭고해 보인다. 소나무 아래 눈밭에는 토끼가 지나간 발자국, 사슴이 지나간 발자국이 있다. 평화롭고 숭고한 자연의 풍광 속에 살아 있는 또 다른 자연이 움직이고 있다. 그러나 이 모든 평화, 조화, 숭고함, 생명은 인간의 부츠, 아마도 사냥을 위해 신고 나온 신발에서 나는 삐걱대는 소리에 의해 산산이 부서지고 만다. 자연의 풍경 속에서 인간만이 부자연스러운 풍경이 되었다(법정, 스나이더, 그리고 생태주의:http://www.youtube.com/watch?v= D8SXDe9hnfI, 스나이더의 생태비평에 관한 강의 참고).

6. 라이트 — 우리 내면에 잠들어 있는 자연을 깨우라

〈A Blessing〉(1963)

Just off the Highway to Rochester, Minnesota
Twilight bounds softly forth on the grass.
And the eyes of those two Indian ponies
Darken with kindness.
They have come gladly out of the willows
To welcome my friend and me.
We step over the barbed wire into the pasture
Where they have been grazing all day, alone.
They ripple tensely, they can hardly contain their happiness
That we have come.
They bow shyly as wet swans. They love each other.
There is no loneliness like theirs.
At home once more,

They begin munching the young tufts of spring in the darkness.
I would like to hold the slenderer one in my arms,
For she has walked over to me
And nuzzled my left hand.
She is black and white,
Her mane falls wild on her forehead,
And the light breeze moves me to caress her long ear
That is delicate as the skin over a girl's wrist.
Suddenly I realize
That if I stepped out of my body I would break
Into blossom.

·우리 스스로가 우리의 몸 밖으로 나온다면 우리는 무엇으로 나타나겠는가?

고속도로 길 옆에 있는 목초지에서 석양을 받으면서 한가롭게 풀을 뜯고 있는 백마의 모습은 비록 그 자연스러움이 인간의 울타리로 한정되고 또한 인간의 세계 한복판에서 구현되는 것이기는 하나 도시에서 삶을 영위하고 있는 화자에게는 하나의 에피파니로 보였을 것이다. 어떤 한계, 구속, 부자연 속에서도 스스로의 자연스러움을 잃지 않고 자연을 파괴한 인간조차 자연의 일부로 자연스럽게 받아들이면서 다정한 모습을 보이고 있는 백마를 보며 화자는 아마도 인간의 문명과 욕망으로도 파괴할 수 없는 자연의 생명력을 느끼며 그 백마의 모습 속에서 자신의 잃어버린 또 다른 자아를 보았는지 모른다. 그래서 그 순간 자신이 인간의 몸을 보여 주고 있는 자신의 껍질에서 벗어난다면 아마도 그 몸 안에 숨겨져 있는 자연의 본성이 꽃처럼 피어날 것이라고 화자는 믿고 있는 것이다. 우리도 우리를 감추고 있는 우리 자신의 몸 밖으로 나오게 된다면 우리는 우리 자신의 내부에서 무엇을 볼 수 있을 것인가?

> 하루하루, 한순간 한순간이 우리를 형성하고 거듭나게 한다. 이 한순간 한순간이 깨어 있는 영원한 삶이 되어야 한다. 그렇지 않으면 그 어떤 삶이라 할지라도 각자에게 주어진 삶의 몫을 부질없이 낭비하고 말 것이다(법정, 《버리고 떠나기》, 124쪽).

> 우리가 보다 인간적인 영역을 가꾸고 일깨우려면 아름다움에 대한 감수성과 통찰력이 있어야 한다. 아름다움은 결코 외부의 사물에 있는 것이 아니다. 우리 안에 사랑이 깃들여 있어야 그 아름다움을 받아들일 수 있다(위의 책, 242쪽).

7. 결론
—"새들이 떠나간 숲은 적막하다":동양과 서양의 자연은 하나다

자연은 단순히 인간의 감상의 대상이 아니라 대상에 주어진 권능의 범주를 넘어서는 인간의 삶에 관한 "진정한 진실"을 알려 줄 수 있는 새로운 "물(das Ding)"과 같은 것이며 법정의 표현대로 우리의 이웃이며 삶의 신비와 가치 그리고 아름다움과 경이로움을 거칠고 메말라 가는 우리 인간에게 끝없이 열어 보이면서 깨우쳐 주는 고마운 다른 인간인 것이다. 그것은 Langer의 말을 빌리자면 의미의 영역을 벗어나 있으면서도 자신의 삶에 대한 진실을 볼 수 있도록 새로운 의미를 발견하게 하는 내면의 눈과 내면의 맑고 변함없는 질서를 우리에게 주고 있다. 워즈워스와 다른 시인들이 쓴 자연에 관한 시에 등장하는 자연의 이미지와 풍경이 지니고 있는 이데올로기적 의미를 이 글에서는 굳이 찾지는 않았지만, 그 정치성은 바로 이 "beyond-of-the signified"의 기능, 즉 Weiskel의 지적대로 "텍스트(기표)를 제로 정도까지 약화시키는 것"(Weiskel, 1976:27)에 있는 것이다. 왜냐하면 "物 자체(the Thing)"는 기표(signifiers)와 심상(images)에 의해 발생된 "현실"을 초월하는 영역을 구성하게 되며, 바로 그런 연유로 "物 자체"는 우리에게 이상적이고, 절대적이고 완전한 이미지로 각인된 세속적인 가치에 대해 다른 관점을 취할 수 있게 해 주기 때문이다. 자연은 세속적인 삶에 휘둘리고 휩쓸려 가는 우리에게 "금지된 신성 구역(the sacred/forbidden place)"(Zizek, 1989:194)과 같은 것으로 우리가 세상을 맑고 향기롭게 보게 할 수 있을 뿐 아니라 살아 있는 모든 것이 다 내면으로 깊이 이어져 있고 그래서 살아 있는 모든 것이 다 기쁨이고 기적이라는 것을 텅 빈 그러나 충만한 마음으로 이해할 수 있도록 해 준다. 법정의 말을 빌리자면, 자연으로부터 그런 배움을 통해 제 정신을 갖고 자연의 질서를 자신의 투철한 개인 질서로 받아들여 자칫 "소유의 좁은 골방에 갇혀" 지내면서 팍팍하고 메마를 수 있는 우리의 삶을 행복하고 아름다울 수 있는 것으로 변화시킬 수 있으리라. 소유의 감옥에서 벗어나지 못하는 마음들로 인해 아름다운 산하가 신음하고 있다. 이미지와 정보가 삶에 뒤범벅될 때 새들은 숲을 떠나고 있다. 그리고 새들이 떠나간 숲은 정말 적막하다. 이러한 법정의 말은 위의 시인들의 마음을 대변하고 있는 것이다. ■**어도선** 영어교육과

참고문헌

Abrams, M. H., "English Romanticism:The Sprit of the Age", *Romanticism Reconsidered*, Ed. Northrop Frye, New York:Columbia UP, 1963:91-119.

Frost, Robert, *Selected Poems*, Avenel, NJ:Gramercy Books, 1992.

Kunitz, Stanley, *The Collected Poems*, New York:Norton, 2002.

Langer, Susanne, *Phiosophy in a New Key*, Cambridge, MA:Harvard UP, 1942.

McGann, Jerome, *The Romantic Ideology*, Chicago: U of Chicago P, 1983.

Snyder, Gary, *Riprap and Cold Mountain Poem*, Berkeley:Counterpoint, 2010.

Weiskel, Thomas, *The Romantic Sublime:Studies in the Structure and Psychology of Transcendence*, Baltimore:Johns Hopkins UP, 1976.

Wordsworth, William, *Lyrical Ballads*, Eds. Brett R. L. and A. R. Jones, London: Routledge, 1988.

______, *Poems, in Two Volumes, and Other Poems 1800-1807*, Ed. Jared Curtis. Ithaca:Cornel UP, 1983.

______, *The Fourteen-Book Prelude*, Ed. W.J.B. Owen, Ithaca:Cornell UP, 1985.

Zizek, Slavoj, *The Sublime Object of Ideology*, New York:Verso, 1989.

현대과학의 성과와 연기론

어류를 물속에 사는 척추동물이라고 이해하는 사람에게 고래는 어류이다. 그러나 척추동물 전반에 대한 체계적인 지식을 갖고 있는 사람이 고래는 아가미를 가지고 있는 다른 물고기와 달리 허파로 호흡을 하며, 알을 낳지 않고 새끼를 낳으며, 새끼는 어미의 젖을 먹는다는 등 고래에 대해 좀더 많은 지식을 갖게 되면, 고래가 지느러미를 가지고 있으며 물속에서 헤엄친다는 사실에도 불구하고 고래를 어류로 분류하는 것보다는 포유류라고 생각하는 것이 훨씬 더 자연스럽다는 것을 깨닫게 된다. 세계를 피상적으로 파악하는 것에 만족하는 사람에게는 고통이 될 수 있을지도 모르지만, 지느러미를 지니고 있는 고래는 네 발로 기어다닐 수 있는 악어보다 우리와 더 가까운 종이라는 것을 인정하여야 한다. 이처럼 자연의 세계를 좀더 정확하고 체계적으로 파악하는 방법을 우리에게 제공함으로써 우리가 피상적으로는 알기 어려운 자연의 모습을 볼 수 있게 해 주는 것이 물리학을 위시한 자연과학이라고 생각된다. 그러면 이러한 과학이 불교를 이해하는 데 어떤 도움을 줄 수 있는지를 생각해 보자.

불교란 석가모니 부처님에게서 비롯된 가르침을 총칭한다. 우리들이 안고 있는 문제를 이지적으로 풀어 가려는 특색을 지닌 불교는 외부의 절대적인 권위에 복종하지 않으며 밖에서 어떤 구원을 얻으려고 하지도 않는다. 오직 수행을 통하여 우리의 본래 모습과 세계의 본래 모습이 무엇인지를 깨달음으로써, 자기 자신에서 비롯되는 속박을 스스로 끊고 완전한 자유 곧 해탈을 얻고자 한다. 그런데 해탈에 이르는 길을 제시하는 부처의 가르침은 여타의 동양적 사유와 마찬가지로 자연과 인간의 삶을 분리된 것으로 보지 않는다. 인간의 삶을 자연의 전체적인 맥락 속에서 파악하는 데에 그치지 않고, 더 나아가 자연 속에서 이상적 삶의 원리를 찾아내고 이로부터 실천적 규범을 얻고자 한다. 세계가 어떤 것인지 혹은 우리가 세계를 어떻게 이해하여야 하는지에 근거하여 우리의 삶의 태도가 어떠하여야 하는지를 말하고 있다. 즉, 존재의 실상을 제대로 살피는 지혜에 의해 해탈로 가는 과정으로서의 실천이 삶 속에서 구현되어야 한다는 것이 불교의 기본 입장이다. 그래서 《선가귀감(禪家龜鑑)》에서는 '먼저 모든 법을 가려 보이시고 나중에 빈 이치를 말씀하신다(先分別諸法 後說畢竟空)'고 하였다.[1)]

이처럼 세계의 존재 방식이나 이 존재 방식에 대한 우리들의 이해가 부처님의 가르침과 깊이 연관된다는 것을 인정한다면 그리고 세계의 존재 방식에 대한 상당히 중요하고 믿을 만한 단서를 현대의 자연과학이 제공하여 준다는 것을 인정한다면, 자연과학이 제시하는 세계상에 의하여 부처의 가르침을 이해하는 길이 있을 수 있다는 것 또한 인정하지 않을 수 없다. 고래와 우리가 그토록 달리 보이지만 같은 포유류라는 것과 같이, 자연과학과 불교가 겉모습은 여러 면에서 다르다고 하더라도 같은 근원을 공유하는 것일 수 있다. 현실을 있는 그대로 봄으로써 이상의 세계를 우리의 세계 안에서 실현하자는 것이 부처의 가르침이 의도하는 바라면, 이 세계를 제대로 보는 데에 도움을 주는 과학을 통하여 불교를 이해하는 것을 굳이 마다할 필요는 없다. 이제 자연과학 중에서 물리학에서의 이야기를 통

1) 법정 옮김, 《선가귀감》(홍법원, 1990), pp.52-53.

하여 불교의 중심 사상을 살펴보도록 하자.

1. 연기론에서의 인과와 상의성

일체의 존재가 인연에 의하여 생한다는 것을 인연생기(因緣生起) 혹은 줄여서 연기(緣起)라고 한다. 붓다 교설의 기초인 연기는 대략 시간적 인과성, 시공간적 상호 연관성, 인식 주관과 객관의 상호작용에 의한 세계 인식이라는 세 가지의 기본적 의미를 지닌다고 볼 수 있다.[2)]

첫째로 연기는 '피연생과(彼緣生果)' 즉 인연(因緣)에 의하여 결과가 생긴다는 의미를 지니는데, 因은 직접적 원인이고 緣은 간접적 원인이라는 의미를 갖는 것으로 해석되기도 한다. 그 예가 되는 것이 씨앗에서 싹이 나오는 것과 같은 것인데 여기서 씨앗이라는 직접적 원인은 因이 되고 흙, 물, 기후 등의 제반 조건인 간접적 원인은 緣이 된다. 이 예는 서로 다른 시간에 일어나는 전후 사건의 인과적 연관성을 말하는 것으로서, 원인이 결과를 앞지를 수 없다는 과학이나 철학 일반에서의 인과율의 조건을 만족시킨다. 이러한 연기설은 모두 '저것이 있으므로 이것이 있고 저것이 생하므로 이것이 생한다. 저것이 없을 때 이것이 없고, 저것이 멸하므로 이것이 멸한다'라는 생성과 소멸의 인과 관계를 기본 형식으로 한다.

연기론의 두 번째 의미는 상호 의존성, 줄여서 상의성(相依性)인데, 이는 연기론의 핵심적 의미로서 원시 불교에서 중관 사상을 거쳐 화엄종과 천태종, 선종 등의 대승 불교에 이르기까지 불교 사상의 중핵을 이루는 것이다. 보통의 인과론이 '저것이 있을 때 이것이 있고 저것이 없을 때 이것이 없다'는 시간적 인과 관계를 의미하는 것인 데 비해, 상의성은 '저것이 있을 때 이것이 있고, 이것이 있을 때 또한 저것이 있으며, 따라서 저것이

---

2) 이와 관련된 논의로는 安井廣濟, 《중관사상연구》(문학생활사), pp.21-33 참조.

없을 때 이것이 없고 이것이 없을 때 저것이 또한 없다'는 것으로서 이것과 저것이 서로 의지하여 있다는 것을 의미한다. 그러므로 보통의 인과론이 이것과 저것 사이의 시간적 선후 관계에 주목하여 이를 비대칭적으로 다루는 데 비해, 연기론은 이것과 저것 사이의 상호 의존성에 의한 대칭적 관계까지 포함하는 관점이라고 볼 수 있다.

이에 대한 유명한 비유가 《노경》에서의 갈대 묶음에 대한 것이다. 경에서는 "세 개의 갈대가 땅에 서려고 할 때 서로서로 의지하여야 서게 되는 것과 같다. 만일 그 하나를 버려도 둘은 서지 못하고 또한 둘을 버려도 하나는 서지 못하듯이 서로서로 의지하여야 서게 된다"고 하였다.[3] 물 분자가 물의 성질을 가질 수 있는 것은 하나의 산소 원자와 두 개의 수소 원자가 서로 의지하여야만 가능하다는 것과 같다. 자연 세계에서 이러한 예는 얼마든지 가능하다. 그리고 그것은 물질세계에서만 그런 것이 아니라 우리들이 꾸려 나가는 사회 안에서도 그렇다. 내가 선생인 것은 학생을 비롯한 여러 가지 요소들과의 인연에서 비로소 가능한 것이어서 그러한 여러 요소에 의지하여 있다. 내가 제자인 것은 스승에게 의지하는 것이고 내가 자식인 것은 어버이에 의지하는 것이고 내가 남편인 것은 부인에게 의지하는 것이며 내가 어버이인 것은 자식에게 의지하는 것이다. 자연 세계이든 인간세계이든 단 하나의 예외도 없이 모든 존재는 그러한 상호 연관성으로 비로소 성립한다는 것이 연기론의 상의성의 내용이다.

상의성이라는 개념에서 특히 주목하여야 할 것은 세 개의 갈대가 서로 의지함으로써 비로소 서 있을 수 있게 되는 '갈대의 묶음'이라는 존재는 '하나의 갈대' 셋이 단순히 모인 것 이상의 어떤 존재라는 점이다. '하나의 갈대'를 아무리 들여다보아도 서로 의지하여 서 있는 '갈대의 묶음'이라는 존재가 그 자체로서는 드러나지 않기 때문이다. 수소 원자와 산소 원자의 하나하나를 아무리 따로 분석해 보아도 그들이 서로 의지함으로써 성립되

---

3) 《아함경》(조계종출판사), pp.276-279 참조.

는 물 분자가 그 자체에서 드러나지는 않는다. '물'이라는 존재나 '물'이라는 관념이나 '물'이라는 명칭은 개개의 원자가 서로 의지한다는 인연의 성립에 의해서만 비로소 드러날 수 있는 존재이고 관념이며 명칭이다. 경에서는 이를 '바퀴' 등의 부분이 모여 '수레'를 이루게 되는 경우로 설명하고 있다. '바퀴' 등의 부분이 모이는 인연과 '바퀴' 등의 부분이 서로 의지하는 인연에 의하여 '수레'라는 존재가 드러나게 되고 '수레'라는 관념이 생겨나게 되며 '수레'라는 명칭이 붙여지게 된다고 하였다. 이러한 상호 의존의 관계는 생명체에서 가장 극명하게 나타난다고 생각되는데 이른바 심장, 혈관 등이 모여 순환기관을 이루고 다시 뇌신경기관, 순환기관, 호흡기관, 소화기관 등이 모여 개체 생명을 이루는 경우는 좋은 보기의 하나가 될 것이다. 그러한 제요소가 화합하여 하나를 이루는 인연이 성립함으로써 '나'라는 신체와 명칭과 관념이 생겨나게 된다. 그리고 그렇게 성립된 개체 생명은 다시 그들 사이의 상호 의존이라는 인연에 의해서만 생명현상을 유지할 수 있으니, 개체 생명이 없는 생체 기관을 생각할 수 없듯이 전체생명(온생명)이 없는 개체 생명도 또한 생각할 수 없을 것이다.[4] 연기론의 두 번째 의미는 끝없이 이어지는 상호 연관성이다.

2. 연기에 의해 나타나는 세계

연기론의 세 번째 의미는 우리가 바라보는 대상이 우리의 마음속에 어떻게 그려지는가 하는 인식 과정에서의 연기에 관한 것이다. 즉, 연기론은 주관이 대상 세계를 어떻게 그려 내는가 즉 객관인 대상이 주관인 우리에게 와서 부딪히면서 객관의 경계가 주관의 인식에 어떻게 나타나는가 하는 문제까지를 포함한다. 이는 세계에 대한 관념이 나에게 어떻게 나타나는

4) 장회익, 《삶과 온생명》(솔, 1998).

지 그리고 그 결과, 세계가 나에게 어떻게 구성되는가 하는 문제이다.

오감에 관한 문제를 다루기 전에 뜰 앞의 잣나무가 움직이는지의 문제를 먼저 생각해 보자. 이를 물리적으로 표현하면 잣나무의 속도가 얼마인가 하는 문제가 될 터인데, 일반적으로 벡터량은 좌표 변환에 의하여 그 값이 따라 변하는 것이므로 물체의 속도라는 물리량은 그 물리량을 관측하는 사람의 운동 상태가 규정되지 않고서는 정의되지 않는다. 그럼에도 불구하고 우리가 뜰 앞의 잣나무가 정지해 있다고 생각하는 것은 언뜻 보기에는 움직이지 않는 것처럼 보이는 지구 표면을 그 기준으로 암묵적으로 상정하고 있기 때문이다. 그러나 지구가 태양 주위를 공전한다는 것만을 감안하더라도 매 초당 30km 속도로 움직인다고 하여야 할 잣나무를 너무도 자연스럽게 서 있는 것으로 단정하는 단 하나의 이유는 우리가 언제나 그 잣나무와 같이 움직여 왔기 때문이다. 그리고 그러한 상황에 익숙해져 있기 때문에 그것을 아주 당연한 것으로 받아들이는 것뿐이다. 그 나무는 그곳에 절대적으로 서 있는 것이 아니라 나와의 연관, 나와의 인연 속에서 오직 상대적으로 서 있을 뿐이다.

이제 오감의 인식에 대해 이야기해 보자. 우선 시각과 관련하여 무지개가 왜 생기는가 하는 문제를 생각하여 보자. 일반 물리학 교과서에 나오는 굴절과 반사, 서로 다른 파장의 빛의 굴절률의 차이라는 물리학적인 설명만으로는 무지개가 왜 생기는지에 대한 설명이 완결되지 않는다는 점에 주목하려고 한다. 이러한 설명은 우리의 시각 기능이 현재와 같은 상태로 되어 있다는 것을 전제로 하고 있다. 우리의 시각 기능은 우리뿐 아니라 우리의 가까운 조상들까지 그러한 상태였기 때문에 우리의 시각 상태를 전제한다는 것은 어떤 면에서 너무도 당연한 것일 수도 있다. 그러나 일곱 가지 색의 무지개가 우리 눈에 나타나는 이유는 앞에서의 물리학적인 이유에 더하여, 우리가 빨강색에서부터 보라색에 이르는 빛을 감지할 수 있으며 또한 그러한 빛만을 감지할 수 있기 때문이다. 만일 우리가 적외선이나 자외선을 감지할 수 있다면 무지개는 7가지 이상의 색으로 보일 것이다.

또 빨강색만을 감지할 수 있다면 무지개는 빨강색만으로 만들어진 원호가 될 것이다. 더 극단적인 예로 우리가 하늘색만을 감지할 수 있다면, 우리는 하늘색과 무지개를 구별하지 못하여 무지개라는 현상을 감지하지 못할 수도 있다. 이는 시각에 관한 예가 되지만 다른 종류의 감각에 대해서도 똑같은 이야기를 할 수 있다.

바닷물이 왜 짠가 하는 문제도 마찬가지이다. 바닷물에 오랜 기간 동안 무기염류가 농축되고 그중에서 염화나트륨이라는 성분이 짠맛을 내게 한다는 것만으로는 바닷물이 왜 짠지에 대한 설명이 완성되지는 않는다. 이에 더하여 우리가 염화나트륨의 맛을 느낄 수 있다는 설명이 추가되어야 한다. 청각의 경우에도 가청주파수의 음만을 들을 수 있기 때문에, 가령 초음파와 같은 파동은 우리 주위에 아무리 많이 있어도 들을 수 없게 되어 있다. 우리가 듣는 소리의 세계는 우리가 들을 수 있는 세계로 한정되어 있다. 촉각의 경우에도 우리가 매끄럽다고 느끼는 물질의 표면이라도 그 자체가 매끄럽다는 본성을 가지고 있기 때문에 우리가 그렇게 느끼는 것은 아니다. 아무리 매끄럽게 느껴지는 표면이라도 그 표면의 원자 배열은 설악산의 바위 능선보다도 더 요철이 심하다.

이제 이상에서의 개별 감각에 대한 논의를 종합하여 보자. 공중에 떠 있는 물방울과 태양 광선, 광선의 경로에 대한 물리법칙만으로 무지개에 대한 설명이 완성되는 것이 아니라면, 우리가 아무리 공중에 떠 있는 물방울을 분석한다 하여도 그로부터 무지개의 본성을 발견할 수는 없다. 이 물방울은 변하지 않는 무지개의 자성을 가지고 있지 않다.[5] 물방울에는 무지개의 자성이 없지만, 여러 가지 제 요소가 무지개가 나타날 수 있게끔 조성됨으로써, 즉 모든 인연이 어우러짐으로써 무지개라는 현상이 나타나고 무지개라는 관념과 무지개라는 명칭이 생겨난다. 어떤 물질의 표면이 매끄

5) 다른 것에 의존하지 않고 자신이 독자적으로 가지는 스스로의 본성을 자성(自性)이라 한다.

럽다는 자성을 가지고 있기 때문에 매끄럽다고 느끼는 것이 아니라, 오로지 제 인연의 어우러짐으로 우리는 그 물체를 매끄럽다고 느끼게 되고, 매끄럽다는 관념과 매끄럽다는 명칭을 얻게 된다.

감각 경험은 그 대상이 그러한 감각 경험의 자성을 가지고 있기 때문에 우리에게 그러한 형식으로 나타나는 것이 아니라, 그러한 감각 경험이 나타날 수 있게끔 우리의 신체와 그 대상, 그리고 물리법칙과 같은 그 외의 모든 요소(세계의 존재 방식)가 화합되어 있기 때문에 우리에게 그러한 방식으로 나타난다. 그러므로 우리의 인식 세계는 객관 세계에 의하여 일의적으로 결정되는 것이 아니라 객관이 주관에 와서 부딪쳐 상호 연관되면서 비로소 완성된다. 물리학에서 관찰자가 기술하는 객관 세계의 운동 상태가 나의 운동 상태에 의하여 규정되듯이, 감각 경험을 바탕으로 내 마음이 그려 내는 객관의 세계 또한 내가 어떻게 그것을 받아들이느냐에 의해 나의 마음속에 그려지게 된다.

그래서 《반야심경(般若心經)》에서는 무색성향미촉법(無色聲香味觸法)이라고 하였다.[6] 색도 소리도 향도 맛도 감촉도 그리고 모든 대상도 거기에 우리가 아는 그러한 방식으로 존재하는 것은 아니다. 그래서 색과 소리와 향과 맛과 감촉과 대상이 없다고 하였다. 그럼에도 불구하고 '나'라는 주관과 대상이라는 객관의 끝없는 무한한 어우러짐에 의하여 색과 소리와 향과 맛과 감촉과 대상이 나에게 나타난다. 주관과 객관 사이의 이러한 어우러짐, 주관과 객관 사이의 이 영원한 율동이 바로 인식 세계에서의 연기이다.

---

6) 李箕永 譯解, 《반야심경》(한국불교연구원, 1993).

3. 무아와 무상, 공

인과성과 상의성의 의미를 지니는 연기론은 모든 존재가 그 자신의 변하지 않는 스스로의 성질 즉, 자성을 가지고 남과는 상관없이 그 스스로 존재하는 것이 아니라 여러 요소의 끝없는 어우러짐에 의하여 비로소 성립되고, 또 서로가 서로에게 끝없이 의존한다는 것이다. 물리 세계의 경우 소립자들이 모여 양성자나 중성자를 이루고 그들이 모여 원자를 이루며 원자가 모여 분자를 이루고 그 분자들이 모여 생명체를 포함한 갖가지 물체를 이룬다. 또 그런 것들이 모여 천체를 이루고 그 천체들이 모여 우주를 형성한다. 이렇듯 여러 단계가 있고, 각 단계마다 실로 다양한 모습을 보여 주고 있지만, 그 모든 것들은 어느 것 하나 불변하는 고정된 자성을 가지고 있지 않다. 같은 양성자라도 어떤 때는 수소 원자가 되기도 하고 어떤 때는 산소 원자가 되기도 한다.

이를 불교에서는 '모든 사물이 다 무아' 즉, '제법무아(諸法無我)'라고 한다. 여기서 '아'는 범어 '아트만(Atman)'을 음역한 것으로서 곧 불멸하고 불변하는 실체를 가리킨다. 이렇듯 우리 세계를 구성하는 (생명체를 포함하여) 모든 존재가 그 자신의 특수한 자성을 가지고 자기 스스로 존재하는 것이 아니기 때문에 변하지 않는 본성이란 있을 수 없으므로 무아(無我)이다. 이렇게 무아이고 무실체적인 것들이 시간적이고 공간적인 인연의 모아짐에 의하여 나타났다가 그 인연의 흩어짐에 의하여 사라지니, 우리 우주에 변하지 않고 항상 같은 것으로 존재하는 것이란 없으므로 무상(無常)이라 한다. 그러므로 우리 자신을 포함하여 모든 존재자는 공간적으로 무아요 시간적으로 무상이라고 보아야 한다는 것이 연기론의 관점이다. 이렇듯 일체의 현상과 사물이 본래 그 자리에 그런 상태로 있는 것이 아니라, 오직 제요소가 화합하는 인연에 의하여 나타나므로, 거기에 어떤 실체가 있다고 할 수는 없으므로 그 본성이 공하다. 그래서 모든 존재를 공(空)이라고 한다. 그러므로 연기는 곧 무아(無我)이고, 무상(無常)이며 공(空)이다.

여기서 존재자 즉, 색이 공하다는 것이 무슨 의미인지를 좀더 살펴보도록 하자. 공이란 무아무실체적인 것들의 인연의 어우러짐을 말하는 것이다. 그러므로 공이란 색이 아무것도 아니라거나 혹은 색인 것으로 보며 무엇이 있는 듯하지만 사실 알고 보면 아무것도 없다는 허무적멸의 의미가 아니다. 또, 지금은 여기에 색으로서 존재하는 듯하지만 시간이 지남에 따라 결국은 무화할 것이라는 의미도 아니다. 그리고 색이라는 현실 세계가 있고 이와 동떨어진 어떤 다른 세계를 상정하여 이를 공이라고 하는 것도 아니다. 색이 공하다는 것은 모든 색이 오직 연기에 의한 것이므로 색의 성품 그 자체가 공하다는 것이다. 그래서 이를 색성공(色性空)이라 한다. 무지개가 공하다는 것은 무지개가 존재하지 않는다는 것도 아니고 무지개가 결국은 사라지리라는 것도 아니다. 무지개가 나에게 나타나지만 그것은 오직 인연의 어우러짐에 의해 나타나는 것이므로 그 성품이 공하다는 것이다.[7)]

이렇듯 색을 떠나 공이 따로 있는 것이 아니어서, 색의 성품 그 자체가 공하고 따라서 색 그자체가 공한 것이므로 이를 색즉시공(色卽是空)이라 한다. 색의 세계가 현실의 세계이고 공의 세계가 깨달음의 세계라는 등으로 생각한다면 이는 불교를 크게 잘못 이해하는 것이다. 불교는 현실의 세계를 떠나 존재하는 초월적 실재나 초월적 세계를 인정하지 않는다. 영원한 본체, 상주하는 개체적 자아, 불멸의 영혼, 창조자 등을 상정하지 않는다. 오직 끝없이 전개되는 연기의 망이 있을 뿐이다.

---

7) 성철, 《백일법문 상》(장경각, 1993), 2장 5절.

4. 윤회와 환생

윤회 등의 개념도 이러한 관점에서 이해하여야 한다. 윤회 자체를 불교의 중심 사상이라고 하기는 어렵지만 일반인이 불교와 관련하여 먼저 떠올리는 단어가 환생이나 윤회이며 또 그렇기 때문에 상당히 많은 부분이 비불교적이고 세속적으로 윤색되어 있으므로, 불교의 중심 사상과 관련하여 윤회를 어떻게 보는지를 살펴보는 것이 의미 있는 일이라고 생각한다.

윤회란 상사라(Sansara)의 역어인데, 이는 삶의 한 형태가 삶의 다른 형태로 끊임없이 변해가는 것을 의미한다. 흔히 윤회라고 하면 사후에 영혼이 한 몸에서 다른 몸으로 옮겨 가는 것으로 알고 있지만 상사라에는 이런 의미가 없다. 상사라란 생명의 물결, 생명의 파동과 같은 것이다.[8] 물리학에서의 파동이 물질 자체가 전해지는 것이 아니라 물질을 매개로 하여 에너지가 전해지는 것이듯, 윤회란 영혼 자체가 이리저리 옮겨 다니는 것이 아니라 하나의 삶의 진동이 다른 삶의 진동에 영향을 주며 이러한 영향이 끊임없이 순환되어 가는 것을 말한다.

그러면 윤회와 인과는 어떤 관계에 있는가? 이와 관련하여 미린다 왕은 나선 스님에게 죽어 없어진 자와 다시 태어난 자가 동일한지의 여부를 물었다.[9] 죽은 자와 태어난 자가 동일하다면 (영혼을 포함하여) 생명체의 자성을 상정하는 것이어서 무아설과 모순되며, 죽은 자와 태어난 자가 전혀 상관없는 것이라면 윤회와 인과를 부정하는 것이 된다. 결국 이는 윤회설과 무아설이 양립할 수 있는가 하는 문제를 물어본 것이 된다. 이에 대해 나선 스님은 "짜낸 우유가 굳은 우유가 되고 이것이 다시 버터가 될 때 그 각각은 동일한 것도 아니지만 굳은 우유나 버터는 우유에서 만들어진 것이다. 그리고 어린아이와 어른은 동일하지 않지만 어린아이가 자라 어른

---

8) 다카쿠스 준지로, 《불교 철학의 정수》(대원정사), p.16.
9) 서경수 옮김, 《미린다 팡하》(현대불교신서, 1978), pp.67-72.

이 된다. 이와 같이 생겨나는 것과 없어지는 것은 별개의 것으로 보이지만 지속(순환)한다. 이리하여 존재는 동일하지도 않고 상이하지도 않으면서 최종 단계의 의식으로 포섭된다"고 답하였다. 짜낸 우유와, 굳은 우유, 버터가 동일한 것도 아니지만 서로 연관되듯이 어린아이와 어른도 동일하지 않지만 서로 연관되듯이 그러므로 그 모두가 항상하는 것도 아니고 단절되는 것도 아니며(不常不斷) 서로 동일한 것도 아니고 서로 다른 것도 아니듯이(不一不異), 윤회 역시 불상부단하고 불일불이한 중도라는 것이다.

불교의 근본 사상은 무아이고 무상이기 때문에, 변하지 않는 실체는 그것이 어떤 것이라도 인정되지 않는다. 그것은 몸과 마음의 관계에서도 마찬가지이다. 몸은 마음이 의지하여 있고 마음은 몸에 의지하여 있으므로, 몸과 독립하여 그 스스로 혼자 존재할 수 있는 마음이란 불교에서 인정되지 않는다. 따라서 영혼이 몸을 따라 돌아다닌다는 생각은 고대 인도 사상의 하나이기는 하겠으나 불교와는 전혀 관련 없는 소박한 믿음일 뿐이다.

일체의 존재가 인연에 의하여 생하지만, 인연은 존재자로 이루어지는 전체 세계의 내부에서 형성된다. 존재자에 의해 인연이 만들어지고 인연에 의해 모든 존재자가 나타나므로, 개개의 존재자는 전체에 의해 형성되는 결과임과 동시에 전체를 형성하는 원인이 된다. 이렇게 존재자의 인연이란 서로가 서로에게 영향을 주는 상호 역동적인 관계에 놓여 있으므로, 존재자에 의해 구성되는 세계는 스스로를 창조하고 유지해 나가는 전체이다. 이 이외의 다른 어떤 것을 필요로 하지 않는 불교의 세계관에서는 법계를 벗어나 존재하는 초월적이거나 신비적인 어떤 것에 관심을 갖지 않으며 그러한 존재를 상정하지 않는다. 이 관점에서 윤회를 이해하여야 할 것이다.

5. 화엄

그런데 지금까지 알아본 연기와 공의 세계관 안에는 화엄의 세계관의 모든 것이 이미 다 들어 있다. 법계의 모든 사물이 자성을 가지고 있지 않아서 그 스스로 존재할 수 없다면, 세계 안에 존재하는 모든 것은 반드시 다른 존재의 도움을 필요로 한다. 다른 갈대의 도움 없이 하나의 갈대가 서 있을 수 없듯이 모든 존재는 다른 존재의 도움, 다른 존재와의 인연으로 비로소 성립되고 유지된다. 이것은 저것이 있음으로써 비로소 존재할 수 있고, 저것은 이것이 있음으로써 비로소 존재할 수 있다. 이것이 저것에게 빛과 생명을 주며, 저것은 이것에게 또한 빛과 생명을 준다. 무한히 중첩되는 연기의 (생명의) 그물망이 펼쳐져 있는, 우리가 살고 있는 이 세계를 화엄에서는 화장 세계라고 부른다. 무진한 연기의 망이 펼쳐져 있음으로 해서 서로가 서로에게 빛과 생명을 준다는 것은 그 세계의 모든 존재가 자성이 없어 공하여 연기의 관계가 성립된다는 것을 또한 의미한다. 그러므로 연기가 아니라면 공도 화엄도 없고, 화엄이 아니라면 연기도 공도 없다. 그래서 연기는 곧 공이고, 연기는 곧 화엄이며, 공은 곧 화엄이다.

그 스스로 혼자 존재할 수 없는 무실체적인 존재자가 서로 의지하는 것을 화엄에서는 상입(相入, Mutual Pentration)이라고 한다. 이는 흔히 사면이 거울로 둘러싸여 있는 방의 가운데에 놓여 있는 횃불의 모습에 비유된다. 그러면 한 거울 속에 다른 거울의 상이 들어오게 되어 무수히 많은 횃불의 상이 거울에 비춰지게 된다. 이때 한 거울에 다른 모든 거울의 상이 들어와 서로 합쳐져서 그 모든 상들이 서로 교차하지만 하나하나의 상이 다른 상의 형성을 방해하지 않게 된다. 거울에 나타나는 무수한 상들이 서로 합쳐지듯이 우리 세계의 모든 존재자가 서로 영향을 주지만, 하나의 상이 다른 상의 형성을 방해하지 않듯이 하나의 존재자가 다른 존재자의 있음을 방해하지 않는다는 것이다.

상입의 예로서 뉴턴의 작용과 반작용의 법칙을 천장에 달려 있는 하나의 전등에 적용하여 보자. 지구의 중력이 작용하고 있음에도 이 전등이 아래로 떨어지지 않는 것은 전등을 천장이 들어 올려 주고 있기 때문이다. 천장이 전등을 들어 올려 주고 있는 만큼 전등은 천장을 끌어내리고 있지만, 그럼에도 불구하고 천장이 내려앉지 않는 것은 천장을 집의 벽면과 기둥이 받쳐 주고 있기 때문이다. 다시 천장이 집의 벽면과 기둥을 끌어내리고 있지만 벽면과 기둥이 내려앉지 않는 것은…. 이와 같이 작용과 반작용의 법칙을 무한히 계속하여 적용하면 하나의 전등이 천장에 걸려 있기 위해서는 전 우주가 동시에 이 사건에 참여하여야 한다. 이 전 우주적 상호 참여, 전 우주적 상호 투영을 상입이라 한다. 하나의 전등이 천장에 붙어 있다는 이 간단하게 보이는 사건도 상입이라는 끝없는 연기에 의하여 비로소 성립된다. 여기서는 작용과 반작용의 예로 상입을 살펴보았지만, 이 우주의 어느 것도 상입하지 않는 것은 없다. 그러므로 이 우주에서 일어나는 상입의 예는 우주의 입자 수보다 많다고 하여야 할 것이다.

이렇게 서로가 서로를 있게 하는 세계는 참으로 평등한 세계이다. 이를 화엄에서는 어떻게 표현하는지 알아보도록 하자. 불교에서 경전의 명칭은 보통 그 경전의 내용을 암시하는데, 《화염경》은 《대방광불화엄경》의 약칭으로 《잡화경(雜華經)》이라고도 부른다. 이는 원래 경의 이름이 대(Maha), 방광(vaipulya), 불타(buddha), 잡화(ganda), 엄식(vyuha), 경(sutra)이기 때문이다.[10] 잡화엄식이란 여러 가지 꽃이 섞여서 부처의 세계를 장엄하게 장식한다는 뜻이다. 이때의 꽃은 물론 부처의 꽃이다. 부처의 출현은 한량없는 인연과 한량없는 사실로써 성취되니, 한량없는 부처의 마음과 한량없는 부처의 몸이 온 세상에 두루한다는 것이다. 온 세상에 두루 있으니 사실은 부처라고 특별히 이름 붙일 것도 없다. 이름에 그리 집착할 필요는 없다. 특히 한량없는 몸으로 온 세계에 두루하니 부처의 꽃은 아름다운 모습으로만 나타나는 것이 아니라 여러 가지의 다양한 모습으로 나타나게 된

10) 석원욱 편역, 《화엄사상론》(운주사, 1990), pp.13-28.

다. 그리고 그래야만 비로소 장엄하게 된다는 것이 화엄의 세계 이해 방식이다. 잡화엄식이라고 해서 이에 의해 이루어지는 세상이 보잘것없는 것이라고 생각해서는 안 된다. 아주 작은 이름 없는 꽃이라도 이 세상의 모든 다른 것을 있게 하는 자신의 역할을 다하기 때문이다. 장미나 백합으로만 이루어진 세계는 결코 장엄한 세계가 아니다. 장미와 백합에 수많은 이름 모를 꽃과 풀이 한 덩어리가 되어야 비로소 장엄이 이루어진다. 그것이 잡화엄식이고 이것이 화엄에서 말하는 평등이다.

천동설에서처럼 지구가 물질세계의 기하학적 중심에 위치하여야 지구가 역사 전개의 주인 역할을 하는 것은 아니다. 그리고 다른 모든 생물은 오직 인간을 위해 존재한다고 생각하여야 인간이 역사의 중심이 되는 것은 아니다. 현대 과학은 지구와 태양만이 아니라 우리 은하도 우주의 중심에 있다고 생각하지 않는다. 우주의 기하학적 구조 때문에 우주의 어느 곳에도 중심이라고 할 만한 곳은 없다. 그럼에도 불구하고 굳이 중심이 있어야 한다면 우주의 모든 부분이 다 중심이다. 그들이 모두 중심이고 그들이 모두 주인공이다. 나는 너를 있게 하기 때문에 주인공이며 너는 나를 있게 하기 때문에 주인공이다. 자신이 자신의 역할을 다하여 이 우주의 일원이 되었을 때 그 모두는 하나도 빠짐없이 다 주인공이라는 것이 화엄의 세계 이해 방식이다. 그것이 참으로 평등한 잡화엄식이다.

이러한 평등의 세계를 화엄에서는 인타라망으로 상징한다. 인타라망이란 제석천궁에 걸려 있는 그물인데, 하나하나의 그물코마다 보배 구슬이 달려 있다고 한다. 그 구슬의 각각은 서로 서로 빛을 비춰 각각의 구슬에는 다른 모든 구슬의 영상이 첩첩이 나타난다고 한다. 무한한 수의 보배 구슬이 서로의 빛을 받아서 반사하니, 그것은 무한한 연기의 그물 속에서 어느 하나만이 빛나는 세계가 아니라, 모두가 함께 빛나는 세계, 모두가 서로에게 빛과 생명을 주는 세계, 그러므로 모두가 중심이고 모두가 주인공인 세계를 상징한다.

6. 중도

모든 것이 인연의 화합으로 이루어져 있으므로 무아이고 무상이고 공이라고 하였다. 여기서 모든 대상 즉 색은 다양하게 우리에게 나타나므로 차별이요 무아와 무상, 공은 모든 것에 동일하게 나타나므로 평등이다. 그런데 색즉시공이란 차별이 곧 평등이라는 말이 된다. 이렇게 차별과 평등이라는 서로 대립되는 개념이 하나로 종합되는 것을 회통(會通)이라고 한다. 이렇게 대립되는 개념이 화해할 수 있는 것은 물론 색의 성품이 공하기 때문이다. 색의 성품 그 자체가 공한 것이므로 색을 떠나 공이 따로 존재하지 않아 색 그 자체가 공한 것이어서 색즉시공이니, 차별 즉 평등이다. 또한 일체의 사물이 연기공에 의한 것이므로 공을 떠난 색이란 있을 수 없어 공즉시색이니, 평등 곧 차별이다. 이렇게 어느 한 변에 얽매이지 않는 것을 중도(中道)라고 한다. 불교 철학의 핵심인 중도를 불생불멸을 통하여 알아보도록 하자.

불생불멸이란 물론 생하는 것도 아니고 멸하는 것도 아니라는 말이다. 그러나 생명체를 포함하여 우리 주위의 모든 사물은 때로는 생겨나 나타나기도 하고 때로는 멸하여 사라지기도 하는데 왜 불생불멸이라 하는가? 내가 과거 언젠가 태어났는데 그건 생이 아니고 나는 언젠가 죽게 될 텐데 그건 멸이 아닌가? 이를 과학에서 어떻게 이해할 수 있는지를 알아보도록 하자.

물리학은 물질의 궁극적인 요소를 한때는 원자라고 생각하였고 그 다음에는 양성자와 중성자등이라고 생각하였으나, 이제는 양성자와 중성자도 다시 수없이 많은 미립자로 이루어져 있다는 것을 알게 되었다. 이 미립자들의 전형적인 수명은 불과 10의 마이너스 25제곱 초에 불과하니, 이처럼 순간에 생하고 순간에 멸하는 이 미립자들이 고정된 본성 즉 자성을 가지고 있다고 생각하는 것은 불가능하다. 자성을 가지지 않는 이러한 무수한 미립자들의 생과 멸이 순간에서 순간으로 이어지는 것이 원자 내부 모습이다. 한 미립자의 생은 곧 그 자신의 멸로 이어질 뿐 아니라, 다른 미립자의 생과 멸에 관계한다. 하나의 입자는 다른 입자의 원인이며 다른 입자는 하나의 입자의 원인이 된다. 입자의 생은 입자의 멸의 원인이 되며 입자의 멸은 입자의 생의 원인이 된다. 하나의 입자와 다른 입자 그리고 그들의 모든 생과 모든 멸은 이처럼 동시적으로 함께 존재하며 상호 연관되어 있으니 서로가 서로에 대해 역동적인 원인으로 작용한다. 이렇게 원자 내부에 존재하는 모든 미립자들, 그들의 모든 생과 멸은 그 어느 하나도 빠짐없이 관계의 틀 안에서 이루어지는 변환의 과정일 뿐이다.

그런데 이러한 이야기는 불생불멸을 이야기하는 것이 아니라 생멸을 이야기하는 것처럼 들릴 것이다. 그러나 생멸을 떠나서 불생불멸이 있는 것이 아니라 생멸의 과정 그 자체가 불생불멸이라는 것이 불교의 관점이니 우선 생멸을 말하지 않을 수가 없다. 왜 그러한가? 하나의 입자가 우리 눈앞에서 사라졌다고 해서 무언가가 없어진 것은 아니며, 하나의 입자가 우리 눈앞에 나타났다고 해서 무언가 없던 것이 생겨난 것이 아니다. 나타난다는 것은 인연의 모아짐으로 형성된 것뿐이며 사라진다는 것은 인연의 흩어짐으로 분해된 것뿐이다. 마치 성간 물질이 모여 천체를 이루면서 우리 앞에 전에는 보이지 않던 것이 연을 따라 나타난다 하더라도 이는 오직 연을 따라 그렇게 나타나 보이는 것 즉 성간 물질이 천체로 변환된 것뿐이지 전에 없었던 것이 새로 생겨나는 것은 아니니 생하는 것이란 없다. 우리 앞에 나타나는 모든 것은 이렇게 여러 가지 수다한 연으로 이뤄지는 것뿐이지 생하지 않는다는 것이다. 이렇게 생하는 것이 없다는 것을 알면 다시 멸한다는 것은 있을 수 없다. 이렇게 생하는 것도 없고 멸하는 것도 없으니 불생불멸이라 한다.

이것만이 아니라 우리의 세계에서 일어나는 모든 생멸은 끝없이 연관되는 끊임없는 변환의 과정 즉 연기의 과정일 뿐이어서 그 어느 순간에도 생겨나는 것도 없고 없어지는 것도 없다. 다만 낮과 밤이 생기면서 태양이 나타나고 사라지듯이 우리 눈에 무언가가 나타나고 사라질 뿐이다. 질량과 에너지가 보존되면서도 물리계의 그 많은 변화가 가능한 것은, 단지 나타나고 사라질 뿐 생이나 멸은 본래 없기 때문이다. 이처럼 생겨나는 것도 없고 없어지는 것도 없지만 우리의 앞에 나타나고 사라지는 것을 우리는 생멸이라 부른다. 그러므로 공이 색을 떠나 있지 않듯 불생불멸이 생멸을 떠나 어디 다른 곳에 있는 것이 아니다. 생멸하는 것이 연기요, 생멸하는 것이 공이며, 따라서 생멸하는 것이 곧 불생불멸이다. 마치 아침, 저녁에는 막대의 그림자가 길어지고 정오가 되면 막대기의 그림자가 짧아지며 밤이 되면 그림자가 아예 사라지듯이, 생멸이라는 것은 연기라는 망 속에서의 관계의 틀이 조금 변화된 것뿐이다.

생멸은 오직 관계의 틀 안에서의 연기에 의하여 나타나는 것이기 때문에 생하는 것도 없고 멸하는 것도 없다고 하였는데, 우리는 도대체 무엇을 생이라고 하며 무엇을 멸이라고 하는가? 이를 살펴봄으로써 불생불멸의 중도적 의미를 앞에서의 논의와는 다른 각도에서 다시 고찰하여 보자. 다시 별의 생성을 예로 들면 별이 생성되면서 성간 물질은 없어졌다. 이는 별의 생이란 성간 물질의 멸이 있어야만 가능하다는 것이니, 멸은 생의 전제조건이 된다. 이처럼 멸은 생과 따로 떨어져 있는 것이 아니다. 생이 있는 그 자리에 바로 멸이 존재하며, 멸이 있는 그 자리에 바로 생이 존재한다. 그러나 우리는 성간 물질이 멸하는 것을 보지 않고 별이 생하는 것만을 보면서 생이라고 하고, 성간 물질이 생하는 것을 보지 않고 별이 멸하는 것만을 보면서 멸이라고 한다. 단지 우리의 관점일 뿐이다. 그 전체를 다 본다면 생은 멸이라야 비로소 가능하고 멸은 생이라야 비로소 가능하다. 멸과 생은 떨어지려야 떨어질 수 없는 것이어서 멸이면 곧 생이고 생이면 곧 멸이다. 그러므로 생도 아니고 멸도 아니어서 생이라고 할 수도 없고 멸이라고 할 수도 없지만 또한 생멸이 아닌 것도 아니어서 생이기도 하고 멸이기도 하니, 이를 불생불멸의 중도라고 한다.

그러므로 생이 따로 있고 멸이 따로 있으며 이 둘을 더하여 불생불멸이 되는 것이 아니다. 생해도 불생불멸이고 멸해도 불생불멸이니, 생의 그 자리가 바로 불생불멸의 중도이고 멸의 그 자리가 바로 불생불멸의 중도이다. 수학에서는 1+(-1) = 0이어서 1에 (-1)을 더해야 0이 되지만, 생과 멸을 더하여 불생불멸이 되는 것이 아니므로 불생불멸의 중도는 이러한 계산이 아니다. 1에다 (-1)을 더하여 0이 되는 것이 아니라, 1이 곧 0이요, (-1)이 또한 곧 0이다. 1도 연기공이요 (-1)도 또한 연기공이어서 1도 불생불멸이요 (-1)도 또한 불생불멸이기 때문이다. 1과 (-1), 생과 멸의 차별이 평등한 자리가 불생불멸의 중도이다. ■ **양형진** 디스플레이·반도체물리학과

상대성이론 속의 절대성

오늘 제가 발표할 주제는 상대성이론 속의 절대성입니다. 이 주제를 통해 짧은 시간이나마 물리학자들이 궁극적으로 추구하는 연구의 목표를 되짚어 보고, 입자물리 이론을 전공하는 학자로서 자연 세계의 법칙에 관해 평소 가져 왔던 생각들을 여러분들과 함께 나누고자 합니다. 비교적 단순한 접근 방식을 활용하여 물리학의 정의, 자연계의 운동을 주관하는 물리법칙이 존재하는가에 관한 문제, 물리적 측면에서 바라본 시간과 공간의 구조에 관하여 설명하고자 합니다. 이러한 논의를 진행하는 과정에서 시공간의 구조에 관한 이론이 어떻게 상대성이론으로까지 발전해 왔는가를 자연스럽게 이해하실 수 있기를 기대합니다. 더불어 상대성이론 속에 숨겨진 가장 중요한 물리학자의 신념, 즉, 자연법칙은 존재하며 시간과 공간을 뛰어넘어 불변하다는 절대적인 가치에 관하여 감히 다루어 보고자 합니다.

1. 물리학과 물리법칙이란?

물리학은 우리가 살고 있는 자연세계의 공간과 시간의 기본적 특성을 이해하고 자연을 채우고 있는 물체의 운동을 주관하는 근본적인 이론 체계를 구축하는 학문입니다. 여기에서 말하는 물체는 태양과 은하계와 같은 거대한 덩어리로부터 전자나 쿼크와 같이 더 이상 부술 수 없는 자연계의 기본 입자에 이르는 삼라만상의 모든 물건을 지칭합니다.

시간과 공간을 초월하여 물체의 운동을 단 하나의 예외도 없이 일반적으로 기술하는 근본적인 규칙을 물리법칙이라고 부릅니다. 뉴턴의 운동 제2법칙으로 불리는

$$F = ma \quad ①$$

는 가장 잘 알려진 물리법칙의 예입니다. 질량이 m인 물체는 힘 F를 받으면 가속도 a로 운동속도가 증가한다는 이 법칙은 수학적인 항등식의 형태를 가집니다. 따라서 이 공식은 물리 용어인 힘 F의 정의라고 말할 수도 있습니다. 이와 같이 자연의 법칙을 기술하는 데는 수학이란 언어를 사용하는 것이 가장 편리합니다. 식 ①의 좌변에 나오는 힘 F의 근원인 자연계의 기본적인 힘을 찾아내고 그 성질을 파악하는 작업은 물리학의 중요한 연구 과제이고 이러한 힘의 종류에 따라 물리학 연구의 세부적인 분야가 결정됩니다. 여기에서는 어떤 물체나 어떤 종류의 힘과 무관하게 일반적으로 적용되는 시간과 공간의 구조에 대해서만 논의를 국한하고자 합니다.

2. 물리법칙의 규명에 있어서 실험과 이론의 역할

물리법칙을 비록 수학적 언어로 표현하지만 물리학이 수학과 확실히 다른 점은 자연계에 존재하는 물질의 규칙을 기술하는 것입니다. 따라서 자연계에 존재하지 않는 것에 관한 이론, 혹은 단지 상상에 의존한 이론은 물리학이 아닙니다. 물리학자는 자연 현상에 대한 실험을 통해 물리법칙을 추정하고 이론적으로 정립된 물리법칙을 다시 실험적으로 검증합니다. 이러한 과정을 통해 잘못된 이해를 수정하고 법칙의 예외를 찾아내 더욱더 일반적인 법칙을 찾아내기를 반복합니다. 물론 모든 자연현상에 관한 구체적인 실험을 해야 한다면 물리학자가 알아낼 수 있는 자연법칙은 매우 한계가 있을 것입니다. 시공간을 초월한 일반적인 물리법칙이 존재한다면, 물리법칙을 찾아내는 복잡한 논리적 단계에서 핵심적인 고리의 역할을 하는 현상에 대해서만 구체적이고 정밀한 실험을 수행합니다. 나머지 논리적인 부분은 순전히 수학적인 방법으로 접근하며 이것이 이론 물리학자들의 몫입니다.

3. 물리법칙은 존재하는가?

물리법칙이 존재하는가라는 질문에 대한 답은 매우 궁한 것이 사실입니다. 수학을 배울 때 매우 당연해 보이는 명제를 증명하는 것이 매우 어렵다는 것을 경험하셨을 것입니다. 예를 들어 초보자가 덧셈의 항등원인 0은 하나뿐이라는 명제를 증명하기는 쉽지 않습니다. 수학자들이 이럴 때 즐겨 사용하는 논리적 접근 방법이 귀류법(reduction to absurdity)인데요, 0이 하나가 아니고 또 다른 항등원 0′이 있다고 가정하고 논리를 전개하다 보면 $0 = 0'$이라는 엉뚱한 결론이 나옵니다. 이 결론은 가정에 위배되어서 항등원이 하나가 아니라는 가정이 틀리고, 따라서 덧셈의 항등원은 오직 하나라는 명제를 증명하게 됩니다. 이러한 방법을 이용하여 물리법칙이 존재하지 않는다고 가정해 보기로 합니다. 만약 그렇다면 우리가 물리법칙을 공부할 필요가 있을까요? 당연히 공부할 필요가 없겠지요.

$F = ma$와 같은 물리법칙은 상대성이론이 정설로 받아들여지는 현재까지 빛의 속도만큼 빨리 움직이는 물체가 아니라면, 또는 원자와 같은 미시적인 물질이 아니라면 여전히 적용이 가능한 물리법칙입니다. 이 법칙은 시간과 공간을 초월해서 적용되기 때문에 제가 학교에 다닐 때 배운 것과 지금 학생들에게 강의하는 내용이 다를 것이 없고, 늙어서도, 달나라에 가서도 활용할 수 있는 불변하는 진리입니다. 만약 이 법칙이 사람의 마음처럼 수시로 변한다면 배울 필요가 없는 것입니다. 불변하는 자연의 법칙이 존재하지 않는다면 도박을 하듯 미래를 점칠 수밖에 없습니다.

다만 이와 같은 자연법칙은 단 한 개의 반례(counter example)라도 존재한다면 법칙으로서의 자격을 상실하게 됩니다. 따라서 아직까지 반례를 발견할 수 없다는 것이 물리법칙의 정확성을 보장해 주지는 않지만, 오랜 시간 동안 수행된 수많은 실험에서 반례가 발견되지 않았다면 물리법칙으로서의 충분한 개연성을 가진다고 하겠습니다.

4. 다양한 물리법칙들을 포괄하는 postulate

이렇게 알아낸 다양한 물리적 법칙들을 살펴보면 이들이 공통적으로 만족하는 특성이 있습니다. 수학에서 공리(axiom)라고 불리는 명제가 있는데 이것은 수많은 응용 명제들이 참임을 보장하는 가장 핵심적인 명제입니다. 또한, 공리는 증명을 하지 않고 참이라고 가정합니다. 수학에서의 유용한 정리에 해당하는 것이 물리학에서의 물리법칙이라고 할 때, 공리에 대응되는 물리학에서의 명제가 바로 postulate입니다. Postulate 또한 의심을 받지 않지만 그 이유는 현재까지 이를 거짓이라고 생각할 수 있을 만한 실험적 반례가 발견되지 않았기 때문입니다.

뉴턴의 운동법칙은 라그랑지 방정식,

$$\frac{d}{dt}\left(\frac{\partial L}{\partial \dot{x}}\right) - \frac{\partial L}{\partial x} = 0 \qquad ②$$

과 동치임이 수학적으로 알려져 있습니다. 여기서 라그랑지안 L은 운동에너지 $T = \frac{1}{2}m\dot{x}^2$와 포텐셜 에너지 V의 차로 표현되는 함수입니다.

$$L = T - V \qquad ③$$

표면상으로는 라그랑지 방정식이 뉴턴의 방정식보다 복잡해 보이지만 해밀턴의 action postulate를 고려하면 뉴턴의 법칙이 더욱더 근본적인 postulate로부터 유도될 수 있음을 알 수 있습니다. 운동 방정식 ①과 ②는 자연계가 허락하는 물체의 운동 경로를 결정합니다.

해밀턴 postulate: 물체는 action S의 값을 최소로 만드는 경로로 운동한다.

$$\delta S|_{x = \text{physical path}} = 0 \qquad ④$$

여기에서 action S는 라그랑지안 L을 임의의 운동경로 $x(t)$를 따라 시간 적분을 한 것을 말합니다.

$$S[x] = \int_{t_1}^{t_2} L[x(t), \dot{x}(t)]\, dt \qquad ⑤$$

action S는 경로에 따라 다른 값을 가지고 자연이 허락하는 물리적인 경로를 따라 적분했을 때만 이 값이 최소가 된다는 것입니다. 해밀턴의 action postulate는 식 ①의 뉴턴의 제2법칙을 만족할 뿐만 아니라 빛이 가는 길을 쉽게 설명하는 페르마의 원리(두 점을 통과하는 빛은 가장 짧은 시간에

도달하는 경로로 이동한다는 원리)도 설명합니다. 빛의 속도는 진공에서 $c = 2.99792458 \times 10^8$m/s로 진행하고, 매질에 따라 속도가 줄어듭니다. 서로 다른 매질을 통과하는 빛의 굴절 현상은 스넬이 찾아낸 현상론적 법칙을 따릅니다. 페르마의 원리는 스넬의 법칙을 유도하고, 스넬의 법칙은 해밀턴의 action postulate로부터 유도됩니다. 이렇듯 다양한 물리법칙들을 동시에 설명할 수 있는 postulate를 찾아내고 복잡한 물리 현상을 기술하는 이론적 체계를 논리적으로 구축하는 것이 이론 물리학자들의 역할 중 하나입니다.

5. 갈릴레이의 상대성이론이 내포하는 postulate

식 ①에 나오는 뉴턴의 운동 제2법칙은 관성의 법칙(제1법칙)과 작용과 반작용의 법칙(제3법칙)과 함께 고전역학에서 가장 중요한 법칙입니다. 아인슈타인의 상대성이론을 다루기 전에 뉴턴역학의 상대성에 관한 논의를 먼저 하겠습니다. 이를 갈릴레이의 상대성이론라고 부릅니다. 뉴턴의 운동 방정식의 출발점은 갈릴레이의 관성의 법칙에 있으므로 그렇게 부를 것입니다. 어떠한 물체도 힘이 작용하지 않으면 운동속도가 변하지 않는다는 것이 관성의 법칙이고, 관성의 법칙이 적용되는 좌표계를 관성 좌표계라고 부릅니다. 이 세 가지 법칙은 공통적으로 어떠한 관성 좌표계에서도 동일하게 적용됩니다. 여기에서 유추할 수 있는 postulate는 다음과 같습니다.

> postulate 1:물리법칙은 어떠한 관성 좌표계에서도 시간과 장소에 무관하게 항상 성립한다.

여기서 중요한 점은 물리법칙을 기술하는 관측자의 개념입니다. 관측자가 관성계에 있으면 법칙이 맞고, 관측자가 관성계가 아닌 다른 좌표계에 있다면 맞지 않습니다. 예를 들어 지표에 있는 사람 A가 자유낙하를 하는 사람 B를 보면 B가 중력을 받아 가속운동을 하는 것으로 보입니다. 이때 식 ①의 좌변에 있는 힘이 중력이 되고 가속도는 A가 본 B의 가속도입니다. 등속도로 운동하는 열차에 앉아 있는 사람 C가 B를 보아도 동일한 힘과 가속도를 관측할 것입니다. 이는 A와 C 모두가 관성 좌표계에 있기 때문입니다. 하지만, B가 본 자신은 항상 정지해 있습니다. B는 관성의 법칙을 적용하여 등속으로 운동하는 자신에게는 힘이 가해지지 않는다고 할 것입니다. 이는 A와 C가 관측한 사실(B에 중력이라는 힘이 작용한다)에 위배됩니다. 따라서 B가 정지해 있는 좌표계에서는 관성의 법칙이 적용되지 않는다는 결론을 얻습니다. B와 같이 관측자가 비관성 좌표계에 있을 경우 현상을 논리적으로 설명하기 위해서는 먼저 관성 좌표계에서 물리법칙을 적용하여 현상을 기술하고, 관성좌표계에서 관측한 물리량을 비관성 좌표계로 이동시켜서 번역하면 됩니다.

6. 공변성(covariance)과 불변성(invariance)

갈릴레이의 상대성이론에서 상대성이란 용어의 의미를 좀 더 깊이 생각해 보기로 합니다. 식 ①의 운동 방정식은 관성계라면 어디에서나 동일한 형태를 가진다는 것입니다. 신이 살고 있는 좌표계가 있어서 여기서 물리법칙이 기술되고 다른 관성계로 번역되는 것이 아니고 어떠한 관성 좌표계에서도 동일한 물리법칙을 기술할 수 있다는 보편성을 내포하고 있습니다. 누가 물리법칙을 써도 같다는 것입니다.

위의 문제에서 A와 C는 서로 균일한 상대속도로 운동을 하고 있으므로 A가 관성계에 있다면 C도 또 다른 관성계에 있습니다. 단지 B의 위치와 속도를 다르게 관찰하고 있다는 점만 다르며, 힘과 가속도는 A와 C 모두 같은 값의 가속도와 힘을 측정합니다. 서로 다른 관성계에서 다른 값으로 측정되는 위치나 속도와 같은 물리량은 일정한 규칙성을 가지고 변화하고 이러한 변환 관계를 공변성(covariance)이라고 부릅니다. 힘과 같이 어떠한 관성계에서도 동일한 값을 가지는 불변량(invariant)이 존재하는데요, 이러한 불변성(invariance)을 활용하면 자세한 분석을 하지 않고도 이론적인 예측이 가능합니다. 예를 들어 에너지 또는 운동량 보존의 법칙을 활용하면 운동 방정식을 풀지 않고도 손쉽게 답을 구할 수 있습니다. 이렇듯 일단 물리법칙이 구성되면 물리법칙의 불변성과 좌표계에 따라 바뀌는 물리량의 공변성을 활용하여 어떠한 관측자가 측정한 물리량도 알아낼 수 있습니다. 역으로 얘기하면 어떠한 물리법칙도 이렇게 보편타당한 불변성과 공변성을 기본 성질로 가지고 있어야 한다는 것입니다. 이를 갖추지 못한 이론은 법칙의 자격을 상실합니다.

7. 뉴턴의 작용-반작용 법칙과 상대성

뉴턴의 운동 제3법칙인 작용과 반작용의 법칙은 다음과 같습니다.

$$\vec{F}_{1\to 2} = -\vec{F}_{2\to 1} \qquad ⑥$$

여기서 $\vec{F}_{1\to 2}$는 물체 1이 물체 2에게 가하는 힘이고 $\vec{F}_{2\to 1}$는 2가 1에게 가하는 힘입니다. 물체 1과 2가 주고받는 힘은 서로 크기가 같고 방향이 반대라는 이 법칙을 다시 대칭적인 형태로 쓰면 다음과 같습니다.

$$\vec{F}_{1\to 2} + \vec{F}_{2\to 1} = \vec{0} \qquad ⑦$$

이것은 두 물체가 주고받는 힘을 합하면 0이라는 말입니다. 두 물체가 힘을 주고받는 것은 상대적입니다. 1과 2 어느 하나도 상대방에 대해서 더 우선이 되지 않고 서로 힘에 있어서 동등한 상관 관계를 가집니다. 힘을 주고받는 방향이 반대인 것 말고는 그 크기가 같다는 것입니다. 여기서 힘의 크기는 불변량이고 방향이 반대라는 것이 공변적인 변환 관계를 의미합니다.

여기에서 2에 1을 대입하면 다음과 같은 재미있는 결론을 얻습니다.

$$\vec{F}_{1\to1} = \vec{0} \quad ⑧$$

이 말은 어떠한 물체도 자기 자신에게 힘을 줄 수 없다는 것을 의미합니다. 이는 사실 관성의 법칙에 합치하는 결과입니다. 만약 어떤 물체가 스스로 힘을 작용시킬 수 있다면 가만히 있던 물체가 외부의 힘을 받지 않고도 갑자기 가속될 수 있다는 얘기입니다. 그렇게 되면 관성의 법칙은 만족되지 않습니다. ⑧번 식의 이러한 절대성이 작용-반작용의 상대성을 보장한다는 점은 의미심장합니다.

물론 뉴턴의 제2법칙을 고려하면 질량비의 역수로 두 물체의 가속이 일어남을 알 수 있습니다. 힘의 크기가 불변적인 데 비하여 눈에 쉽게 관찰되는 가속도는 공변적이라서 자칫 두 힘의 대칭성이라는 불변성을 파악하기 쉽지 않으므로 주의해야 합니다.

8. 아인슈타인의 상대성이론에 들어오는 새로운 postulate와 로렌츠 변환

시각 t에 A가 본 B의 변위(displacement)를 $\vec{x}$, 같은 순간 t'에 C가 본 B의 변위를 $\vec{x}'$, A가 본 C의 속도가 $\vec{v}$라고 하면 두 관측자 간의 갈릴레이 변환식은 다음과 같습니다.

$$t' = t, \quad \vec{x}' = \vec{x} - \vec{V}t \qquad ⑨$$

두 관측자가 서로 느끼는 상대속도는 방향만 다르고 크기는 같으므로 대칭성에 의거해 $\vec{V}$를 $-\vec{V}$로 바꾸기만 하면 역변환을 얻습니다. 갈릴레이의 상대성이론의 기본 가정은 시간이란 불변량이라는 점입니다.

> postulate 2:시간은 어느 관성 좌표계에서나 동일한 불변량이다.

어느 관성계에서도 시간이 불변한다는 것은 시간이 물리 현상의 절대적인 parameter라는 것입니다. 하지만 아인슈타인의 상대성이론은 이 postulate 대신 다음과 같은 postulate을 도입합니다.

> postulate 2':진공에서의 빛의 속도는 어떠한 관성 좌표계에서도 같은 값을 가진다.

빛의 속도가, 마치 음속처럼, 그렇게 빠르지 않았더라면 이 postulate는 고전역학이 만들어질 때 이미 확립되었을 것입니다. 하지만 상대성이론이 나올 즈음에서야 이 사실이 확인되었습니다. 우리가 일상적으로 경험하는 물체의 속도가 갈릴레이 변환 ⑨에 따라서

$$\vec{v}' = \vec{v} - \vec{V} \qquad ⑩$$

와 같이 변화하는 반면에, 빛은 어느 관측자에게도 동일한 속력으로 진행한다는 점은 이해하기 힘들 것입니다. 하지만 이것은 사실입니다. 빛의 속도를 정확히 측정하려는 노력은 중지되었고 이제 빛의 속도는 $c = 2.99792458 \times 10^8$m/s라고 정의하여 쓰기에 이르렀습니다.

postulate 2′은 postulate 2와 양립할 수 없는 관계를 가졌습니다. Galilean 변환의 postulate 2 대신 postulate 2′를 도입하면 다음과 같은 시공간 좌표의 변환 관계식을 얻습니다.

$$t' = \frac{t - \dfrac{\vec{V} \cdot \vec{x}}{c^2}}{\sqrt{1 - \dfrac{V^2}{c^2}}}, \quad \vec{x}' = \frac{\vec{x} - \vec{V}t}{\sqrt{1 - \dfrac{V^2}{c^2}}} \qquad ⑪$$

이 상관관계를 Lorentz 변환이라고 합니다. 이제 시간은 더 이상 좌표계와 무관한 절대적인 parameter가 아닙니다. 이것은 빛의 속도라는 불변량의 도입으로 인한 자연적인 귀결입니다.

A가 팔뚝에 차고 있는 시계가 시간 t를 나타낸다면, A가 봤을 때 이 시계의 위치 $\vec{x}$는 $\vec{0}$이므로, C가 본 A의 손목시계는 시간에 따라 이동하고, 그 시간은 늘어납니다. 이를 time dilation이라고 부릅니다. 식 ⑩의 갈릴레이 변환의 역과 같이 상대속도의 성질을 이용하면 역변환도 동일한 형태를 가지고, 오직 상대속도의 부호만 바꾸어 놓으면 됩니다. 이와 같은 대칭성은 어느 관성 좌표계에서도 동일한 물리법칙이 만족한다는 postulate에 충실한 결론입니다.

9. 상대성이론에서 불변과 공변적 물리량들

빛의 속도와 같이 어떠한 관성 좌표계에서도 동일한 값을 가지는 불변량들을 이용하면 분석이 쉬워집니다. 관성 좌표계 간의 동등성을 보이는 이런 예들을 들어봅니다.

1) 정지한 시계가 가리키는 시간 proper time τ

$$t = \frac{\tau}{\sqrt{1-\frac{V^2}{c^2}}} \qquad ⑫$$

2) 정지한 물체의 질량을 정지질량(rest mass m_0)

단, 날아가는 시계가 가리키는 시간 t가 τ에 비해 늘어나는 것과 같이 운동하는 물체의 질량 m도 m_0에 비해 늘어납니다.

$$m = \frac{m_0}{\sqrt{1-\frac{V^2}{c^2}}} \qquad ⑬$$

3) 정지한 물체의 길이 proper length L_0

단, 날아가는 시계가 가리키는 시간이 늘어나는 것과 반대로 막대는 날아가는 방향으로 길이가 짧아집니다.

$$L = L_0\sqrt{1-\frac{V^2}{c^2}} \qquad ⑭$$

10. $E=mc^2$의 의미

식 ⑭와 같이 물체의 속도가 증가하면서 질량이 늘어나게 되면 에너지를 아무리 많이 부여하더라도 물체의 속도가 빛의 속도에 가까이 다가갈 뿐이지 이보다 더 큰 속도로 운동할 수 없게 됩니다. 여기에 착안하여 운동에너지의 값을 계산하면

$$\text{운동에너지} = \frac{m_0c^2}{\sqrt{1-\frac{V^2}{c^2}}} - m_0c^2 \qquad ⑮$$

의 형태가 나옵니다. 만약 물체가 정지질량에 의한 에너지 m_0c^2을 원초적으로 가지고 있다고 가정하면 아인슈타인의 유명한 질량-에너지 등가 공식이 나옵니다.

$$E = m_0c^2 + \text{운동에너지} = \frac{m_0 c^2}{\sqrt{1 - \frac{V^2}{c^2}}} = mc^2 \quad ⑯$$

원자폭탄이나 원자력 발전은 질량이 소멸하면 에너지로 변환되는 현상을 이용한 것입니다. LHC(Large Hadron Collider)와 같은 입자물리에서 사용하는 가속기는 에너지를 이용하여 질량을 만드는 역변환에 해당됩니다.

11. 결론

상대성이론으로부터 유도되는 결론들은 상식적으로 이해하기 힘든 것이 많습니다. 하지만 이것은 갈릴레이 변환에 관해 불변하는 뉴턴 역학에 익숙한 우리의 오해로 인한 것일 뿐, 모두 사실로 밝혀진 내용입니다. 이러한 결과물들은 시간이 불변량이라는 갈릴레이 변환의 postulate 2를 빛의 속도가 관측자에 무관한 불변량이라는 postulate 2′으로 교체함으로써 얻어지는 당연한 결론입니다. 물리법칙이 존재한다는 믿음을 대변하는 postulate 1은 여전히 진실로 믿어지고 있으며 세상의 누구도 동등하게 물리법칙을 기술할 수 있다는 관측자의 보편성이야말로 상대성이론에 숨겨진 진정한 절대성이 아닌가 싶습니다. ■ **이정일** 물리학과

부록

1. 학문소통연구회는?

고려대학교 학문소통연구회는 점점 더 세분화, 전문화되고 있는 분과 학문 간 장벽을 허물고, 학제 간 상호 소통과 이해를 토대로 학문 연구의 통섭적 접근과 창조적 시각을 증진하기 위해 결성된 단체입니다. 이러한 목표를 위해 학문소통연구회는 2007년 10월 27일 창립 이래 다음과 같은 연구 활동을 진행하고 있습니다.

-교내 학문소통의 활성화

① 정기 워크숍: '아름다움', '자연' 등 기존 분과 학문이 다루기 어려운 주제를 선정해 인문학과 사회과학, 자연과학 분야의 연구자들이 매월 함께 모여 발표하고 토론하는 학제 간 공동 연구의 장 마련.

② 특별 워크숍: 고려대학교 연구처와의 협력하에 교내 연구소 및 연구 집단과 함께 공동의 연구 주제를 선정·발표·토론하는 학술 연구의 장 마련.

③ 학제 간 공동 강의: 교양 강의 'SNS와 현대사회'와 같은 공동 강의 프로젝트를 통해 인문·자연·사회과학 분야의 교수들이 하나의 주제에 대한 다

채로운 시각과 연구 성과를 학생들에게 소개하는 강의안 개발.

–대학과 사회 간 소통을 위한 실천

① 연례 심포지엄과 명사 초청 강연: 대학과 사회가 공유할 만한 학문적 주제나 시사성 있는 주제를 발굴해 해당 주제의 명망 높은 연구자 및 전문가를 초청, 발표와 토론의 장 마련.

② 동영상 활용: 학문소통연구회 주관 워크숍, 심포지엄, 강연에서 이뤄진 발표와 토론을 영상 자료로 제작, 홈페이지에 올려 관심 있는 일반인과 연구자들 누구나 시청할 수 있도록 하는 소통 기회 마련.

③ 단행본 발간: 학문소통연구회 주관 워크숍, 심포지엄, 강연 등에서 소개된 발표문 중 출간 가능한 원고들을 모아 기존 연구 성과를 축적하고 연구자 및 일반 대중과의 학문 소통을 확대하는 기회 마련.

2. 학문소통연구회 워크숍 활동(2007–2012.6)

2007. 여름　학문소통연구회 창립 준비를 위한 모임(세 차례)

2007. 10. 12.　창립식 및 제1차 워크숍

주제 1:인간중심의 제품혁신 연구센터(기계공학과 교수 채수원)
주제 2:탐구의 수사학 혹은 수사학적 탐구(불어불문학과 교수 전성기)
주제 3:혁명과 근대화의 사회열역학적 논의(화학과 교수 최동식)

2007. 11. 23.　제2차 워크숍

주제 1:두 문화의 극복 — 과학기술학 연구 사례(사회학과 교수 김문조)
주제 2:학문소통의 목적·내용·방법에 관한 일고(교육학과 교수 홍후조)
주제 3:유비쿼터스와 보건의료 — U-HEALTH(의학과 교수 박길홍)

2007. 12. 21.　제3차 워크숍

주제 1:현대 과학의 성과와 연기론(반도체물리학과 교수 양형진)
주제 2:한국 정치에서의 소통(정치외교학과 교수 임혁백)
주제 3:지혜과학의 미래(심리학과 교수 남기춘)

2008. 1. 28-29. 제4차 워크숍

주제 1:학문소통연구회의 활동 경과 및 현황(화학과 교수 최동식)

주제 2:학문소통연구회 사업계획 및 발전 방향(산업경영공학부 교수 최인찬)

2008. 3. 28. 제5차 워크숍

주제 1:민족종교의 지혜와 천도교

주제 2:한국 민주주의와 사법부의 좌표(정치외교학과 교수 최장집)

2008. 4. 25. 제6차 워크숍

주제 1:영어의 헤게모니에 대한 언어생태학적 고찰(언어학과 교수 김성도)

주제 2:의사와 의사소통(의학과 교수 선경)

2008. 5. 22. 제7차 워크숍

주제 1:Virus Hepatitis, Pandemic Flu(생명과학부 교수 박정서)

주제 2:한국의 근대 문화 — 사회적 평등을 향한 노력(한국사학과 교수 조광)

2008. 9. 19. 제8차 워크숍

주제 1:고전문헌에 숨은 DNA와 인문학적 자유(비엔나대학 연구원 강성용)

주제 2:한·미 쇠고기 협상 — 소통과 불통 사이의 곡예(법학과 교수 박노형)

주제 3:과학기술과 사회와의 소통(과학기술대학 초빙교수 정진익)

2008. 10. 24. 제9차 워크숍

주제 1:디지털 포렌식 — 디지털 증거의 법적 허용성(정보경영대학원장 임종인)

주제 2:쇠고기와 기름의 공통점(법학과 교수 박경신)

2008. 11. 28. 제10차 워크숍

주제 1:Your brain tells what you really want(심리학과 교수 성영신)

주제 2:유방암, 여성의 자아실현의 표현인가(의학과 교수 이은숙)

2008. 12. 19. 제11차 워크숍

주제:Quanta of Solace(화학과 교수 최동식)

2009. 1. 9-10. 제12차 워크숍(아산 고암리 민속마을)

주제 1:소통의 구조와 역할 그리고 현 상황(반도체물리학과 교수 양형진)

주제 2:2007-2008년 활동 결산과 2009년 사업계획(불어불문학과 교수 이영훈)

2009. 3. 27. 제13차 워크숍

주제 1:서비스 경영의 주요 이슈와 연구과제(경영학과 교수 박광태)

주제 2:Social Networks and Organizations(경영학과 교수 배종훈)

2009. 4. 24. 제14차 워크숍

주제 1:기후변화와 녹색성장의 경제정책적 이해(식품자원경제학과 교수 조용성)

주제 2:기후변화의 과학적 이해(지구환경과학과 교수 이미혜)

2009. 5. 22. 제15차 워크숍
주제:타르코프스키《희생》의 한 장면에 대한 분석(불어불문학과 교수 황현산)

2009. 9. 25. 제16차 워크숍
주제 1:교양교육 실효성 제고를 위한 학문 간 소통방안(법학전문대학원 교수 김선택)
주제 2:교양교육 어떻게 할 것인가(철학과 교수 임홍빈)

2009. 10. 30. 제17차 워크숍
주제 1:교수·학습 관점에서 본 고대 영어강의의 실태와 과제(식품자원경제학과 교수 한두봉)
주제 2:교육 주체별 입장에서 본 영어교육의 승승전략(컴퓨터통신공학부 교수 인호)

2009. 11. 27. 제18차 워크숍
주제 1:전공교육 어떻게 할 것인가(교육학과 교수 박인우)
주제 2:융합 시대의 공학교육(화공생명공학과 교수 양대륙)

2010. 1. 29-31. 제19차 워크숍
주제 1:학문소통연구회 초창기 회고(이과대 교수 최동식)
주제 2:소통연 2009년 워크숍 요약과 평가(국어국문학과 교수 신지영)
주제 3:학문소통과 문과대학 文以會(서어서문학과 교수 이재학)
주제 4:사회과학 내 학제 간 소통, 통섭, 융합(정치외교학과 임혁백)
주제 5:소통 현황과 발전 방향(반도체물리학과 교수 양형진)
주제 6:2010년 사업 계획 및 운영 방안(불어불문학과 교수 전성기)

2010. 3. 26. 제20차 워크숍(아름다움에 대한 학제 간 연구①)
주제 1:아름다움의 심리사회적 권력(심리학과 교수 성영신)
주제 2:법의 정의와 아름다움의 관계(법학전문대학원 교수 이상돈)

2010. 4. 23. 제21차 워크숍(아름다움에 대한 학제 간 연구②)
주제 1:문학과 아름다움(국어교육과 교수 이남호)
주제 2:의학적 아름다움 — 비너스의 눈물(의학과 교수 안덕선)

2010. 5. 28. 제22차 워크숍(아름다움에 대한 학제 간 연구③)
주제 1:영화와 아름다움 — 아름다움의 문화정치학(미디어학부 교수 허철)
주제 2:건축, 그 살내음의 미학(건축학과 교수 김현섭)

2010. 7. 2-3. 제23차 워크숍
주제 1:융복합 연구의 현황과 전망(수학과 교수 위인숙)
주제 2:학문의 길, 삶의 길(의학과 교수 이은숙, 임춘학)

2010. 9. 30. 제24차 워크숍(아름다움에 대한 학제 간 연구④)
주제 1:자본주의 신체미학과 자아정체성(철학과 교수 이승환)
주제 2:情의 미학(경영학과 교수 이두희)

2010. 10. 29. 제25차 워크숍(아름다움에 대한 학제 간 연구⑤)
주제 1:20세기 수학에서 보는 아름다움(수학과 교수 김영욱)
주제 2:아름다움과 누드(조형학부 교수 백윤수)

2010. 11. 24. 창립 3주년 기념 제2회 심포지엄
주제 1:삶을 위한 죽음, 죽음을 위한 삶(이화여대 석좌교수 정진홍)
주제 2:죽음을 어떻게 정의할 것인가(한림대 철학과 교수 오진탁)
주제 3:의료인의 관점에서의 바람직한 죽음의 과정(아산병원 교수 고윤석)
주제 4:생명, 탄생과 소멸의 신비와 과학(한양대 명예교수 조효남)

2010. 12. 16. 제26차 워크숍(아름다움에 대한 학제 간 연구⑥)
주제 1:아름다움과 정치(정치외교학과 교수 박홍규)
주제 2:박물관이 살아 있다(한국사학과 교수 최광식)

2011. 1. 14. 제27차 워크숍
주제 1:긴장의 한반도와 남북관계(북한학과 교수 유호열)
주제 2:미라의 CSI(의학과 교수 김한겸)

2011. 3. 25. 제28차 워크숍(자연과의 소통을 위한 학제 간 연구①)
주제 1:구제역에 관한 오해와 진실(서울대 수의대 교수 이영순)
주제 2:Risk Communication의 관점에서 본 구제역(의학과 교수 최재욱)

2011. 4. 29. 제29차 워크숍(자연과의 소통을 위한 학제 간 연구②)
주제 1:동일본 대지진과 한반도의 지진 위험성(지구환경과학과 교수 이진한)
주제 2:화산활동의 기원과 예측(연세대 지구시스템공학과 교수 권성택)

2011. 5. 27. 제30차 워크숍(자연과의 소통을 위한 학제 간 연구③)
주제 1:원자력, 대안 없는 대안인가(전 한국원자력연구소장 장인순)
주제 2:방사선의 인체 영향 — 원전사고, 우리는 안전한가(의학과 교수 최재걸)

2011. 7. 1. 제31차 워크숍
주제 1:촉각의 문화 융합학(의학과 교수 안덕선)
주제 2:'더불어 살기' 위한 파동적 수사학(불어불문학과 교수 전성기)

2011. 9. 30. 제32차 워크숍(자연과의 소통을 위한 학제 간 연구④)
주제 1:자연을 품은 삶, 한국의 정원문화를 말하다(환경생태학부 교수 심우경)
주제 2:동양 시가에 나타난 자연, 인생을 묻다(국어국문학과 교수 이형대)

2011. 10. 28. 특별 워크숍

주제 1:한국인의 질병인식과 위험소통(서울대 보건사회학과 교수 조병희)

주제 2:위험소통과 언론의 역할(중앙일보 식의약품 전문기자 박태균)

2011. 11. 25. 창립 4주년 기념 제3회 심포지엄

주제 1:과학기술의 힘, 과거·현재·미래를 말하다(과학기술인공제회 이사장 조청원)

주제 2:인문학문과 자연학문, 힘의 生克 관계(서울대 명예교수 조동일)

주제 3:ICT 진화와 스마트 시대(KT 사장 표현명)

주제 4:인문학과 과학기술 그 융합적 사고의 힘(포스텍 석좌교수 이진우)

주제 5:스마트·소셜 시대 권력의 미래, 미래의 권력(서강대 정치외교학과 교수 류석진)

2011. 12. 16. 제33차 워크숍(자연과의 소통을 위한 학제 간 연구⑤)

주제 1:영미 시에 나타난 자연과 삶(영어교육과 교수 어도선)

주제 2:상대성이론 속의 절대성(물리학과 교수 이정일)

2012. 1. 27. 제 34차 워크숍

주제 1:화쟁론과 수사학(불어불문학과 교수 전성기)

주제 2:색체를 통해 바라본 한국미의 정체성(디자인조형학부 교수 정종미)

주제 3:통일환경과 통일 이후의 삶, 그리고 민족종교(사회학과 교수 손장권)

2012. 3. 30. 제35차 워크숍(삶의 질에 관한 학제 간 연구①)

주제 1:과학과 예술의 맛과 멋 그리고 향기(물리학과 명예교수 심광숙)

주제 2:우리나라 학교폭력을 어떻게 이해할 것인가(사회학과 명예교수 김준호)

2012. 5. 3 제1회 명사 초청 강연

주제:한류 3.0 시대의 문화 정책 — 전통과 현대의 창조적 융화(문화체육관광부 장관 최광식)

2012. 6. 1 제36차 워크숍(삶의 질에 관한 학제간 연구②)

주제 1:SNS에서의 법적 쟁점(법학전문대학원 교수 이대희)

주제 2:소셜네크워크 시대 사이버 보안을 위한 기술·법·심리학의 융합(정보통신대 교수 이희조)

필진 소개

김현섭 고려대학교 건축공학과 졸업. 영국 셰필드 대학교 건축학 박사. 현재 고려대학교 건축학과 교수.

박노형 고려대학교 법과대 졸업. 고려대학교 법학 석사. 미국 하버드 로스쿨 법학 석사. 영국 케임브리지 대학교 법학 박사. 현재 고려대학교 법학전문대학원 교수.

손장권 고려대학교 사회학과 졸업. 고려대학교 문학 석사(사회학). 미국 럿거스 대학교 Ph. D.(Sociology). 현재 고려대학교 사회학과 교수.

양형진 서울대학교 물리학과 졸업. 서울대학교 이학 석사. 인디애나 대학교 이학 박사. 현재 고려대학교 디스플레이·반도체물리학과 교수.

어도선 고려대학교 영어교육학과 졸업. 미국 애크런 대학교 영문학 석사. 미국 켄트 주립대학교 영문학 박사. 현재 고려대학교 영어교육학과 교수.

이승환 고려대학교 철학과 졸업. 대만 타이완 대학교 철학 석사. 미국 하와이 대학교 철학 박사. 현재 고려대학교 철학과 교수.

이정일 서울대학교 물리학과 졸업. 서울대학교 물리학과 이학 석·박사(입자물리학). 현재 고려대학교 물리학과 교수.

임혁백 서울대학교 정치학과 졸업. 미국 시카고 대학교 정치학 석·박사. 현재 고려대학교 정치외교학과 교수.

전성기 고려대학교 불어불문학과 졸업. 프랑스 폴 발레리 대학교 언어학 석사. 프랑스 리옹 제2대학교 언어학 박사. 현재 고려대학교 불어불문학과 교수.

정종미 서울대학교 회화과 졸업. 서울대학교 미술대학원 동양화 전공. 현재 고려대학교 디자인조형학부 교수.

조 광 고려대학교 사학과 졸업. 고려대학교 문학 석·박사(한국사학). 현재 고려대학교 한국사학과 명예교수.

최장집 고려대학교 정치외교학과 졸업. 고려대학교 정치학 석사. 미국 시카고 대학교 정치학 석·박사. 현재 고려대학교 정치외교학과 명예교수.

최재욱 고려대학교 의학과 졸업. 서울대학교 보건학 석사. 고려대학교 의학 박사. 현재 고려대학교 의학과 교수.

소통

초판발행	2012년 9월 10일
초판 1쇄	2012년 9월 10일
지은이	고려대학교 학문소통연구회
펴낸곳	**고려대학교출판부**
	www.kupress.com
	kupress@korea.ac.kr
	136-701 서울특별시 성북구 안암동
	02-3290-4230, 4232
	Fax 923-6311
찍은곳	(주)동화인쇄공사

ISBN 978-89-7641-785-5 93040

값 18,000원

* 잘못 만들어진 책은 바꿔드립니다.